Vergessene Pfade
Kaiserstuhl und Markgräfler Land

Durch die Weinberge geht es hinab nach Bickensohl (Tour 10).

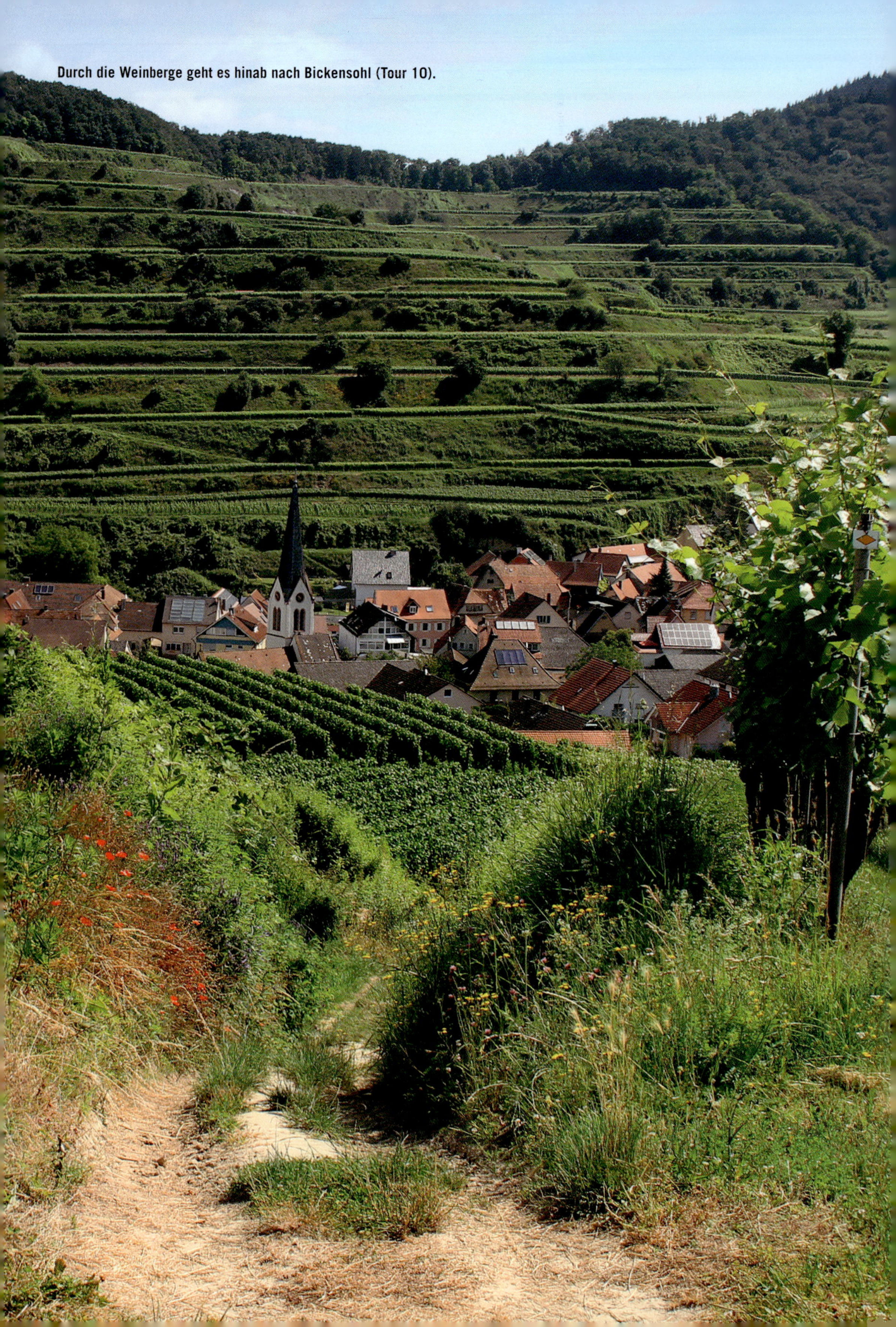

Rainer D. Kröll

Vergessene Pfade

KAISERSTUHL UND MARKGRÄFLER LAND

32 außergewöhnliche Touren abseits des Trubels

BRUCKMANN

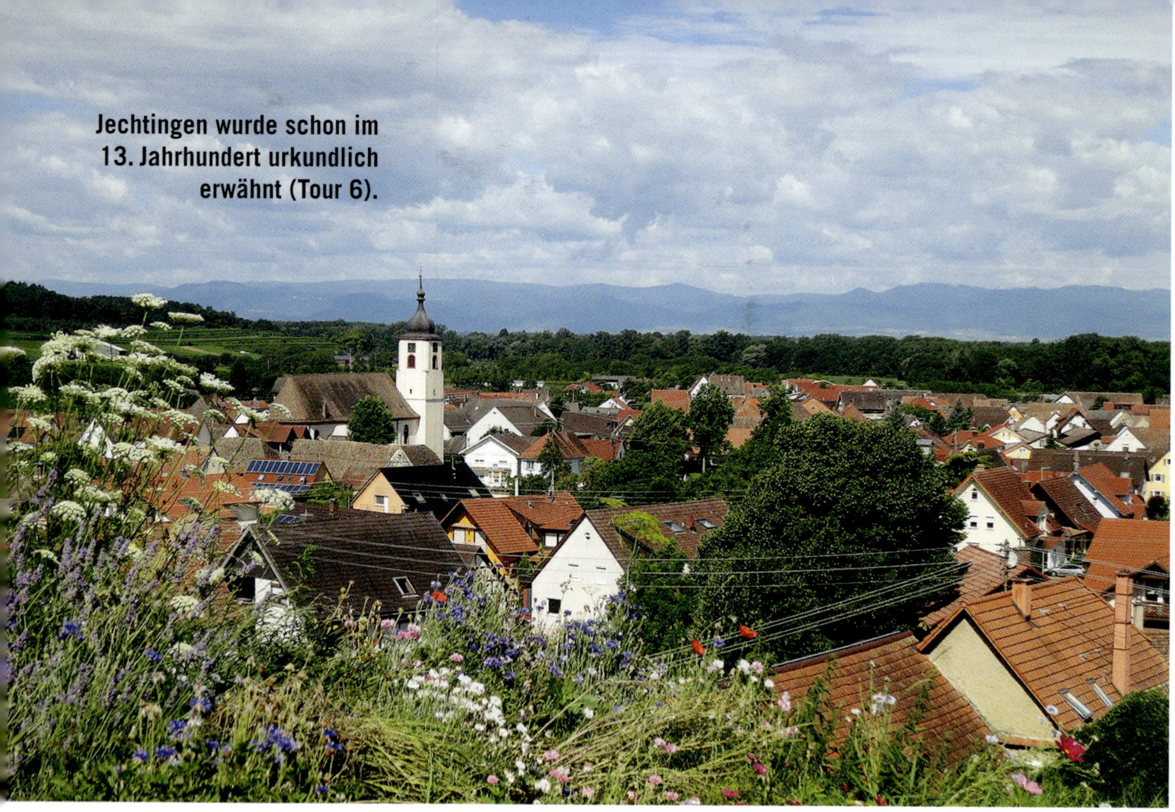

Jechtingen wurde schon im 13. Jahrhundert urkundlich erwähnt (Tour 6).

Inhalt

Weinberge prägen viele Wanderwege in der Region.

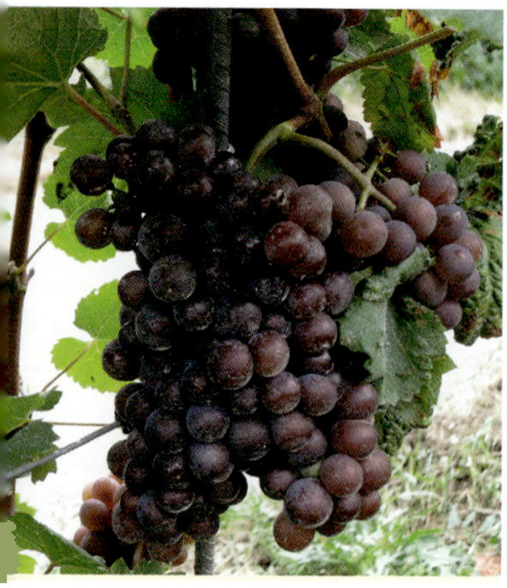

DIE TOUREN

Wanderer am Kaiserstuhl-hauptkamm (Tour 12)

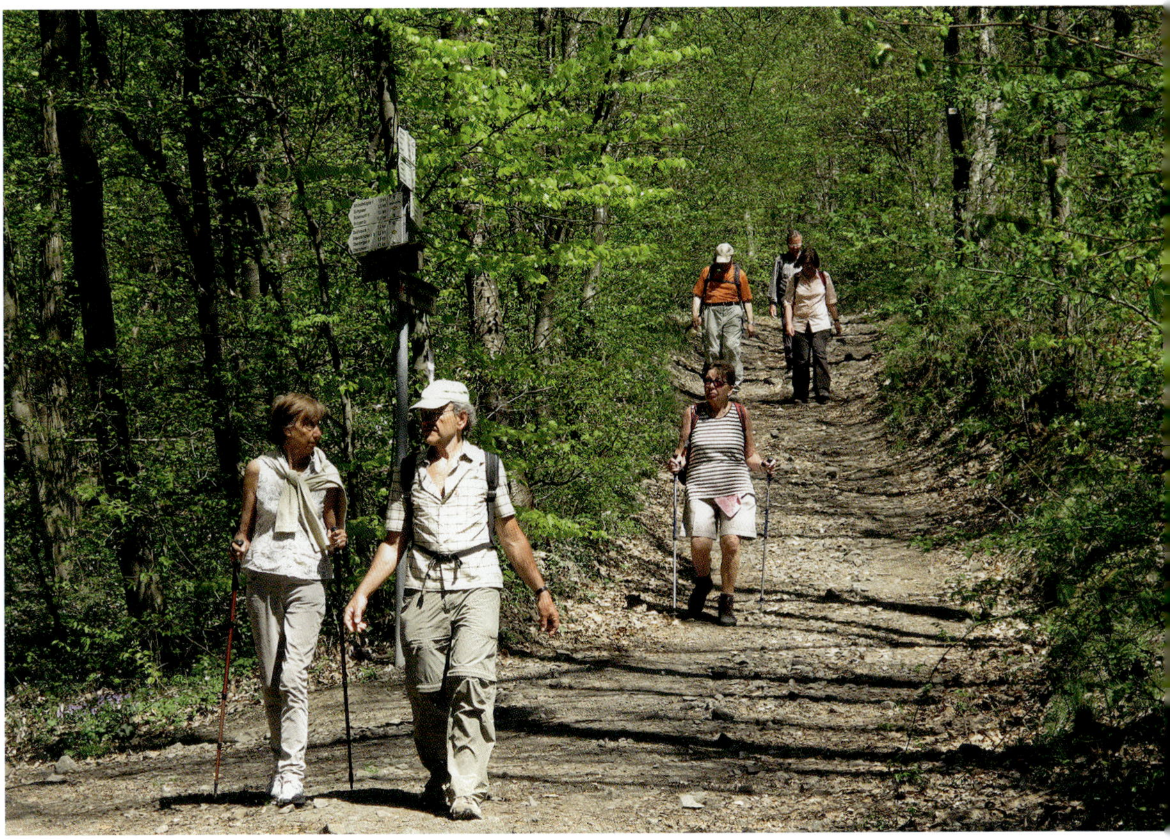

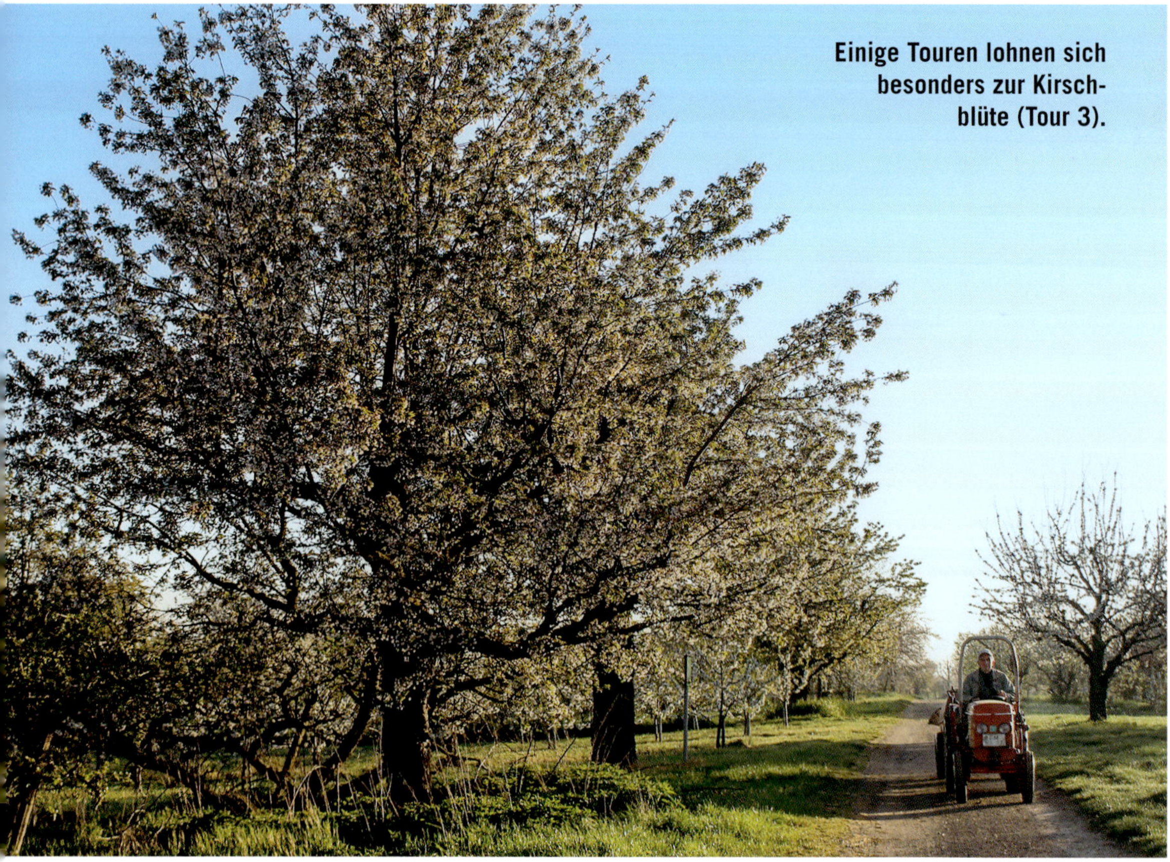

Einige Touren lohnen sich besonders zur Kirschblüte (Tour 3).

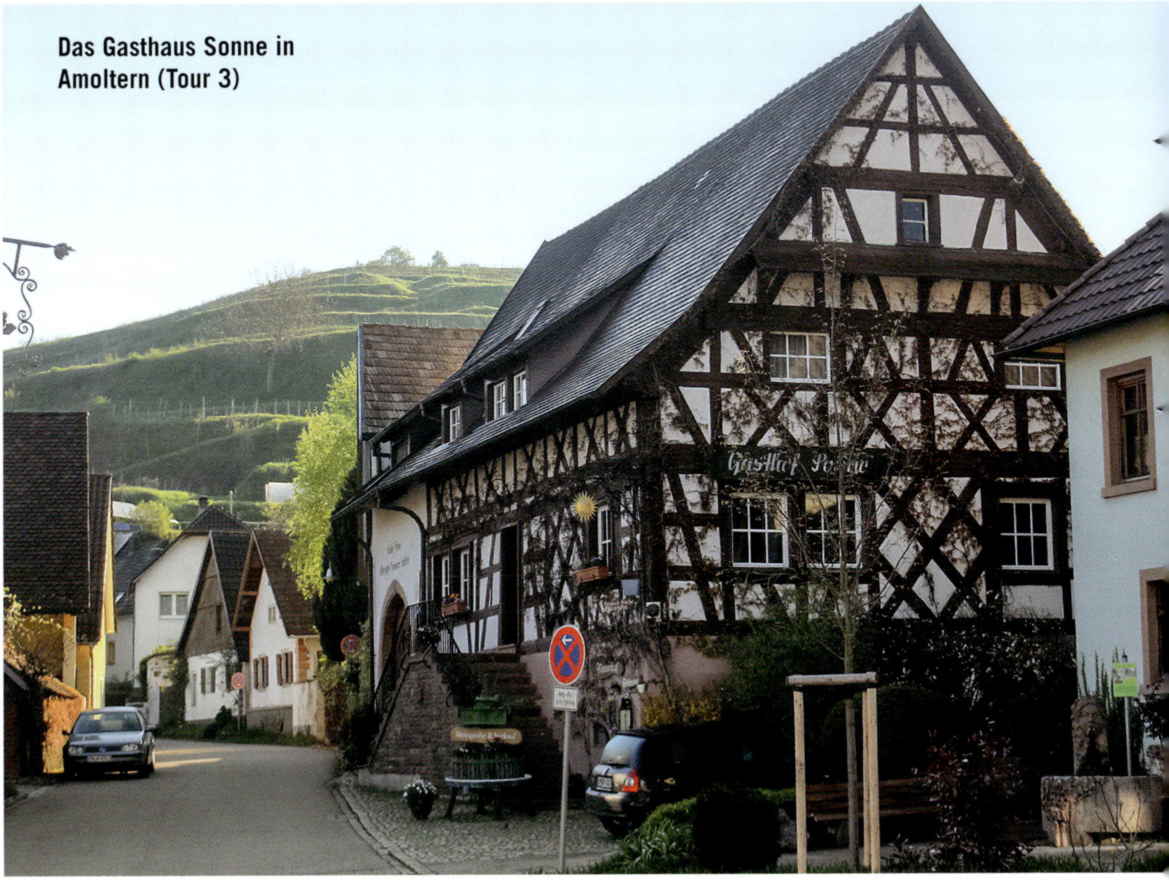

Das Gasthaus Sonne in Amoltern (Tour 3)

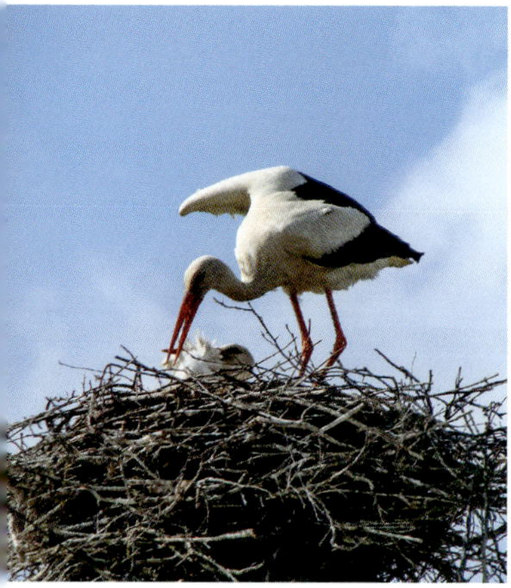

Auf Störche trifft man in vielen Dörfern der Gegend.

Der Weinbrunnen in Staufen lädt Genießer zur Rast ein (Tour 25).

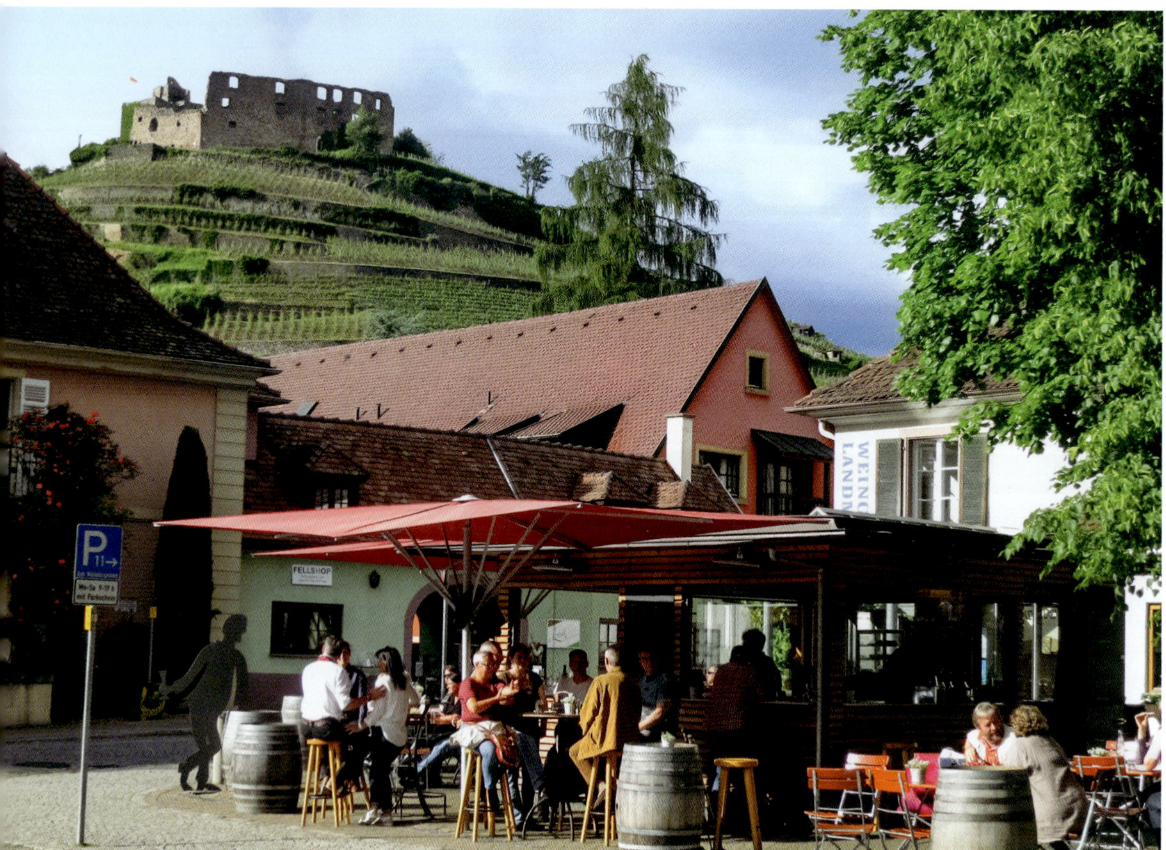

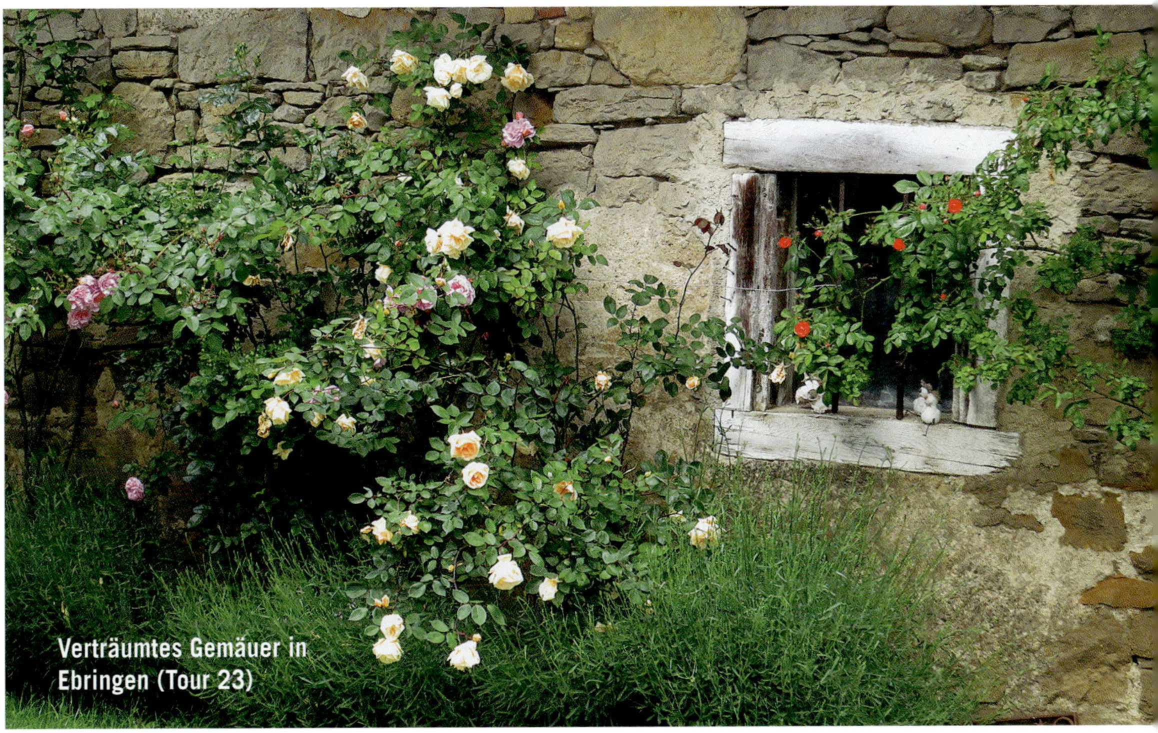

Verträumtes Gemäuer in Ebringen (Tour 23)

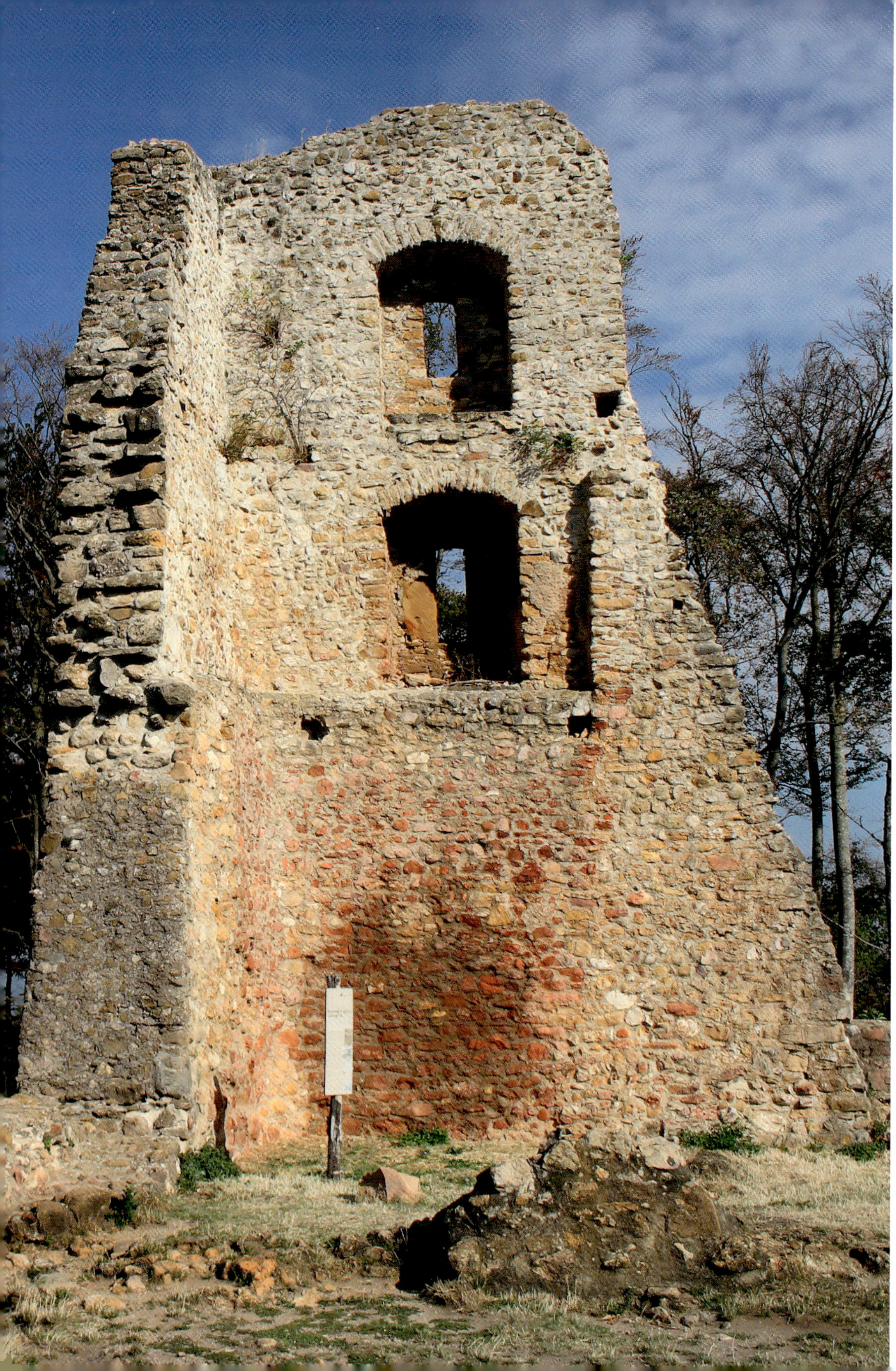

Unterwegs auf vergessenen Pfaden im Kaiserstuhl und Markgräflerland

Die Region zwischen Kaiserstuhl und Markgräflerland ist der Paradiesgarten Süddeutschlands. Schon Goethe sprach von einer »lieblichen Heimat«. Johann Peter Hebel, der bekannteste Markgräfler, bezeichnete sein Geburtsland als »Paradieslein und Mustergärtlein«. Die Schriftstellerin Dorothea Schlegel schrieb über das »gesegnetste Land der Welt«. Woher diese Begeisterung?

Die Burgundische Pforte zwischen Vogesen und Jura lässt milde mediterrane Luft in das schöne Rheintal fließen. Daher ist der Oberrheingraben als die wärmste Gegend ganz Deutschlands bekannt. Das Frühlingserwachen der Natur setzt hier früher ein als anderswo. Wenn im Schwarzwald und in den Vogesen noch Winter herrscht, zeigen sich am Oberrhein schon die ersten Blumen. Bereits die Römer nutzten das milde Klima für den Weinbau. Heute ist die Gegend geprägt von kleinen Städtchen und Dörfern, vom Weinbau, von der Landwirtschaft und vom Rhein mit seinem abwechslungsreichen Rheinwald. Der Kaiserstuhl im Breisgau und das Markgräflerland gehören zu den reizvollsten Landschaften Europas. Die Gegend hat etwas sehr Heiteres und Entspanntes, und die Zeit scheint langsamer zu vergehen. Jahrhundertealte Kultur und Tradition und die ausgezeichnete badische Küche mit Elsässer Einschlag bestimmen die Abläufe. Hier lässt es sich gut leben – und selbstverständlich auch wunderbar Urlaub machen.

Nach der Veröffentlichung des Wanderführers »Kaiserstuhl und Markgräflerland« war ich sehr erfreut über den Auftrag zum vorliegenden Buch »Vergessene Pfade Kaiserstuhl und Markgräflerland«. Die Recherche vor Ort für das erste Buch dauerte drei Monate, während deren ich im Kaiserstuhl und Markgräflerland gelebt habe. Doch schon vor einiger Zeit war der Oberrhein einmal für drei Jahre mein Zuhause. Das neue Buch »Vergessene Pfade Kaiserstuhl und Markgräflerland« brachte mich zurück zu Freunden, herrlichen Orten, wunderbaren Landschaften, weiten Aussichten, guten Restaurants und Weingütern.

Das Thema »Vergessene Pfade Kaiserstuhl und Markgräflerland« erlaubte mir auch eine neue Entdeckungsreise unter ganz anderen Gesichtspunkten. Mit der Fertigstellung dieses Buches habe ich nun fast 80 herrliche Wanderungen im Kaiserstuhl und Markgräflerland hinter mir – ein wirklich großer Überblick! Mit diesem Thema der Vergessenen Pfade bin ich aber außerdem auch zum Experten der kleinen Dinge geworden, zum Entdecker der historischen Wege und der großartigen Geschichten, die dahinterstecken.

Meist war das Ergebnis meiner Recherchen für mich die Freude darüber, etwas Neues entdeckt oder aber auch Bekanntes aus einem anderen Blickwinkel gesehen zu haben. Der Natur gilt die Aufmerksamkeit in meinen Berichten dabei ebenso. Wenn Sie sich an einigen der in »Vergessene Pfade im Kaiserstuhl und Markgräflerland« beschriebenen Routen erfreuen, hat das Buch sein Ziel erreicht und ich bin zufrieden. Der Genuss, auf diesen vergessenen Pfaden unterwegs zu sein, liegt im Entdecken von Geheimnissen der Natur, der Landschaft und der Kultur. Aber auch im Erlebnis der Ruhe, Stille und Erquickung.

Rainer D. Kröll
Windischeschenbach, im Frühjahr 2021

Linke Seite: Die Ruine Schneeburg steht auf einem Nebengipfel des Schönbergs (Tour 21).

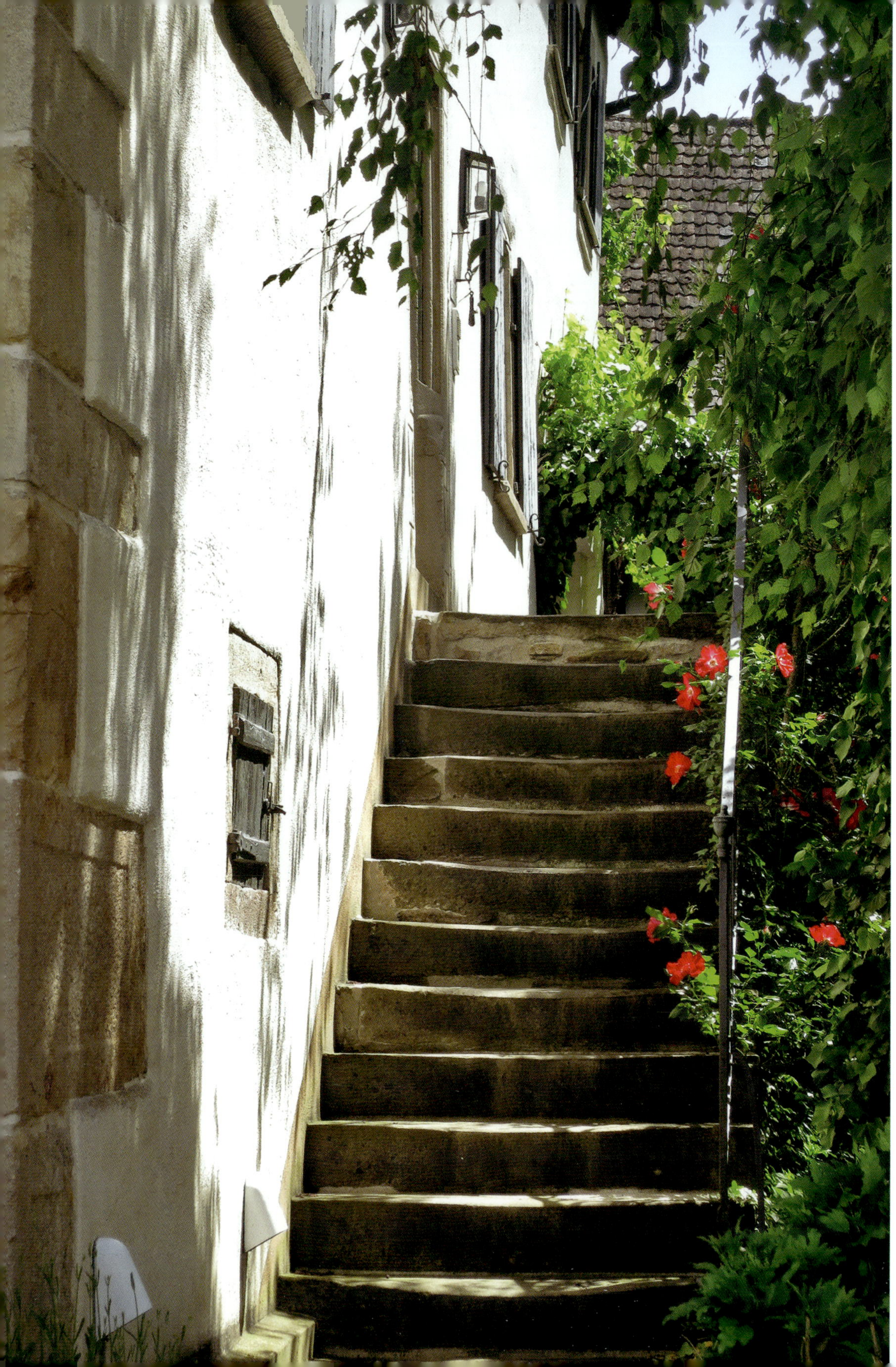

Das Konzept der »vergessenen Pfade«

Ein bedeutendes Kulturland, wie es der stark flurbereinigte Kaiserstuhl und das gut erschlossene Markgräflerland sind – manchmal bis auf den letzten Meter mit Reben landwirtschaftlich genutzt –, lässt beinahe keine wirklich vergessenen Pfade mehr zu entdecken übrig. Alte Wege gehen oft verloren, denn sie wachsen mit der Zeit zu. In wenigen Jahrzehnten verschwinden Spuren von einst bisweilen auch ganz im umfassenden Geschehen der höchst lebendigen Natur und der Erdgeschichte.

Im Sinne der Entdeckung von historischen Pfaden bietet die Region aber sehr viel. Wanderwege zeigen nicht nur schöne Landschaften, sondern berichten aus der Vergangenheit. Da gilt es Geschichte und Hintergründe aufzudecken. Der an Kultur- und Kunstgeschichte reiche Landstrich ist bereits seit Jahrtausenden bevölkert. So gibt es ehemalige Siedlungen der Kelten, Römerstraßen, von Karren und Wagen in den Löss eingefurchte Wege, alte Saumpfade und wiederentdeckte Jakobswege. Es ist doch ein anderes Erlebnis, wenn man weiß, was sich auf diesen Wegen früher abgespielt hat.

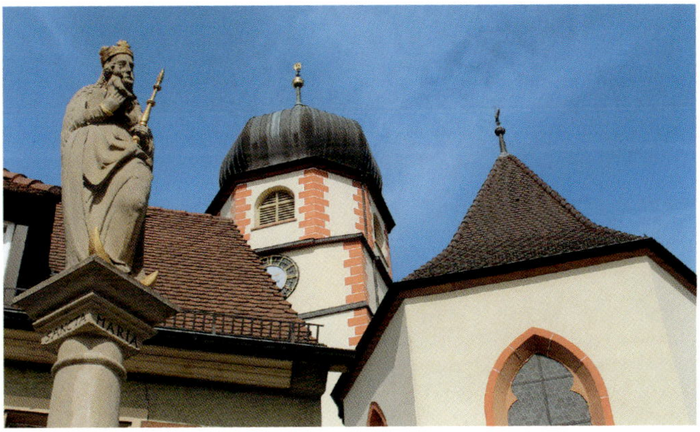

Die Wallfahrtskirche Mariä Himmelfahrt in Kirchhofen (Tour 24)

Es gibt auch noch die ruhigen und nicht überlaufenen Wege sowie stille Hügel und Täler. Wandervergnügen findet sich ja nicht nur an den bekannten Orten. Ruhe und Einsamkeit prägen die alten Pfade, die wegen neuerer Wegerschließungen nicht mehr oft begangen sind. Unterwegs gibt es zwar oft nichts Spektakuläres, bisweilen wird man aber doch überrascht. Gerade ruhige, unbekannte Bereiche bieten auf jeden Fall höchsten Erholungswert.

Historische Wege sind der Bettlerpfad und das Wiiwegli. Der meist aussichtsreiche »Bettlerpfad« ist ein geschichtlicher Wanderweg von 27 km Länge, der von Freiburg durch das Hexental über Staufen nach Badenweiler im Markgräflerland führt. Eine Theorie besagt, dass der Weg im Mittelalter von Mönchen des Bettelordens öfters begangen wurde. Eine andere Auffassung stellt sich so dar, dass ein armer Handwerksgeselle im Winter 1870/1871 auf dem Weg nach Freiburg bei Wittnau erfroren ist. Ein Gedenkkreuz ist heute noch erhalten. Der Bettlerpfad ist seit 1930 als Wanderweg ausgeschildert.

Erst ab 1976 wurde das 83 km lange Wiiwegli in seiner heutigen Form gestaltet. Der Weg führt von Freiburg über Staufen und Schliengen nach Weil am Rhein. Nähere Informationen zum Wiiwegli findet man auf der Internetseite unter www.wii-wegli.de.

Beide Wege erschließen die schönsten Landschaften von Freiburg bis zum Markgräfler Land, daher habe ich grundsätzlich diese historischen Wege aufgegriffen. Natürlich wollte ich mich für dieses Buch aber nicht stur an die Ausschilderung dieser beiden Wege halten, zumal es ein wenig abseits eine Menge Interessantes zu entdecken gibt. Außerdem sind Teile des Bettlerpfades spätestens ab Staufen mit der Wegführung des Wiiweglis identisch. Somit habe ich mich auf die interessantesten Aspekte dieser beiden historischen Wege konzentriert. Es gibt daher mit Blick auf die historischen Hintergründe viel Neues zu entdecken, das die Menschenmassen meidet und dafür mehr Natur, Ruhe, Stille, Erquickung und Freude bringt.

Linke Seite: Der romantische Treppenaufgang am Haus Bollinger/Guderian (Tour 23)

Praktische Informationen

Reisen im Kaiserstuhl und Markgräfler Land

Mit dem eigenen Auto kommt man am bequemsten überallhin. Gute Anbindung mit öffentlichen Verkehrsmitteln bieten jene Orte, die mit der Bahn erreichbar sind. Fast jedes Dorf ist mit dem Bus erreichbar. Fahrplanauskunft zu den Bahnen der DB, SWEG, Kaiserstuhlbahn und den Bussen: www.db.de, www.bahn.de, www.sweg.de, www.3-loewen-takt.de, www.suedbadenbus.de, www.sweg.de, www.efa-bw.de und www.rvf.de für die Stadtlinien Freiburg.
Mit der kostenlosen Konus-Gästekarte fahren Sie in der Region Basel bis Karlsruhe und im Schwarzwald überall gratis Bus und Regionalbahn. Des Weiteren gibt es damit Rabatte in Bädern und Museen. Die Konus-Gästekarte erhalten Sie in Ihrer Unterkunft vom Vermieter.

Die Touren

Die Wandergebiete sind in zwei Gruppen gefasst und in einer Reihenfolge nummeriert, wie eines der Gebiete in etwa am Stück bereist werden kann. Im Bereich des Bettlerpfades und des Wiiweglis folgt die Reihung diesen historischen Wegen.
Das kompakte Vulkangebirge **Kaiserstuhl** und der **Tuniberg**, der Weinberg Freiburgs, liegen im sonnenverwöhnten Breisgau. Die Wanderungen bieten Wege, die von der Erosion in den Löss gegraben wurden, Aussichtspunkte, historische und kunsthistorische Fixpunkte, Pfade durch die Weinberge und selige Weindörfer mit Einkehrmöglichkeiten in die zahlreichen Straußen und Winzerschenken. Manchmal können neuere Wege mit Asphaltbelag leider nicht umgangen werden.
Mit dem **Markgräflerland** ist die Gegend von Staufen aus nach Süden gemeint, obwohl es keine klar definierte Grenze gibt. Die Wanderungen folgen überwiegend den histori-

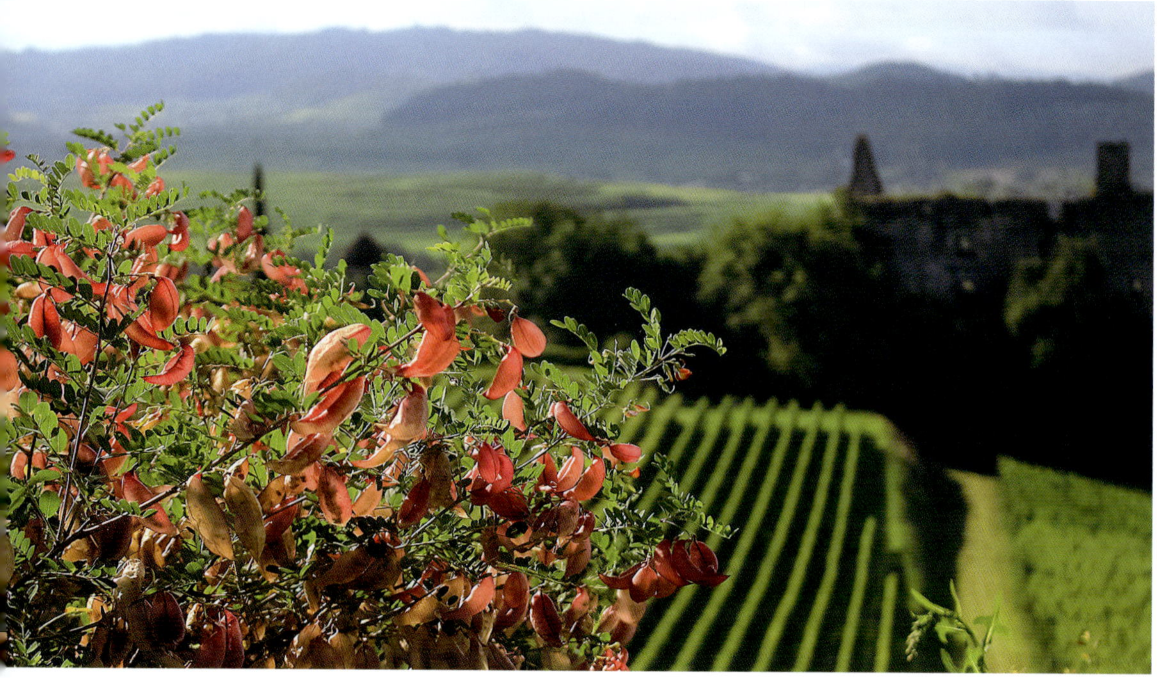

Wärmeliebender Blasenstrauch vor dem Panorama der Burgruine Burkheim

schen Wegen des Bettlerpfades und dem »Wiiwegli«. Hier sind die Tagesetappen eher kurz gewählt, um Zeit für die interessanten Sehenswürdigkeiten zu lassen. Zugleich können Sie aber nach Wunsch das Wiiwegli zu vier Etappen zusammenfassen. Einige abseits liegende Touren mit großem historischen Reiz sind am Ende solitär hinzugefügt.

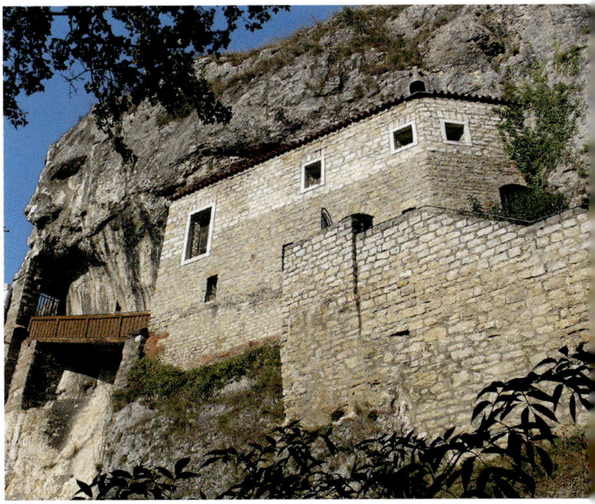

Die St. Veitskapelle »klebt« im Fels des Isteiner Klotzes (Tour 29).

Beste Jahreszeit und Wetter

Natürlich ist ein Urlaub im Kaiserstuhl und im Markgräflerland in den Sommermonaten am besten, wobei es für Wanderungen auch mal zu heiß sein kann. Aber herrlich ist auch der Herbst mit seinen unvergleichlichen Farben und das Wetter kann stabiler sein als im Sommer. Wer Blumen und blühende Kirschbäume liebt, wird sich am zeitigen Frühling oder am Frühsommer orientieren. In den großen Weingebieten im Rheintal lässt sich sowohl im Frühjahr als auch im Herbst die Urlaubszeit deutlich ausdehnen.
Wenn auch für die einzelnen Touren jeweils die beste Jahreszeit angegeben ist, entlastet dies den Wanderer nicht von der Eigenverantwortlichkeit, sich über die Wetterlage zu vergewissern. Für die aktuellen Wetteraussichten benutzen Sie am besten einen der Wetterberichtanbieter, die örtlichen Wetterstationen (z. B. Ihringen) oder örtliche Webcams im Internet.
www.wetteronline.de/wetter/freiburg
www.wetterstationen.meteomedia.de

Ausrüstung

Feste Schuhe mit griffiger Sohle sind wohl einer der wichtigsten Ausrüstungsgegenstände, ebenso wie Sonnen- und Regenschutz, wobei ein stabiler Regenschirm gute Dienste leistet, solange kein Wind mit im Spiel ist. Eine Regenjacke ist unverzichtbar, führt selbst in modernster Ausführung jedoch im Gegensatz zum Regenschirm bei entsprechender Wärme zu starkem Schwitzen. Eine schnelltrocknende Wanderfunktionshose und ein guter Rucksack gefüllt mit Notproviant, ausreichend Flüssigkeit, Wechselshirt, Notfall-Apotheke und Mobiltelefon für einen Notruf sind ebenfalls Pflicht. Oft wird ein Kälteschutz vernachlässigt, besonders wenn schönes Wetter am Himmel steht. Was aber, wenn sich einer verletzt und am Boden gelagert werden muss? Wenn dann noch Nässe dazukommt, wird es gefährlich.

Notrufe

Polizei, Notarzt, Feuerwehr: 112
Notrufsignal: Optisch oder akustisch sechs Signale hintereinander mit zehn Sekunden Abstand

Gehzeiten, Höhenmeter und Richtungsangaben

Die Gehzeiten sind reine Zeiten unterwegs ohne Pausen. Sie wurden in eigener Erfahrung subjektiv ermittelt, denn die angegebenen Zeiten auf den Wegweisern sind sehr unterschiedlich erhoben. Auf orografische Bezeichnungen wurde zu Gunsten der All-

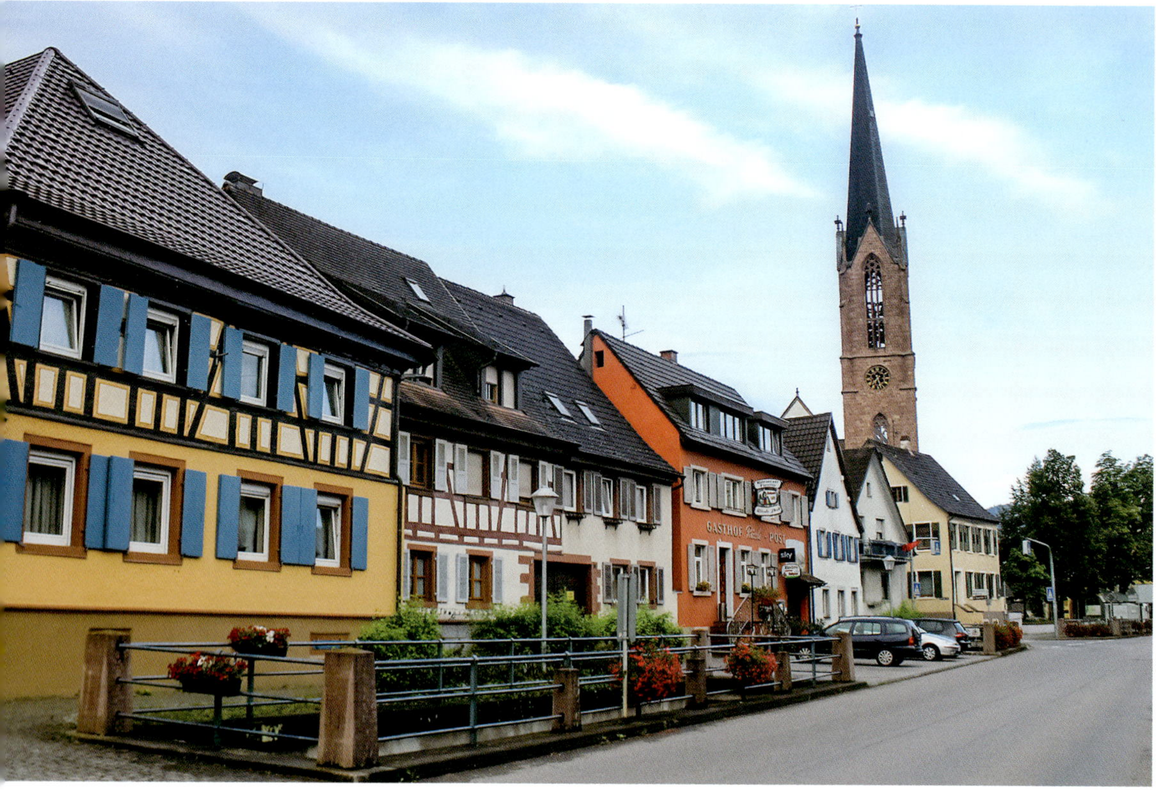

In der Hauptstraße von Eichstetten steht auch eine Reihe schmucker Fachwerkhäuser (Tour 12).

gemeinverständlichkeit verzichtet. Abzweige und Richtungswechsel sind im Text trotz Wegweiser beschrieben, denn die können ja mal fehlen.
Die Höhenangaben folgen zuallererst den Karten, denn die haben Geografen gezeichnet, dann erst dem ständig justierten Höhenmesser und zuletzt den Beschilderungen in der Natur. Bei den Angaben des Höhenmessers sind aber immer Ungenauigkeiten möglich, weil diese durch die Veränderung des Luftdrucks bei Wetterwechsel variabel sind. Die Schwierigkeit einer exakten Höhenmessung zeigt sich in den oft falschen Angaben auf Wegweisern und Schildern.

Wegmarkierungen und Wegweiser

Alle Wege in der Wanderregion sind mit Wegweisern und Markierungen sehr gut erschlossen. Die historischen Themenwege wie Bettlerpfad und Wiiwegli haben ihre eigenen Markierungen. Wenn vorhanden, sind in den Wegbeschreibungen die Markierungen der Wanderwege angegeben. Verschiedenartig geschriebene Ortsnamen sind vorrangig den Karten entnommen, dann erst der Beschilderung in der Landschaft. Alle anderen Wanderwege außer den Themenwegen hat der Schwarzwaldverein leider ausschließlich mit der gelben Raute ausgeschildert, was schon mal Verwechslungen einbringt.

Beste Jahreszeit und Tageszeit

Der beste Zeitraum für die Wanderungen ist jeweils angeführt. Wegen möglicher extremer Verläufe der Jahreszeiten ist die Machbarkeit aber eigenverantwortlich in Erfahrung zu bringen.

Eine frühe Startzeit bringt oftmals eine ruhigere Tour, stilles Wanderglück und die schönsten Fotos. Etwas Besonderes ist an den Aussichtspunkten der Sonnenuntergang.

Flora und Fauna

In der sonnenreichsten Landschaft Deutschlands wachsen viele Orchideenarten. Pflanzen wie Diptam oder Flaumeiche sind eigentlich nur in den wärmeren Regionen Europas zu finden. Die bis zu 40 cm lange Smaragd-Eidechse und die Gottesanbeterin sind sonst nur im Mittelmeerraum beheimatet. 728 Arten Großschmetterlinge und 1.300 Käferarten leben hier.

Regionale Küche

Eine Wanderung im Kaiserstuhl oder Markgräfler Land zur Zeit der Spargelernte ist ein Gang ins Paradies. Die bekannt gute badische Küche verbindet verschiedene Gerichte der benachbarten Küchen aus dem Elsass, aus Schwaben und aus der Schweiz, wobei es in Baden oft eigene Namen für die Kreationen gibt. **Flädlesuppe** = Pfannkuchensuppe; Badische Schneckensuppe (mag nicht jeder); **Schäufele** = gepökelte und geräucherte Schweineschulter, die 2-3 Stunden in einem Sud aus Wasser, Weißwein und Essig mit Zwiebeln, Lorbeer und Nelken knapp unter dem Siedepunkt gart; **Bibbeliskäs** = Quarkzubereitung mit Kräutern; **Brägeli** = roh gebratene Bratkartoffeln oft mit Speck und Zwiebeln; **Bubespitzle** = Schupfnudeln; **Kratzete** = in der Pfanne mit der Gabel zerrissene Eierpfannkuchen. Und dann gibt es natürlich noch die Schwarzwälder Kirschtorte.

Badische Weine

Baden ist mit 16.000 Hektar Rebfläche und einem Durchschnittsmostertrag von 1,1 Millionen Hektoliter das drittgrößte Weinbaugebiet Deutschlands. Für Weißweine werden die Rebsorten Weißburgunder, Grauburgunder, Müller-Thurgau, Gutedel, Riesling, Silvaner und andere angebaut. Rotweine werden aus Spätburgunder, Regent, Schwarzriesling und Dornfelder hergestellt.

Einkehrmöglichkeiten

Eine Auswahl an Einkehrmöglichkeiten in Restaurants, Winzerschenken und »Straußе« ist bei den Wanderungen angeführt. Die Öffnungszeiten sind jedoch für die Folgejahre nicht verlässlich anzugeben. Erkundigen Sie sich daher selbst anhand der angegebenen Telefonnummern oder Internetadressen. Winzerschenken besitzen eine Gaststättenkonzession und haben über weite Teile des Jahres geöffnet. Strauße haben meist nur zweimal im Jahr geöffnet und verfügen über eine definierte Anzahl an Sitzplätzen. Der am Hoftor aufgehängte Besen (Besenwirtschaft) mit den bunten Bändern zeigt den Ausschank an.

Anforderungen

● **Leicht**: Einfache Wanderung auf guten Wegen und Pfaden ohne ausgesetzte Stellen, die aber ohne Markierung sein können. Orientierungssinn und Trittsicherheit wird benötigt.

● **Mittel**: Mittelschwere Wanderung, die gute Kondition, Trittsicherheit, Schwindelfreiheit und Orientierungssinn erfordert. Ausgesetzte Passagen auch mit Seilversicherungen möglich. Alpine Erfahrung ist nötig. (Die wenigen mit rot gekennzeichneten Touren in diesem Buch sind nur durch größere Höhenunterschiede und lange Strecken begründet)

● **Schwer:** Anspruchsvolle Bergtour mit hoher Anforderung an die Kondition, Schwindelfreiheit und Trittsicherheit. Enthält ausgesetzte Passagen und leichtere Klettereien am Fels. Ein gutes Orientierungsvermögen ist unbedingt geboten. Ausgeprägte Alpine Erfahrung wird vorausgesetzt. (Schwere Touren mit der Kennzeichnung »schwarz« sind im Wandergebiet nicht vorhanden.)

Oberrheinischer Museumspass

Der Museums-PASS-Musées ist Ihre Eintrittskarte für rund 320 Museen, Schlösser und Gärten in Deutschland, Frankreich und der Schweiz. Ab dem ersten Museumsbesuch haben Sie mit diesem Ausweis ein Jahr lang freien Eintritt in die Dauer- und Sonderausstellungen der Mitgliedsmuseen.
Preis: Jahres-Pass 98.-€, www.museumspass.com

Karten

Die zur Recherche verwendeten Kompass-Karten im Maßstab 1:25.000 sind in den Wanderungen angegeben. www.kompass.de. Ausgezeichnete Karten bietet auch das Landesamt für Geoinformation und Landesentwicklung Baden-Württemberg (LGL) in verschiedenen Maßstäben. www.lgl-bw.de

Bücher

Rainer D. Kröll: Wanderführer »**Kaiserstuhl und Markgräflerland**«
ISBN: 978-3-7654-6821-6
Franz Littmann und Hans-Georg Schmidt-Bergmann: »**Johann Peter Hebel am Oberrhein - ein Literaturführer**« ISBN: 978-3-76508-563-5
Barbara Krull: »**111 Orte am Kaiserstuhl, die man gesehen haben muss**«
ISBN 978-3-95451-562-2

Der höchste Berg im Kaiserstuhl ist 557 m hoch.

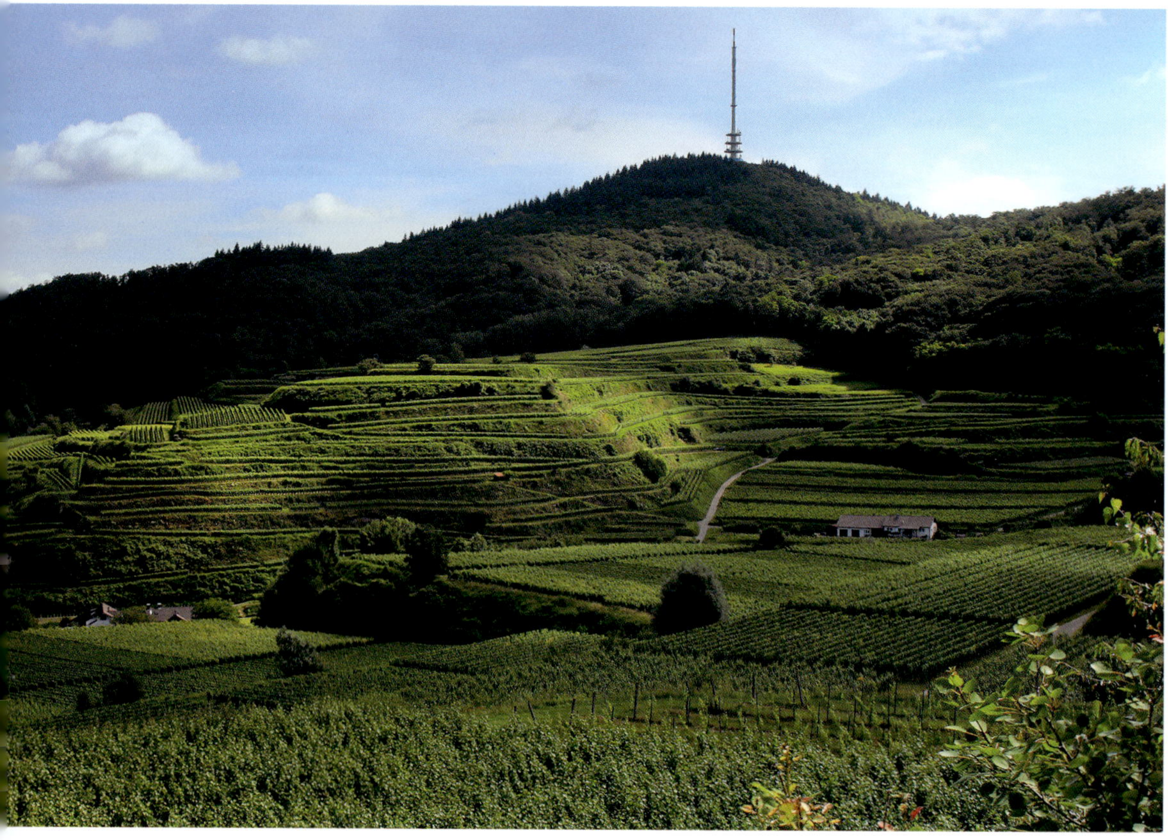

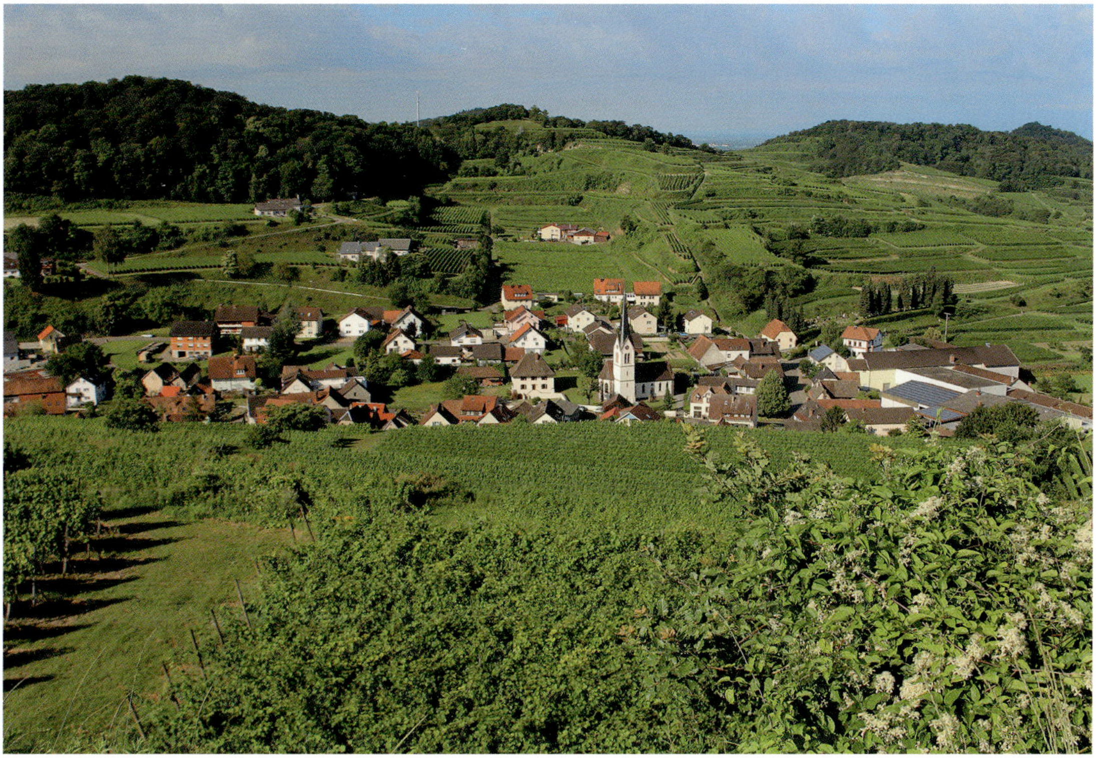

Aussicht über Bickensohl (Tour 10)

Internet

www.schwarzwald-tourismus.info
www.kaiserstuhl.eu
www.naturgarten-kaiserstuhl.de
www.kaiserstuhl.com
www.markgraefler-land.com
www.markgraefler.de
www.deutsche-weine-und-weinstrassen.de

Wichtige Fremdenverkehrsämter:

Breisach Marktplatz 16, 79206 Breisach am Rhein, Tel. 07667/94 01 55, www.breisach.de
Freiburg Rathausplatz 2-4, 79098 Freiburg, Tel. 0761/38 81 880, www.freiburg.de
Heitersheim Hauptstraße 9, 79423 Heitersheim, Tel. 07634/40 212, www.heitersheim.de
Ihringen Bachenstraße 38, 79241 Ihringen, Tel. 07668/93 43, www.ihringen.de
Sasbach am Kaiserstuhl Hauptstraße 15, 79361 Sasbach am Kaiserstuhl, Tel. 07642/91 01 11, www.sasbach.eu
Schliengen Wasserschloss Entenstein, 79418 Schliengen, Tel. 07635/31 09 11, www.schliengen.de
Staufen Hauptstraße 53, 79219 Staufen, Tel: 07633/80 536, www.muenstertal-staufen.de
Vogtsburg-Oberrotweil Bahnhofstraße 20, 79235 Vogtsburg-Oberrotweil, Tel. 07662/94 011, www.vogtsburg-im-kaiserstuhl.de

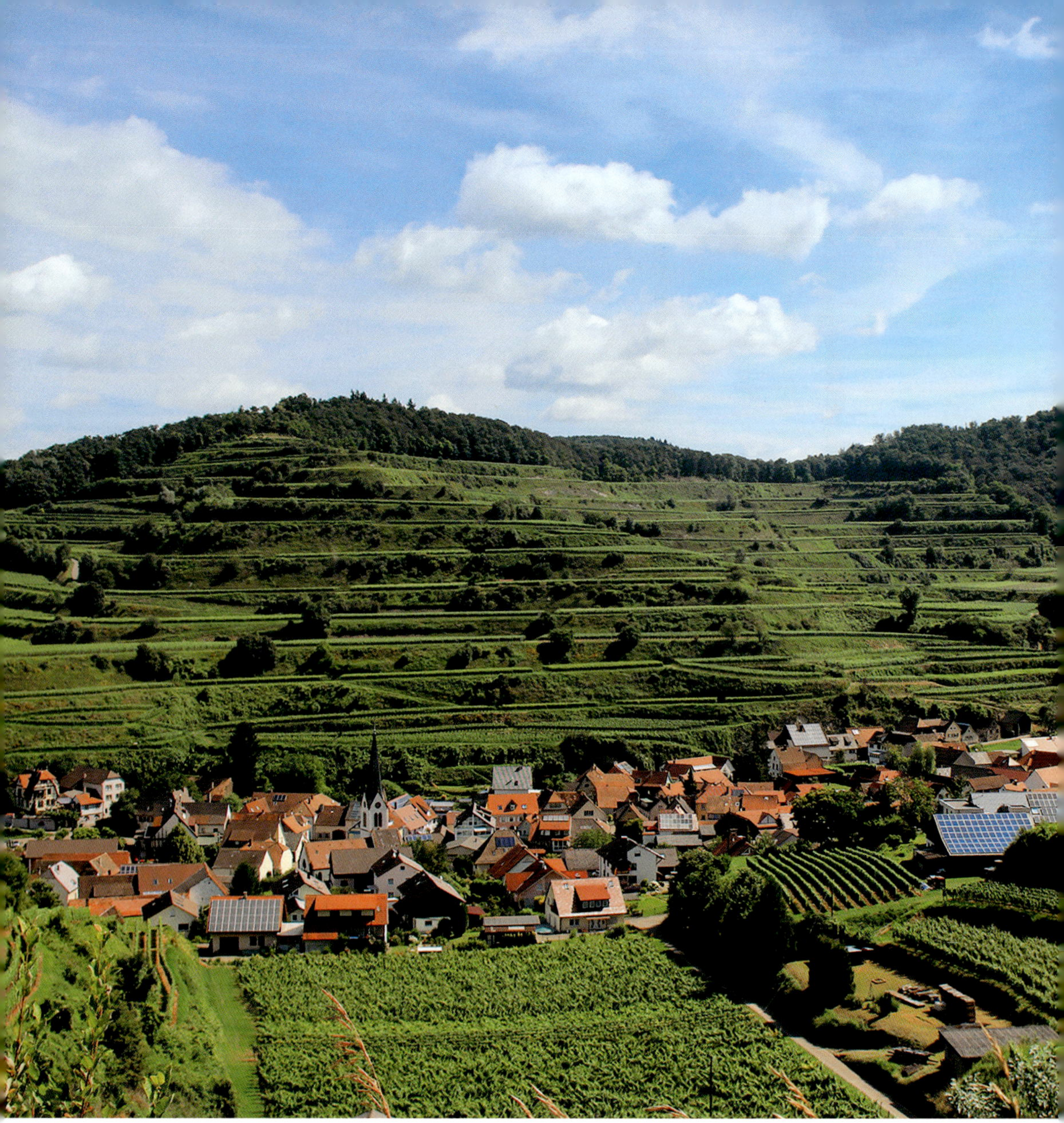

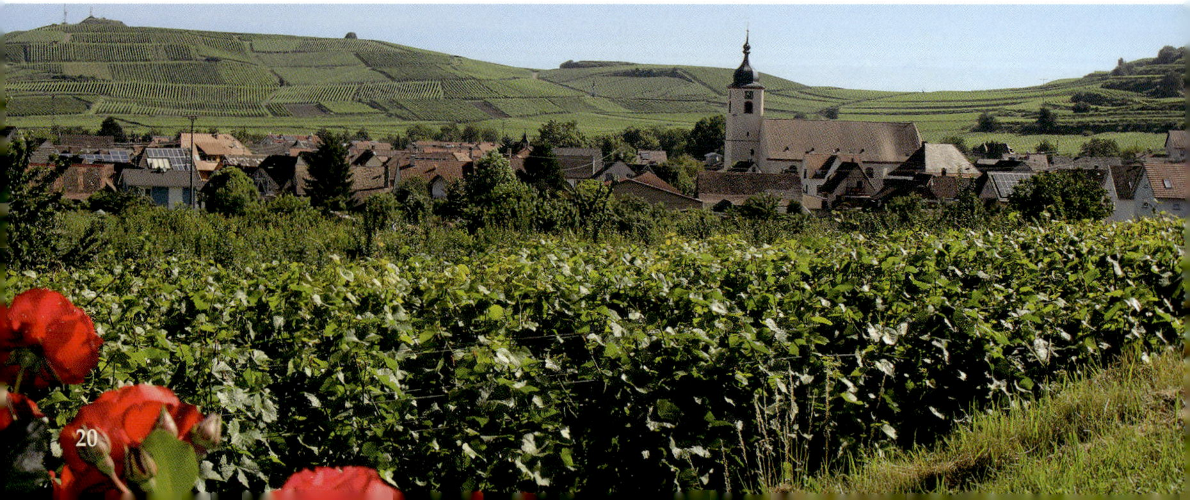

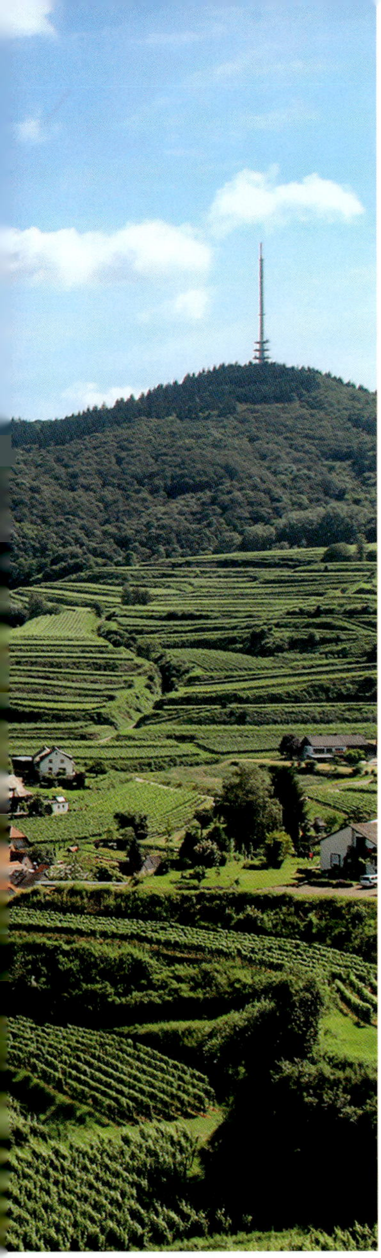

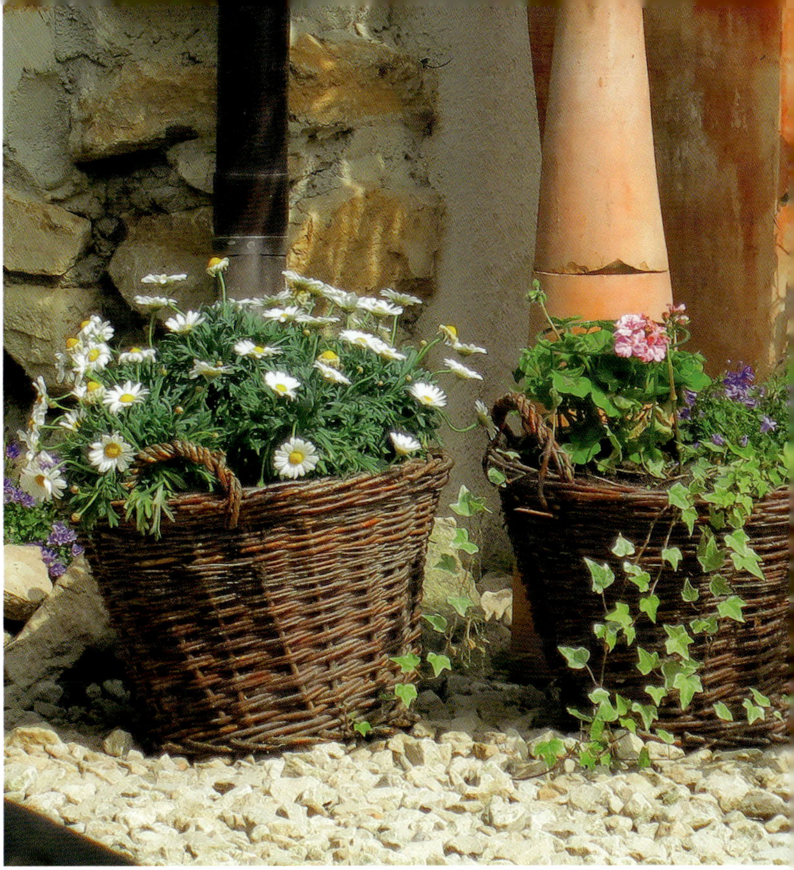

Kaiserstuhl und Tuniberg

Oben links: Das gemütliche Dörfchen Bickensohl (Tour 10). Oben rechts: Hübsche Blumenkörbe vor einem Bauernhaus. Unten links: Das Weindorf Jechtingen liegt inmitten von Weinbergen (Tour 6). Unten rechts: Die Region ist besonders schön zur Zeit der Kirschblüte – oder aber wenn die Früchte reif sind.

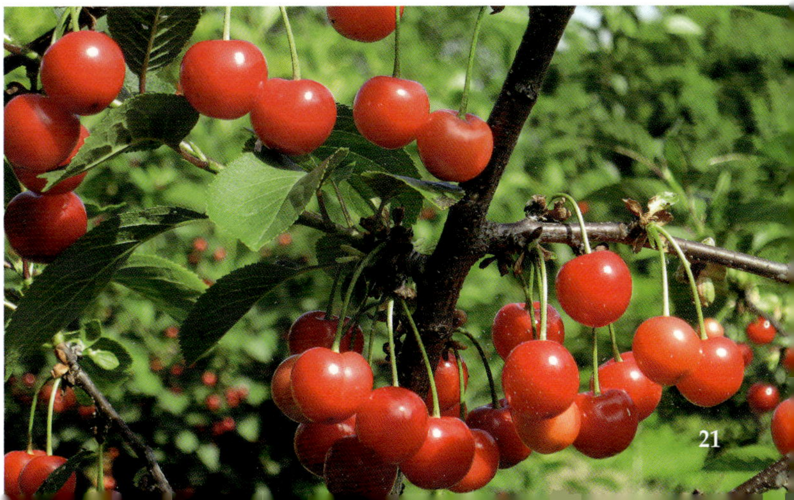

1

Von Wyhl nach Venezuela

Hier begann die Reise der Auswanderer

Leicht 2:10 Std. 20 m 6,2 km

Tourencharakter
Leichte, meist schattige Tour auf markierten Naturwegen durch Auwälder

Ausgangs-/Endpunkt
Wanderparkplatz 180 m

Höchster Punkt
Wanderparkplatz 180 m

Anfahrt
Mit dem Auto von der A 5 Ausfahrt Riegel nach Westen über Endingen bis Wyhl, in Wyhl auf der Rheinstraße bis zum Wanderparkplatz am Mühlbach. Parkplatz GPS: N48°10'29" E007°38'12"
Mit der Bahn bis Endingen oder Riegel und dann mit dem Bus der Linie 102, 103, 105 oder 106 nach Wyhl (www.bahn.de)

Gehzeiten
Hinweg: Wanderparkplatz – Hollikopfweg 0:25 Std. – Denkmal 0:10 Std. – Grillplatz 0:10 Std. – Rheindamm 0:15 Std.
Rückweg: Rheindamm – Grillplatz 0:15 Std. – Wyhler Mühle 0:35 Std. – Wanderparkplatz 0:20 Std.

Beste Jahreszeit
Frühjahr und Herbst

Einkehr
Strudels Hofladen, 79369 Wyhl, Sasbacher Straße 39, Tel. 07642/ 84 44, www.strudels-hofladen.de

Karten
Kompass: »Kaiserstuhl Tuniberg«, Karte Nr 883, 1:25 000; oder Karten des LGL

Hinweise
Diese Wanderung eignet sich nicht bei Nässe oder nach Regenfällen, denn die erdigen Wege im Auwald sind dann unangenehm schlammig.

Der Rheinauewald ist eine artenreiche Einmaligkeit in Europa. Bei der Wanderung entdeckt man die glitzernden Altwasserarme des Rheins und besonders im Winter eine interessante Vogelwelt. In diesem Wald begannen einst auch einige Emigranten ihre Schiffsreise nach Venezuela.

Zum Hollikopfweg Vom Ⓐ **Wanderparkplatz** am Mühlbach und Waldrand starten wir an der Info-Tafel auf breitem Fahrweg entlang des Hochwasserdamms in südwestliche Richtung. Ein hölzerner Wegweiser mit der Aufschrift »Naturlehrpfad« weist uns den Weg. Schon nach 80 m verlassen wir den Fahrweg vor einer Starkstromleitung auf einem kleinen Pfad nach rechts zu einem idyllischen Teich, an dem wir dann nach links weitergehen. 20 m nach dem Teich stoßen wir wieder auf einen Forstweg und folgen diesem

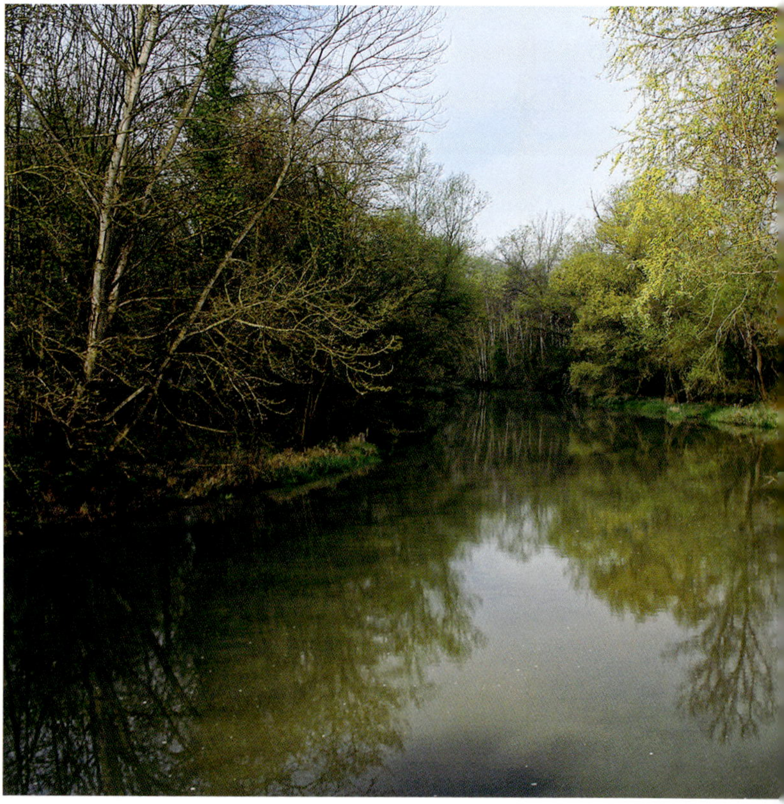

nach rechts in den schönen Rheinauewald hinein.
Mächtige alte Stieleichen mit ihren breiten Kronen stechen aus dem Waldgefüge hervor. Eindrucksvolle Silberpappeln mit silbrig-grauem Stamm und unterseitig mehlig-weißen Blättern dominieren als typische große Baumart des Auwaldes. Die vielen Arten der Strauch- und Krautschicht lassen den Rückschluss auf beste Nährstoffversorgung des seit Jahrtausenden angeschwemmten Auwaldbodens zu. Mit armdickem Efeu und Waldrebe umschlungene Bäume bringen Urwaldatmosphäre auf. Allerdings gibt es seit der Kanalisierung des Rheins keine Überschwemmungen mehr, die für eine echte Weichholzaue nötig wären. So ist auch stellenweise der Übergang zu einer Hartholzaue mit den beteiligten Ahornarten zu sehen.
Nach 100 m biegen wir nach links in einen kleinen Pfad. An einer Wegkreuzung bleiben wir den häufigen Wegweisern und erklärenden Schildern des Naturlehrpfads nach rechts treu. Es gibt aber auch geschichtliche Zeugnisse wie zum Beispiel ein Schützengraben aus dem Jahr 1944, den Wyhler Frauen und Kinder graben mussten. Schließlich stößt der Pfad auf den Altrhein, dem der Fußweg nach rechts folgt.
Hier kann der ruhige Wanderer den schillernden Eisvogel entdecken, denn in solche Steilufer gräbt der Eisvogel gerne seine Bruthöhle. Das Elternpaar versorgt bis zu vier Bruten im Jahr. Es ist wirklich ein bewundernswerter »fliegender Edelstein«. Auch der gelbe Pirol und die unscheinbare Nachtigall sind hier zu Hause, da beide gern in Ge-

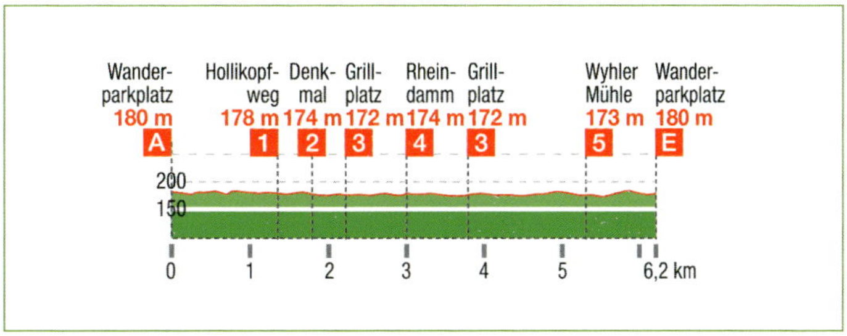

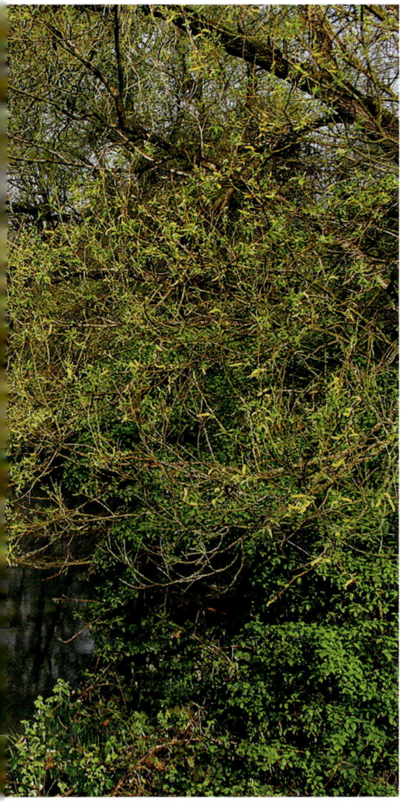

Altrheinarme durchziehen den Auwald.

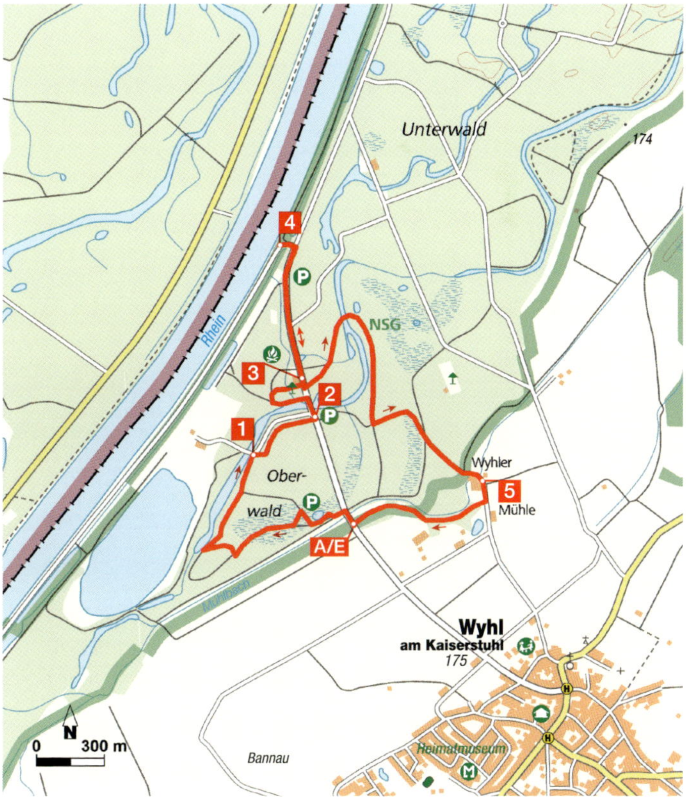

Die Gießen im Rheinauewald

Gießen sind glasklare nährstoffarme Fließgewässer in den Rheinauen, die nur vom Grundwasser gespeist werden. Die Unterscheidung von Altrheinarmen und Gießen ist meist durch einen Blick auf die Karte ersichtlich. Das nördlich des Kaiserstuhls liegende Naturschutzgebiet Taubergießen weist mit dem Wortteil »taub« aus der Fischersprache auf Nährstoffarmut hin, doch an den Gießen in den Rheinauen haben sich Tiere und Pflanzen zu einer Symbiose zusammengefunden, die es in vielen Gebieten Europas nicht mehr gibt. Zu den seltenen Brutvögeln gehören auch der schillernde Eisvogel, die Nachtigall und der Pirol.

wässernähe brüten. Der Pfad quert kurz vor einer Straßenbrücke über den Altrhein den Fahrweg mit dem Namen ❶ **Hollikopfweg**.

Zum Denkmal Bald endet der kleine Fußweg an der Asphaltstraße, an der eindrucksvolle Maserpappeln stehen. Wenn deren Holz aufgeschnitten wird, zeigen sich im Holz im Bereich der knolligen Wucherungen schöne Maserungen.

Auf der Asphaltstraße schlendern wir für 100 m nach rechts bis zur Brücke über den Altrhein. Vor der Brücke steht rechts ein ❷ **Denkmal**, denn hier gab es eine Anlegestelle, von der Kaiserstühler Auswanderer 1842 nach Venezuela überschifften. Das von ihnen dort gegründete Dorf Colonia Tovar besteht noch heute. Die Gegend ist überhaupt geschichtsträchtig. In der Zeit von 50 v. Chr. bis 250 n. Chr. bestand innerhalb der Wyhler Gemarkung eine keltoromanische Siedlung. Gräberfunde mit römischen Grabbeigaben deuten auf eine durchgehende Besiedlung hin. 926 wird Wyhl erstmals urkundlich erwähnt. Die Heerstraße in Wyhl erinnert an die einst bestehende Römerstraße.

Zum Grillplatz Am Denkmal gehen wir auf der Brücke über den Altrhein und gleich danach links am Gewässer entlang. Der Fahrweg verlässt nach 100 m in einer Rechtskurve das Fließgewässer. Nach weiteren 80 m folgen wir dem Wegweiser für den Naturlehrpfad, nun auf einem kleinen Fußweg, nach rechts. Hier steht der dunkelgrüne Winterschachtelhalm am Waldboden. Er setzt auch im Winter deutliche Akzente. Bärlauch erfüllt mit seinem Duft die Wälder im Frühjahr.

Ein hölzerner Steg bringt uns über einen kleinen Seitenarm des Altrheins und dann stehen wir auf dem großen ❸ **Grillplatz** mit Tischen und Bänken, die sehr gut für eine Rast geeignet sind.

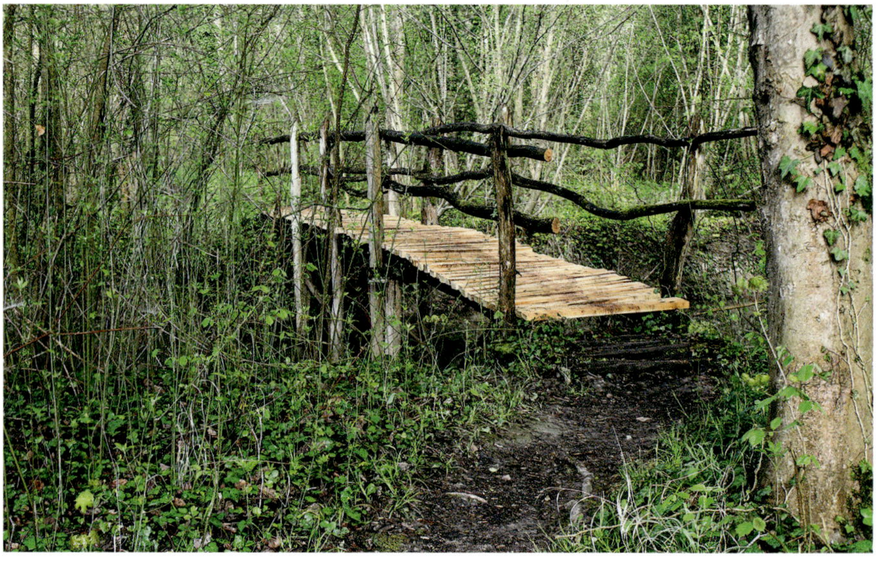

Auf Holzstegen werden einige Gewässer überquert.

Zum Rheindamm Der Rhein ist nicht weit, so machen wir einen Abstecher auf der Asphaltstraße nach links zu den Rastbänken direkt am Fluss und verlassen hiermit vorerst den Naturlehrpfad. Die Straße ist zugleich der Jakobsweg, der aus dem Schwarzwald kommend am Rhein entlang über Breisach nach Santiago de Compostela verläuft. Vor dem Rheindamm steht am Waldrand rechts ein Fels mit dem eingemeißelten alemannischen Spruch: »Nai hämmer gsait«. Ein selbstbewusstes Zeugnis für den erfolgreichen Widerstand der Wyhler gegen ein hier in den 1970er-Jahren geplantes Atomkraftwerk. Den wunderbaren Rheinauewald und den Eisvogel gäbe es hier sonst wahrscheinlich nicht mehr. Die Asphaltstraße endet auf dem 4 **Rheindamm**.

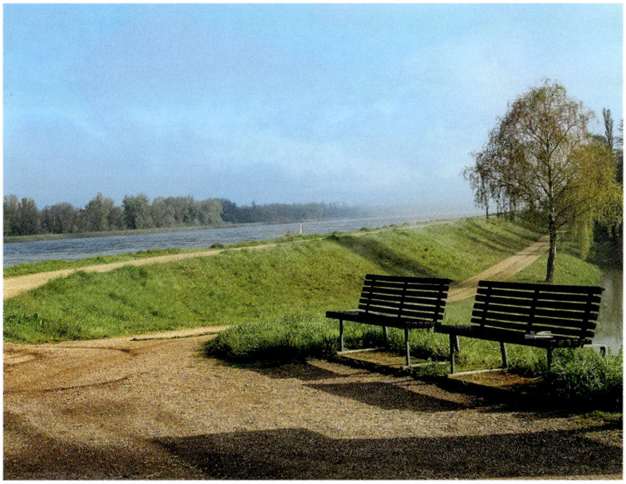

Neben den allgegenwärtigen Schwänen sind hier auch andere Vögel zu beobachten. Im Winter erregt oft ein Schwarm von lustigen Seidenschwänzen Aufmerksamkeit. Die schönen Seidenschwänze sind hier nur dann Wintergäste, wenn es in ihrem Brutgebiet in Skandinavien ein zu kleines Nahrungsangebot an Beeren der Eberesche gibt. Das winzige Wintergoldhähnchen fällt durch seine wispernde Stimme in hoher Tonlage auf. Die Tafelenten mit dem braunen Kopf geben sich behäbig. Auch der vorbeiziehende Schiffsverkehr lässt keine Langeweile aufkommen.

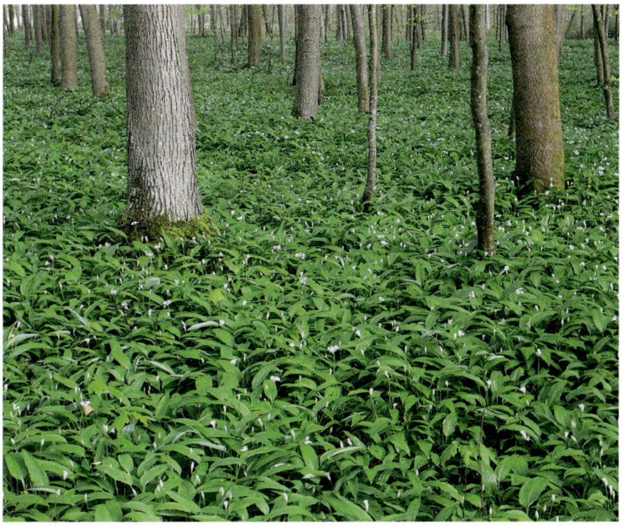

Zum Grillplatz Nach der Pause müssen wir auf der Asphaltstraße zum großen 3 **Grillplatz** zurückwandern.

Zur Wyhler Mühle Jetzt gehen wir an der Info-Tafel nach links weiter auf dem ausgeschilderten Naturlehrpfad. Einige Holzstege führen über Seitenarme des Altrheins und über grundwassergespeiste Gießen. An einer Weggabelung wenden wir uns nach rechts entlang eines Gewässers. Schließlich stößt der Naturlehrpfad auf einen Fahrweg, dem wir nach links bis zum schon sichtbaren alten Hochwasserdamm folgen. Am Damm halten wir uns rechts und steigen nach 50 m geradeaus über die Dammkrone, vorbei an einer künstlich angelegten Hirschkäfer-Brutburg. Weiter geht es auf dem Forstweg, und dann kommen wir gleich zur 5 **Wyhler Mühle**. An dieser Stelle wurde schon 1809 die erste Mühle gebaut.

Oben: Auf dem Rheindamm stehen angenehme Ruhebänke.

Unten: Hier duftet es nach Bärlauch.

Zum Wanderparkplatz Zwischen dem Gebäude und den Silos der heutigen Mühle gehen wir hindurch und über den Mühlbach. Nach der Mühle wandern wir vor einem Weiher mit einer großen Insel, auf der Schafe leben, nach rechts entlang des Mühlbachs. Ab einem Lagerplatz für Grüngut benutzen wir den kleinen Pfad entlang des Mühlbachs und sind bald zurück am E **Wanderparkplatz**.

2 Burgen auf dem Vulkan

Der strategisch bedeutende Limberg

Leicht | 3:00 Std. | 190 m | 8,4 km

Tourencharakter
Leichte, teils schattige, teils sonnige Tour auf markierten Natur- und Asphaltwegen durch Weinberge und Auwälder

Ausgangs-/Endpunkt
Bahnhof Sasbach 186 m

Höchster Punkt
Aussichtspavillon 265 m

Anfahrt
Mit dem Auto von der A 5 Ausfahrt Riegel nach Westen über Endingen bis Sasbach. Parken in der Straße »Im Fischersdorf«, GPS: N48°08'22" E007°37'11"
Mit der Bahn von Riegel und Breisach oder mit dem Bus der Linie 102 von Riegel oder von Breisach (www.bahn.de)

Gehzeiten
Aufstieg: Bahnhof Sasbach – Lützelbergkapelle 0:30 Std. – Keltischer Wall 0:25 Std. – Aussichtspavillon 0:20 Std.
Abstieg: Aussichtspavillon – Keltischer Wall 0:15 Std. – Ruine Limburg 0:30 Std. – Badesee Sasbach 0:35 Std. – Bahnhof Sasbach 0:25 Std.

Beste Jahreszeit
Frühjahr und Herbst

Einkehr
Restaurant Bürgerstube, 79361 Sasbach, Hauptstraße 48, Tel. 07642/3367, www.buergerstube-sasbach.de
Gasthaus Zur Limburg, 79361 Sasbach, Am Rhein 2, Tel. 07642/3393, www.gasthaus-zur-limburg.de

Karten
Kompass: »Kaiserstuhl Tuniberg«, Karte 883, 1:25000; oder Karten des LGL

Von Sasbach führen die Wege über die Lützelbergkapelle zum geschichtsträchtigen Limberg mit seinen steinzeitlichen und keltischen Besiedelungsspuren und der mittelalterlichen Burgruine Limburg. Auf dem Rückweg sieht man noch etwas vom urwaldähnlichen Rheinauewald.

Aufstieg zur Lützelbergkapelle Vom Ⓐ **Bahnhof in Sasbach** beginnen wir die Wanderung vorbei am guten Restaurant Bürgerstuben nach Westen und gehen nach 70 m rechts in die Straße Im Fischersdorf. Am Ende der Straße wandern wir links in die Kaiserstuhlstraße, die dann nach der Kreuzung Limburgstraße heißt. Nach einem kleinen Industriegebiet biegen wir rechts in die Straße Im Weingarten. Die Markierung trägt die Muschel des Jakobsweges und die des wissenschaftlichen Lehrpfades Limberg. Nach 50 m halten wir uns wieder rechts und gehen nun auf einem bald nach links schwenkenden kleinen Weg entlang der über 250 Jahre alten Kreuzwegstationen nach oben. Eine Besonderheit sind die auf emaillierte Blechplatten gebrannten Bilder.
An einer Bank bietet der Blick zurück eine schöne Aussicht über Sasbach und den Kaiserstuhl. Der Weg leitet über den Lavastrom der Hochfläche des Lützelberges zur Wallfahrtsstätte ❶ **Lützelbergkapelle**, einem einfachen Barockbau aus dem Jahr 1752. Es gab hier allerdings bereits einen Vorgängerbau.

Aufstieg zum keltischen Wall Auf der Nordwestseite der Wallfahrtskirche führt an der großen Winterlinde eine Treppe in die Rebflächen hinunter. Das anzupeilende Ziel ist die Mauer im Gegenhang mit der großen Aufschrift der 1a-Weinlage Rote Halde. Vor dieser Mauer läuft der Weinbergweg nach rechts aufwärts am Breisgau-Blick mit einer Orientierungstafel vorbei. An der Kreuzung Keltenwald, zu der wir später noch einmal zurückkehren werden, ist links weiter oben ein ❷ **keltischer Wall** zu erkennen. Informationstafeln erläutern die zu allen Zeiten strategisch wichtige Lage des Limber-

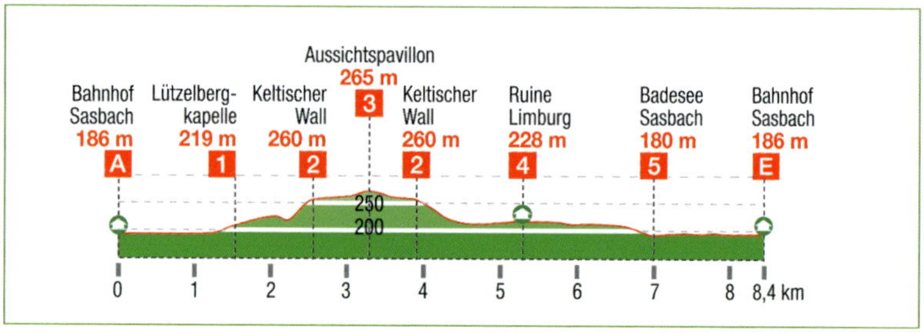

ges. Es gibt auch Siedlungsreste aus der Jungsteinzeit hier oben. Zur Zeit des Kaisers Augustus gab es auch ein römisches Lager. Reste einer frühmittelalterlichen Burg und Bunker aus dem 2. Weltkrieg belegen die militärische Rolle des Berges ebenfalls.

Zum Aussichtspavillon Vom Keltenwall weiter aufwärts zeigt die gelbe Raute einmal nach rechts und einmal nach links, dann geht es wieder leicht abwärts. Auf der Hälfte des hinuntergeneigten Weges gibt es rechts einen kurzen Abstecher zu einem Aussichtspunkt. Man überblickt die Staustufe Marckolsheim und sieht sogar bis in die Vogesen: vom Grand Ballon bis zum Mont Saint-Odile.
100 m weiter auf dem abwärts geneigten Weg geht es dann nach links zum ❸ Aussichtspavillon Kaiserstuhlblick. Hier reicht die Sicht vom Schwarzwaldrand bei Lahr über den Kaiserstuhl hinweg bis hinunter zum Blauen bei Badenweiler.

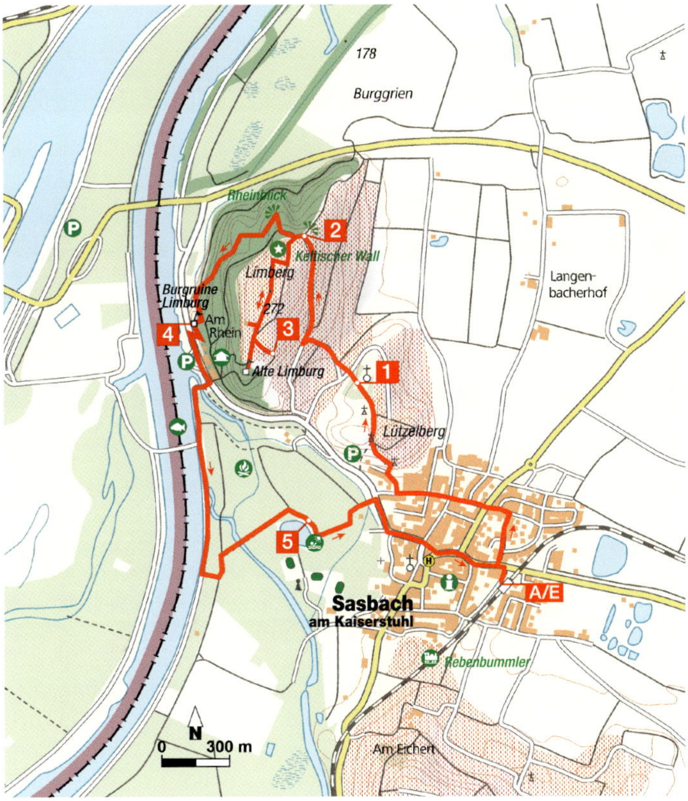

Zum keltischen Wall 70 m weiter abwärts auf dem vorherigen Weg stehen auf einem Felssporn die Reste eines Rundturms, einst zur ersten frühmittelalterlichen alten Limburg gehörend. Um den artenreichen Keltenwald zu erleben und um an dem interes-

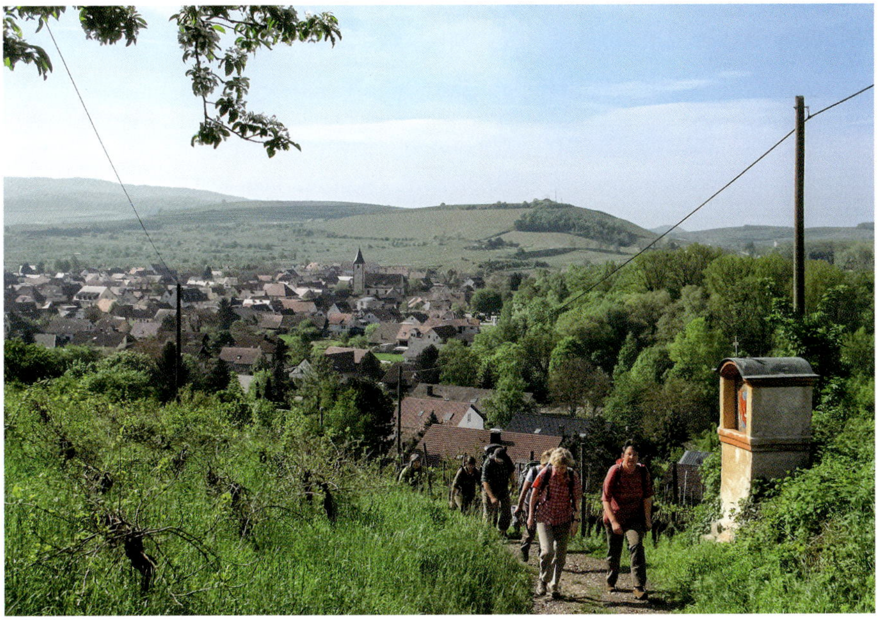

Vom Lützelberg aus sind Sasbach und der Kaiserstuhl gut zu überblicken.

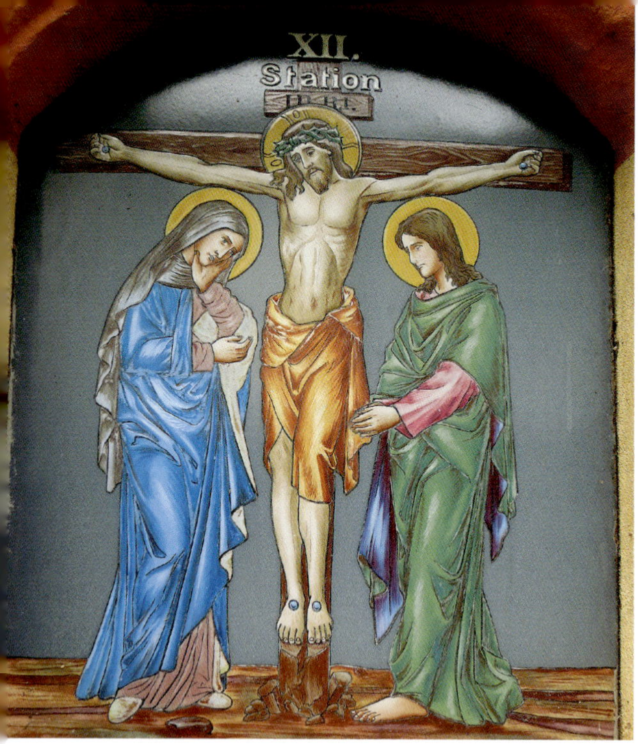

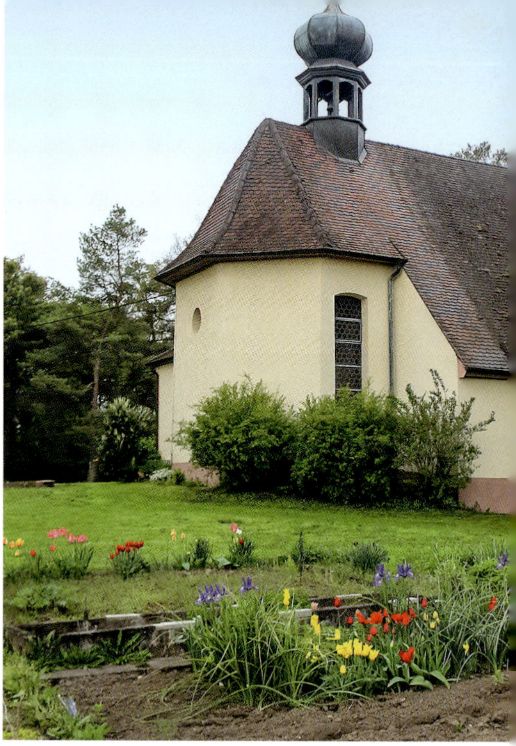

Links: Die Bilder der Kreuzwegstationen bestehen aus emaillierten Blechplatten.

Mitte: Die Lützelbergkapelle stammt aus dem Jahr 1752.

santen Steinbruch Nord vorbeizukommen, wandern wir jetzt wieder die 800 m bis zur Kreuzung an dem 2 **keltischen Wall** zurück.

Abstieg zur Ruine Limburg Der Wegweiser an der Kreuzung Keltenwald zeigt links durch den schönen Laubwald hinunter zum Steinbruch Nord. An einer T-Kreuzung im Wald wenden wir uns nach rechts. Der Waldboden ist im Frühjahr bedeckt mit der Großen Sternmiere, Quirlblättrigem Zahnwurz und Vielblütigem Weißwurz (nicht verwechseln mit dem Echten Salomonsiegel). Auch die artenreiche Strauchschicht und die Baumarten zeigen Nährstoffreichtum an.

Fast unten an der Straße ist dann links der interessante Steinbruch Nord. Hier tritt das seltene vulkanische Gestein Limburgit mit Einsprengungen von schwarzem Augit und rostig verwittertem Olivin in zwei voneinander getrennten Lavaströmen zutage. Der Name des Gesteins stammt vom Fundort hier an der Limburg.

Weiter unten am Weg sind dann auch Anschnitte in den Lössboden sichtbar. 100 m vor der Straße wandern wir an der Weggabel nach links hinauf in Richtung Ruine Limburg. Unterwegs kommen wir an einem Bunker des Westwalls vorbei, der zur Verteidigung der Rheinbrücke bei Sasbach dienen sollte. Gut, dass in dem gesprengten Bunker heute Fledermäuse unterkommen.

60 m nach dem Bunker steigen wir rechts durch den Torbogen in die Ruine hinauf. Innerhalb der Anlage geht es geradeaus wieder hinunter zum Rhein. Vorher besuchen wir aber den Aussichtspunkt links oben an der höchsten Stelle der 4 **Ruine Limburg**. Die Burg

Die Bedeutung des Limbergs

Die Lage am Schnittpunkt von Straßenverbindungen über den Schwarzwald, die Vogesen und entlang des Rheintals gab dem Limberg zu allen Zeiten eine wichtige strategische Rolle auf. Der Berg bot alle Voraussetzungen für die Anlage von befestigten Siedlungen und Burgen. Der Rundblick über den Rhein, den Rheinübergang und die Straßen ermöglicht die Überwachung aller Verkehrswege. Nachweise stammen aus der Jungsteinzeit, der Hallstattzeit und der spätkeltischen Zeit. Auch die Römer und die Franken setzten sich hier fest. Bunkerreste aus dem Zweiten Weltkrieg zeugen noch in der Neuzeit für die strategische Wichtigkeit des Limbergs.

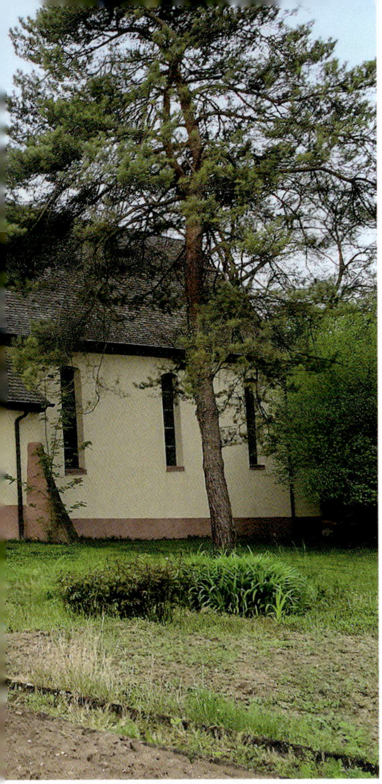

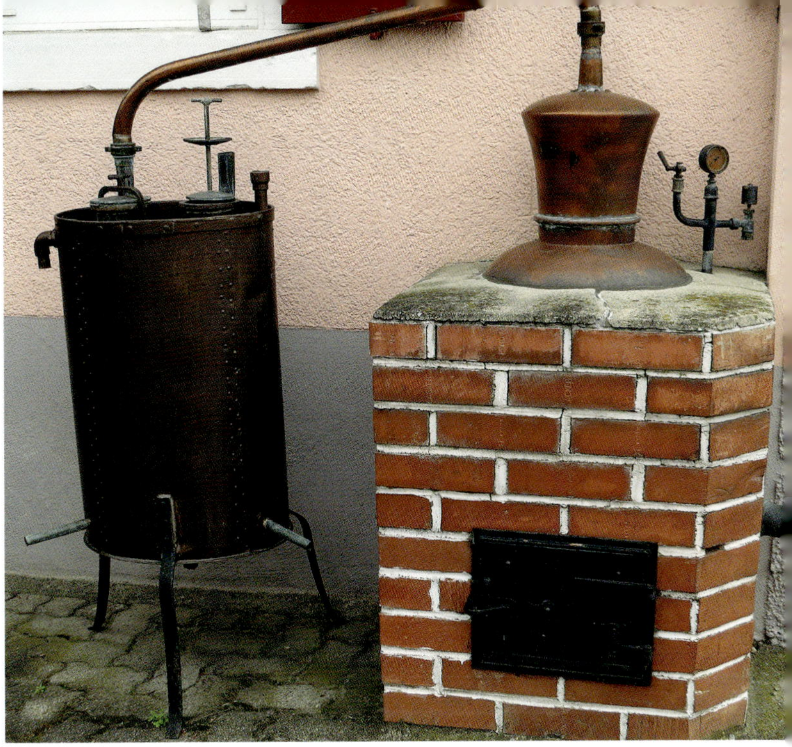

geht auf das 13. Jahrhundert als Besitz der Grafen von Habsburg zurück. Zuvor gab es hier schon im 11. Jahrhundert eine Befestigung der Zähringer. Die größten Schäden erfolgten hier erst im 2. Weltkrieg.

Auch in Sasbach hat die Schnapsbrennerei eine lange Tradition.

Abstieg zum Badesee Sasbach Auf dem Steig und Treppenweg gehen wir dann von der Ruine Limburg hinunter in Richtung Zollhäusle. Das wird auch weiter unten an einer Wegkreuzung angezeigt, daher gehen wir von dort nach rechts hinunter. Das bunt bemalte ehemalige Zollhäusle ist heute eine Informationsstelle des Naturschutzbundes. Von dem Zollhäusle aus gehen wir links weiter und vor der Gaststätte »Zur Limburg« rechts über ein tiefer liegendes Wehr mit Furt auf den Leinpfad, der uns auf dem Rheindamm flussaufwärts weiter nach Süden bringt (bei Hochwasser kann die Furt nicht benutzt werden und es muss auf der Straße nach Sasbach gegangen werden). Von diesen Leinpfaden aus wurden früher Lastschiffe mit Zugtieren den Rhein hinaufgezogen. Heute übernimmt der weiter westlich liegende Schifffahrtskanal die modernen Lasten.
Am dritten Abzweig, 100 m vor den abgelegten Booten des Segelclubs Sasbach, nehmen wir den kleinen Pfad nach links in den Auwald hinein Richtung Badesee Sasbach. Die gelbe Raute zeigt im Wald auf einem Waldweg einmal nach links und einmal nach rechts: Achten Sie vor dem Abzweig nach rechts auf einen Baum, an dem über Kopfhöhe mit weißer Farbe eine Hochwassermarke aus dem Jahr 1999 angebracht ist. Nach einem kleinen Steg und Querung eines Hochwasserdamms erwartet uns der überschaubare 5 **Badesee Sasbach**.

Zum Bahnhof Sasbach Auf der Ostseite des Badesees führt eine gelbe Raute in den Wald hinein. Vor Sasbach stoßen wir nach einer kleinen Brücke auf einen asphaltierten Gehweg, dem wir nach rechts folgen, womit wir auf die Kirche zugehen. Nach 100 m wandern wir links in die Marckolsheimer Straße. Links vom Gasthof Löwen führt ein Durchgang zur Hauptstraße, die uns nach links direkt an den E **Bahnhof Sasbach** zurückbringt.

3

Gemäuer und Bauernkrieg

Auf historischen Spuren im Kirschenmeer

Leicht | 3:30 Std. | 260 m | 9,8 km

Tourencharakter
Leichte, meist sonnige Tour auf markierten Natur- und Asphaltwegen durch Wälder und Dörfer

Ausgangs-/Endpunkt
Bahnhof Königschaffhausen 192 m

Höchster Punkt
Im Riedle 315 m

Anfahrt
Mit dem Auto von der A 5 Ausfahrt Riegel nach Westen bis Königschaffhausen. Im Ort auf der Bahnhofstraße nach rechts bis zum Bahnhof. Parkplatz GPS: N48°08'14" E007°39'31"
Mit der Bahn bis Endingen oder Riegel und dann mit der Kaiserstuhlbahn oder mit dem Bus der Linie 102, 103, 105 und 107 nach Königschaffhausen (www.bahn.de)

Gehzeiten
Aufstieg: Bahnhof Königschaffhausen – T-Kreuzung Kräuterpfad 0:45 Std. – Bacchus-Brunnen 0:20 Std. – Im Riedle 0:25 Std.
Abstieg: Im Riedle – Alte Weinpresse 0:45 Std. – Bahnhof Königschaffhausen 1:15 Std.

Beste Jahreszeit
Mitte April zur Kirschenblüte oder zur Erntezeit im Juni

Einkehr
Gasthaus Sonne, 79346 Amoltern, Bergstraße 1, Tel. 07642/7242
Gasthaus Hotel Dutters Stube, 79346 Kiechlinsbergen, Winterstraße 28, Tel. 07642/1786, www.dutters-stube.de
Gasthaus Weinhotel Adler, 79346 Königschaffhausen, Endinger Straße 35, Tel. 07642/3212, www.adler-baptist.de

Karten
Kompass: »Kaiserstuhl Tuniberg«, Karte 883, 1:25 000; oder Karten des LGL

Diese Wanderung führt durch den Obstgarten des Kaiserstuhls bei Königschaffhausen. Ganz besonders zur Kirschbaumblüte oder auch zur Kirschernte, wenn an den Bäumen die Leitern stehen, wird die Tour zu einer traumhaften Unternehmung mit historischen Anlaufpunkten.

Zur T-Kreuzung am Kräuterpfad An der Kreuzung vor dem Ⓐ **Bahnhof Königschaffhausen** zeigt der Wanderwegweiser mit der gelben Raute in die Bahnhofstraße und nach Südosten in Richtung Kiechlinsbergen. Am Ende der Straße biegen wir an der Endinger Straße nach links und dann nach 100 m rechts in die Gausbergstraße ein. Zur Zeit der Kirschernte bremsen an dieser Ecke die leckeren leuchtend roten Kirschen am Obststand den Wanderschritt. An der zweiten Kreuzung schickt uns der Wegweiser des Obstwanderwegs mit dem Kirschensymbol nach links durch ausgedehnte Obstbaumflächen. Die Zeit der Kirschenblüte im April ist ganz einfach herrlich. Ein weißes Blütenmeer überzieht die Flächen, die Weinstöcke schieben gerade erst die Knospen an und von drüben aus den Vogesen leuchtet noch immer der Schnee herüber.

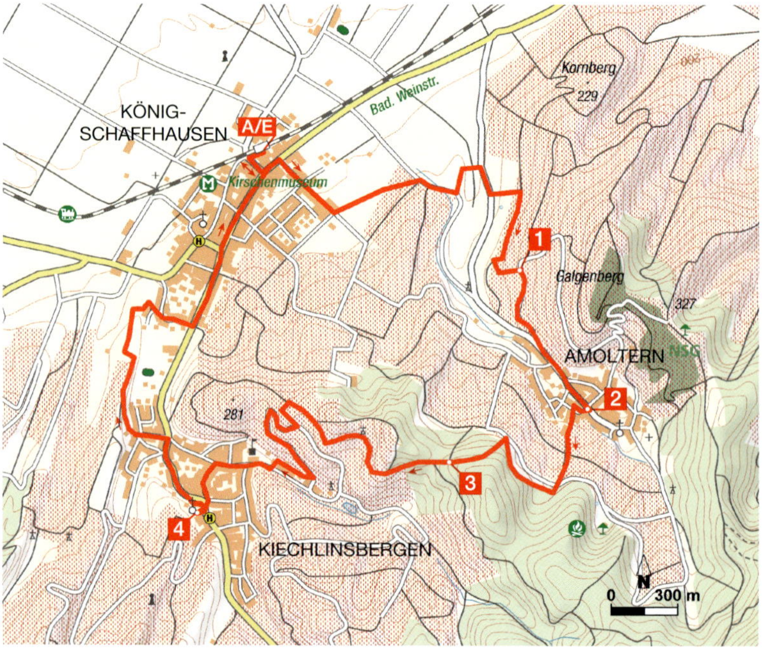

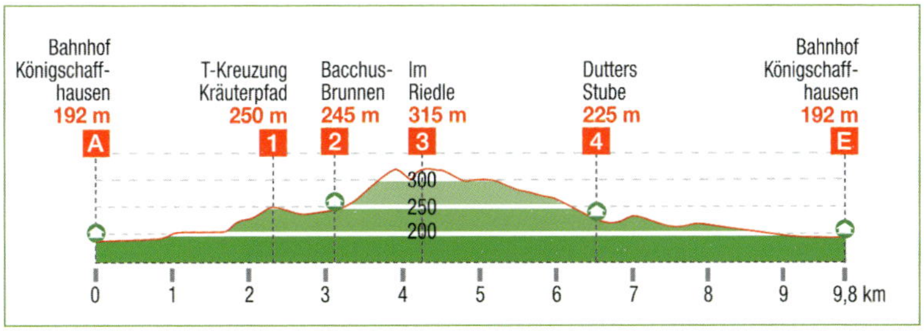

An der Wegkreuzung hinter einem Pavillon wandern wir rechts weiter. Nach 100 m folgen wir nicht mehr dem Obstwanderweg, sondern gehen geradeaus auf den Verbindungsweg zum Amolterner Kräuterpfad. Oben hinter der Dammkrone führt der Weg mit der gelben Raute nach links hinunter. Auf der Landstraße, die nach Amoltern führt, gehen wir für 70 m nach rechts und folgen dann links einem leichten Aufstieg in die Weinberge hinauf. Nach 100 m halten wir uns an einer T-Kreuzung nicht mehr an die gelbe Raute, sondern spazieren zwischen einem Hang und den Reben nach rechts. Zuerst eben, dann leicht bergauf, bleiben wir immer auf dem Verbindungsweg zum Amolterner Kräuterpfad. Am Ende der Reben biegt der Weg nach links und steigt in einer Hohlgasse steil nach oben. Die Abzweigungen lassen wir seitlich liegen und erreichen auf einem asphaltierten Weg die **1 T-Kreuzung am Kräuterpfad**.

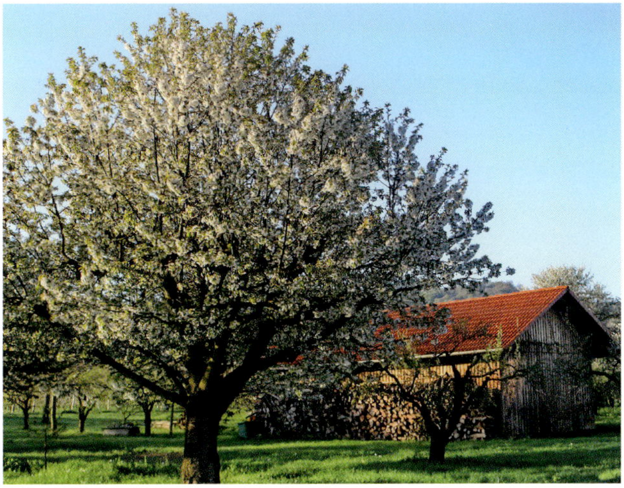

Die Zeit der Kirschblüte ist ein echtes Highlight.

Zum Bacchusbrunnen Auf dem Amolterner Kräuterpfad wandern wir nach rechts durch schöne Lösshohlgassen nach Amoltern hinunter. Informative Tafeln stellen dem Wanderer nützliche Kräuter vor. In den Lösswänden sind unzählige Löcher von solitär lebenden Wildbienen und anderen Insekten eingebohrt. In den armdicken Löchern brüten die bunten Bienenfresser.

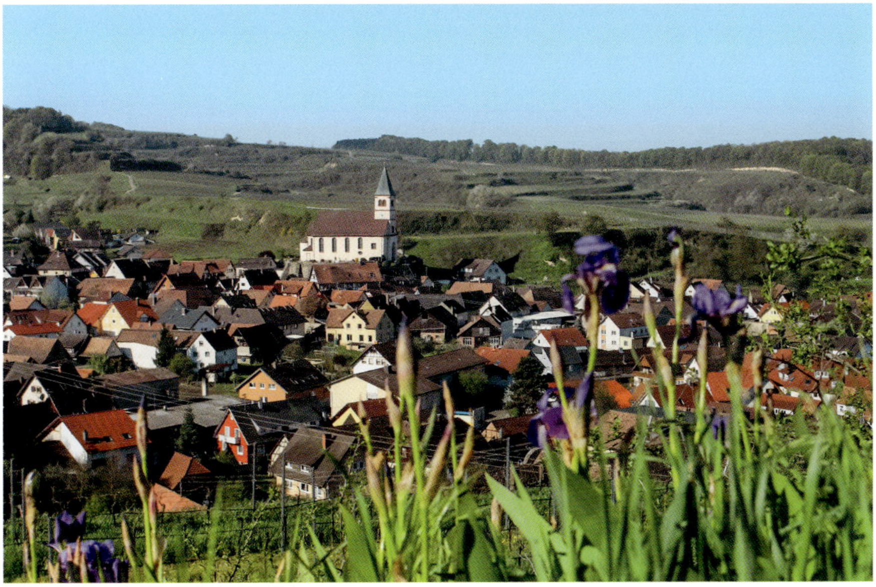

Aus den Weinbergen ist Kiechlinsbergen gut zu überschauen.

Das Kirschenmuseum in Königschaffhausen

Das Thema des Museums ist die Tradition des Kirschanbaus und die Verarbeitung der Früchte. Dazu gehören das Handwerk des Leitermachens und des Korbflechtens. Zahlreiche Exponate sind auf über 100 qm ausgestellt und zeigen die notwendigen Arbeitsvorgänge. Ebenso wird die Vielfältigkeit des Produkts Kirsche erlebbar gemacht: Kirschen als Grundlage für Dörrobst, als Einmachware, für Kuchen oder als Grundstoff für das geschmackvolle Königschaffhauser Kirschwasser. Geöffnet immer am ersten Sonntag im Monat von 16–18 Uhr. Untere Guldenstraße 1a, Tel. 07642/8585, www.kirschenmuseum-koenigschaffhausen.de

Im ruhigen Amoltern steuern wir auf der unteren Dorfstraße geradeaus auf die Kirche zu. Am Dorfplatz mit dem 2 **Bacchusbrunnen** vor dem Gasthaus Sonne stehen ein paar Rastbänke.

Aufstieg zur Anhöhe Im Riedle Vom Dorfplatz gehen wir nach rechts in den Winzerweg Richtung Kiechlinsbergen, passieren das Milchhisli und wenden uns schon nach 50 m nach links auf den Talweg in die Weinberge hinauf. An einer Kreuzung mit großem Holzlagerplatz am Waldrand bleiben wir der gelben Raute treu und gehen weiter geradeaus in Richtung Kiechlinsbergen. Zunächst geht es bergauf an einer kleinen Hütte mit Wellblechdach vorbei, gleich darauf nehmen wir an einer Weggabelung mit Aussicht auf Amoltern den rechten Pfad und bleiben auch hier vorerst am Waldrand. Der Weg steigt an und fällt wieder ab und taucht schließlich in schattigen Buchenwald ein. Oben auf der Anhöhe erreichen wir den Wegweiser 3 **»Im Riedle«**.

Abstieg zum Gasthaus Dutters Stube Auf der Anhöhe bleiben wir geradeaus in Richtung Kiechlinsbergen, das wir von hier oben gut überschauen können. Wir wandern angenehm an einem aussichtsreichen Picknickplatz vorbei und durch Weinbauterrassen abwärts, dann folgen wir der gelben Raute an einem Wegkreuz nach rechts und gehen wieder bergauf. Hier sind wir in der 1A-Weinlage Ölberg mit ihren warmen Südhängen. Die ersten Schwertlilien profitieren auch von der Wärme und setzen blaue Farbtupfer.
Vor dem kleinen Fernsehsendemast verlassen wir den Kirschbaumpfad nach links und gehen direkt am Sendemast vorbei Richtung Schloss Kiechlinsbergen. Unterhalb des Sendemasts mit schöner Sicht über den Ort wenden wir uns scharf rechts und passieren die Tafeln des Kiechlinsbergener Weinlehrpfads. An einem weiteren Wegkreuz mit nebenstehender Birke gehen wir scharf links abwärts und stoßen an den ersten Häusern auf den Adelheidweg, biegen aber gleich rechts in den Ölbergweg ein, der vor dem Kiechlinsberger Schloss zur Tennenbachstraße abbiegt.

Das Barockschloss Kiechlinsbergen

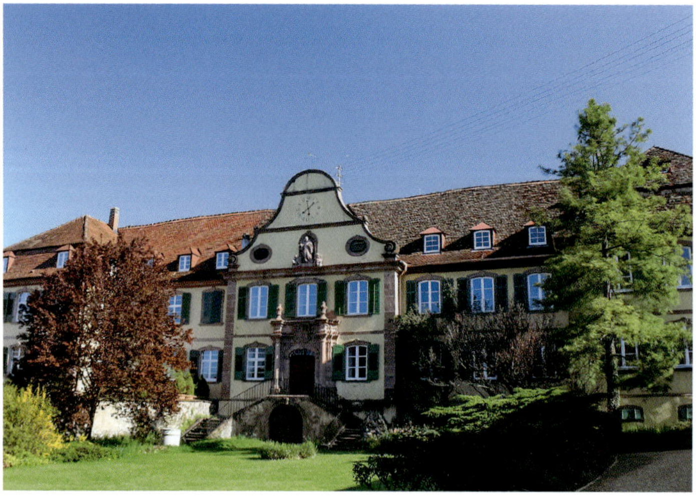

Das Barockschloss Kiechlinsbergen war die ehemalige Propstei des Zisterzienserklosters Tennenbach. Im Innern erfolgte die Gestaltung bereits im klassizistischen Stil. Der Gewölbekeller dient heute der Winzergenossenschaft als Weinlager.
Ab dem Schloss wandelt sich die Straße dann zur Herrenstraße. Ein paar Meter weiter steht vor der Winzergenossenschaft Kiechlinsbergen eine alte Weinpresse mit schweren Gewichtsteinen aus dem Jahr 1603. Von

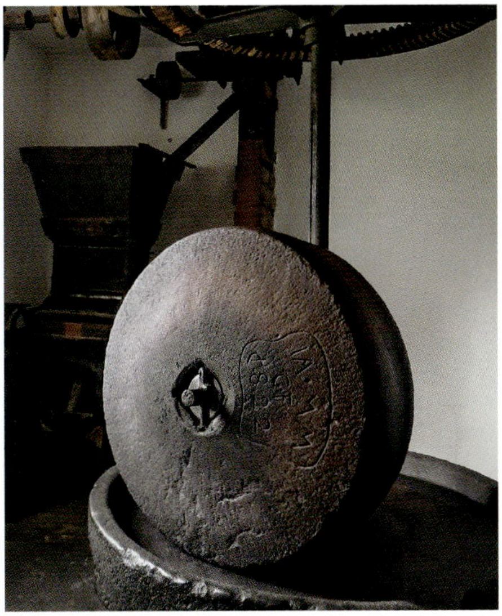

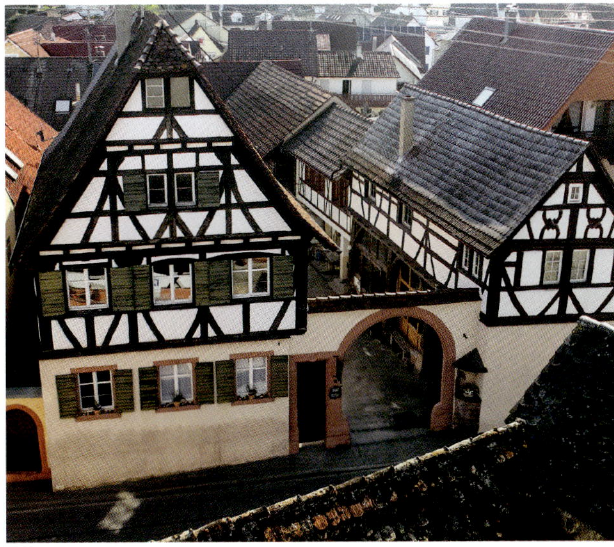

Mitte: Die historische Ölmühle steht in Königschaffhausen.

Rechts: Die fränkische Hofanlage ist eine der ältesten Hofstellen im Kaiserstuhl.

dem früheren Dorf Bergen und von den Herren zu Küchlin leitet sich der Name des heutigen Kiechlinsbergen ab.

80 m nach der Winzergenossenschaft biegen wir nach links in die Grienerstraße ein. Am winzigen Dorfmetzger und am Heimatmuseum vorbei gelangen wir zum Gasthaus Hotel **4 Dutters Stube**, in dem sich im Jahr 1525 die Kämpfer des Bauernkrieges trafen. Hier war ferner die bewirtschaftete Gemeindestube, in der auch Gericht gehalten wurde.

Gegenüber steht eine sogenannte fränkische Hofanlage aus dem Jahr 1544, eine der ältesten Hofanlagen im Kaiserstuhl überhaupt. Hinter Dutters Stube erhebt sich auf einem Hügel die Bergkirche St. Petronilla, die 1814 im klassizistischen Weinbrenner-Stil erbaut wurde. Dieser Baustil wurde von der Schule des Badener Baumeisters Friedrich Weinbrenner (1766–1826) geprägt, dessen größtes Werk das klassizistische Stadtbild des großherzoglichen Karlsruhes darstellt. Die Seitenaltäre wurden vom damals aufgehobenen Kloster Tennenbach aufgekauft. Der Hochaltar stammt aus dem Johanniterstift in Kenzingen. Daraufhin wurde der gesamte Innenraum barockisiert.

Zum Bahnhof Königschaffhausen Weiter geht es auf der abschüssigen Winterstraße vor dem Gasthaus Dutters Stube. An der Kreuzung mit dem Brunnen laufen wir nach links in den Kapellenweg in Richtung Königschaffhausen. Am Ende des Kapellenwegs folgen wir der gelben Raute nach rechts. Sie ist an einem großen Haselbaum angebracht, der Weg führt nun leicht aufwärts. Fast genau oberhalb des Sportplatzes verlassen wir den Kirschbaumweg und wandern an der Geländekante geradeaus. Der Weg verläuft wieder bergab. Auch an der nächsten Kreuzung können wir auf dem Wiesenweg geradeaus an der Geländekante bleiben. Nach einem Wasserbehälter geht es wieder abwärts, und zwar auf Asphalt. Nach der Kehre müssen wir nach links in die Straße Im Biegarten und dann auf den Weiherweg nach rechts. Der Weiherweg stößt schließlich auf die Endinger Straße, auf der wir nach links nach Königschaffhausen hineinlaufen.

Auf der linken Seite ist noch der nette Bauernladen von Interesse sowie das Gasthaus Adler mit dem stillen Innenhof, dessen rühriger Wirt auf Vorbestellung auch die Besichtigung einer historischen Ölmühle ermöglicht. Noch eine Option in Königschaffhausen sind die 35 Schnapsbrennereien, die jegliches Obst edel verflüssigen.

Am Ende des Dorfes müssen wir dann noch in der Bahnhofstraße nach links zum **E Bahnhof Königschaffhausen** zurück.

4 Spuren des Glaubens

Charmantes Endingen und Katharinenkapelle

Mittel | 3:30 Std. | 500 m | 9,0 km

Tourencharakter
Mittelschwere, meist sonnige Tour auf markierten Naturwegen und Asphaltstraßen durch Orte, Wälder und Weinberge.

Ausgangs-/Endpunkt
Bahnhof Endingen 180 m

Höchster Punkt
Katharinenkapelle 492 m

Anfahrt
Mit dem Auto von der A 5 Ausfahrt Riegel nach Westen bis Endingen. GPS: N48°08'38" E007°42'11"
Mit der Bahn bis Endingen (www.bahn.de)

Gehzeiten
Aufstieg: Bahnhof Endingen – Gasthaus Schützen 0:20 Std. – Erleweiher 0:15 Std. – Katharinenkapelle 1:10 Std.
Abstieg: Katharinenkapelle – Friedhof Amoltern 0:45 Std. – Amolter Heide 0:10 Std. – Gasthaus Schützen 0:35 Std. – Bahnhof Endingen 0:15 Std.

Beste Jahreszeit
Frühjahr und Herbst

Einkehr
Gasthaus Schützen, Ringstraße 11, 79346 Endingen, Tel. 07642/80 69, www.schuetzen-endingen.de
Strauße Schambach, 79346 Endingen, Schambachhof 2, Tel. 07642/73 02, www.schambachstube.business.site

Karten
Kompass: »Kaiserstuhl Tuniberg« Karte 883, 1:25 000; oder Karten des LGL

Im mittelalterlichen Endingen gibt es viele historische Spuren des Glaubens. Aus dem authentischen Städtchen führt die schöne Wanderung zur Katharinenkapelle mit toller Aussicht. Zurück geht es dann über das Naturschutzgebiet Amolter Heide und durch Lösshohlgassen.

Zum Gasthaus Schützen Die Wanderung beginnt am Ⓐ **Bahnhof Endingen**. Ein Wegweiser bringt uns durch die Üsenberger Straße und St.-Jakobs-Gässli in Richtung Neunlindenpfad. An der Ecke zur Rempartstraße befindet sich das Käserei-Museum mit Laden, in dem 100 Jahre Geschichte einer ansässigen Käserei gezeigt werden (www.kaeserei-museum.de).
Dann gehen wir am Bürgerhaus und an der Polizei vorbei links in die Straße Adelshof. Auf der linken Seite steht der wunderschön restaurierte Üsenberger Hof aus dem 15. Jahrhundert, in dem das Vorderösterreich-Museum und die Touristeninformation untergebracht sind. Endingen war einst ein Erwerb Österreichs und wurde zu der Zeit von Maria Theresias Verwaltungsreform Vorderösterreich zugeordnet. Im Innern des stattlichen Gebäudes sind gotische Wandmalereien erhalten.

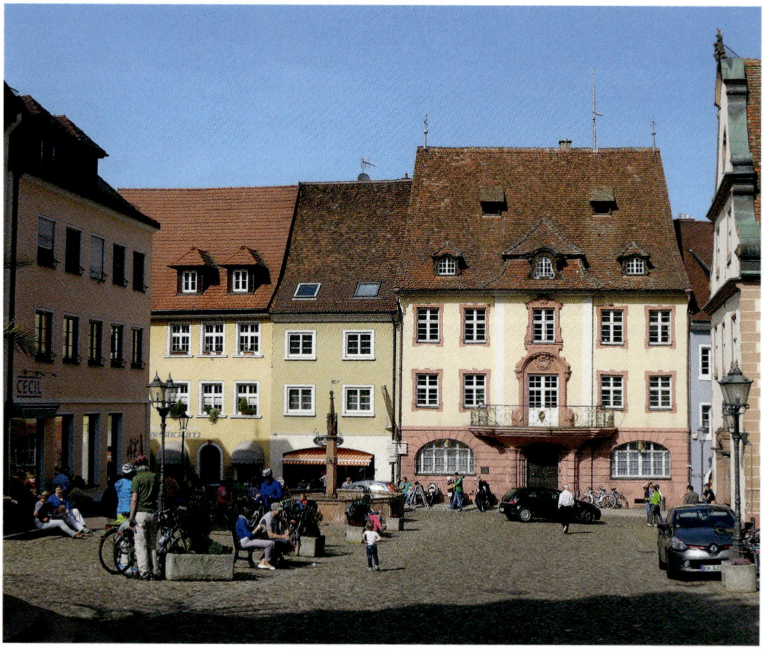

Das Löwengässli führt zur Hauptstraße, an der wir uns nach rechts wenden. Weiter vorne steht das schöne Königschaffhauser Tor, wir aber gehen links vor dem Stadtbrunnen auf den Marktplatz. Im 15. Jahrhundert wurden hier drei Juden wegen eines angeblichen Ritualmords an Kindern gefoltert und verbrannt. 1751 fand in Endingen einer der letzten Hexenprozesse in Europa statt, der für die Angeklagte auf dem Scheiterhaufen endete.

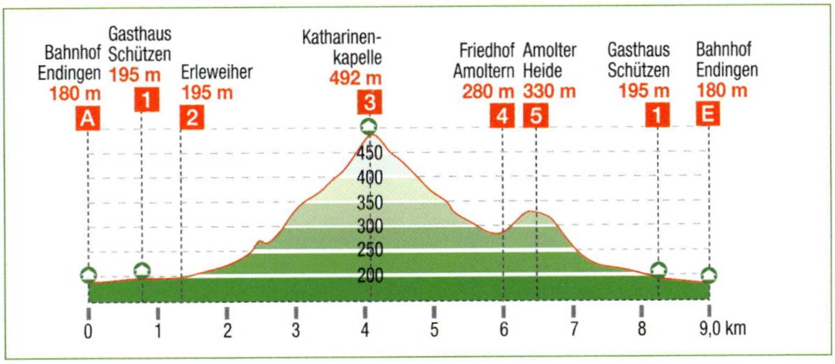

Gegenüber dem Brunnen steht an der Ecke zur Hauptstraße das alte Rathaus aus dem Jahr 1527. Im Museum werden 800 Jahre Stadtgeschichte dargestellt. Neben dem Eiscafé befindet sich an der höchsten Stelle des Marktplatzes das heutige Rathaus, das 1617 mit Renaissance-Stilelementen als Kornhaus erbaut wurde.

Ein Stück weiter kommen wir an der St. Martinskirche vorbei. Am Lindenplatz biegen wir nach rechts in die Stollbruckstraße ab und stoßen auf einen Parkplatz, an dem das ❶ **Gasthaus Schützen** steht.

Zum Erleweiher Gegenüber dem Gasthaus wandern wir an dem steinernen Kreuz rechts vorbei in das kleine Sträßchen Im Erle. Nach 50 m zeigt der Wegweiser »Neunlindenpfad« links in einen Fußweg und auf die Erlestraße. Dann geht es weiter zum idyllischen ❷ **Erleweiher**, der am Schluss des Tages zu einem erfrischenden Bad einlädt.

Linke Seite: Am Marktplatz in Endingen

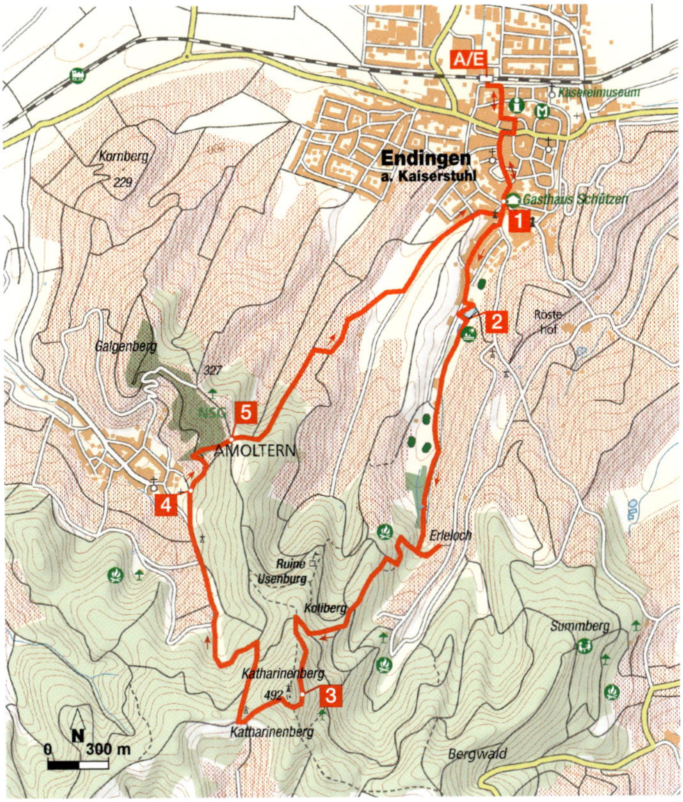

Aufstieg zur Katharinenkapelle Nach dem Weiher gehen wir links und vor der Brücke rechts in die Gus-Zimmermann-Allee, die sich als schöne Kastanienallee erweist. Auf der rechten Seite sind zur richtigen Zeit Orchideen auf der Feuchtwiese zu bewundern. Am Ende der Allee laufen wir geradeaus in einen Hohlweg in den Wald zum Katharinenberg hoch. Am Waldrand bietet sich zuerst ein Abstecher von 100 m nach links zum geheimnisvollen Erleloch an. Der Gang diente einst der Verbesserung der Wasserversorgung der Stadt Endingen. Auf diese Weise konnten die Quellen im parallelen Riedbachtal genutzt werden.

Zurück vom Abstecher, müssen wir nach 100 m auf dem Hohlweg im Wald in spitzem Winkel rechts einen Pfad hinauf. Jetzt halten wir uns nur noch an die Zielvorgabe Katharinenkapelle und gehen bergauf. An der ❸ **Katharinen-**

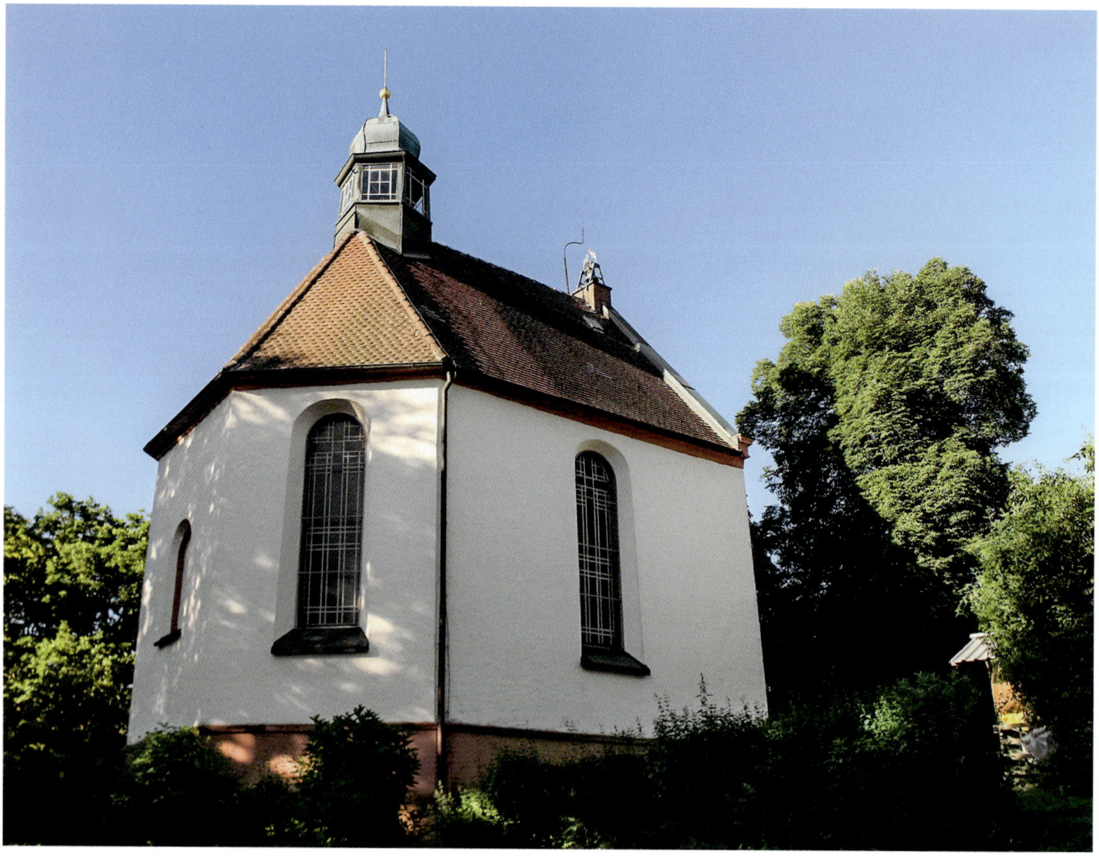

Oben: Die Katharinenkapelle hat eine wechselvolle Geschichte.

Unten: Das von einem 15-Jährigen geschnitzte Seilnacht-Kreuz

kapelle öffnet sich eine schöne Aussicht über die Rheinebene. Hier stehen wir ja auch auf einem der höchsten Berge des Kaiserstuhls. Das Entstehungsjahr der ersten hölzernen Kapelle an dieser Stelle ist unbekannt. Es dürfte sich jedoch um das 14. Jahrhundert handeln. Bald etablierte sie sich als Wallfahrtskapelle. Ab dem 18. Jahrhundert wohnten Eremiten auf dem Katharinenberg. Wegen Zerstörungen wurde die steinerne Kapelle mehrfach erneuert.

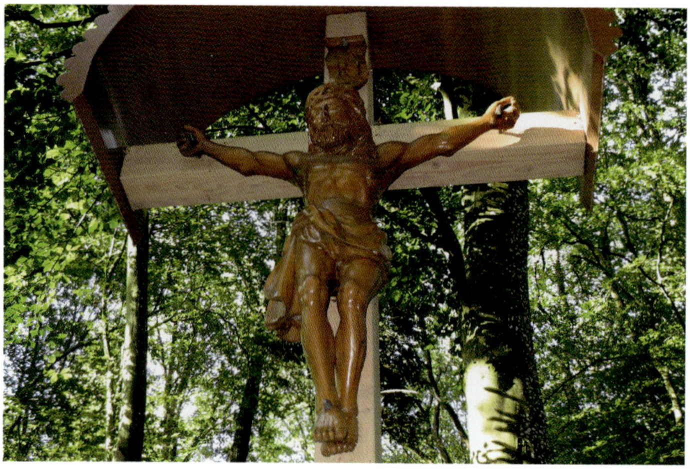

Abstieg zum Friedhof Amoltern Von dem Platz mit den Picknicktischen vor der Kapelle steigen wir nach Westen in Richtung Amolter Eck auf dem Pfad steil hinunter. An dem weißen schmiedeeisernen Kreuz am Amolter Eck wandern wir rechts Richtung Amolter Heide hinab. Im Wald gehen wir immer abwärts und halten uns an der zweiten Verzweigung links in Richtung Amolter Heide. An einer Wiese treten wir aus dem Wald und laufen geradeaus auf dem Asphaltsträßchen abwärts. 30 m nach einem Feldkreuz nehmen wir den Abzweig rechts, der leicht aufwärts geht und uns zur Kreuzung am 4 **Friedhof Amoltern** bringt. Mindestens seit dem Jahr 1248 stand die erste Kirche hier auf dem Friedhof, aber nur das Pfarrhaus ist noch erhalten. Die Kirche wurde durch ein Erdbeben zerstört und die neue Kirche St. Vitus wurde 1832 im klassizistischen Weinbrenner-Stil erbaut. Sehenswert ist das schöne Rundfenster im Chor.

Zur Amolter Heide 20 m nach dem Wasserbehälter und noch vor dem Friedhof beginnt der Amolter Kräuterpfad, dem wir rechts aufwärts Richtung Endingen folgen. Der Weg bietet bald einen schönen Blick bis in die Vogesen. Die 5 **Amolter Heide** ist mit ihren Halbtrockenrasen das älteste Naturschutzgebiet im Kaiserstuhl. Hier finden sich das Knöllchen-Steinbrech, Echte Kugelblumen, Affenknabenkraut, Brandknabenkraut, Sonnenröschen und viele andere geschützte Pflanzen. Zu der Pflanzenwelt in dieser exponierten Lage gesellen sich zahlreiche Schmetterlinge und Vögel.

Zum Gasthaus Schützen Nun schlendern wir auf dem Kirschbaumpfad durch Wald und Reben und durch tiefe Lösshohlwege Richtung Endingen Bahnhof. Schließlich stehen wir wieder am 1 **Gasthaus Schützen**.

Zum Bahnhof Durch die Stollbruckstraße und über den Marktplatz kommen wir auf bekannten Wegen wieder zum E **Bahnhof** zurück. Noch einmal lässt sich das besondere Flair der historischen Altstadt mit ihren romantischen Plätzen, dem Stadttor und den Brunnen genießen.

Amoltern ist eines der kleinsten und ruhigsten Dörfer im Kaiserstuhl.

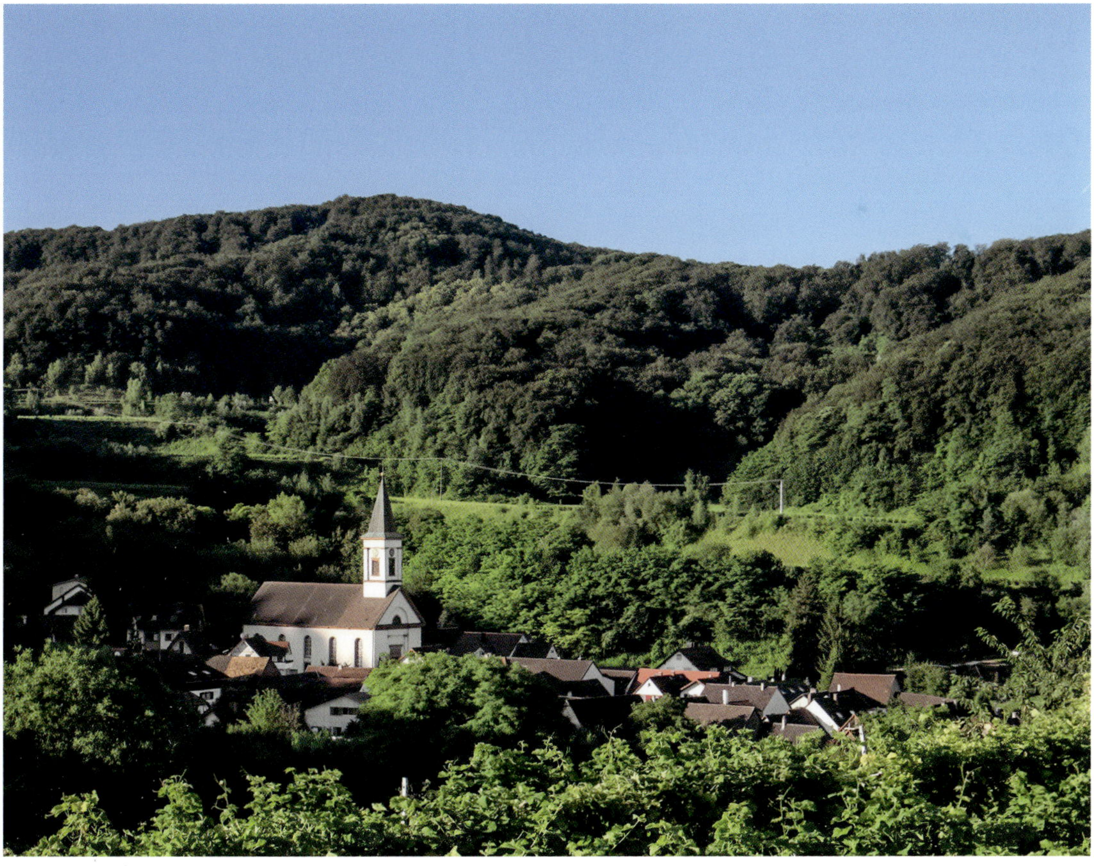

5

Die Römer am Kaiserstuhl

Historie, Kunst, Wein und Bier in Riegel

Leicht 2:40 Std. 100 m 7,8 km

Tourencharakter
Leichte Rundwanderung, meist sonnig auf markierten Natur- und Asphaltwegen durch Weinberge, Wiesen und Ortsgebiet

Ausgangs-/Endpunkt
Bahnhof Riegel Ort 180 m

Höchster Punkt
Michaelskapelle 243 m

Anfahrt
Mit dem Auto von der A 5 Ausfahrt Riegel nach Westen auf der L 113 bis Riegel. Parkplatz GPS: N48°09'14" E007°45'01"
Mit der Bahn bis Riegel Ort (www.bahn.de)

Gehzeiten
Bahnhof Riegel Ort – Großherzog-Leopold-Platz 0:15 Std. – Michaelskapelle 0:15 Std. – Mutter Erde 0:30 Std. – Kleine Stromleitung 0:25 Std. – Mithrastempel 0:30 Std. – Bahnhof Riegel Ort 0:35 Std.

Beste Jahreszeit
Frühjahr und Herbst

Einkehr
Hotel Gasthof Kopf, 79359 Riegel, Hauptstraße 30, Tel. 07642/908890, www.gasthof-kopf.de
Gasthof Riegeler Stammhaus, 79359 Riegel, Hauptstraße 29, Tel. 07642/930560, www.riegeler-stammhaus.de

Karten
Kompass: »Kaiserstuhl Tuniberg«, Karte 883, 1:25000; oder Karten des LGL

Riegels Geschichte reicht bis in die Antike. Diese Wanderung leitet zur 800 Jahre alten Michaelskapelle und zurück durch das Riedtal. In Riegel bleibt dann noch genügend Zeit, um die ganze Runde des archäologischen Rundwegs zu machen und auf den Spuren der Römer zu wandeln.

Zum Großherzog-Leopold-Platz Vom Ⓐ **Bahnhof Riegel Ort** starten wir auf der Römerstraße nach Osten, vorbei am Gasthaus Zur Arche. Am Ende der Straße gehen wir links über die Schienen und gleich nach den zweiten Gleisen rechts über die Wiese. Auf dem Elzdamm, der mit dem Leopoldskanal im 19. Jahrhundert zum Hochwasserschutz erbaut wurde, wandern wir rechts nach Süden und dann wieder über die Schienen zum ❶ **Großherzog-Leopold-Platz**. Das historische Brauereischloss der ehemaligen Riegeler Brauerei ist nun 140 Jahre alt und ein Industriedenkmal, in dem sich die Kunsthalle Messmer angesiedelt hat. Dort gibt es moderne Kunst in historischem Ambiente zu sehen (Dienstag bis Sonntag 11:00–17:00 Uhr, www.kunsthalle messmer.de). In der Brauerei wurde von 1834 bis 2003 das Riegeler Bier gebraut. Die Marke Riegeler Bier blieb aber erhalten und wird heute von der

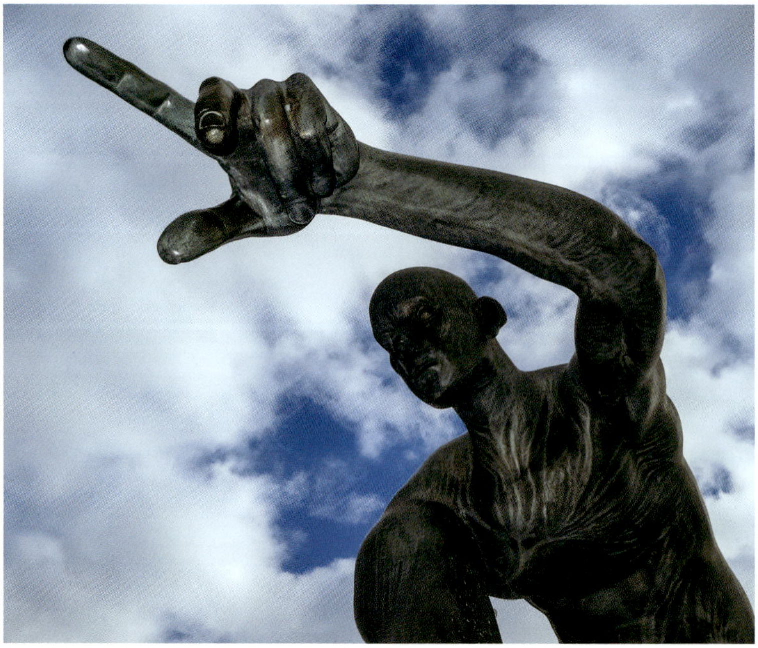

Moderne Kunst vor der Kunsthalle Messmer in Riegel

Fürstenbergischen Brauerei in Donaueschingen gebraut. Nun fließt in Riegel nur noch das Römerbräu der Hobbybrauer in ganz kleinem Stil.

Zur Michaelskapelle Vom vorderen Parkplatz vor der Kunsthalle Messmer steigt ein Pfad in Serpentinen hoch auf den Michaelsberg, der nicht vulkanischen Ursprungs, sondern ein Kalksockel ist. Oben bleiben wir auf dem Wiesenweg links und kommen dann rechts aufwärts schließlich zur ❷ **Michaelskapelle**. Die Kapelle, einst als Burgkapelle im 13. Jahrhundert entstanden, lässt sich umrunden und bietet gute Aussicht über Riegel und in den Schwarzwald. Zeitweise lebte die Familie der Üsenberger in der Burg, ab 1379 verfiel sie jedoch. Riegel hat immerhin 7000 Jahre Siedlungsgeschichte vorzuweisen, sie reicht bis in die Jungsteinzeit zurück. Besonders keltische und römische Funde dienen als Nachweise der Besiedelung. 2001 wurde ein sagenhafter keltischer Schatz mit 27 Goldmünzen gefunden. Im 1. Jahrhundert entstand ein römisches Militärlager in Riegel.

Zur »Mutter Erde« Von der Kapelle gehen wir die Treppe wieder hinunter und dann links den Weg mit Geländer abwärts und an der Kreuzung geradeaus. An einer weiteren Kreuzung müssen wir rechts abwärts und vor der Michaelsschule links durch die Lösshohlgasse hinunter. An einer Gabelung steigen wir rechts abwärts und an den ersten Häusern biegen wir links in die Bergstraße, die in einem großen Bogen zur Hauptstraße hinabführt. Der Hauptstraße folgen wir nach links und kommen so zur Kreuzung mit der Landstraße L 116, vor der auf der linken Seite die Erdskulptur ❸ **»Mutter Erde«** liegt.

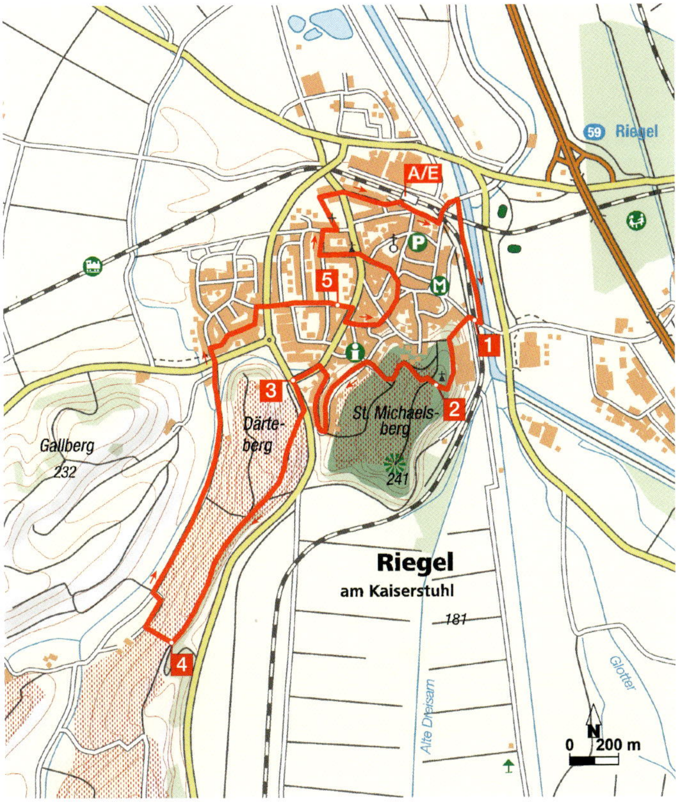

Zur kleinen Stromleitung Die Landstraße queren wir und wandern parallel dazu nach links. An einer dreifachen Weggabelung nehmen wir den mittleren historischen Hohlweg auf den Dürleberg und bleiben an Abzweigen immer geradeaus aufwärts. Weiter oben verläuft dieser Weg dann ab einer großen Starkstromleitung an der Landschaftskante des östlichen Kaiserstuhls. Vor einer ❹ **kleinen Stromleitung** wandern wir in spitzem Winkel nach rechts in Richtung Riedhöfe.

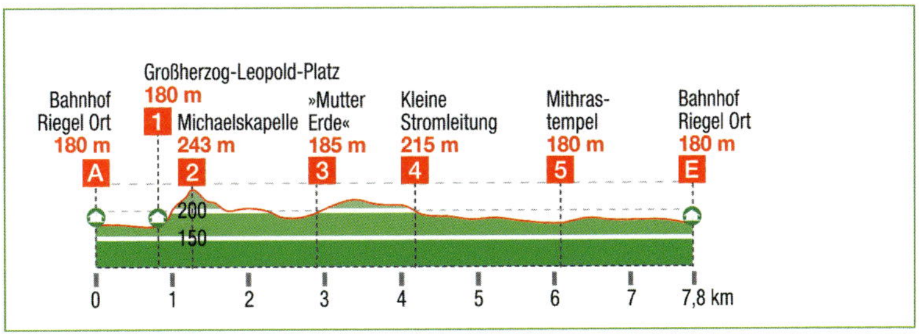

Zum Mithrastempel Durch das einst sehr feuchte Riedtal kom-

Der Lichtgott Mithras

Mithras tötete einen Stier und brachte aus dessen Blut die Welt hervor, so der untergegangene Mythos. Die Gläubigen feierten durch den symbolischen Verzehr von Brot und Wein diesen Schöpfungsakt. Als Lohn stand ewiges Heil und die Unsterblichkeit der Seele vor Augen. Tierkreiszeichen und Sternbilder spielten ebenfalls eine Rolle. Der Mithras-Kult stammt aus Persien und gelangte durch die Eroberungen Alexanders des Großen in der hellenistischen und römischen Zeit hierher. An 500 Orten des römischen Reiches ist der Mithras-Kult nachgewiesen. Im 4. Jahrhundert erstarb der Kult schließlich durch die Ausbreitung des Christentums.

men wir zur Lagerhalle der Winzergenossenschaft Riegel an der Landstraße K 5145, die wir überqueren, nach Endingen. In der Kaiserstuhlstraße nehmen wir dann die Dürlebergstraße rechts unter die Sohlen und gehen am Ende der Straße rechts durch die Unterführung in der Üsenbergstraße geradeaus weiter. 50 m vor dem Ende der Straße ist rechts der römische **5** **Mithrastempel**. Der Tempel des Lichtgottes Mithras wurde im 2. Jahrhundert erbaut. Das Kultbild auf dem Steinrelief zeigt Mithras als Stiertöter. 300 Grabungsfunde werden im archäologischen Museum in Riegel gezeigt (www.museum-riegel.de).

Links: Aussicht von der Michaelskapelle nach Norden über Riegel

Mitte: Der Mithrastempel liegt bewusst eingetieft in der Erde.

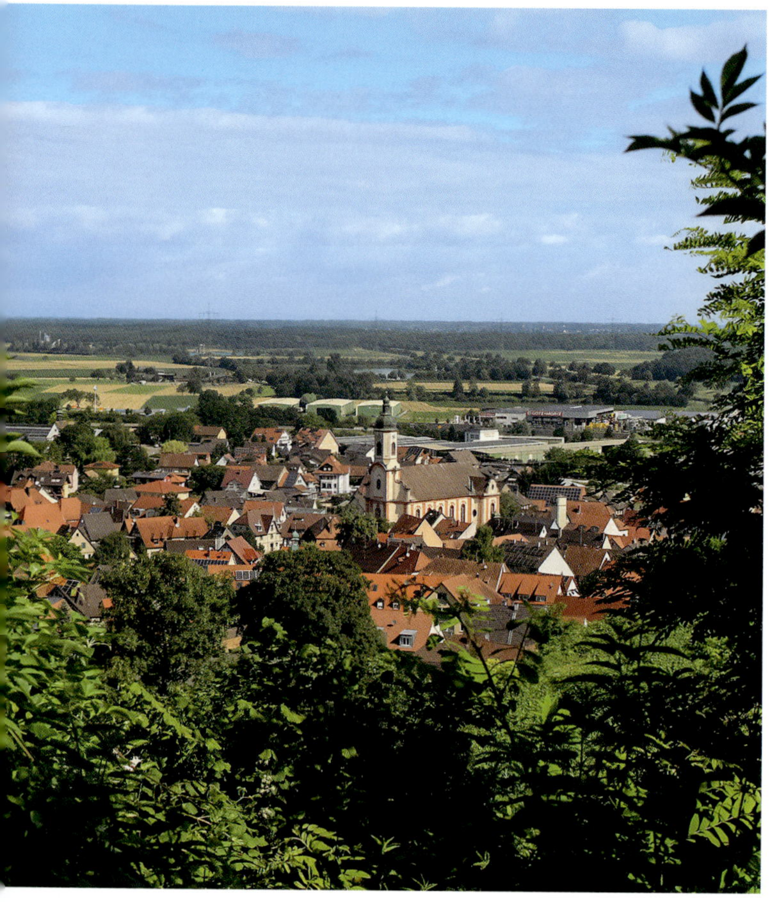

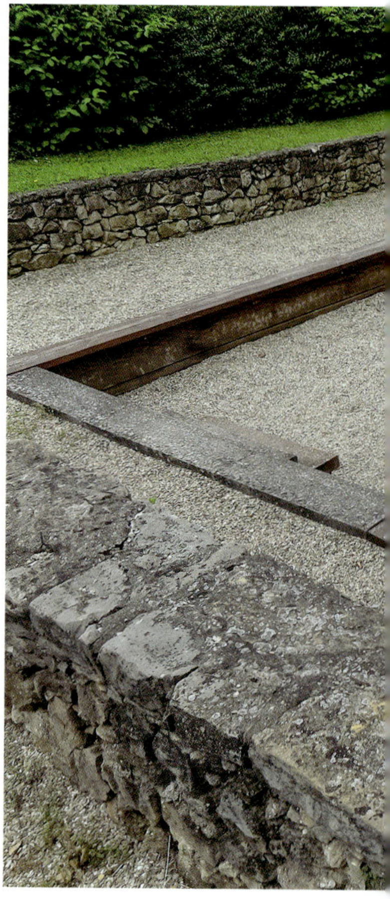

Zum Bahnhof Riegel Ort Am Ende der Üsenbergstraße gehen wir rechts weiter und dann gleich links in die Kehnerstraße am Kindergarten vorbei. Am schmucken Rathaus von 1784 geht es auf der Hauptstraße nach links. Schräg gegenüber vom Rathaus ist das **Amtshaus des Abtes von Ettenheimmünster** mit barockem Eingang sehenswert. Auf der Hauptstraße nach Westen kommen wir am historischen Gasthof Kopf aus dem Jahr 1484 vorbei. An der barockisierten Wegkreuzkapelle Käppele von 1555 laufen wir geradeaus in die Kapellenstraße. Ecke Willhelm-Meyer-Straße stand einst das römische Westtor. Auf der Wilhelm-Meyer-Straße nach rechts und durch den Maternusweg nach links kommen wir zur Römerhalle, an der noch Relikte des fränkischen Fronhofbucks, ein römischer Brunnen und ein Keller aus römischer Zeit zu sehen sind. Riegel ist das kulturelle und historische Tor zum Kaiserstuhl. Seit Beginn der Jungsteinzeit im 6. Jahrtausend v. Chr. sind fast alle wichtigen vorgeschichtlichen Kulturgruppen der Region durch Siedlungs- oder Grabfunde auf der Gemarkung nachgewiesen. In keltischer Zeit gab es am Nordrand des heutigen Ortes bereits ein ausgedehntes Dorf. Bei Ausgrabungen kam ein in Baden-Württemberg bisher einmaliger Münzschatz aus 27 Goldmünzen zum Vorschein. Größte Bedeutung hatte Riegel wohl zu römischer Zeit (1.-3. Jahrhundert n. Chr.). Die Römer legten zunächst Kastelle an. Später entwickelte sich eine Kleinstadt mit großen öffentlichen Bauten, die ein Verwaltungszentrum für die ganze Region war.

Die Forchheimer Straße überquerend, kommen wir durch das Schmiedegässle und die Römerstraße direkt zum E **Bahnhof Riegel Ort** zurück.

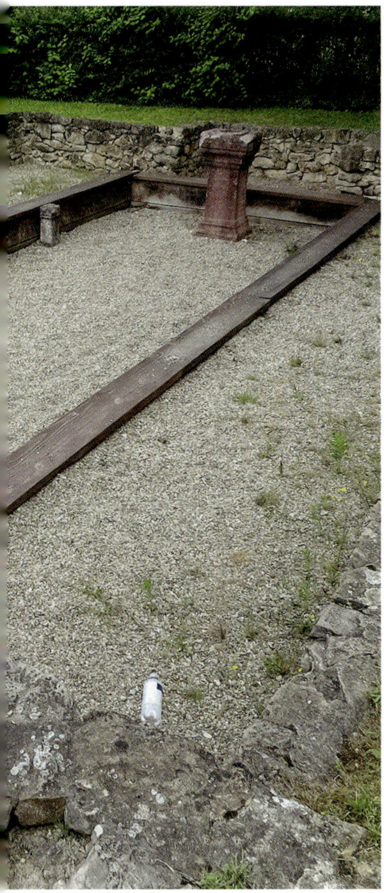

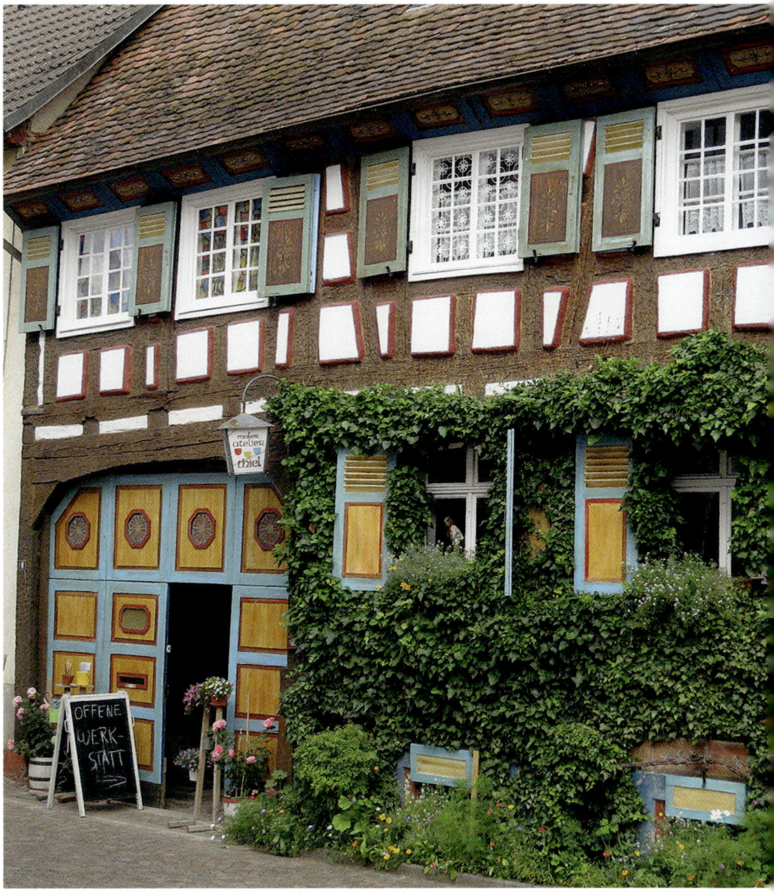

Altes Fachwerkhaus in der Schulstraße

6

Sponeck und Burkheim

Asyl der Ausschweifung, bezaubernde Stadt

Leicht | 5:00 Std. | 380 m | 15,0 km

Tourencharakter
Leichte, teils schattige, teils sonnige Tour auf markierten Natur- und Asphaltwegen durch Wälder und Dörfer

Ausgangs-/Endpunkt
Bahnhof Jechtingen 190 m

Höchster Punkt
Haberberghütte 290 m

Anfahrt
Mit dem Auto von der A 5 Ausfahrt Riegel nach Westen über Endingen und Sasbach nach Jechtingen. Parkplatz GPS: N48°07'11" E007°36'39"
Mit der Bahn von Riegel oder von Breisach, oder mit dem Bus der Linie 102 von Breisach oder von Endingen (www.bahn.de)

Gehzeiten
Aufstieg: Bahnhof Jechtingen – Burg Sponeck 1:00 Std. – Anglerheim Burkheim 0:20 Std. – Wegweiser Steingrüngrund 0:55 Std. – Hänferbrücke 0:30 Std. – Aussichtspavillon 0:35 Std. – Haberberghütte 0:40 Std.
Abstieg: Haberberghütte – Bahnhof Jechtingen 1:00 Std.

Beste Jahreszeit
Frühjahr und Herbst

Einkehr
Gerhart's Strauße, 79361 Jechtingen, Sponeckstraße 102, Tel. 07662/6117, www.gerhart-strausse.de
Schüber's Gutsschenke zur Scheune, 79361 Jechtingen, Rossmattenhöfe 1, Tel. 07662/6979, www.gutsschenkezurscheune.de
Wein- und Vesperstube Zur alten Schmiede, 79235 Burkheim, Mittelstadt 12, Tel. 07662/949947, www.schmiede-burkheim.de

Karten
Kompass: »Kaiserstuhl Tuniberg«, Karte 883, 1:25000; oder Karten des LGL

Vom Weindorf Jechtingen führt die Wanderung durch Reben und Wald hinüber zur Burg Sponeck, die in manchen Quellen als »Asyl der Ausschweifung und des Sittenverderbnis« notiert ist. Das kleine Städtchen Burkheim gilt als bezauberndes Kleinod schlechthin.

Zur Burg Sponeck Vom **Ⓐ Bahnhof Jechtingen** starten wir über die Schienen und dann nach rechts in die Rosenstraße. Am Feuerwehrhaus wandern wir nach links in die Kirchenstraße. Am Gasthaus Zur Sonne biegen wir nach rechts in die Dorfstraße ab und erfreuen uns an dem Dorfbach. Dann laufen wir nach links in die Sponeckstraße in Richtung Burg Sponeck. 50 m nach Gerhart's Strauße gehen wir auf dem Feldweg nach links weiter, merken uns aber besonders zur Spargelzeit diese herrliche Einkehrmöglichkeit.
An der T-Kreuzung wandern wir nun auf Asphalt nach rechts und an der nächsten T-Kreuzung bleiben wir ohne Markierung geradeaus und bewegen uns leicht aufwärts dem Waldrand zu. Nahe dem Waldrand knickt der Fahrweg nach rechts und endet im Wald an einem eisernen Wegkreuz von 1888. Jetzt folgen wir rechts der gelben Raute auf einem schattigen Waldweg durch Laubwald und dem Wegweiser Richtung Burg Sponeck. An einer T-Kreuzung bleiben wir geradeaus leicht abwärts und an einer weiteren T-Kreuzung mit dem Namen Humberg ebenfalls geradeaus. An einer Infotafel lassen sich

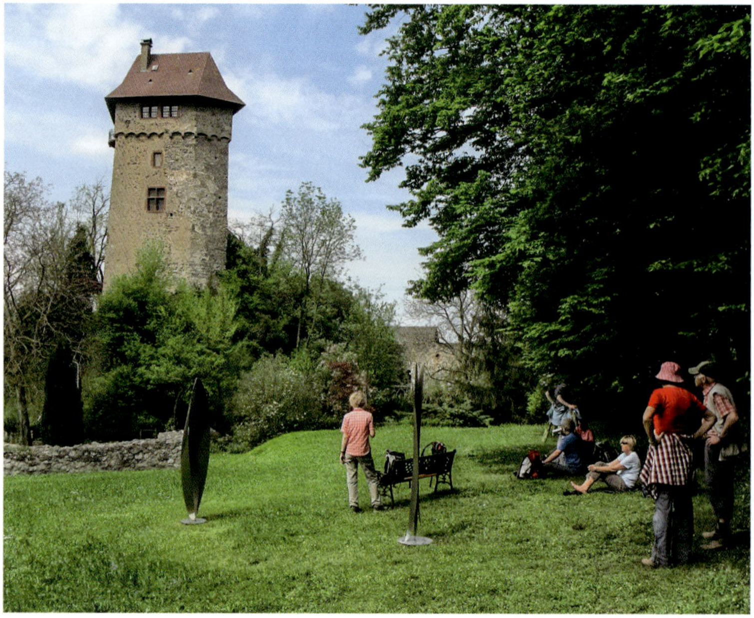

die bewohnte ❶ **Burg Sponeck** und die Reste eines römischen Grenzkastells überschauen. Weiter unten lädt eine offene Pforte zur Besichtigung des liebevoll gepflegten Gartens mit überwiegend heimischen Pflanzen ein.
Vor der Rheinregulierung im 19. Jahrhundert grenzte die Burg direkt an den Rhein. Schon zu spätrömischer Zeit stand hier ein Kastell, denn so konnte der wichtigste Rheinübergang zwischen Basel und Straßburg gesichert werden. Die Burg Sponeck wurde im 14. Jahrhundert erbaut. Im Dreißigjährigen Krieg wurde sie zur Ruine. 1791 pachtete der Burkheimer Adlerwirt das Sponecker Schlossgut und richtete in der Ruine ein Schankhaus ein, das in manchen Quellen als »Asyl der Ausschweifung und des Sittenverderbnis« bezeichnet wird.

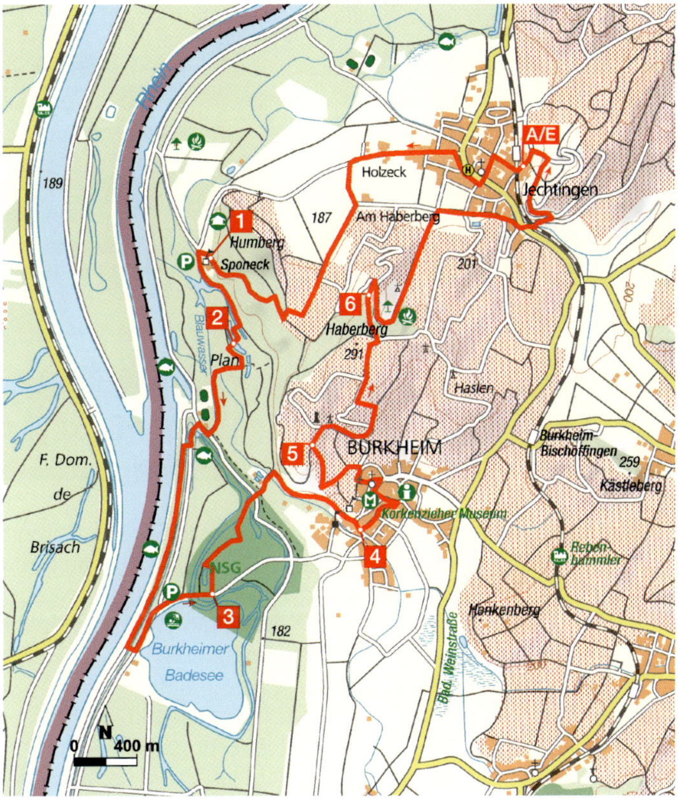

Zum Anglerheim Burkheim An der Burg entlang geht es abwärts auf eine Kreuzung zu, an der ein Wegweiser nach links Richtung Burkheim zeigt, jetzt mit dem blauen Wellensymbol des Rheinauewegs. Rechts erstreckt sich der Rheinauewald mit ehemaligen Altwassern. Nach zehn Minuten weist ein Wegweiser in Richtung Rheinstadion nach rechts eine kleine Treppe hinab und über einen schmalen Steg zu Fischteichen und zum ❷ **Anglerheim Burkheim**.

Zum Wegweiser »Steingrüngrund« Vor dem Anglerheim geht es rechts über einen Damm zwischen zwei Teichen weiter, dann vor dem Kiefernwäldchen nach links und an der Kreuzung nach rechts in Richtung Badesee Burkheim. An der T-Kreuzung nach den Sportplätzen wenden wir uns nach rechts über die Brücke und nach nur 70 m wieder links Richtung Badesee Burkheim. An einer Schranke mit Sperrschild leitet eine gelbe Raute rechts über einen Eisensteg und die Treppe hoch auf den Rheindamm zu einem kleinen Bootshafen. Nach links bleiben wir ein großes Stück auf dem Rheindamm. Nach 15 Minuten schillert der Burkheimer Badesee durch die Bäume und eine Treppe leitet bei Fluss-Km 233,4 links den Damm hinab und weiter über einen Eisensteg. Auf

Linke Seite: Wanderer machen Rast im Garten der Burg Sponeck.

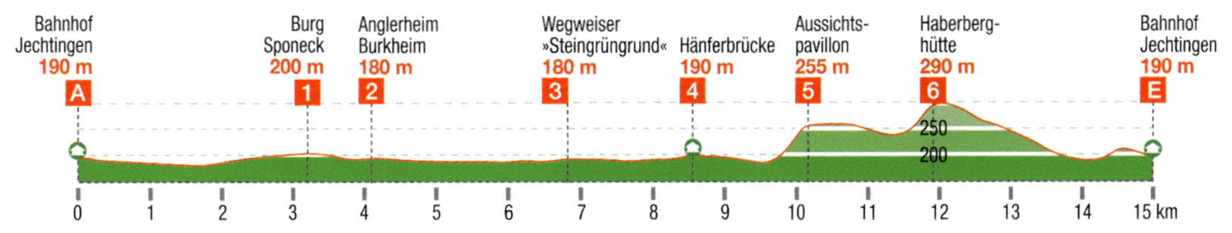

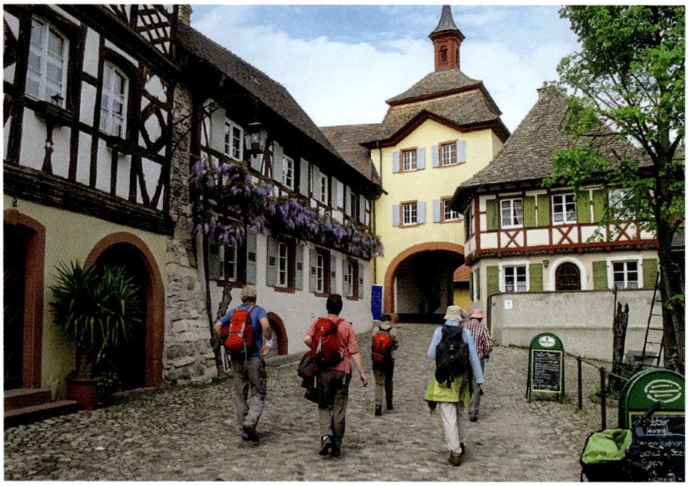

Wanderer im bezaubernden Burkheim

der Asphaltstraße vor dem See schlendern wir nach links entlang mehrerer einladender Badestellen mit Liegewiese. Weiter auf der Straße erreichen wir 70 m nach einer Brücke mit grünem Geländer den **3 Wegweiser »Steingrüngrund«**.

Zur Hänferbrücke Hier wandern wir nach links auf einen versteckten kleinen Pfad Richtung Steingrüngrund im artenreichen Urwald Rappennestgießen. Wer sich ruhig verhält, kann hier allerlei Wasservögel beobachten. An der Kläranlage Burkheim erreicht der Wildnispfad wieder die Zivilisation. Der Burkheimer Künstler *Spätbur-Günter* stellt hier seine skurrilen Schrottfiguren aus. Die Wegweiser zeigen nach Burkheim an der Kläranlage vorbei und hinter einer Brücke nach rechts. In Burkheim stoßen wir an der Kreuzung unterhalb der Schlossmauer auf die **4 Hänferbrücke**. Geradeaus über die Steinbrücke können wir einen Abstecher zum 150 m entfernten Burkheimer Kräuterhof mit großem Angebot machen.

Aufstieg zum Aussichtspavillon Die Tour führt aber vor der Brücke links in die Stadt hinauf. Auf der linken Seite steht die Ruine des Burkheimer Schlosses, das im 13. Jahrhundert erbaut wurde. Lazarus von Schwendi ließ die Burg ab 1561 noch zu einem Renaissance-Schloss ausbauen. Bauernkriege und Raubzüge im 16. Jahrhundert führten zur Zerstörung. Am kuriosen Korkenziehermuseum (www.korkenzieher.de) öffnet sich der Blick auf das bezaubernde mittelalterliche Städtchen. Herrliche Fachwerkhäuser, spätgotische und barocke Bauten und das Renaissance-Rathaus prägen das Stadtbild. Der Brunnen und die Lindenbäume vervollständigen das Idyll.

Vor dem mittelalterlichen Stadttor zweigt nach links oben die Straße Am Kirchberg ab. Nach der Kirche St. Pankratius im Oberstädtle weist geradeaus ein Schild zum oberen Parkplatz weiter. Am Ende des Parkplatzes wandern wir nach links in Richtung des schon sichtbaren Aussichtspavillons. An einem Abzweig bleiben wir links abwärts und an der nächsten Gabelung rechts aufwärts. Vom **5 Aussichtspavillon** reicht der Blick vom Schwarzwald und den höchsten Erhebungen des Kaiserstuhls im Osten über Burkheim und Breisach bis über den Rhein zu den Vogesen im Westen.

Aufstieg zur Haberberghütte Nun halten wir auf das unten links stehende Wasserhäuschen mit den zwei Säulen zu und wandern hinter ihm nach links immer aufwärts. An der zweiten Kreuzung gehen wir auf der Asphaltstraße nach links und dann nach rechts. Rechter Hand liegen die Weindörfer Oberrottweil und Bi-

Burkheim

Die Stadterhebung Burkheims erfolgte durch Kaiser Karl IV. bereits 1348. Das mittelalterliche Ortsbild besticht durch die historische Mittelstadt mit dem barocken Stadttor und dem Rathaus im Renaissancestil. Die teilweise erhaltene Stadtmauer, restaurierte Fachwerkhäuser, die Gassen mit dem Kopfsteinpflaster, der Ziehbrunnen und die schönen Linden inmitten der unter Denkmalschutz stehenden Stadt bezaubern die Besucher. Das große Renaissance-Schloss des Lazarus von Schwendi wurde ab 1561 gebaut, aber 1672 von französischen Truppen zerstört. Heute gehört Burkheim zur Großgemeinde Vogtsburg.

schoffingen in den sonnigen Tälern des Kaiserstuhls. An einer gelben Bank befindet sich ein runder Tisch mit Richtungszeigern zur Orientierung.
Ganz oben am Waldrand laufen wir an der T-Kreuzung nach links und dann gleich wieder nach rechts in den Wald hinein in Richtung Jechtingen. An der 6 **Haberberghütte** erschließt sich die Aussicht nach Nordwesten über den Rhein bis zum Straßburger Münster und nach Norden auf den Limberg und über Jechtingen, zu dem ein Schild abwärts zeigt.

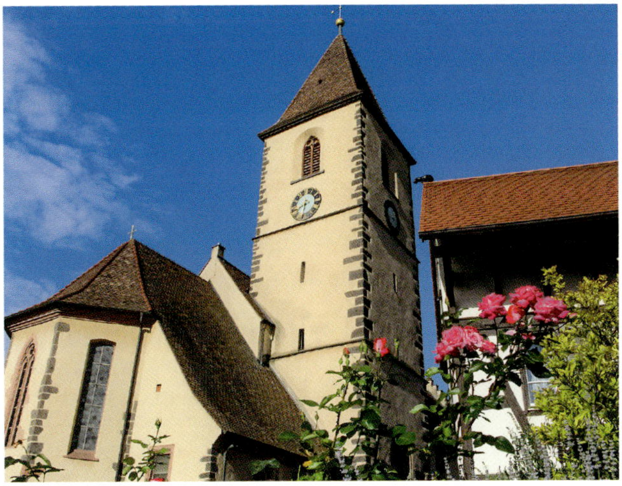

Die Kirche St. Pankratius in Burkheim birgt einige Kunstschätze.

Abstieg zum Bahnhof Jechtingen An der T-Kreuzung nach der Wiese vor der Haberberghütte gehen wir rechts und nach nur 20 m gleich wieder rechts auf dem Sträßchen, das in einem Bogen in das enge Tal hinunter und auf Jechtingen zuführt. An einer Kreuzung in den Obstgärten, 200 m vor den ersten Häusern, wandern wir nach rechts und bleiben dann geradeaus. Erst an der Paul-Brutscher-Straße wenden wir uns nach links und gleich wieder nach rechts und kommen zur Winzergenossenschaft Jechtingen. Hier gehen wir links und queren die Dorfstraße und die Schienen. An zwei Weggabelungen bleiben wir links aufwärts. Am Wegweiser in Richtung Bahnhof verlassen wir den Asphaltweg nach links auf den Wiesenweg entlang der ersten Rebenreihe. Mehrfach streift die Aussicht über Jechtingen nach Süden und Westen. Ab einem Gartenhäuschen leitet ein Hohlweg steil abwärts. Nach dem ersten Haus finden wir nach links zum E **Bahnhof Jechtingen** zurück.

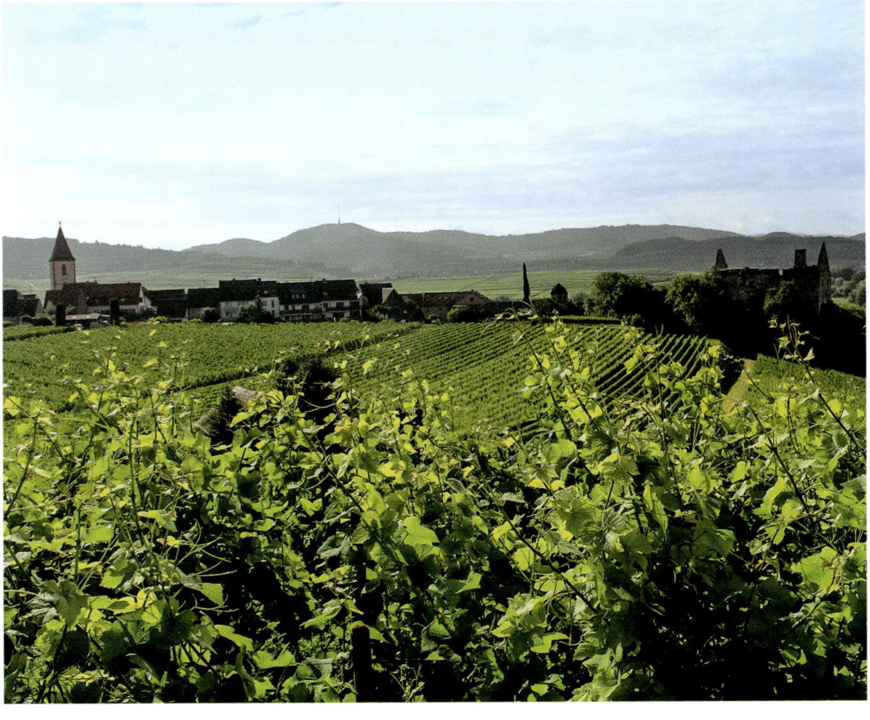

Blick über Burkheim zum Totenkopf

7 Uraltes Siedlungsgebiet

Ausflug in die Ur- und Frühgeschichte

Leicht 3:40 Std. 230 m 10,0 km

Tourencharakter
Leichte, meist sonnige Tour auf markierten Natur- und Asphaltwegen durch Weinberge und Dörfer

Ausgangs-/Endpunkt
Bahnhof Burkheim-Bischoffingen 200 m

Höchster Punkt
Pavillon Mondhalde 370 m

Anfahrt
Mit dem Auto von der A 5 Ausfahrt Riegel nach Westen über Endingen bis Bischoffingen Amthofplatz. GPS: N48°06'10" E007°37'37"
Mit der Bahn bis zum Bahnhof Burkheim-Bischoffingen (www.bahn.de)

Gehzeiten
Aufstieg: Bahnhof Burkheim-Bischoffingen – Amthofplatz 0:30 Std. – Picknickplatz Wasserbehälter 0:35 Std. – Picknickplatz Mittelberg 1:20 Std. – Pavillon Mondhalde 0:10 Std.
Abstieg: Pavillon Mondhalde – Picknickplatz Mittelberg 0:05 Std. – Amthofplatz 0:20 Std. – Bahnhof Burkheim-Bischoffingen 0:40 Std.

Beste Jahreszeit
Frühjahr und Herbst

Einkehr
Landgasthof Steinbuck Stube, 79235 Bischoffingen, Talstraße 2, Tel. 076 62/91 12 10, www.steinbuck-stube.de
Restaurant Köpfers Steinbuck, 79235 Bischoffingen, Steinbuckstraße 20, Tel. 076 62/94 94 650, www.koepfers-steinbuck.de
Gutsschenke Weingut Rieflin, 79235 Bischoffingen, Kaiserstuhlstraße 8, Tel. 076 62/22 64 94, www.rieflin.de

Karten
Kompass: »Kaiserstuhl Tuniberg«, Karte 883, 1:25 000; oder Karten des LGL

Bischoffingen liegt in einem geschützten Talgrund und ist von Weinbergen umgeben. Schon vor 5000 Jahren schien diese günstige Lage für eine Siedlung wie geschaffen. Die Wanderung zum Pavillon auf der Mondhalde schenkt uns eines der schönsten Panoramen im Kaiserstuhl.

Zum Amthofplatz Startpunkt für diese schöne Wanderung ist der **A Bahnhof Burkheim-Bischoffingen.** Da es am Bahnhof keinen Parkplatz gibt, parken Autofahrer am Amthofplatz in Bischoffingen. Vom Bahnhof gehen wir am Bahnübergang über die Schienen, biegen gleich danach rechts ab und sofort anschließend, noch vor dem Sperrschild, wieder nach links auf den Grasweg aufwärts an den Reben entlang. Ab einem großen Walnussbaum beschreibt der Weg eine Rechtskurve. Nach 40 m folgen wir dem rechten Wiesenweg aufwärts und nach weiteren 40 m dem linken Wiesenweg hinauf. An der Starkstromleitung in der Geländemulde wandern wir auf dem Asphaltsträßchen nach links weiter. Nach dem Wäldchen öffnet sich der Blick nun auf Bischoffingen in seiner geschützten Lage zwischen den Weinbergen.

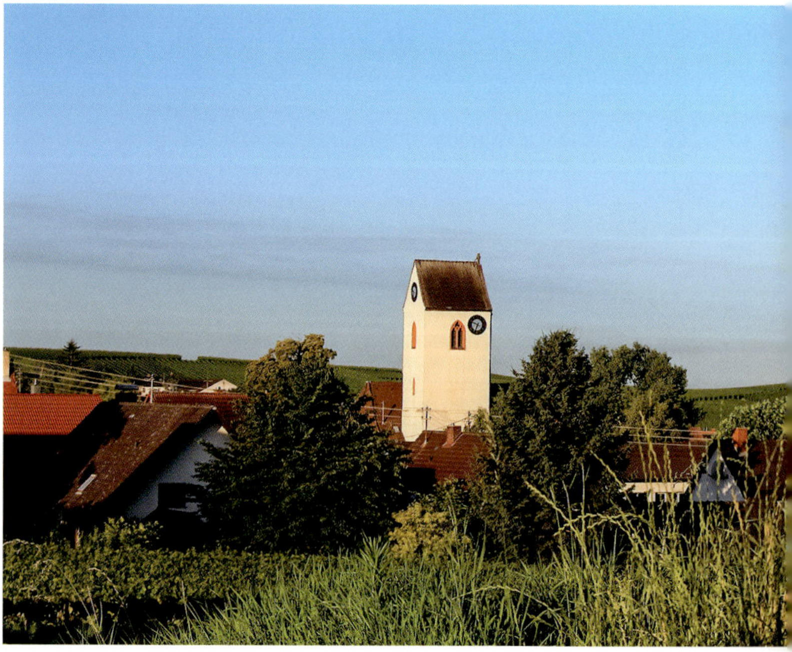

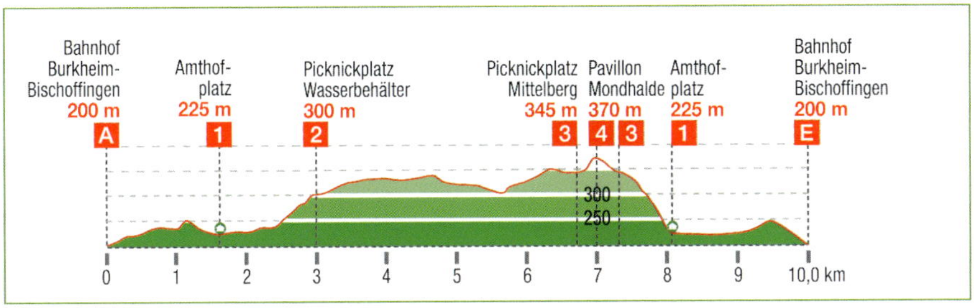

An einem Linksknick der Asphaltstraße bleiben wir geradeaus am schattigen Waldrand in Richtung Bischoffingen. An der T-Kreuzung vor den ersten Häusern gehen wir links abwärts und nach weiteren 50 m nach rechts. An der nächsten Kreuzung laufen wir nach links auf der Steinbuckstraße hinab, gehen dann auf der Bacchusstraße nach rechts und kommen zum ❶ **Amthofplatz**.

Zum Picknickplatz Wasserbehälter Vor dem Amthofplatz gehen wir auf der Dorfstraße links in den Ort hinein und am Rathaus rechts des Restaurants Steinbuck Stube durch den Torbogen zur Kirche, die mit ihrem stämmigen Turm im 14. Jahrhundert als Wehrkirche angelegt wurde. Ihr Chor ist mit Fresken aus dem 15. Jahrhundert ausgeschmückt.

Nach dem Kirchhof wandern wir nach rechts auf der Straße Am Pfarrgarten weiter und biegen dann nach links in den Hüttenbergweg ein. Links vom Friedhof folgen wir den Wegweisern Panoramaweg und Weinlehrpfad. Weiter oben schauen wir links nach Burkheim, auf den in der Form einer Mütze bewaldeten Enselberg vor dem Haberberg und weiter rechts auf den Weinort Jechtingen. Im Hintergrund steht der Vogesenhauptkamm in seiner gesamten Breite.

Wir steigen weiter hoch auf dem Weinlehrpfad und erreichen den ❷ **Picknickplatz Wasserbehälter**. Hier liegt uns Bischoffingen zu Füßen.

Linke Seite: Die Wehrkirche in Bischoffingen ist wegen ihrer Fresken aus dem 15. Jahrhundert sehenswert.

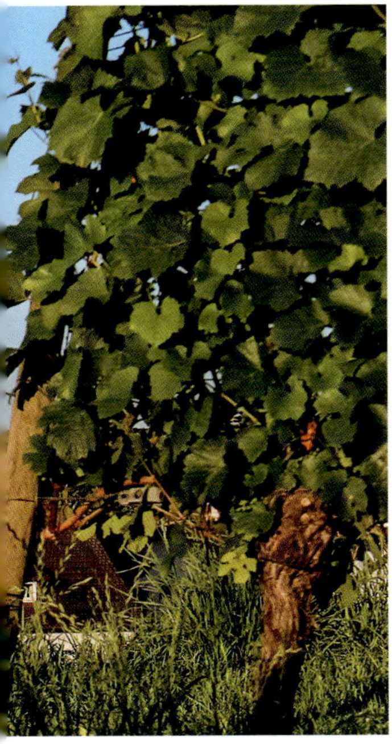

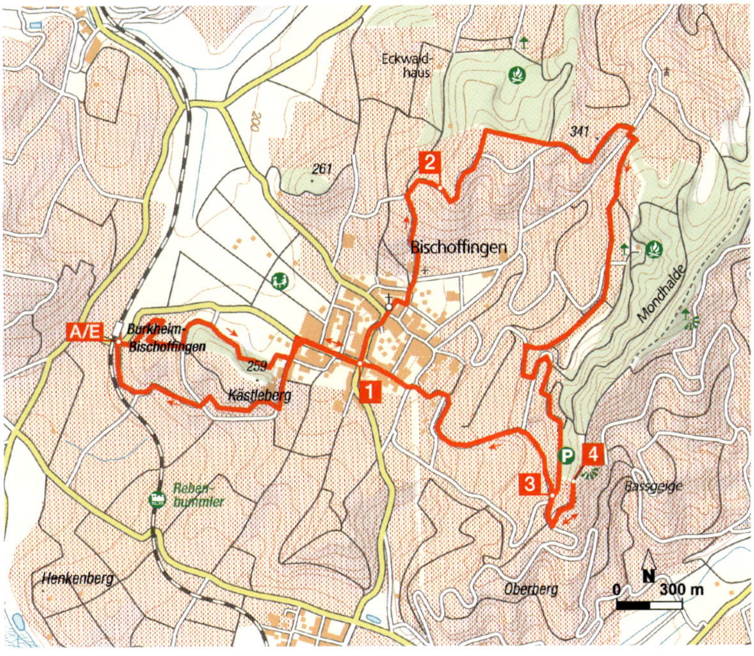

Zum Picknickplatz Mittelberg 150 m nach dem Wasserbehälter wandern wir an der T-Kreuzung links die Seubertgasse hinauf auf den Seubertbuck. Bevor wir auf den Aussichtspunkt Vogesenblick auf den Felsen links des Weges hochsteigen, sollten wir das freiliegende Gestein etwas näher betrachten. Es ist vulkanisches Lava, das hier im Tertiär vor etwa 20 Millionen Jahren mit circa 1000° Celsius nach oben gedrückt wurde. Die Felswand mit ihrem von der Sonne aufgeheizten Kleinklima gewährt sogar Opuntien (Wildkakteen) einen angenehmen Standort. Auf dem Felsen befindet sich der Aussichtspunkt Vogesenblick, der seinem Namen alle Ehre macht und an dem wir an einem Picknicktisch eine Rast einlegen können.
Auf dem Asphaltsträßchen steigen wir geradeaus höher, gehen kurz am Waldrand entlang und dann auf nun fast ebenem Weg nach rechts. Am Wegweiser »Bischoffingen Spielberg« spazieren wir rechts und am Wegweiser »Hundshalde« wieder rechts. Nach

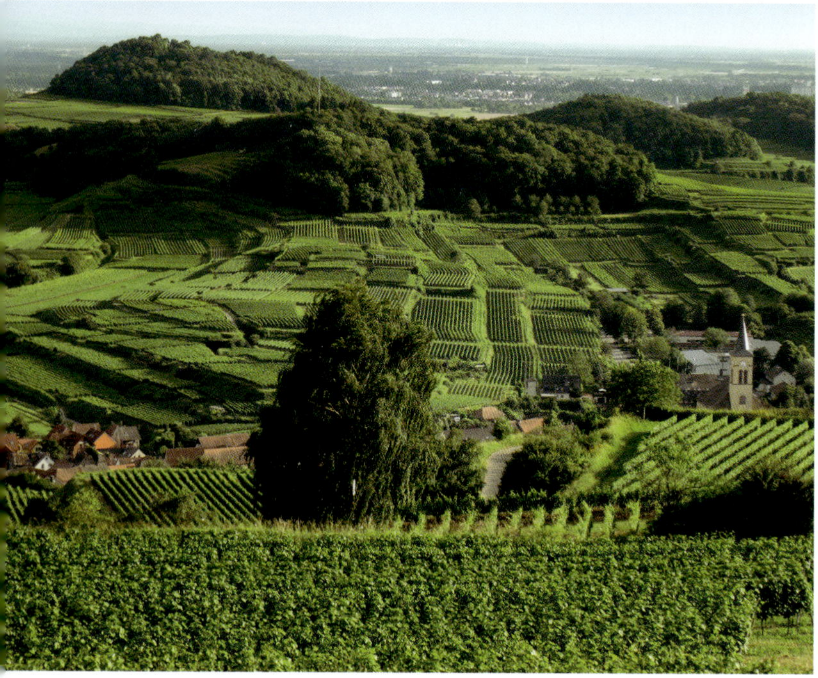

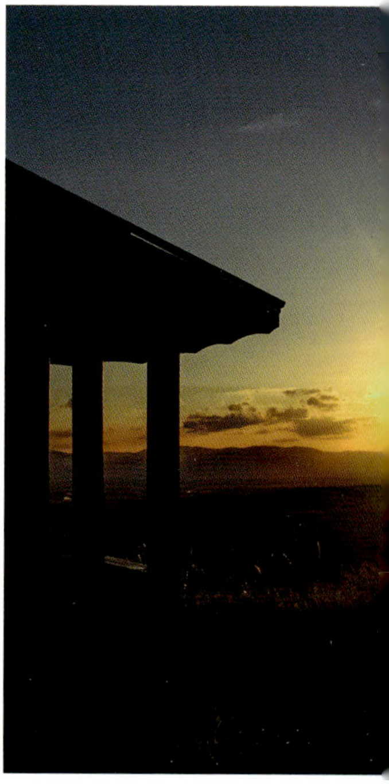

Links: Blick vom Pavillon Mondhalde über Oberrotweil bis Breisach

Mitte: Warten auf den Sonnenuntergang am Pavillon Mondhalde

nur 10 m richten wir uns nach links in Richtung Maiengrundhütte. Am Wegweiser »Maiengrund« in Hüttennähe nehmen wir den mittleren ebenen Weg Richtung Pavillon Mondhalde. Rechts gibt es fantastische Ausblicke über Bischoffingen bis in die Vogesen. Bischoffingen ist ein typischer Kaiserstühler Weinort, der erstmals im Jahr 1010 urkundlich unter dem Namen Piscofigin in einer Schenkungsurkunde erwähnt wurde. Seinen heutigen Namen hat der Ort, weil er vor 1000 Jahren von Kaiser Heinrich II. dem Bischof von Basel als Geschenk übertragen wurde. Später war Bischoffingen dann Eigentum des Hauses Baden-Hachberg. Aber die geschützte Lage Bischoffingens gehört zu den ältesten Siedlungsgebieten im Kaiserstuhl. Es gibt Funde aus der Jungsteinzeit und der Merowingerzeit. In der Festhalle von Bischoffingen im Sinnweg ist ein Mammutzahn von 3,30 m Länge ausgestellt, der auf 20–40 000 Jahre geschätzt wird.
Die Straße fällt dann ein wenig ab und an der T-Kreuzung gehen wir nach links weiter hoch in Richtung Pavillon Mondhalde. An einer T-Kreuzung wandern wir nach rechts eben am Hang und dann am Waldrand entlang und kommen zu einer Kreuzung mit dem **3** **Picknickplatz Mittelberg**.

Zum Pavillon Mondhalde Hier steigen wir noch geradeaus den 300 m weiten Abstecher hinauf zum 4 **Pavillon Mondhalde**. Hierbei handelt es sich um eine wirklich geniale Aussichtskanzel mit beinahe grenzenloser Rundumsicht. Rhein, Elsass, Vogesen, Breisach und umliegende Kaiserstuhlorte, Totenkopf und der ganze halbrunde Kaiserstuhlhauptkamm über den Orten Oberbergen und Oberrottweil liegen vor uns. Es sieht aus wie eine vulkanische Caldera, ist es aber nicht. Der hufeisenförmige Kamm des Kaiserstuhls ist nur der erodierte Rest einer Vulkanruine mit einigen verwitterten Lavaströmen. Später wurde das ganze Kaiserstuhlgebiet von einer bis über 50 m dicken Lössschicht überdeckt. Einen direkten großen Vulkankrater gibt es im Kaiserstuhl nicht. Hier oben am Pavillon Mondhalde ist der richtige Picknickplatz für Genießer. Den Sonnenuntergang von der Mondhalde aus zu betrachten ist ein atemberaubend schönes Erlebnis.

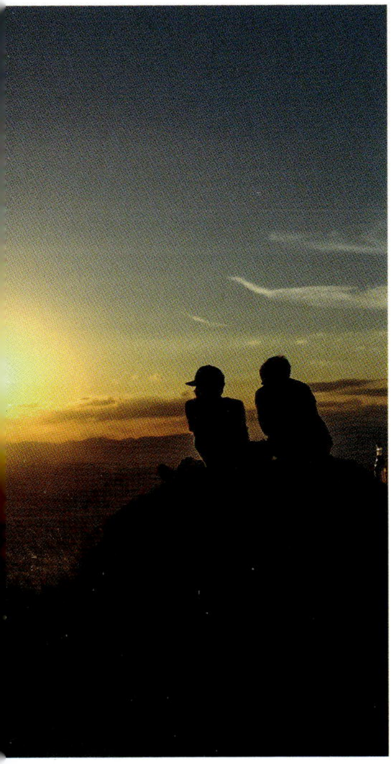

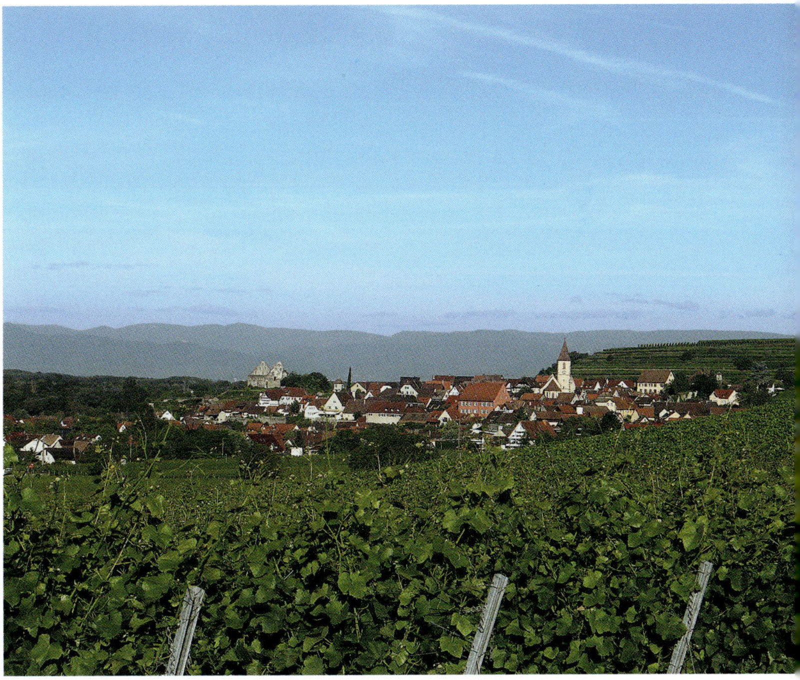

Das Städtchen Burkheim ist wunderbar von Weinbergen eingefasst.

Zum Amthofplatz Dann geht es wieder die 300 m hinunter am 3 **Picknickplatz Mittelberg** vorbei und dort geradeaus abwärts an einem markanten dreieckigen Picknicktisch vorüber nach Bischoffingen hinab. Unten im Dorf, kurz vor der Winzerschenke »Rieflin«, gehen wir links und nach 10 m rechts Richtung Bahnhof in der Amthofstraße bis zum 1 **Amthofplatz**.

Zum Bahnhof Burkheim-Bischoffingen Geradeaus geht es auf bekanntem Weg über die Bacchusstraße und links in die Steinbuckstraße. Aber jetzt biegen wir erst am höchsten Punkt der Straße rechts in Richtung Bahnhof ab. 30 m nach dem Restaurant Steinbuck nehmen wir links den Grasweg durch die Reben in Richtung Bahnhof. Bald erwartet uns geradeaus ein traumhafter Blick auf das bezaubernde Burkheim, während links Niederrottweil zu sehen ist. In der Ferne liegt dazwischen Breisach mit seinem hübschen Münster.

An einer Kreuzung gehen wir auf dem zweiten betonierten Weg nach rechts weiter und kommen in einem Bogen zum E **Bahnhof Burkheim-Bischoffingen** zurück.

8

Die Alemannen-Siedlung

Bergkirche und Mineralquelle in Bahlingen

Leicht 4:00 Std. 270 m 11,5 km

Tourencharakter
Leichte, meist sonnige Tour auf markierten Natur- und Asphaltwegen durch Weinberge, Wälder und Dörfer

Ausgangs-/Endpunkt
Bahnhof Bahlingen 182 m

Höchster Punkt
Bahlinger Eck 442 m

Anfahrt
Mit dem Auto von der A 5 Ausfahrt Riegel auf der L 116 nach Süden bis zum Bahnhof in Bahlingen.
Parkplatz GPS: N48°07'29" E007°44'30"
Mit der Bahn bis Bahlingen (www.bahn.de)

Gehzeiten
Aufstieg: Bahnhof Bahlingen – Wasserreservoir 0:30 Std. – Hütte am Käferholz 1:10 Std. – Bahlinger Eck 0:30 Std.
Abstieg: Bahlinger Eck – Habstalhütte 0:45 Std. – Bergkirche 0:45 Std. – Bahnhof Bahlingen 0:20 Std.

Beste Jahreszeit
Frühjahr und Herbst

Einkehr
Strauße Uf'm Buck, 79353 Bahlingen, Kapellenstraße 50, Tel. 07663/18 12, www.weingut-schuhmacher.de
Landgasthaus Zum Hecht, 79353 Bahlingen, Hauptstraße 59, Tel. 07663/16 33, www.zum-hecht.de
Gasthof Zum Lamm, 79353 Bahlingen, Hauptstraße 49, Tel. 07663/93 870, www.lamm-bahlingen.de

Karten
Kompass: »Kaiserstuhl Tuniberg«, Karte 883, 1:25 000; oder Karten des LGL

Die Alemannen führten den Weinbau der Römer weiter und gestalteten die terrassenförmige Landschaft um Bahlingen. Kühle Wälder, schattige Rastplätze und tief eingeschnittene Lösshohlwege in den Weinbergen empfehlen diese Wanderung für den Sommer.

Zum Wasserreservoir Am Ⓐ **Bahnhof Bahlingen** beginnt die Wanderung nach Westen in die Bahnhofstraße. An der belebten Hauptstraße gehen wir nach links und dann nach rechts in die Bachstraße. Die Straße mit dem Namen »Laube« bringt uns nach rechts hoch zum schmucken Renaissance-Rathaus aus dem Jahr 1650 mit dem barocken Gedenkstein in der Fassade. Die Kapellenstraße führt uns links an einigen schönen Fachwerkhäusern vorbei. In der Saarstraße gehen wir rechts und an deren Ende wieder rechts in der Bühlstraße aufwärts. Nach dem Haus 63 in der Bühlstraße wandern wir aber nach links den Lösshohlweg und immer geradeaus in Richtung Wasserbehälter hinauf. Am ❶ **Wasserreservoir** bleiben wir geradeaus auf dem Grasweg in Richtung Krummenacker, steigen aber natürlich noch auf die Plattform mit den Skulpturen hoch. Vom Aussichtsplatz auf dem Wasserbehälter schauen wir über Bahlingen in den Schwarzwald hinein. Bahlingen wurde als alemannische Sippensiedlung im 3.–5. Jahrhundert gegründet. Die

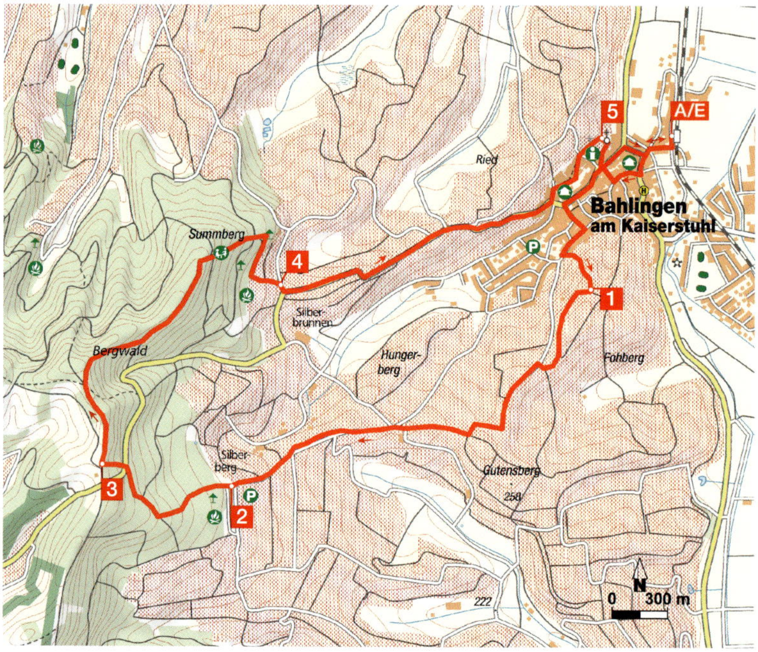

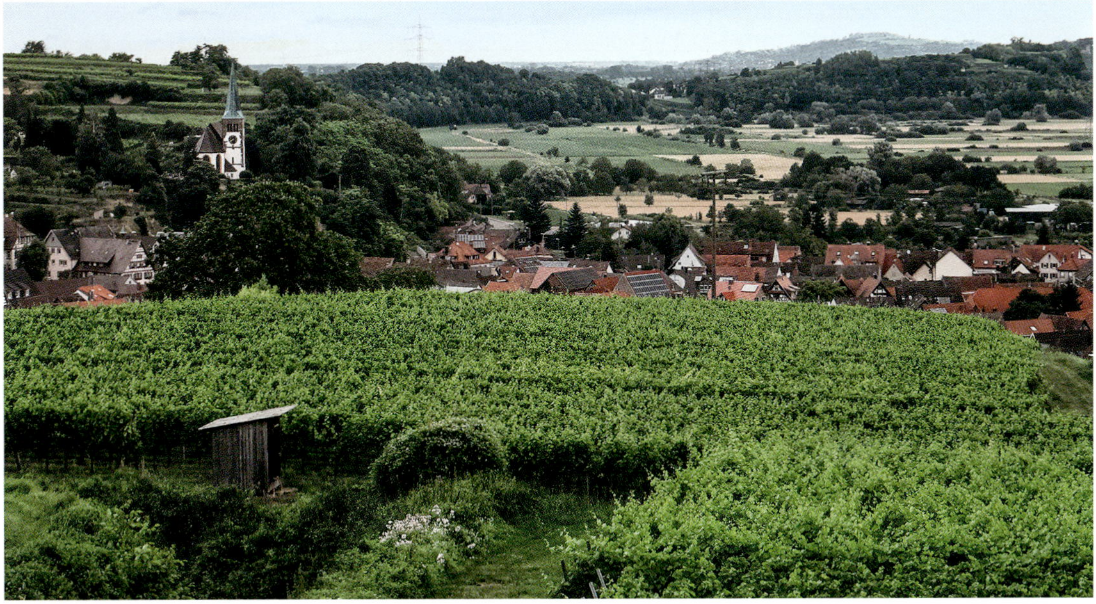

Blick vom Wasserbehälter über Bahlingen in den Schwarzwald

Alemannen werden als Stamm den Westgermanen zugerechnet. Sie füllten nach dem Abzug der Römer das Vakuum in den Siedlungsgebieten. Der erste Ortsname Baldinga bedeutet: »bei den Leuten des Baldo«. Besonders schön ist es hier oben bei Sonnenaufgang oder Sonnenuntergang.

Zur Hütte am Käferholz Nach der »Kunstpause« laufen wir also gerade am Wasserreservoir vorbei in Richtung Krummenacker nach Südwesten und bleiben dabei stets am Fuß eines Hanges. Ab dem Wegweiser »Krummenacker« führt der Weg auf einem Asphaltsträßchen leicht abwärts. An einer T-Kreuzung gehen wir rechts und nach 20 m links in Richtung Bahlinger Eck und Wanderparkplatz Käferholz. Dabei achten wir immer auf die gelbe Raute und vorerst auch auf die rote Raute des Fernwanderwegs Schwarzwald-Kaiserstuhl-Rhein. An der Kreuzung müssen wir nach rechts, eine weitere Kreuzung überqueren wir geradeaus und an einer Gabelung wandern wir rechts steiler aufwärts. Oben am Waldrand ist schon bald eine langgestreckte Hütte zu sehen, die das nächste Ziel am Waldparkplatz Käferholz ist. An der Gabelung »Nägeler« bleiben wir geradeaus und kommen schließlich an der 2 **Hütte am Käferholz** mit nettem Rastplatz, Spielplatz und guter Aussicht vorbei.

Zum Bahlinger Eck Ab der Hütte am Käferholz verlassen wir die Weinberge und steigen in schattigem Buchen- und Traubeneichenwald auf einem Erdweg geradeaus steil

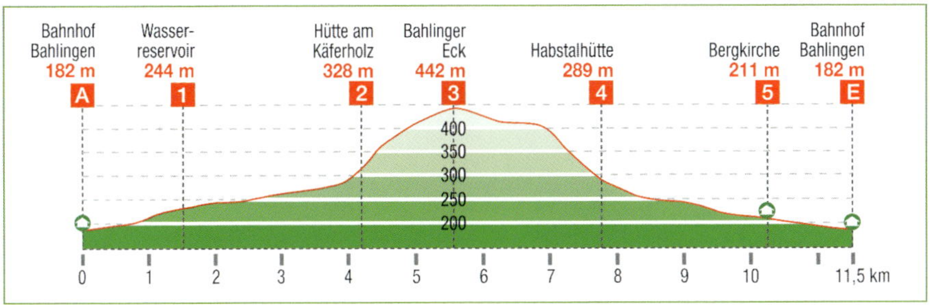

hinauf in Richtung Bahlinger Eck. Terrassen im Wald und verlassene Hohlwege zeugen von der früheren Tätigkeit der Alemannen. Am Wegrand erweckt ein alter Grenzstein aus dem Jahr 1772 unsere Aufmerksamkeit. Hier sind wir auf dem historischen und heutigen Grenzweg zwischen der Gemarkung Bahlingen und Eichstetten.
Kurz vor der schon fast sichtbaren Passhöhe quert der Wanderweg die Straße nach Schelingen. Durch den Spitzahorn-Jungwald ist der markierte Weg nach der Straße nur noch ein kleiner Steig, der weiter oben auf einer Forststraße endet. Hier gehen wir nach links und nach 30 m nach rechts. Gleich links ist nach 50 m der Waldparkplatz **3** **Bahlinger Eck**, aber wir gehen rechts in Richtung Schöne Ebene weiter.

Zur Habstalhütte Wir sind nun auf dem Grenzweg direkt auf dem Geländerücken, diesmal zwischen der Gemarkung Bahlingen und Teningen. Hier belegen dies ansehnliche Grenzsteine mit eingemeißelten Wappen der Gemeinden. In den Wald sind einige Douglasien, Hainbuchen und Linden eingesprenkelt.
Wir bleiben an der gelben Markierung und auf der Route des Waldlehrpfades genau auf dem Rücken bis zum Summberg. Am Flurdenkmal Dreimärker-Grenzstein aus dem Jahr 1567 gehen wir nach rechts auf einem Steig abwärts. Vor dem grünen Schild »Bestattungswald Kaiserstuhl« steigen wir rechts auf einem kleinen Pfad weiter abwärts und wandern am unteren grünen Schild »Bestattungswald Kaiserstuhl« eben auf der Forststraße nach rechts weiter. Nach gut 100 m spazieren wir nach links auf einem steilen Pfad und Treppen zur **4** **Habstalhütte** hinab. An dieser Stelle ist ein wunderschöner Picknickplatz mit Spielplatz und Aussicht in den Schwarzwald.

Zur Bergkirche Am Schild »Grillplatzordnung« schlendern wir auf dem Asphaltsträßchen wieder durch Weinberge hinunter Richtung Bahlingen. Schon lange in den Reben begleitet uns aus dem Wald immer noch der langgezogene klagende Ruf (»kliööhh«) des Schwarzspechts. Sein langer Trommelwirbel von bis zu 50 Schlägen dient nicht nur der Nahrungssuche, sondern auch der Revierabgrenzung.
An einer Kreuzung gehen wir rechts und nach 10 m gleich wieder links und richten uns jetzt auch nach den gelben Radwegschildern. Hier würden wir geradeaus zum verfalle-

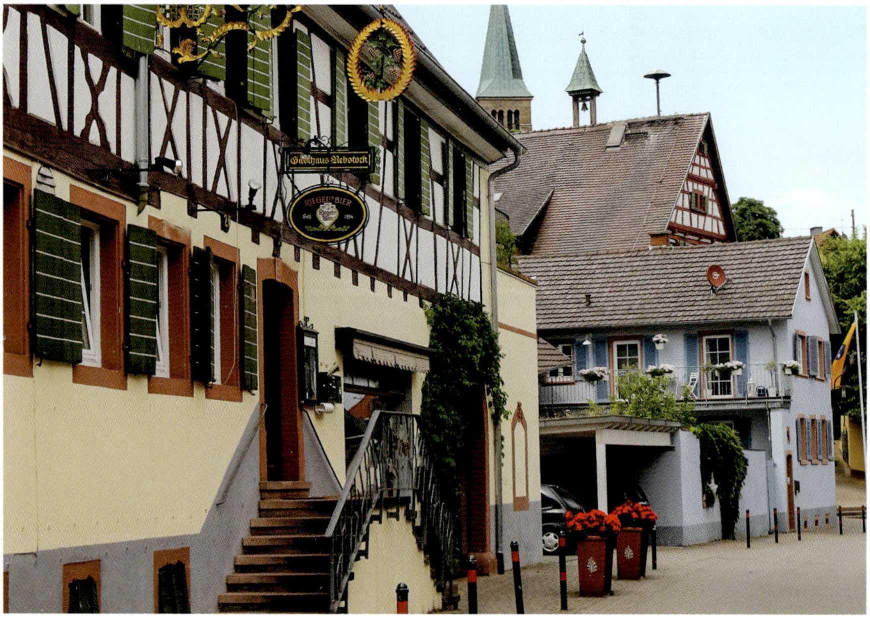

Bahlingen besitzt eine Menge schöner Fachwerkhäuser.

nen Hotel Silberbrunnen kommen. Das ehemalige Mineralbad Silberbrunnen war kurz nach der Jahrhundertwende 1900 eine Attraktion. Aber auch heute noch lohnt sich bei gutem Wetter der Abstecher von 600 m in eine Richtung zu einer Einkehr am »Silberberg-Hock«.

Automatisch kommen wir auf dem Weg mit den gelben Radwegschildern in den über 10 m tiefen Hohlweg Leimen hinunter. In den steilen von Brombeeren geschützten Böschungen hüpft der winzige Zaunkönig nervös umher und grenzt mit seinem lauten Ruf (»zrrrrt«) sein Revier ab.

In Bahlingen laufen wir an der tiefsten Stelle des Lösshohlweges Leimen auf dem Endinger Weg ein. An der ersten Kreuzung wandern wir nach links in der Straße Hohleimen aufwärts und dann rechts an der Strauße Uf'm Buck vorbei. Dann passieren wir die Mehrzweckhalle, die Schule und den Kindergarten und biegen am nächsten Abzweig nach rechts und laufen über den Friedhof. Die ⑤ **Bergkirche** mit dem romanischen Turm steht an exponierter Stelle über Bahlingen. Es ist geradezu ein »Genius loci«, wie er eben fast nur Tempeln, Burgen und Kirchen vorbehalten ist. Die Schallfenster zeugen von romanischer Bauweise und die Schießscharten von der einstigen Funktion als Wehrkirche.

Die Bahlinger Bergkirche

Die Bergkirche ist eine der ältesten Kirchen der Gegend, sie wurde 1275 erstmals urkundlich erwähnt. Der betagteste Teil ist der Turm mit seinen romanischen Schallarkaden. Der Baubeginn der neueren Kirche datiert auf 1408. Das Kirchenschiff ist gotisch. Die Ummauerung, das Tor mit Gitterschlitzen und die Schießscharten im Turm weisen die Kirche als Wehrkirche des Mittelalters aus. Durch die Reformation wurde die Bergkirche evangelisch. Das große spätgotische Kruzifix stammt aus dem 16. Jahrhundert. Die Fenster im Chor wurden 1963 eingefügt. Der Torbau unterhalb der Kirche war Teil der Kirchenmauer.

Zum Bahnhof Bahlingen Von der Ostseite der Kirche führt ein Treppenweg in die Kirchstraße hinunter. Am Rathaus wandern wir links in die Kapellenstraße und an der Hauptstraße rechts am empfehlenswerten Gasthaus Hecht mit seinem erholsamen Kastaniengarten vorbei. Dann gehen wir die nächste Straße links und sind gleich am Ⓔ **Bahnhof Bahlingen** zurück.

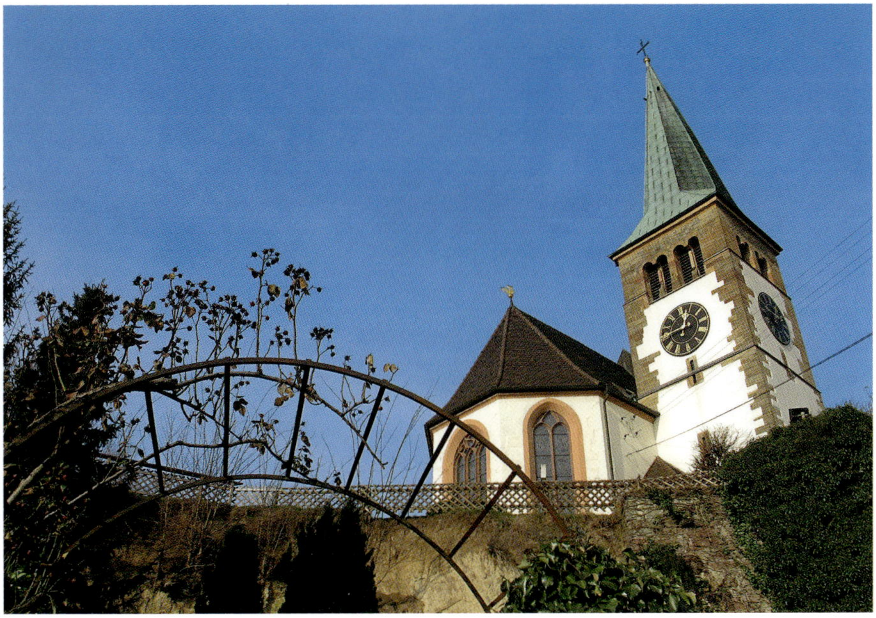

Die Bergkirche steht in exponierter Lage über Bahlingen.

9 Zur Burg Höhingen hinauf

Gotischer Schatz und einst stolze Burg

Mittel | 3:20 Std. | 300 m | 9,4 km

Tourencharakter
Mittelschwere, meist sonnige Tour auf markierten Natur- und Asphaltwegen durch Weinberge, Wälder und Dörfer

Ausgangs-/Endpunkt
Bahnhof Oberrotweil 210 m

Höchster Punkt
Schlossbergpavillon 354 m

Anfahrt
Mit dem Auto von der A 5 Ausfahrt Riegel nach Westen über Endingen bis Oberrotweil. Parkplatz GPS: N48°05'23" E007°37'16"
Mit der Bahn bis Oberrotweil (www.bahn.de)

Gehzeiten
Aufstieg: Bahnhof Oberrotweil – Kirche St. Michael 0:20 Std. – Bank am Waldrand 0:40 Std. – Wegweiser Sonnental 0:30 Std. – Schlossbergpavillon 0:40 Std.
Abstieg: Schlossbergpavillon – Naturschutzgebiet Ebnet 0:30 Std. – Bahnhof Oberrotweil 0:40 Std.

Beste Jahreszeit
Frühjahr und Herbst

Einkehr
Strauße Hexenstrauße, 79235 Oberrotweil, Weinstraße 2, Tel. 07662/91 20 50, www.bitzenhofer.com
Restaurant Landhaus Kaiserstuhl, 79235 Oberrotweil, Bahnhofstraße 37, Tel. 0160/6067701, www.landhaustrautwein.de
Gasthaus Zum Kaiserstuhl, 79235 Niederrotweil, Niederrotweil 4, Tel. 07662/237, www.gasthaus-zum-kaiserstuhl.de

Karten
Kompass: »Kaiserstuhl Tuniberg«, Karte 883, 1:25 000; oder Karten des LGL

Auf dem Wanderweg liegt St. Michael, die älteste Kirche im Kaiserstuhl, mit ihrem wunderbaren Schnitzaltar. Ein Höhepunkt ist das seltene Flaumeichenvorkommen am Büchsenberg. Der steile Anstieg auf den Schlossberg zur Burg Höhingen erfordert Kondition.

Zur Kirche St. Michael Die Wanderung beginnt am Ⓐ **Bahnhof Oberrotweil** nach Süden über den Parkplatz. Am Ende des Parkplatzes folgt ein Fußweg links über ein Industriegleis hinauf auf die Geländekante. Entlang der Schienen geht es auf zwei Kirchen zu. Die rechte Kirche, St. Michael mit dem Kreuzgiebelturm, ist unser nächstes Ziel. Auf dem Kirchweg laufen wir in Niederrottweil ein, überqueren die Bahnlinie und wandern auf der Hauptstraße nach links am Gasthaus Zum Kaiserstuhl vorbei zum ursprünglich aus dem 8. Jahrhundert stammenden romanischen Gotteshaus hinab. Noch vor der Kirche zeigt rechts ein Wegweiser zur alten Wehrkirche hinauf. In der ❶ **Kirche St. Michael** sind der spätgotische Schnitzaltar von 1520, die Fresken von 1350 und die älteste Orgel des Breisgaus berühmt. Von März bis Oktober ist die Kirche von 14–17 Uhr geöffnet.

Zur Bank am Waldrand Auf der anderen Seite des Friedhofs der Kirche St. Michael verlassen wir über eine Treppe den ummauerten Kirchenbereich. Gegenüber steigt nach rechts eine asphaltierte Straße hoch, die nach 150 m

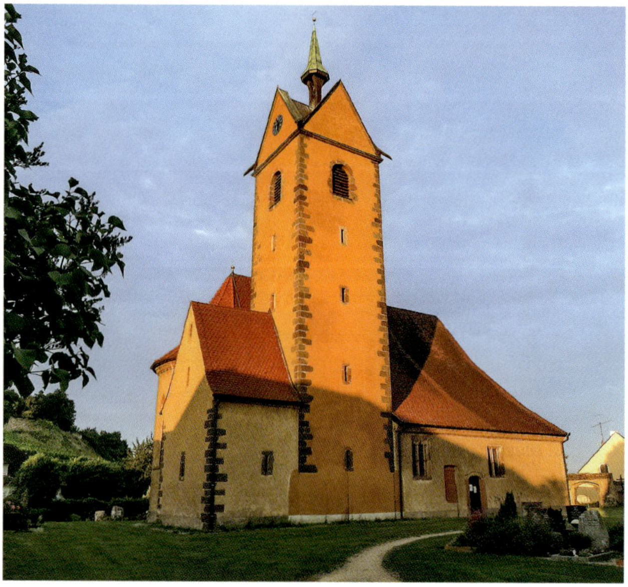

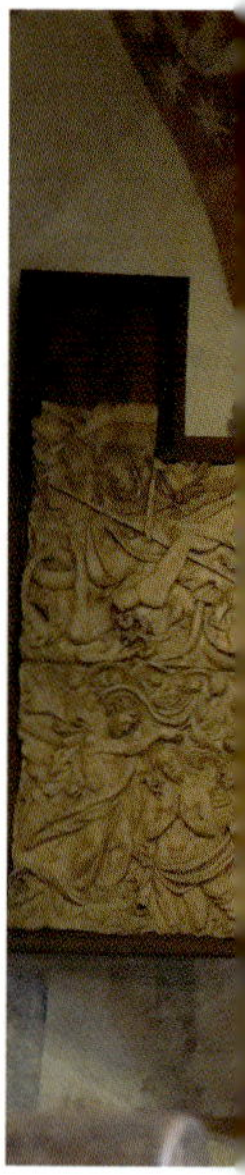

die Schienen kreuzt. Hier oben befindet sich ein alter Phonolit-Steinbruch. Dies ist ein graugrünliches vulkanisches Gestein, das auch bei Bötzingen abgebaut wird.

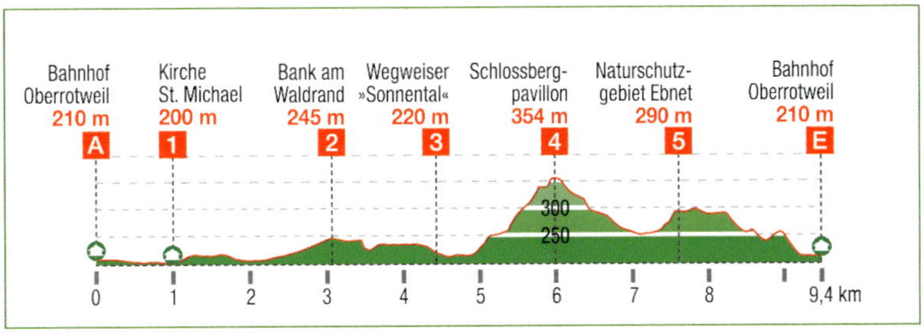

An der Kreuzung nach den Gleisen bleiben wir geradeaus leicht aufwärts. Nach 100 m wählen wir den rechten flachen Weg. An einem Bildstein mit Aussicht auf Breisach wandern wir auf dem rechten leicht abschüssigen Weg entlang der Mauer weiter, der dann in den asphaltierten Weinbergweg geradeaus übergeht. An der bald folgenden T-Kreuzung halten wir uns links. Nach 250 m gehen wir auf dem Abzweig hinter der Stromleitung nach rechts weiter aufwärts. An der zweiten Gabelung in den ausgedehnten Rebflächen halten wir uns links aufwärts und streben der kleinen bewaldeten Passhöhe zu, an der eine ❷ **Bank am Waldrand** steht.

Zum Wegweiser »Sonnental« Am Waldrand wandern wir nun nach rechts. An der nächsten Kreuzung gehen wir erneut rechts in Richtung Flaumeichenwald. Dann steigen wir an einer Gabelung im Wald abermals rechts abwärts und streifen durch das Naturschutzgebiet Büchsenberg. Die Flaumeichen haben ihr eigentliches Verbreitungsgebiet im Mittelmeerraum und sind hier ein Beleg für das außerordentlich günstige Klima. Kennzeichen der trockenresistenten Flaumeichen sind die graufilzige Behaarung an der Blattunterseite und die Knospen, die als Verdunstungsschutz dienen. Im Mai blühen Hunderte wärmeliebende, duftende Diptam unter den Flaumeichen. Die seltene und giftige Pflanze ist bis zu einen Meter hoch und hat rosa Blüten.

Links: Die Kirche St. Michael birgt gotische Schätze.

Mitte: Der Schnitzaltar in der Kirche St. Michael ist ein Kleinod.

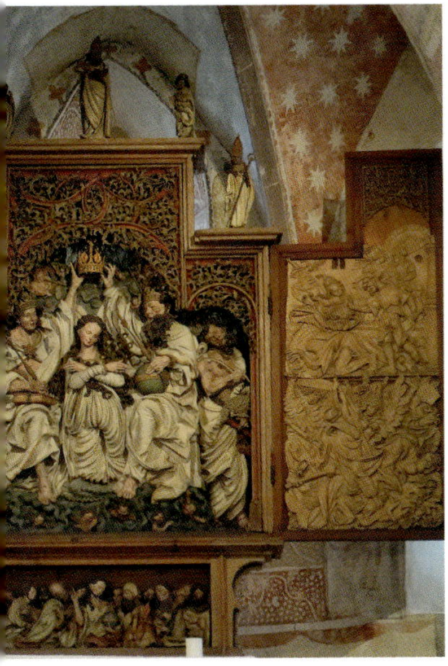

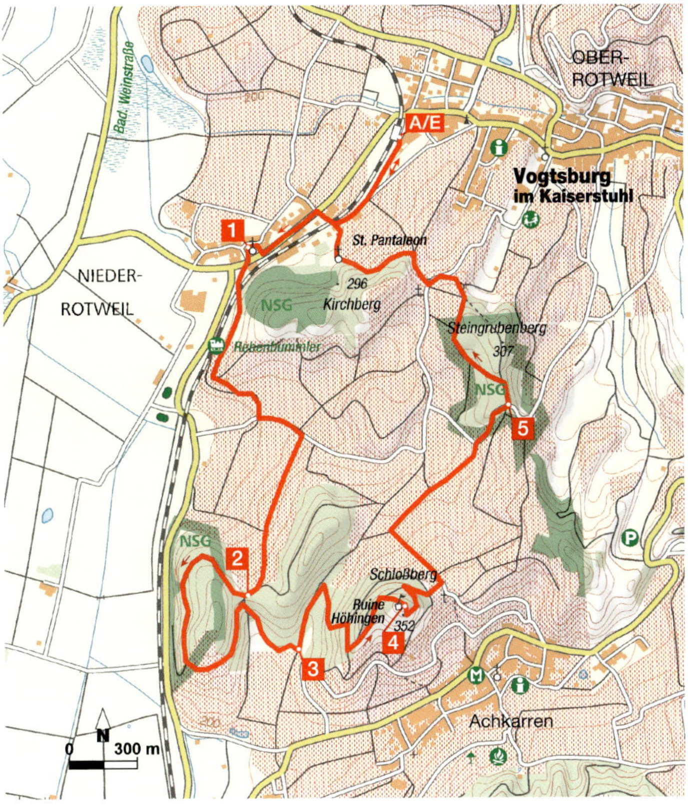

Der Meister H.L.

Der geschnitzte spätgotische Flügelaltar aus dem Jahr 1525 in der Kirche St. Michael trägt die Signatur »H.L.«. Der Hochaltar im Breisacher Münster trägt die gleichen Schriftzeichen. Diese Buchstaben konnte man lange Zeit nicht zuordnen. Wahrscheinlich handelt es sich aber um den Ulmer Meister Hans Loy, der 1519 bis 1520 in Freiburg tätig war. Besonders der kunstvoll gestaltete Mittelteil des Altars wirkt wie eine eingefrorene Momentaufnahme einer bewegten Szene. Eine interaktive 360°-Ansicht mit dem Altar ist zu sehen unter: www.360cities.net/de/image/st-michael-romanesque-church-niederrotweil-kaiserstuhl

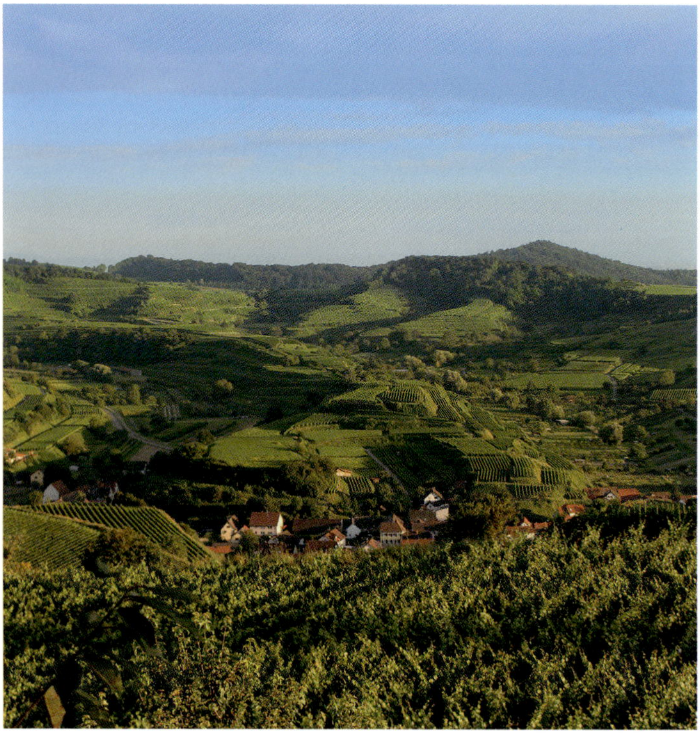

Unterhalb des Schlossberges liegt das verträumte Achkarren.

Nach dem Flaumeichenwald laufen wir an einer Weggabel links aufwärts und kommen dann wieder durch Weinberge auf ebenem Weg in einem Kreisbogen um den Büchsenberg herum. Anschließend tauchen wir wieder in den Wald ein. Den Kreis haben wir an der **2 Bank am Waldrand** fast geschlossen. Aber kurz vor dem Waldrand gehen wir rechts abwärts in Richtung »Schlossberg Achkarren«. Nach 30 m schlendern wir noch im Wald nach links und in der Folge immer am Waldrand entlang. Ganz unten finden wir den **3 Wegweiser »Sonnental«**.

Zum Schlossbergpavillon Hier laufen wir nach links in den Wald und nach 150 m nach rechts Richtung Schlossberggipfel. An der nächsten Kreuzung gehen wir auf dem zweiten Weg nach links und meistern den steilen Anstieg in Serpentinen. Am Ritterfelsensteinbruch, in dem der Tephrit-Tuff für die Burg Höhingen und zur Renovierung des Breisacher Münsters gebrochen wurde, wandern wir auf erholsam ebenem Weg nach rechts und haben gleich einen wunderbaren Blick auf Achkarren. Das historische Winzerdorf gehörte einst zu Breisach, war aber in seiner wechselvollen Geschichte auch zweimal in französischem Besitz. Die schöne Sage behauptet, es habe sich beim Bau der Burg Höhingen ein beladener Karren selbständig gemacht und dem Schlossherrn entfuhr der Spruch: »Ach Karren«. Tatsache ist, der Ort verfügt als einzige Winzergemeinde des Kaiserstuhls über etwa 50% verwitterten Vulkanboden. Achkarren ist vor allem für seine exzellenten Ruländer-Weine bekannt.

Von diesem Aussichtspunkt müssen wir jetzt nach links sehr steil den Rittersprungrundweg hinauf, aber der Pavillon auf dem Schlossberggipfel ist schon bald zu sehen. Der **4 Schlossbergpavillon** bietet einen verdienten Rastplatz mit ausgezeichneter Aussicht. Hier oben stand ab dem 13. Jahrhundert die Burg Höhingen des Geschlechts der Üsenberger, die das erste Mal in den Bauernkriegen 1525 zerstört wurde. Nach erneuten Verwüstungen benutzte der französische Festungsbaumeister Vauban die Burgruine ab 1671 als Steinbruch zum Festungsbau in Neuf-Brisach, weshalb nur noch spärliche Reste der einst stolzen Burg vorhanden sind.

Zum Naturschutzgebiet Ebnet Nach der Rast steigen wir zur Lourdes-Grotte hinab und nehmen dort den steilen Pfad mit Geländer links hinunter. In Serpentinen gehen wir immer nur abwärts und dann am Waldrand den zweiten Weg nach links durch die Rebflächen weiter Richtung Bahnhof Oberrottweil. Nach 100 m schwenken wir nach links auf den Talweg durch die Weinberge abwärts. An einer Kreuzung bewegen wir uns jetzt nach rechts, aber nicht mehr abwärts, sondern erst eben und dann aufwärts auf ein Wäldchen mit einer Antenne zu. An der Kreuzung im Gehölz erreichen wir das 5 **Naturschutzgebiet Ebnet**.

Zum Bahnhof Oberrotweil An der Kreuzung im Ebnet orientieren wir uns nach links mit dem Ziel St. Pantaleon. Am ersten Abzweig nehmen wir den linken Weg abwärts und wandern am Waldrand entlang nach rechts. Wir bleiben auch nach einer weiteren Kreuzung am Waldrand. Hier bietet sich ein schöner Ausblick über Oberrotweil zur Mondhalde. 60 m nach dem Ende des Waldes folgen wir geradeaus dem Hinweis zur Kirche St. Pantaleon und überqueren eine Asphaltstraße. Wieder an einem Waldrand biegen wir nach links ab. Der Weg zieht sich entlang des Waldrands direkt hinunter zur Kirche St. Pantaleon, zu der es seit 1735 bis zum heutigen Tag eine Wallfahrt gibt. Der Kreuzweg führt zur Bahnlinie hinab, vor der wir nach rechts gehen und schon den E **Bahnhof Oberrotweil** sehen können.

Oberrotweil liegt im Krottenbachtal vor der Mondhalde.

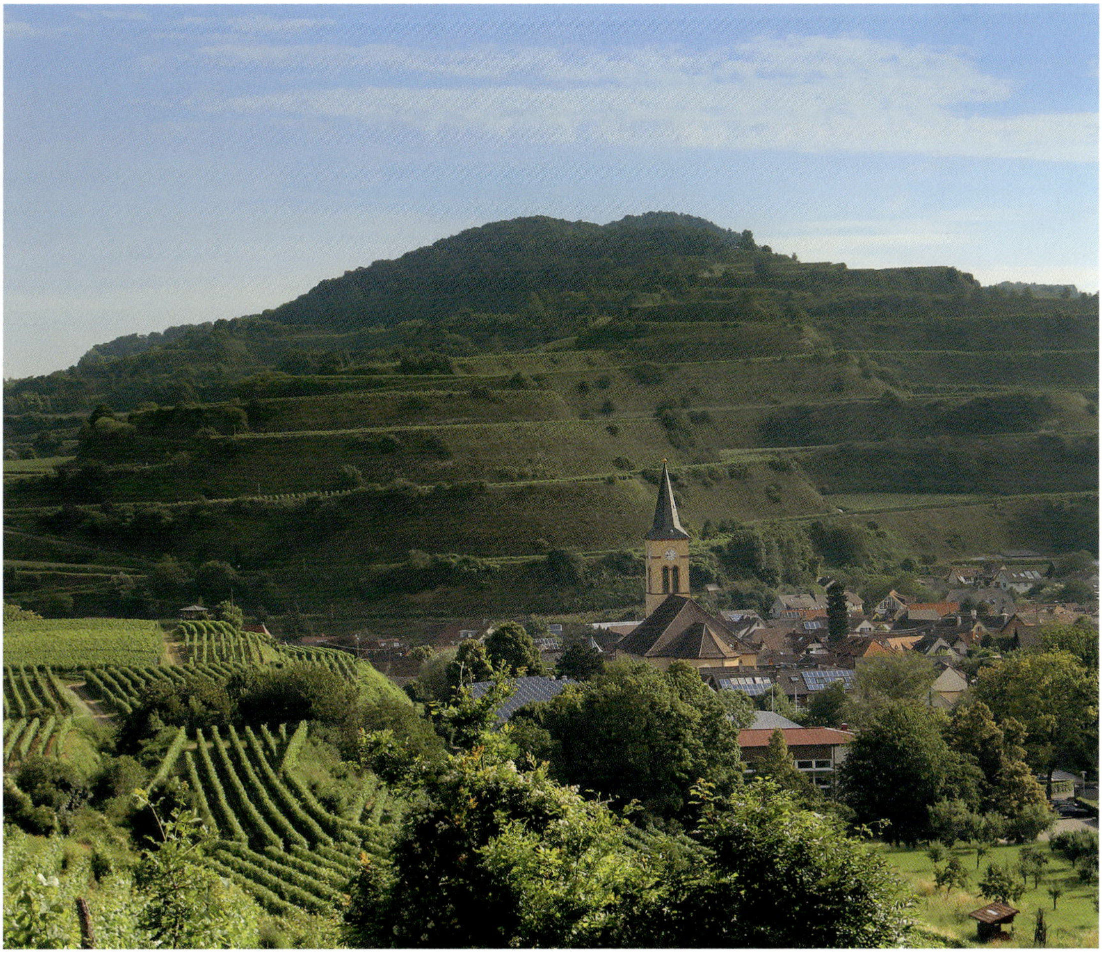

10 Durch die Lösshohlgassen

Die historische Eichgasse bei Bickensohl

Leicht | 3:10 Std. | 310 m | 8,2 km

Tourencharakter
Leichte, meist sonnige Tour auf markierten Natur- und Asphaltwegen durch Weinberge, Wälder und Dörfer

Ausgangs-/Endpunkt
Winzergenossenschaft Bickensohl 265 m

Höchster Punkt
Roßläger 410 m

Anfahrt
Mit dem Auto von der A 5 Ausfahrt Riegel nach Westen über Endingen und Oberrotweil bis Bickensohl. Parkplatz GPS: N48°04'43" E007°38'44"
Mit dem Bus der Linie 285 und 104 von Freiburg bis Bickensohl (www.bahn.de)

Gehzeiten
Aufstieg: Winzergenossenschaft – Eichgasse 0:10 Std. – Strümpfeköpfle 0:35 Std. – Kreuzung Roßläger 0:35 Std.
Abstieg: Kreuzung Roßläger – Obermatten 0:25 Std. – Esentalhütte 0:20 Std. – Winzergenossenschaft 1:05 Std.

Beste Jahreszeit
Frühjahr und Herbst

Einkehr
Hotel Restaurant Rebstock Bickensohl, 79235 Bickensohl, Neunlindenstraße 23, Tel. 07662/59999 30, www.rebstock-bickensohl.com

Karten
Kompass: »Kaiserstuhl Tuniberg«, Karte 883, 1:25000; oder Karten des LGL

Hinweise
Diese Wanderung ist eine der abwechslungsreichsten Touren im Kaiserstuhl und die Winzergenossenschaft Bickensohl ist für ihre guten Grauburgunder bekannt.

Die landschaftlich wertvollsten Teile um Bickensohl sind die Lösshohlgassen, die bei dieser Wanderung durchschritten werden. Sie entstanden durch jahrhundertelange Nutzung. Die Tour erfordert Ausdauer, denn die Wege verlaufen durch viele Täler und Höhen.

Zur Eichgasse Von der Ⓐ **Winzergenossenschaft** starten wir nach Westen am Restaurant Rebstock vorbei geradeaus über die Kreuzung, gehen am Briefkasten links die Straße hoch und biegen am letzten Haus links in die berühmte ❶ **Eichgasse**.

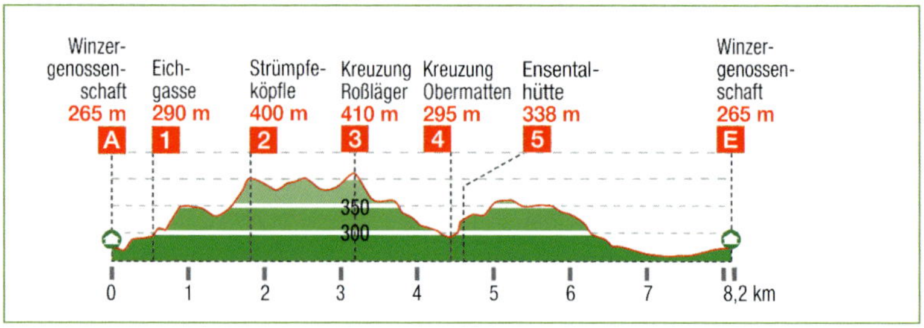

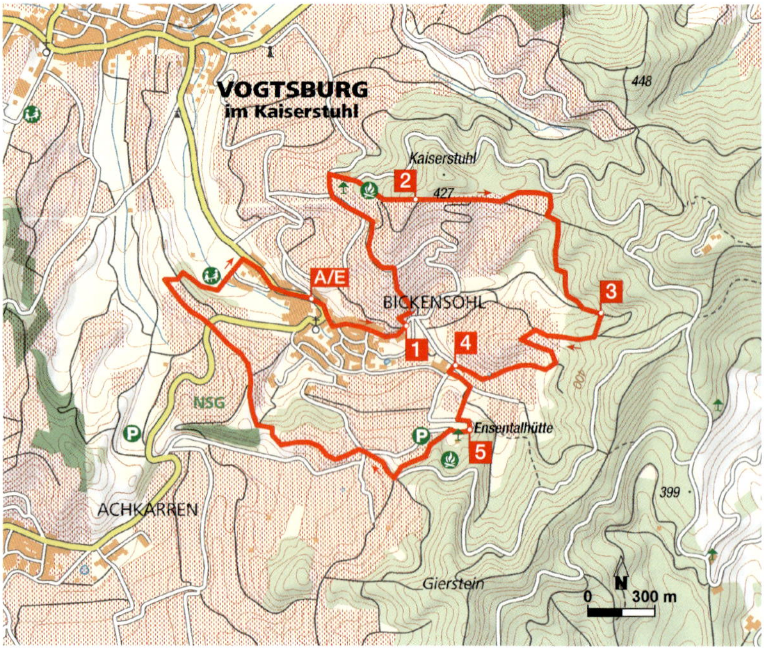

Zum Strümpfeköpfle In der Eichgasse halten wir uns an der ersten Gabelung rechts und an der zweiten Kreuzung links. An dem Abzweig nach der Eichgasse wandern wir in spitzem Winkel links aufwärts. Vor »Arnos Hütte« gehen wir rechts hinauf und in der Rechtskehre geradeaus auf kleinem Pfad weiter im Wald hoch. Die Grillhütte 2 **Strümpfeköpfle** ist ein guter Picknickplatz mit schöner Aussicht.

Zur Kreuzung Roßläger Unterhalb der Hütte laufen wir leicht abwärts. An einer Kreuzung im Wald geht es links aufwärts und wir kommen zur 3 **Kreuzung Roßläger**.

Zur Kreuzung Obermatten Nun steigen wir nach rechts durch Wald und durch Reben wieder hinunter. An einer Kreuzung in den Weinbergen wandern wir links und an einer Kreuzung nach einer Bank ebenfalls links. An den ersten Häusern von Bickensohl erreichen wir die 4 **Kreuzung Obermatten**.

Zur Ensentalhütte An diesem Abzweig gehen wir in spitzem Winkel nach links und gleich nochmals nach links. Dann steigen wir nach 100 m rechts den steilen Pfad mit Geländer hinauf und folgen einem Asphaltsträßchen hoch zur 5 **Ensentalhütte**.

Zur Winzergenossenschaft Von der Hütte aus gesehen, müssen wir am rechten Rand der Wiese in die versteckte Lösshohlgasse finden. An einer Kreuzung nach dem Wald wenden wir uns nach rechts und kommen am Aussichtsplatz Rischbühl vorbei. An der folgenden Kreuzung nehmen wir den zweiten Weg nach links und an einer dreifachen Weggabel ebenfalls den linken Weg. An der folgenden T-Kreuzung müssen wir links und an einer letzten Kreuzung kurz vor dem Sendemast dann rechts hinunter. Nun wandern wir immer geradeaus die historische Blachengasse mit ihren blühenden Böschungen abwärts und queren schließlich die Straße nach Achkarren. An einem Strommast rechts vorbei, bleiben wir an der Terrassenkante und nehmen dann an einer Kreuzung den kleinen Pfad rechts hinunter nach Bickensohl. Auf der Hauptstraße geht es rechts und wir erreichen wieder den Parkplatz vor der E **Winzergenossenschaft**.

In der romantischen Lösshohlgasse oberhalb der Ensentalhütte

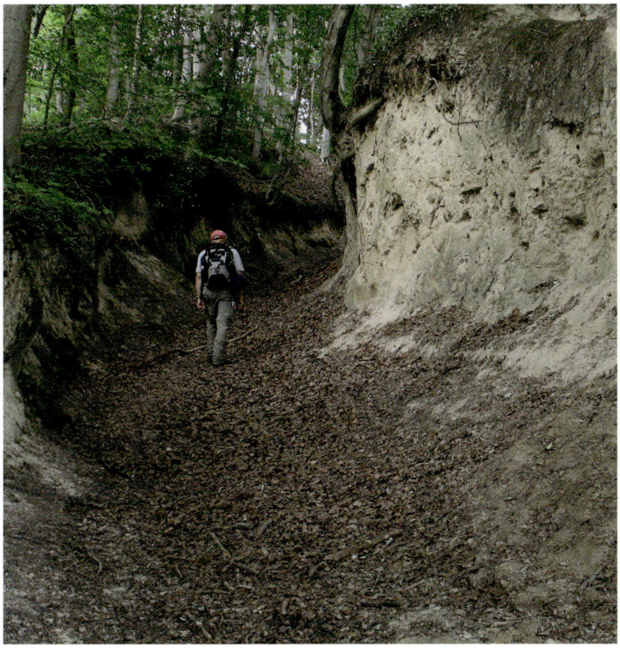

Historische Lösshohlgassen

Entstanden sind die bis zu 25 m tiefen Gassen durch die jahrhundertelange Nutzung der Wege. Wagenräder und Regen ließen den Löss erodieren und abschwemmen. Der Anfangspunkt der Lösshohlgassen liegt im 7. Jahrhundert. Im Kaiserstuhl gibt es heute nur noch 100 Hohlwege, in denen eine eigene charakteristische Pflanzen- und Tierwelt existiert. Ökologisch wertvoll sind insbesondere die großen blanken Lössflächen. Auf ihnen wachsen Kaiserstuhlanemonen, Sonnenröschen, Gamander, Kugelblumen und andere seltene Pflanzen. Unzählige Löcher zeugen von der Bruttätigkeit solitär lebender Insekten.

11

Zum Vogelsangpass

Östliche Pforte in den Kaiserstuhl

Mittel | 4:20 Std. | 330 m | 13,0 km

Tourencharakter
Mittelschwere, meist sonnige Tour auf markierten Natur- und Asphaltwegen durch Reben, Wälder und Dörfer

Ausgangs-/Endpunkt
Bahnhof Bötzingen Mühle 190 m

Höchster Punkt
Eichelspitzturm 520 m

Anfahrt
Mit dem Auto von der A 5 Ausfahrt Freiburg-Mitte nach Westen auf der B 31a über Gottenheim bis Bötzingen. Parkplatz an der Brücke der K 4977, GPS: N48°04'36" E007°43'48", die Straße »Am Dreschkopf« führt zum Bahnhof. Mit der Bahn bis Bötzingen Mühle (www.bahn.de)

Gehzeiten
Aufstieg: Bahnhof Bötzingen Mühle – Pestkapelle St. Alban 0:35 Std. – Hochrainbuckhütte 0:55 Std. – Vogelsangpass 0:40 Std. – Eichelspitzturm 0:25 Std.
Abstieg: Eichelspitzturm – Fuchsbuckhütte 0:25 Std. – Hohlgasse Kirchhahle 0:40 Std. – Bahnhof Bötzingen Mühle 0:40 Std.

Beste Jahreszeit
Frühjahr und Herbst

Einkehr
Strauße Löwenstrausse, 79268 Bötzingen, Hauptstraße 82, Tel. 07663/44 17, www.weingut-schaffner.de
Landgasthof Sonne, 79268 Bötzingen, Hauptstraße 69, Tel. 07663/12 31, www.sonne-boetzingen.de
Hotel Restaurant Zur Krone, 79268 Bötzingen, Gottenheimer Straße 1, Tel. 07663/94 460, www.hotelgasthauskrone-boetzingen.de

Karten
Kompass: »Kaiserstuhl Tuniberg«, Karte 883, 1:25 000; oder Karten des LGL

Der Vogelsangpass, heute bei Radfahrern berüchtigt, war schon immer das östliche Eingangstor in den zentralen Kaiserstuhl. Die oberen Bereiche der Wege sind von schattigem Wald behütet. Die Sicht vom Eichelspitzturm entschädigt für den langen Aufstieg.

Zur Pestkapelle St. Alban Vom Bahnhof Bötzingen Mühle oder vom Parkplatz an der Brücke startet die Wanderung zum Eichelspitzturm. Am Ⓐ **Bahnhof Bötzingen Mühle** nehmen wir den Fußweg entlang der Schienen in südwestliche Richtung bis zum nächsten Bahnübergang, wo wir rechts dem Kirchenweg folgen und die Hauptstraße überqueren. Ein Wanderwegweiser zeigt mit gelber Raute den Weg zu Vogelsangpass und Eichelspitzturm. Der Kirchenweg mündet in die Bergstraße, der wir aufwärts folgen. Auf der rechten Seite steht die gotische ❶ **Pestkapelle St. Alban** aus dem Jahr 1480. Über dem Portal befindet sich eine Bildplatte mit dem von Engeln getragenen Grabtuch Christi. Darüber eine Figur des Heiligen Alban, der seinen abgeschlagenen Kopf in Händen trägt. Der Innenraum birgt wertvolle Freskenzyklen, die an Sonn- und Feiertagen zu besichtigen sind.

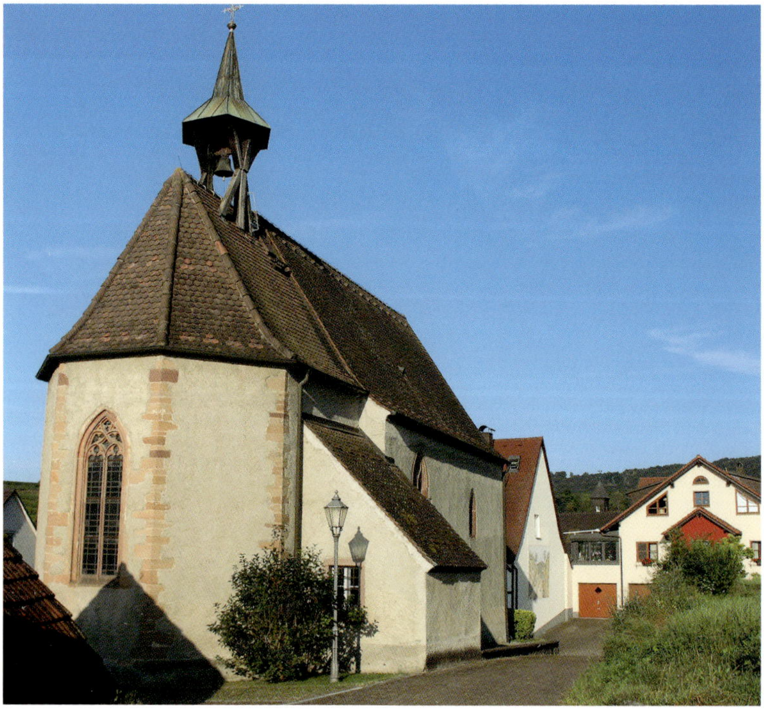

Zur Hochrainbuckhütte 30 m nach der Kapelle biegen wir links in die Hofstraße ein und folgen dann an einer Gabelung links der Rankstraße aufwärts, die in einen Lösshohlweg übergeht. An einer weiteren Gabelung nehmen wir den linken Hohlweg, an dessen Ende wir an den Reben nach rechts abbiegen. Nach 20 m wandern wir gleich wieder links und sehen schon den Sendemast auf dem Totenkopf und den Aussichtsturm auf der Eichelspitze. An einer T-Kreuzung müssen wir nach links und nach 30 m in spitzem Winkel nach rechts aufwärts. Auf der rechten Seite überblicken wir nun den Phonolith-Steinbruch westlich von Oberschaffhausen. Phonolith ist vulkanisches Magma, das aber nicht zum Ausbruch kam.

Nach einer Linkskurve spazieren wir nach rechts weiter und an einer dann folgenden Kreuzung in spitzem Winkel nach links hoch. Zweimal geht es dann an einer Kreuzung die zweite Straße rechts hinauf. Die Wegfindung ist ganz einfach, wenn wir uns stets nur aufwärts an der Markierung gelbe Raute und an dem hochgestellten Quadrat mit der Weintraube des Weinlehrpfads orientieren. An einer letzten Kreuzung bleiben wir geradeaus aufwärts und erreichen an der Grenze von Reben und Wald die ❷ **Hochrainbuckhütte** mit einem großen Picknickplatz und guter Aussicht in den Schwarzwald, vom Hühnersedel bis zum Blauen.

Linke Seite: Die Pestkapelle St. Alban birgt im Innenraum einen wertvollen Freskenzyklus.

Von hier oben zeigen sich auch die gewaltigen Umwälzungen zum Terrassenbau im Rahmen der Flurbereinigung, die in den 1970er-Jahren überall im Kaiserstuhl durchgeführt wurden.

Zum Vogelsangpass Nach einer Zwischenrast nimmt uns der Wald freundlich auf, wenn wir in Richtung Vogelsangpass weitergehen. An einer Gabelung wählen wir den ebenen rechten Weg, der dann leicht ansteigend am Häfelebuck einmündet. Hier wandern wir rechts hinunter zum Panorama Vogelsang mit der Skulptur »Wanderer« und genießen die wunderbare Aussicht. Ausgeprägt ist der seit der Eiszeit

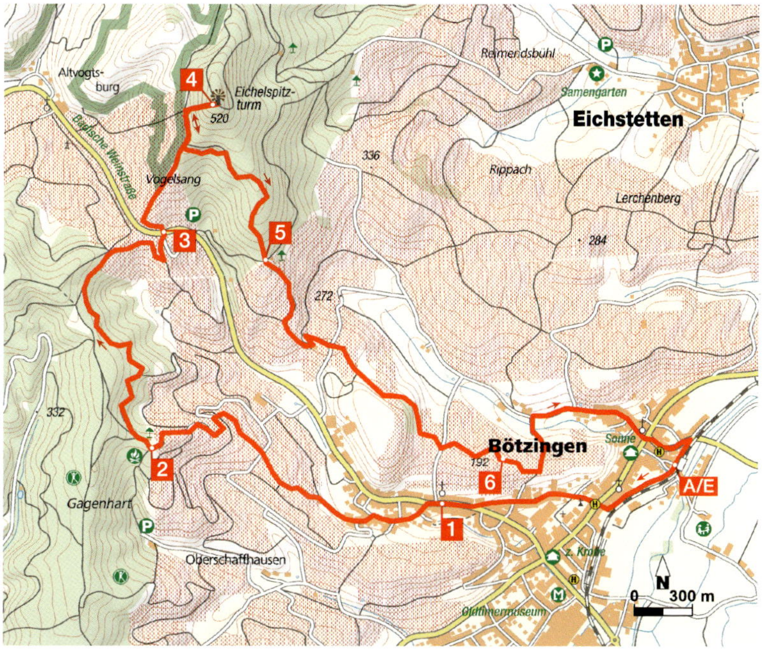

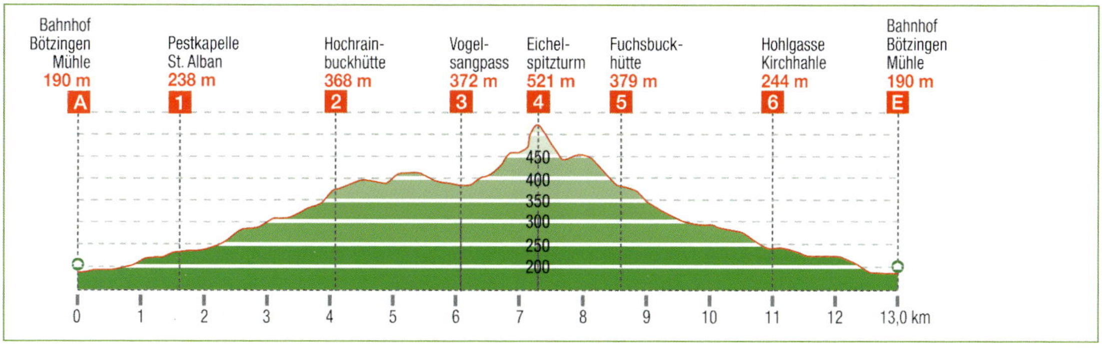

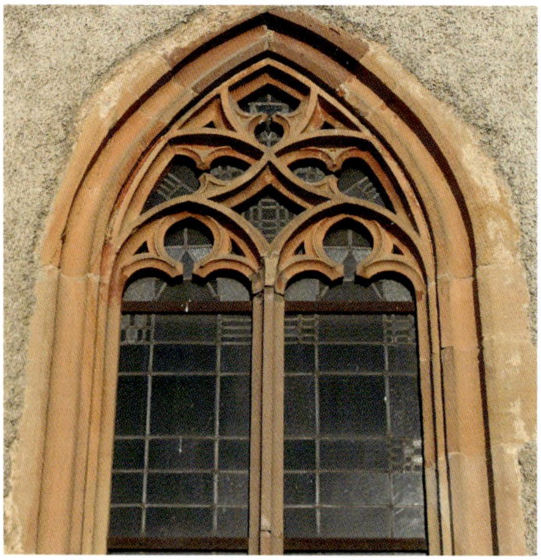

Fensterdetail der Pestkapelle St. Alban

Flurbereinigung im Kaiserstuhl

Über Generationen führte die Realerbteilung zu einer Zersplitterung und schlechten Erschließung der oft winzigen Rebbauflächen. Derartig kleine Grundstücke konnten nur unrentabel in Handarbeit bestellt werden. Im Rahmen der Flurbereinigung wurden diese kleinen Flächen zusammengelegt, neu verteilt und durch Weinbergwege erschlossen. Die Bedingungen der Produktion haben sich dadurch entscheidend verbessert. Die Natur hat sich augenscheinlich weitgehend erholt, auch wenn die wichtigen Kleinlebensräume leider oft nicht mehr vorhanden sind, wodurch die Biodiversität sehr gelitten hat.

geradezu halbrund erodierte Talschluss, der heute mit den Weinbergterrassen stabilisiert ist. Nur noch die alten überwachsenen historischen Hohlwege in den Wäldern zeigen, dass der Vogelsangpass schon in vergangenen Jahrhunderten eine wichtige östliche Pforte in den Kaiserstuhl war. Ein schmaler Fußweg führt an der Skulptur rechts durch Reben zum 3 **Vogelsangpass** hinunter.

Zum Eichelspitzturm Richtung Eichelspitzturm queren wir die Straße und wenden uns gleich nach links steil hinauf. An der Info-Tafel für das Naturschutzgebiet Badberg müssen wir den Weg rechts hinauf entlang der Reben einschlagen. Bald haben wir dann Aussicht auf Altvogtsburg und auf den Badberg. Am Blassendobel gehen wir später rechts nach Bötzingen hinunter. Aber erst nehmen wir noch den 500 m weiten Abstecher zum 4 **Eichelspitzturm** in Kauf, denn vom Turm gibt es eine unvergleichliche Rundumsicht auf das Land.

Zur Fuchsbuckhütte Nach der Turmbesteigung geht es wieder hinunter bis zum Blassendobel und aus dieser Richtung gesehen jetzt links durch Douglasien- und Laubwald

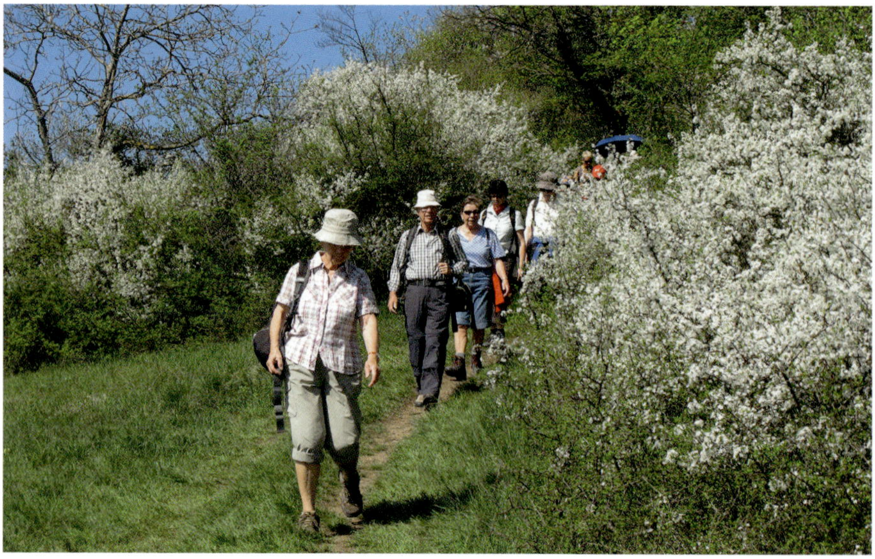

Wanderer oberhalb des Vogelsangpasses

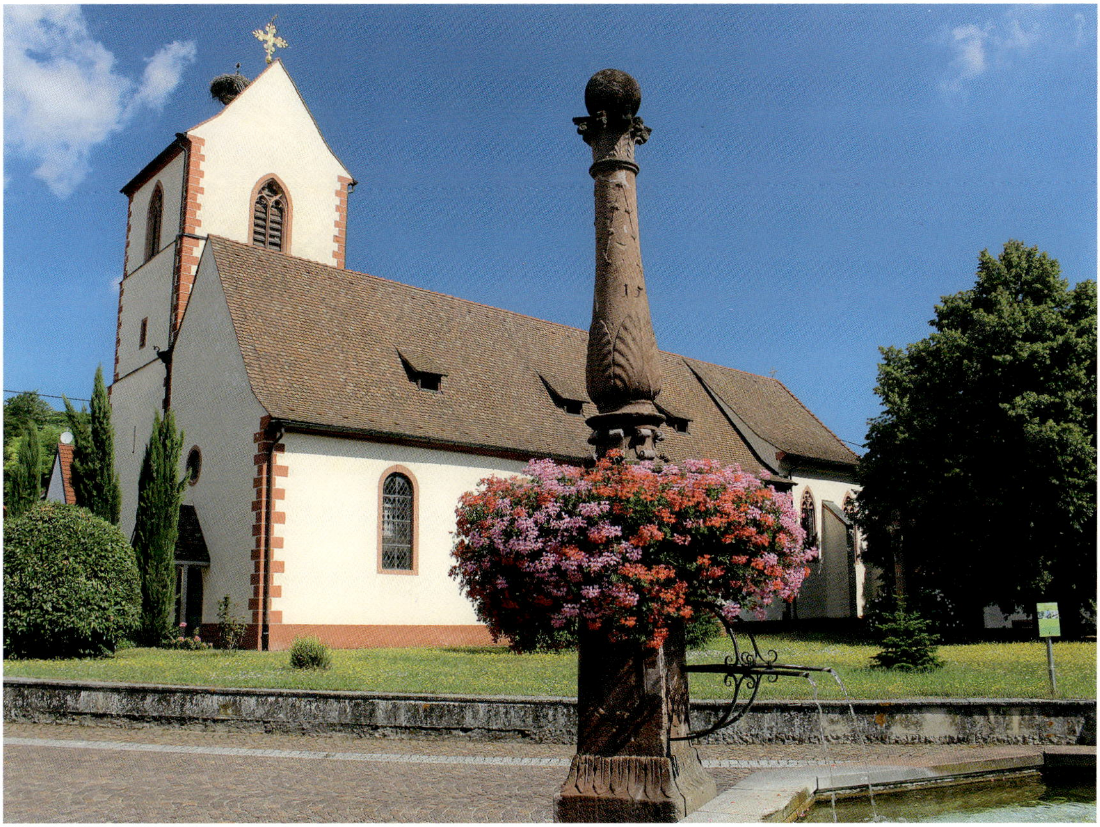

Am Brunnen vor der Kirche St. Laurentius

hinunter nach Bötzingen. An einer Gabelung bleiben wir rechts und kommen nach der Querung einer Forststraße steil hinunter an die 5 **Fuchsbuckhütte**.

Zur Hohlgasse Kirchhahle An der Fuchsbuckhütte spazieren wir nun wieder durch Reben geradeaus. Vorerst richten wir uns an den Wegweisern Richtung Bahnhof Bötzingen und Weinlehrpfad aus. In der Ferne sehen wir den Weg links oben am Phonolith-Steinbruch vorbeiführen. An einer »verzwickten« Kreuzung in Form des griechischen Buchstabens Psi bleiben wir im Sinn der Hauptrichtung geradeaus. An der nächsten Kreuzung in der 6 **Hohlgasse Kirchhahle** ignorieren wir alle Wegweiser und gehen wegen der guten Aussicht ohne Markierung geradeaus weiter.

Zum Bahnhof Bötzingen Mühle Fast am Ende des Geländeplateaus, das mit Wein bestockt ist, geht links an einer Kopfweide und an einem »Insektenhotel« eine schmale Erdtreppe hinab, an deren Fuß wir uns nach links richten. Nach 70 m wenden wir uns rechts und nach einem Unterstelldach für Landwirtschaftsgeräte wieder rechts an Pferdekoppeln vorbei, hinunter in das Schambachtal. Am Oberen Sieglebrunnen sind wir auf dem Brunnenpfad und wandern rechts auf der Sieglestraße in Richtung Bahnhof »Bötzingen Mühle« bergab. An der spätmittelalterlichen St.-Laurentius-Kirche mit Storchennest auf dem Turm und am schönen Unteren Sieglebrunnen, einem Renaissance-Brunnen aus dem Jahr 1573, überqueren wir die Hauptstraße in die Neuershauser Straße hinein. Links in dem Fachwerkhaus aus dem Jahr 1533 ist die Löwenstrauße. Auf der Straße Am Dreschschopf rechts kommen wir zum E **Bahnhof Bötzingen Mühle** zurück, oder wir erreichen geradeaus über den Bahnübergang den Parkplatz an der Brücke.

12

Einsiedelei Bruderhäusl

Klause mit Aussicht auf der Eichelspitze

Mittel 4:10 Std. 430 m 12,8 km

Tourencharakter
Mittelschwere, meist sonnige Tour auf markierten Natur- und Asphaltwegen durch Weinberge, Wälder und Dörfer mit zum Teil steilen Wegstrecken

Ausgangs-/Endpunkt
Bahnhof Eichstetten 187 m

Höchster Punkt
Eichelspitzturm 521 m

Anfahrt
Mit dem Auto von der A 5 Ausfahrt Freiburg-Nord nach Westen über March bis Eichstetten. Parkplatz GPS: N48°05'34" E007°44'50"
Mit der Bahn bis Eichstetten (www.bahn.de)

Gehzeiten
Aufstieg: Bahnhof Eichstetten – Samengarten 0:45 Std. – Robert-Meier-Hütte 0:55 Std. – Eichelspitzenturm 0:20 Std.
Abstieg: Eichelspitzturm – Robert-Meier-Hütte 0:10 Std. – Breitenwegerhof 1:20 Std. – Bahnhof Eichstetten 0:40 Std.

Beste Jahreszeit
Frühjahr und Herbst

Einkehr
Strauße Zum Winzer Karl-Otto, 79356 Eichstetten, Breitenweg 3, Tel. 07663/1871
Bistro Café Rinklin Biomarkt, 79356 Eichstetten, Bruckmatten 12, Tel. 07663/9394700,
Café Mitnander, 79356 Eichstetten, Hauptstraße 32, Tel. 07663/9425867, www.mitnander.de

Karten
Kompass: »Kaiserstuhl Tuniberg«, Karte 883, 1:25000; oder Karten des LGL

Durch Weinberge und schattigen Wald führt diese Wanderung auf einen der schönsten Aussichtspunkte des Kaiserstuhls, den Eichelspitzturm. Am Weg liegen die Sehenswürdigkeiten Samengarten und der Geo-Pfad mit der historischen Jaspis-Fundstelle.

Zum Samengarten Am Ⓐ **Bahnhof Eichstetten** starten wir in Richtung des schon sichtbaren Pumpenturms an der mittelalterlichen Brücke aus dem 16. Jahrhundert. Der ehemalige Pumpenturm zur Bewässerung der Wiesen ist aber erst 100 Jahre alt.
An der Brücke gehen wir nach links auf der Hauptstraße neben dem Dorfbach. Nach 500 m biegen wir links in die Klarastraße und laufen den sich anschließenden Altweg weiter aufwärts bis zum ❶ **Samengarten** der Stiftung Kaiserstühler Garten. Hier lassen sich verschiedenste Kultur- und Nahrungspflanzen und im gegenüberliegenden Obstmuseum unterschiedliche Obstbäume besichtigen.

Zur Robert-Meier-Hütte An der Kreuzung nach dem Samengarten wandern wir links hinauf Richtung Eichelspitzturm, der auch schon über der bewaldeten Eichelspitze zu sehen ist. An der gleich folgenden Wegverzweigung nehmen wir den mittleren Weg des Geopfads mit dem Symbol Glockenblume aufwärts. Nach einer Linkskurve verlassen wir den Asphaltweg nach

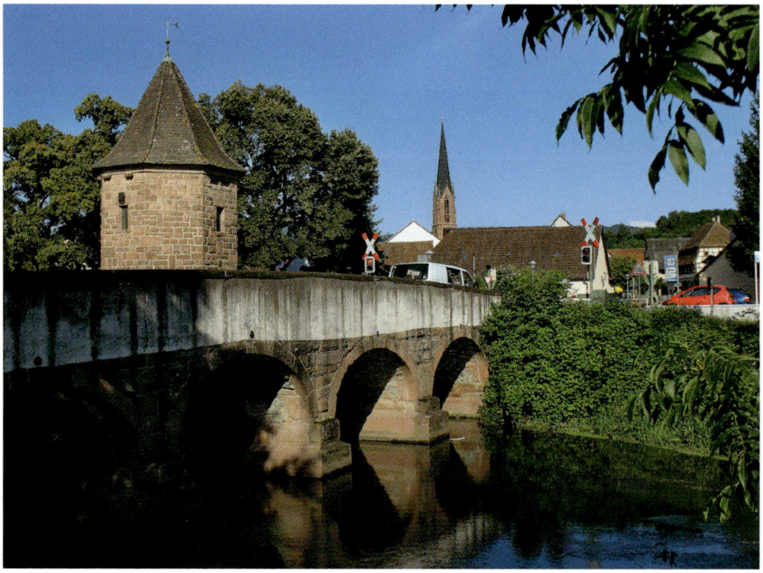

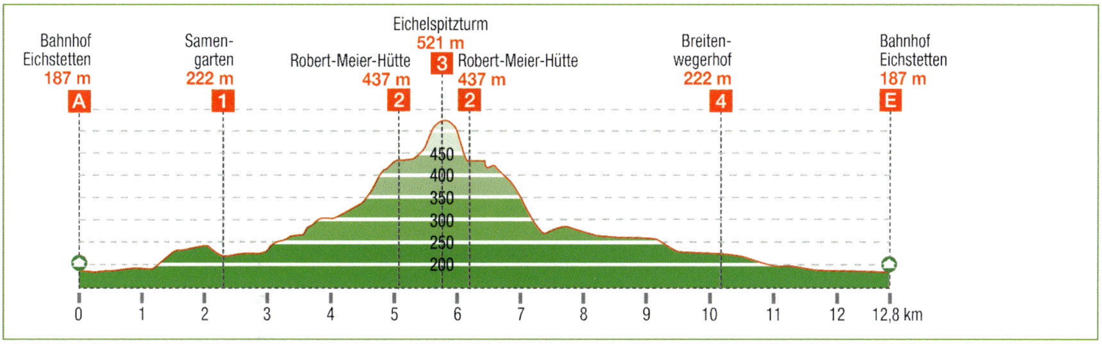

links in die Reben mit Blick in den Schwarzwald. Auf dem Weg kommen wir an dem beeindruckenden einst 50 m langen Lössstollen vorbei. Dann geht es nach links auf einem Asphaltsträßchen in das Rippachtal hinunter und unten erst rechts, dann nach links auf einem Kiesweg wieder hinauf. Am Wegweiser »Rusenthal« inmitten von Obstgärten verlassen wir den Geopfad und steigen mit der Markierung gelbe Raute geradeaus in Richtung Eichelspitze durch Laubwald steil hoch. Am Wegweiser »Rutzenhalde« gehen wir links, nun sanfter bergauf, und an der kleinen Tannenlochhütte geradeaus weiter aufwärts, bis wir schließlich die ❷ **Robert-Meier-Hütte** mit Picknickplatz erreichen. Hier stehen wir auf dem Kaiserstuhlhauptkamm und schauen auf den Badberg, das Halbrund des Hauptkamms und auf die Vogesen.

Zum Eichelspitzturm Vor der Hütte spazieren wir nach links und machen dann an der Gabelung auf dem linken Weg, dem Eichelspitzrundweg, den Abstecher zum Turm hinauf. Gut, dass dieser steile Weg durch schattigen Douglasienwald verläuft. Der ❸ **Eichelspitzturm** neben den Resten einer alten Einsiedelei muss über die 127 Stufen bestiegen werden. Hier oben über den Wipfeln der Douglastannen hat man eine herrliche Rundumsicht. Nach Westen schauen wir hinunter auf Altvogtsburg, auf den Badberg und in die Vogesen. Im Osten steht der Schwarzwald am Horizont. Die Einsiedelei Bruderhäusl war vom 14. bis 16. Jahrhundert bewohnt.

Zur Robert-Meier-Hütte Am Turm vorbei gehen wir auf dem Eichelspitzrundweg nach Süden weiter wieder zur ❷ **Robert-Meier-Hütte** hinunter.

Linke Seite: Die alte Brücke, der Pumpenturm und der Kirchturm ergeben ein hübsches Ensemble.

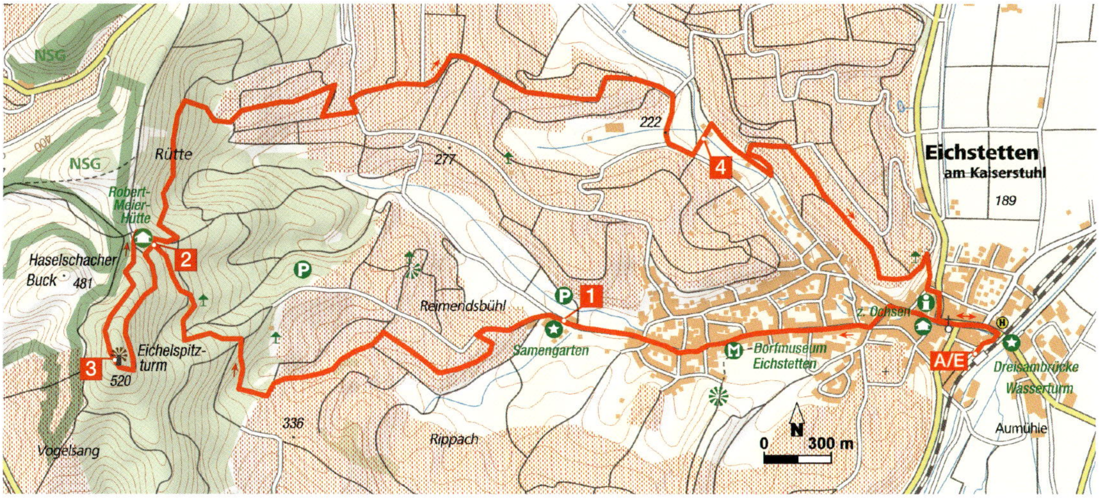

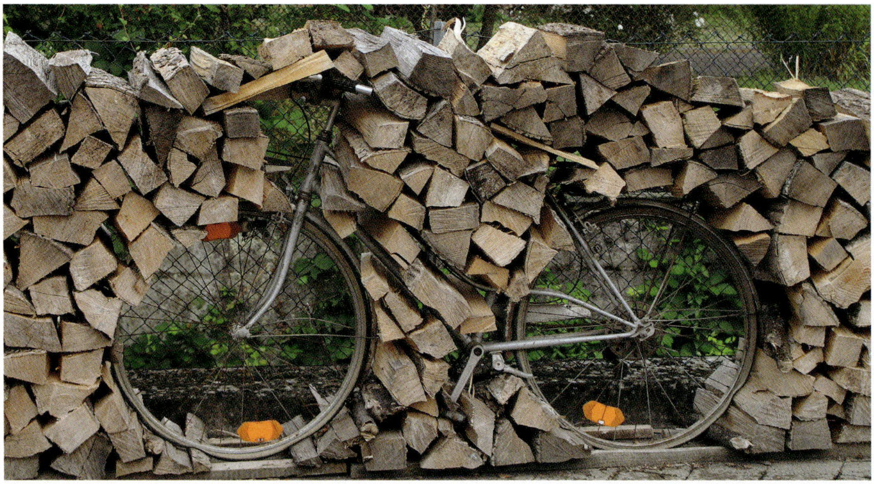

Ein witziges »Brennholz-Stützrad«

Zum Breitenwegerhof An der Hütte spazieren wir nach rechts Richtung Eichstetten, gehen aber schon nach 10 m links in den verwachsenen alten Weg steil abwärts. An der nächsten Kreuzung wandern wir auf einem Forstweg nach links, nun wieder auf dem Geopfad sanfter abwärts, am Abstecher zum Rüttefelsen vorbei. Der Rüttefelsen ist ein grau-grünlicher Jaspis mit deutlicher Bänderung. Er entstand aus Mergel, der durch Magma stark erhitzt wurde. Im 18. Jahrhundert wurde aus diesem Jaspis ein Kästchen hergestellt, das heute im Karlsruher Schloss zu besichtigen ist.

An einer T-Kreuzung am Wegweiser »Rütte« gehen wir rechts hinunter Richtung Eichstetten. An der Wald-Weingrenze verlassen wir die Markierung gelbe Raute und gehen stattdessen geradeaus. An der T-Kreuzung laufen wir jetzt rechts auf Asphalt hinab und an der nächsten Kreuzung nach links. An einer weiteren Kreuzung schlendern wir links und nach 40 m rechts an der Böschungssohle entlang und an einer kleinen Weinberghütte mit rotem Ziegeldach vorbei. Genau geradeaus ist in der Ferne die Bergkirche auf dem Nimberg zu sehen. An der T-Kreuzung gehen wir links und an der nächsten T-Kreuzung rechts in das Locherntal hinunter. Ein Stück voraus schauen wir genau auf den noch halb versteckten Kirchturm von Eichstetten. An der folgenden T-Kreuzung wandern wir nach links abwärts. Links von uns liegt der fruchtbare Talboden, auf dem jede Menge Gemüse angebaut wird. Eichstettener Bauern begannen schon vor 60 Jahren mit dem Bioanbau von Gemüse. Nicht umsonst nennt sich der Ort auch »Gemüsedorf« und feiert jedes Jahr ein Gemüsefest.

An der T-Kreuzung vor den entfernt stehenden einzelnen Hofgebäuden wenden wir uns nach rechts und dann nach links hinunter. Nach 100 m folgen wir dem Wegweiser nach links in die Demeter-Hofkäserei des **4 Breitenwegerhofs.** Hier gibt es leckeren Käse und Wurst im Direktverkauf.

Zum Bahnhof Eichstetten Wir gehen durch den Hof und biegen nach dem Kuhstall nach rechts auf die Endinger Straße ab. Am Staudamm steigen wir in spitzem Winkel nach links aufwärts. Weiter oben nehmen wir in

Bruderhäusl St. Erhard

Auf dem Gipfel der Eichelspitze stand im Mittelalter eine Einsiedelei mit der St. Erhardskapelle. 1491 wurde die Kapelle das erste Mal in einem Besitzrechtsverzeichnis der Eichstetter Pfarrei aufgeführt. Die Eremitage gehörte zu dem St. Peterskloster des Paulinerordens auf dem Neunlinden-Buck, dort wo heute der Neunlindenturm steht. Der Paulinerorden geht auf eine ungarische Eremitenbewegung im 13. Jahrhundert zurück. Beim Bau des Eichelspitzturms 2006 gab es einige Funde. Archäologische Entdeckungen sind Ofenkacheln, Keramikbruchstücke und Maultrommeln aus dem 14. bis 16. Jahrhundert.

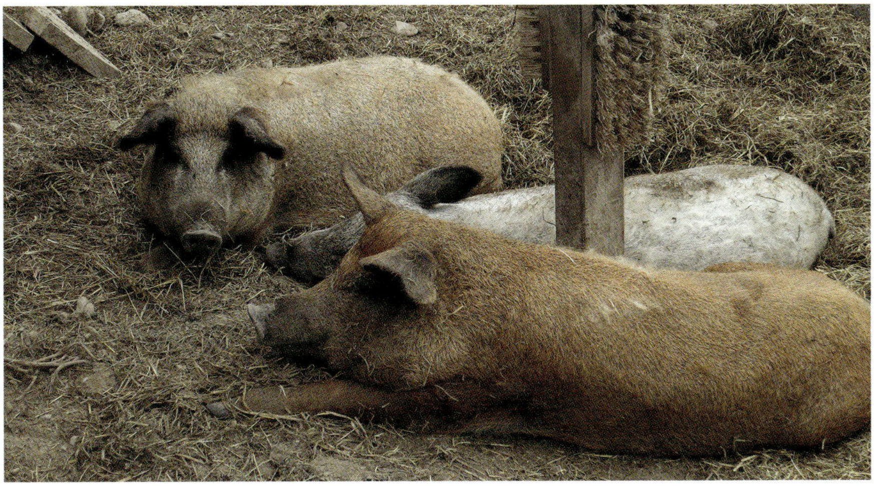

Glückliche Schweine am Breitenwegerhof

den Reben die zweite Straße nach rechts und nach 30 m noch einmal die zweite Straße nach rechts hinauf. Am Ende der Steigung wandern wir mit der Markierung rote Raute nach rechts an der Hangkante entlang. An einem Picknickplatz und an Ruhebänken können wir jeweils über Eichstetten schauen. Funde aus der Steinzeit bis zur Zeit der Römer belegen eine lange Besiedelungsgeschichte. Nach dem 30-jährigen Krieg war das Dorf fast ausgestorben. Um 1850 schrumpfte die Bevölkerung noch einmal, als viele Bewohner nach Amerika auswanderten.
An einer Kreuzung nehmen wir rechts den Treppenweg abwärts. 10 m nach der Kreuzung am Schützenhaus steigen wir dann rechts den engen Fußweg hinunter. Unten gehen wir auf der Straße Am Wannenberg nach links und auf der Bahlinger Straße nach rechts an der Zehntscheuer aus dem Jahr 1555 vorbei. Am Rathaus laufen wir nach links auf der Hauptstraße zum E **Bahnhof Eichstetten** zurück.

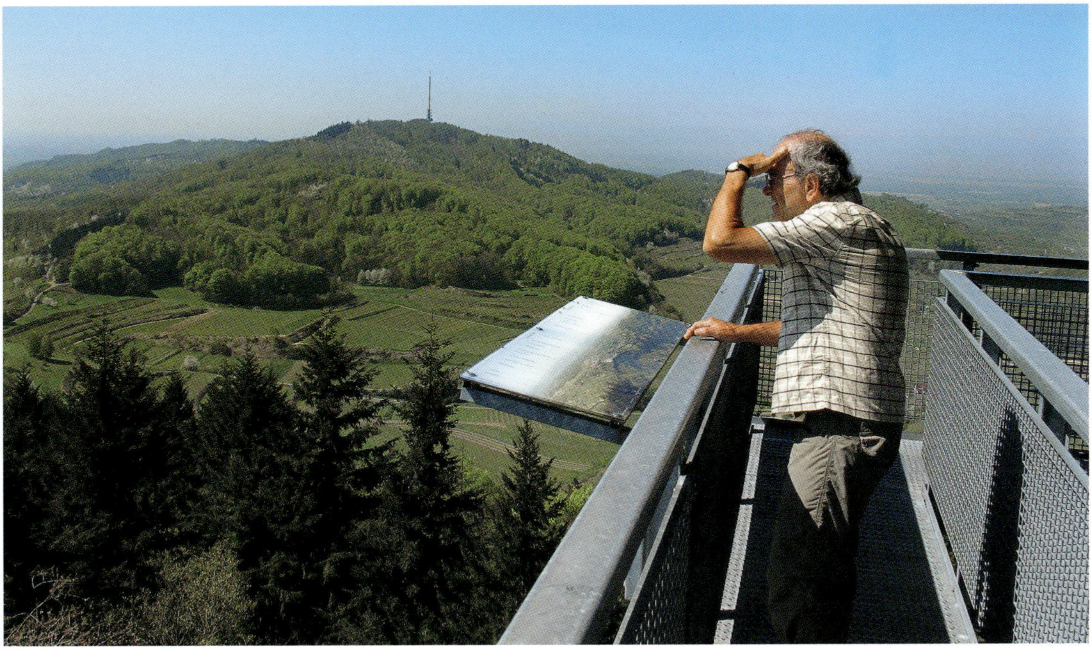

Auf dem Eichelspitzturm mit Blick auf den Totenkopf

13

Bötzinger Lebenselixiere

Ewig sprudeln das Wasser und der Wein

Leicht | 4:30 Std. | 160 m | 12,3 km

Tourencharakter
Leichte, meist sonnige Tour auf markierten Natur- und Asphaltwegen im Tal und durch Weinberge

Ausgangs-/Endpunkt
Bahnhof Eichstetten 187 m

Höchster Punkt
Oberschaffhausener Dorfplatz 240 m

Anfahrt
Mit dem Auto von der A 5 Ausfahrt Freiburg-Nord nach Westen über March bis Eichstetten. Parkplatz GPS: N48°05'34" E007°44'50"
Mit der Bahn bis Eichstetten (www.bahn.de)

Gehzeiten
Bahnhof Eichstetten – Aumühle 0:10 Std. – Brücke Bötzingen 0:45 Std. – Staumauer 1:00 Std. – Oberschaffhausener Dorfplatz 0:15 Std. – Wasserspielplatz 0:20 Std. – Bahnhof Eichstetten 2:00 Std.

Beste Jahreszeit
Frühjahr und Herbst

Einkehr
Strauße Zum Winzer Karl-Otto, 79356 Eichstetten, Breitenweg 3, Tel. 07663/1871
Bistro Café Rinklin Biomarkt, 79356 Eichstetten, Bruckmatten 12, Tel. 07663/9394700,
Strauße Löwenstrausse, 79268 Bötzingen, Hauptstraße 82, Tel. 07663/4417, www.weingut-schaffner.de

Karten
Kompass: »Kaiserstuhl Tuniberg«, Karte 883, 1:25000; oder Karten des LGL

Von der mittelalterlichen Brücke in Eichstetten führt diese Tour auf dem Wasserweg nach Bötzingen. Der Weinort bietet einen Brunnenpfad und einen Erlebnispfad, die ebenfalls auf der Strecke liegen. Zurück geht es über die berühmte Pestkapelle St. Alban.

Zur Aumühle Vom **A** **Bahnhof Eichstetten** starten wir zum schon sichtbaren Pumpenturm an der mittelalterlichen Brücke über die Dreisam. An der alten Steinbrücke, die auch heute noch dem Schwerlastverkehr standhält, erkennen wir den Zusammenfluss von Mühlbach, Nägelgraben und Herremühlebach zur alten Dreisam. Wasseramsel und Eisvogel haben an den vielen Wasserläufen der Ebene ihren Lebensraum. Die Fünf-Bogen-Brücke in Eichstetten gehört zu den besonderen Brückenbauten der Region und wurde im Jahr 1745 errichtet, was auch in einen der Scheitelsteine eingemeißelt ist. Die Fundamente stammen aus dem 16. Jahrhundert. Die verwendeten Sand- und

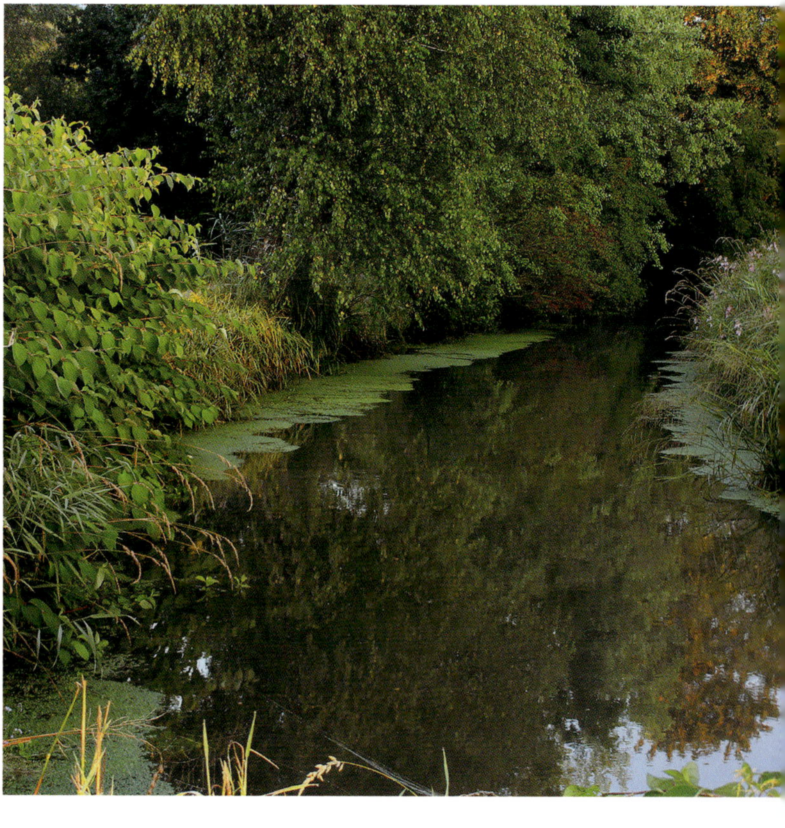

Der Wanderweg verläuft entlang des Mühlbachs.

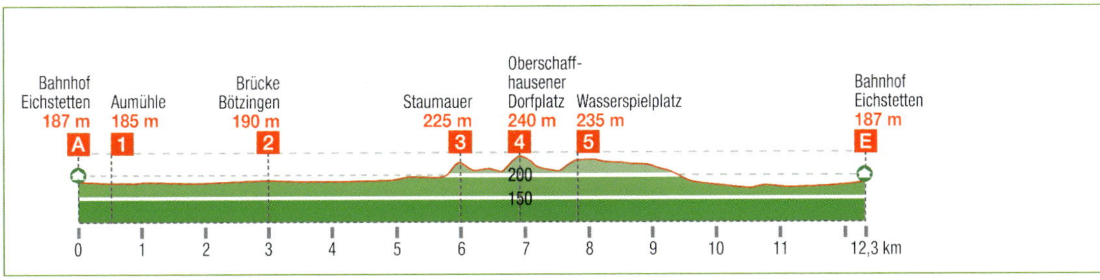

Gneissteine entnahm man früheren Gebäuden. Es wird angenommen, dass das Baumaterial aus dem abgebrochenen Kloster Tennenbach stammt. Der Pumpenturm wurde erst 1926 erbaut und zur Bewässerung der Wiesen in der Dreisam-Niederung genutzt, weil man sich wegen der im Wasser mitgeführten Nährstoffe einen Dünge-Effekt erhoffte. Inzwischen ist der Turm im Besitz von Schleiereulen, Mauerseglern und Mörtelbienen. Auf der hölzernen Bogenbrücke südlich der Steinbrücke überqueren wir den Mühlbach und laufen an diesem entlang. Links an der Reithalle vorbei kommen wir an die historische **1 Aumühle**, in der fast 700 Jahre Mehl gemahlen, Hanf gestampft und Öl gepresst wurde.

Zur Brücke in Bötzingen Neben dem Mühlbach laufen wir durch die flache Dreisamniederung bis zur **2 Brücke in Bötzingen**.

Zur Staumauer Links des Parkplatzes an der Brücke wandern wir in die Straße »Im Grün«. Nach 250 m folgen wir dem Wegweiser »Brunnenpfad« nach rechts an der alten

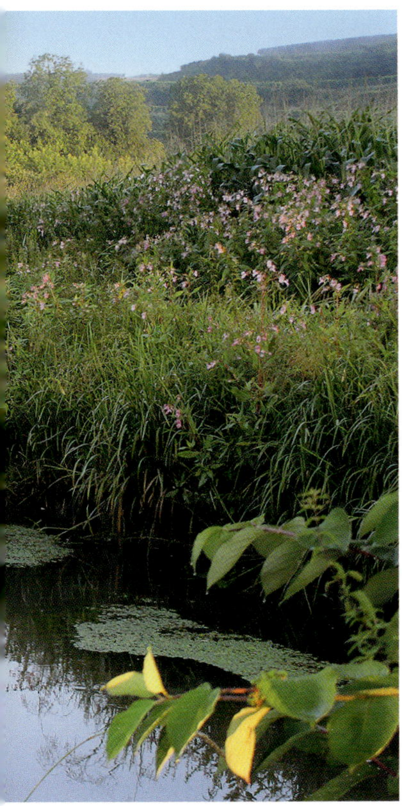

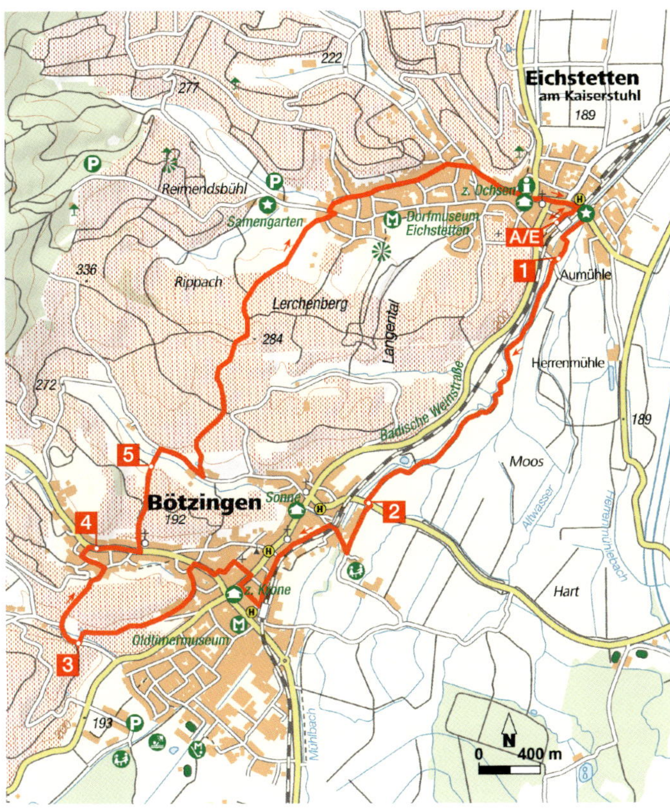

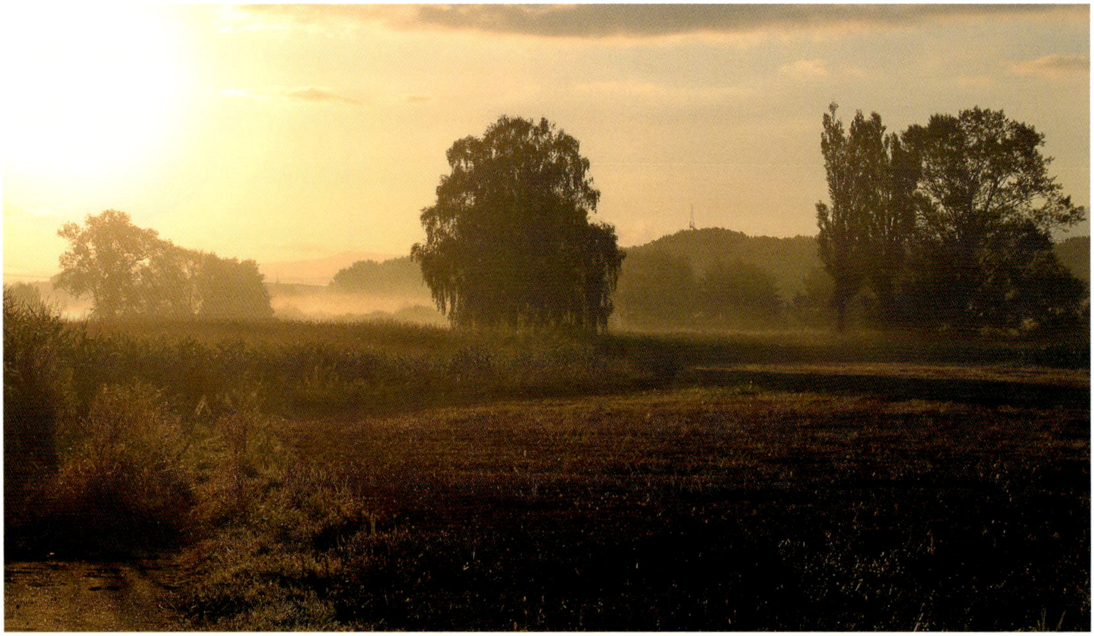

Morgenstimmung in der Dreisamniederung

Unteren Mühle vorbei über den Mühlbach. Im Herrenhaus der Mühle soll schon Goethe Gast gewesen sein und sich am Bötzinger Wein gelabt haben. Nach den Schienen am Bahnhof Bötzingen Mühle schlendern wir nach links an den Gleisen entlang bis zum Bahnhof Bötzingen. Am Info-Stand gibt es den Flyer zum Brunnenpfad. Zwölf verschiedene Brunnen zeugen vom Wasserreichtum Bötzingens.

Am Bahnhof Bötzingen gehen wir rechts die Rathausstraße hoch. An der Hauptstraße steht vor dem Rathaus der Rathausbrunnen. Weiter rechts zwischen Winzergenossenschaft und alter Schule gehen wir links in der Gartenstraße hinauf zur Realschule. Vor der Realschule führen nach links ein Fußweg und eine Treppe weiter. Auf der Bergstraße steigen wir bis zur Handwerksgasse und biegen am bronzenen Biggiträgerbrunnen nach links ein. Dieser Brunnen diente einst der Versorgung der in der Handwerksgasse an-

Die Pestkapelle St. Alban

In Oberschaffhausen steht die Kapelle St. Alban von 1481. In der Gegend wütete die Pest, was zu einem Gelübde für den Bau der Kapelle führte. Menschen aus Oberschaffhausen und Bötzingen wollten mit der Kapelle von Gott Schonung erflehen. Von außen gefallen das Relief über dem Eingang mit den zwei Engeln und dem heiligen Alban sowie die schönen Steinrahmenfenster. Es sind sehr gut ausgeführte gotische Spitzbogen-Maßwerkfenster. Die eigentliche Sensation zeigte sich 1962, als ein ganzer Zyklus sehr gut erhaltener 450 Jahre alter Wandmalereien freigelegt wurde. (Samstag und Sonntag geöffnet)

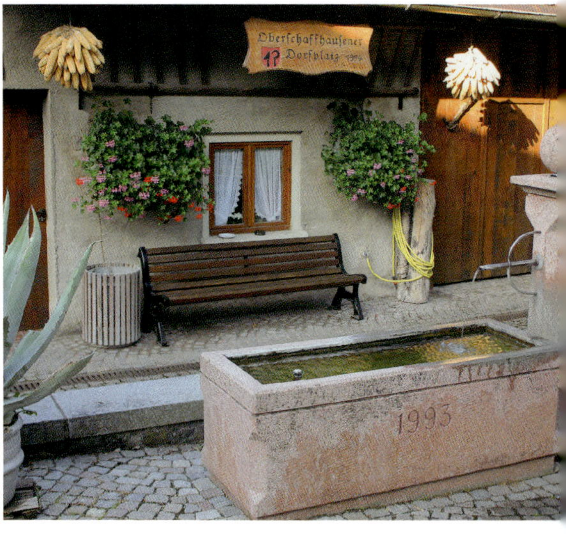

Am gemütlichen Oberschaffhausener Dorfplatz

sässigen Betriebe. Nach 80 m halten wir uns links in den Laireweg und bleiben an der Seelenbergstraße geradeaus. Bald laufen wir auf einem aussichtsreichen Weinbergweg in ein Tal hinein, das von einer 3 **Staumauer** abgeriegelt wird.

Zum Oberschaffhausener Dorfplatz Nach der Staumauer des Rückhaltebeckens nehmen wir an der Info-Tafel die erste Straße nach rechts entlang der Kirschbäume. Die Lösshohlgasse, die wir nun steil hochsteigen, ist die Buntehalegasse. Nach dem höchsten Punkt halten wir uns rechts vom Schuppen geradeaus die Rankstraße bergab. An einer T-Kreuzung gehen wir rechts und an der zweiten T-Kreuzung links. Über den Häusern ist der Phonolit-Steinbruch zu sehen, der einen unterirdisch erkalteten Magma-Pfropfen ausbeutet. Am Sandsteinbrunnen müssen wir rechts die Bergstraße hinunter am schön gestalteten 4 **Oberschaffhausener Dorfplatz** vorbei.

Zum Wasserspielplatz Vor der Kapelle St. Alban aus dem 15. Jahrhundert mit bedeutenden Wandmalereien wandern wir links einen asphaltierten Hohlweg in die Weinberge hoch. An einer Wegverzweigung wählen wir den mittleren Weg, der hinunter in das liebliche Schambachtal läuft. Das Schambachtal ist eine wasserreiche, fruchtbare Senke mit Obstbäumen, Gemüseanbauflächen und Wein, aber auch ein hervorragender Lebensraum für seltene Pflanzen und Tiere. Unten im Tal erreichen wir einen schön angelegten 5 **Wasserspielplatz**. Mit Kindern müssen wir am Schambachbrunnen bestimmt noch eine Zeit verweilen. Auch der Schambachtal-Erlebnispfad, der in einem Bogen das Tal wieder hinunterführt, sollte mit Kindern auf jeden Fall begangen werden. Am Lehrpfad werden die Lebensräume von Schmetterlingen, Wildbienen, Eidechsen und anderen Tieren vorgestellt.

Zum Bahnhof Eichstetten Nach dem Wasserspielplatz wenden wir uns nach rechts. Am Weingartenbrunnen vor dem Weingut »Ambs« verlassen wir den Brunnenpfad und wandern links mit der Markierung gelbe Raute in Richtung Eichstetten Oberdorf über den 282 m hohen Lerchenberg, der nur mit Reben bestockt ist. An Kreuzungen und Abzweigen bleiben wir immer geradeaus auf dem Hauptweg. Die ersten Häuser von Eichstetten erreichen wir in der Geizbachtalstraße. Die gelbe Raute schickt uns links in den Altweg und gleich wieder rechts in die Hauptstraße, die bis zum E **Bahnhof Eichstetten** zurückführt.

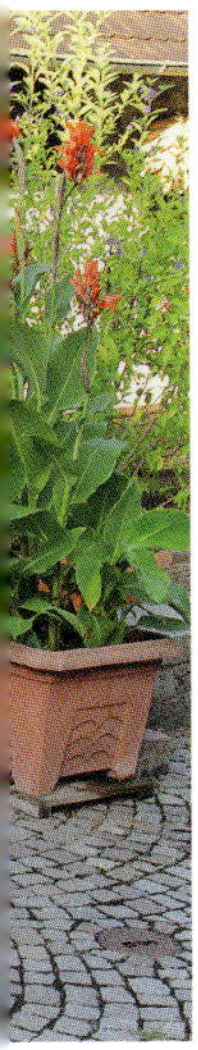

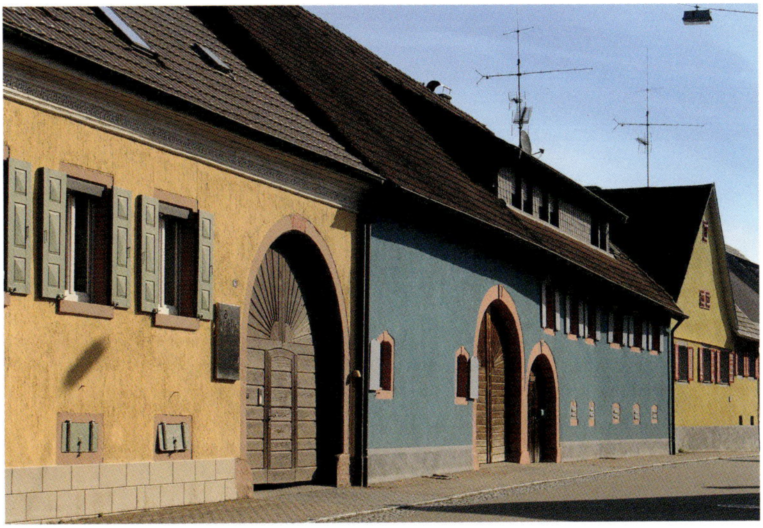

In Eichstetten stehen noch stattliche Weingüter.

14 Zum Vulkanfelsgarten

Wein und Kakteen am Fels über Ihringen

Mittel | 4:10 Std. | 460 m | 11,5 km

Tourencharakter
Mittelschwere, meist sonnige Tour auf markierten Natur- und Asphaltwegen durch Weinberge, Wälder und Dörfer

Ausgangs-/Endpunkt
Bahnhof Achkarren 187 m

Höchster Punkt
Wilde Steige 330 m

Anfahrt
Mit dem Auto von der A 5 Ausfahrt Freiburg-Mitte auf der B 31a nach Westen über Ihringen bis Achkarren. Parkplatz GPS: N48°03'35" E007°36'30"
Mit der Bahn bis Achkarren (www.bahn.de)

Gehzeiten
Aufstieg: Bahnhof Achkarren – Böhmischbergkreuz 0:30 Std. – Blankenhornsberg 0:40 Std. – Littesbühlhütte 0:10 Std. – Brunnenhäuschen 0:20 Std. – Wilde Steige 1:20 Std.
Abstieg: Wilde Steige – Weinbaumuseum 0:25 Std. – Bahnhof Achkarren 0:45 Std.

Beste Jahreszeit
Frühjahr und Herbst

Einkehr
Strauße Michels Straußе, 79235 Achkarren, Winzerweg 24, Tel. 07662/429, www.weingutmichel.com
Hotel Restaurant Krone, 79235 Achkarren, Schloßbergstraße 15, Tel. 07662/93 130, www.hotel-krone-achkarren.de
Weinstube Schneckenbergstüble, 79235 Achkarren, Schloßbergstraße 66, Tel. 07662/94 93 261

Karten
Kompass: »Kaiserstuhl Tuniberg«, Karte 883, 1:25 000; oder Karten des LGL

Die südwestliche Ecke des Kaiserstuhls bietet mit ihren offen liegenden Gesteinen Einblick in die vulkanische Entstehungsgeschichte. Über die Wilde Steige fuhren schon vor Hunderten von Jahren die Winzer mit ihren Wagen von Achkarren herauf.

Zum Böhmischbergkreuz Vom **A Bahnhof Achkarren** starten wir zunächst nach links, also nach Norden, in Richtung Achkarren. Anschließend halten wir uns an der Straßenkreuzung an die rote und gelbe Raute nach rechts. An der nächsten Kreuzung gehen wir dann auf dem Themenweg Wiedehopfpfad rechts an einem Steinkreuz vorbei aufwärts in Richtung Böhmischberg. Oben an der Kreuzung am Waldrand bleiben wir einfach geradeaus auf dem steilen Weg, der in den Wald hinaufführt. 50 m nachdem wir den Wald betreten haben, orientieren wir uns nach links und erreichen das **1 Böhmischbergkreuz**.

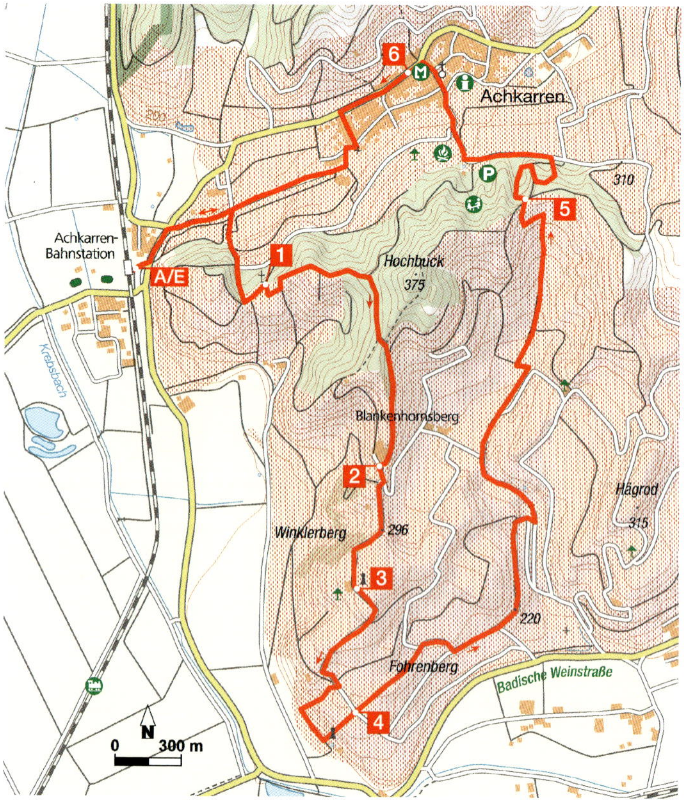

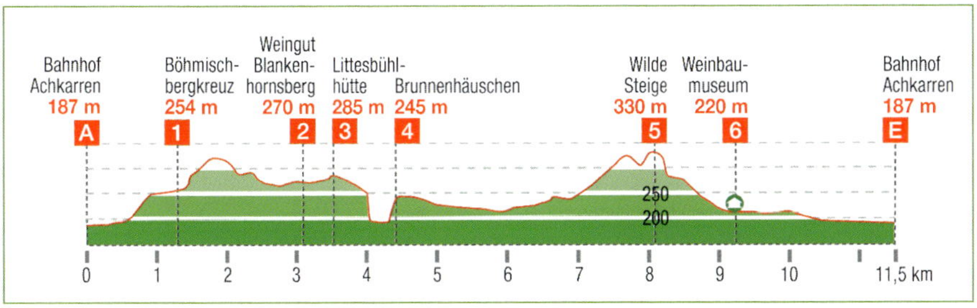

Zum Weingut Blankenhornsberg Hier gehen wir rechts in die Reben und dann links in Richtung Blankenhornsberg bald wieder am Waldrand entlang und dann im Wald. An einer T-Kreuzung in schattigem Wald folgen wir der gelben Raute nach rechts. Kurz vor dem Waldrand bleiben wir links in dem abschüssigen Hohlweg und es öffnet sich die Aussicht nach Südosten auf Ihringen und auf den Tuniberg. Nun wandern wir auf dem Wiedehopfpfad nach rechts und kommen zum ❷ **Staatsweingut Blankenhornsberg**.

Zur Littesbühlhütte Nach dem Weingut bleiben wir geradeaus leicht aufwärts in Richtung »Wanne«. Nach 100 m erschließt sich oberhalb der Hüglinsbergkapelle eine schöne Sicht nach Westen über Breisach bis in die Vogesen.
An der Weggabelung müssen wir rechts bergauf, bis sich an der ❸ **Littesbühlhütte** die großartige Aussicht wiederholt. Hier ist auch ein vulkanischer Monolith als Denkmal aufgestellt.

An der Hüglinsbergkapelle reicht die Sicht über Breisach bis in die Vogesen.

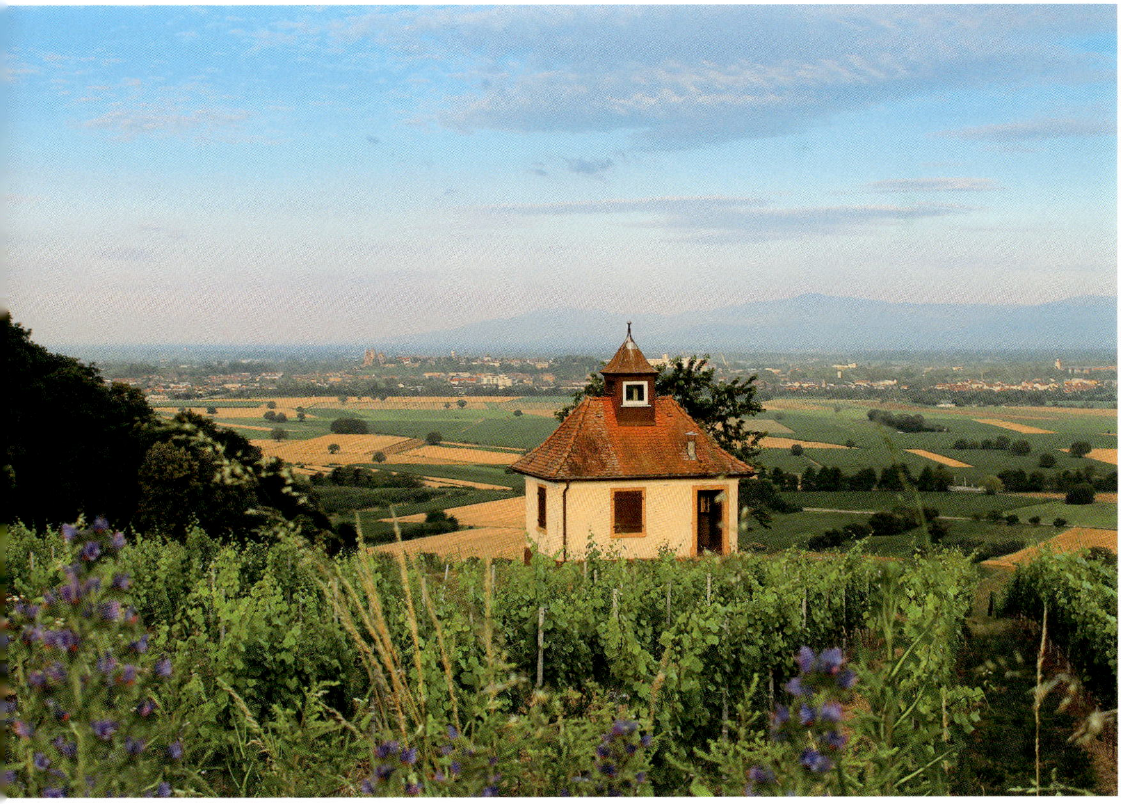

Zum Brunnenhäuschen Nun geht es auf dem breiten Asphaltsträßchen in Kurven abwärts bis zur Wegkreuzung mit dem Namen »Wanne«. In spitzem Winkel nach rechts und nach 20 m links wandern wir weiter den nun sehr steilen Betonweg abwärts, immer der gelben Raute nach. Nach fast 100 m setzt sich der Weg nach links eben in der Steillage Winklerberg an den Vulkanfelsen entlang fort. Bekannt ist der Winklerberg vor allem für seine exzellenten Weine. Das Vulkangestein prägt aber auch den Lebensraum für eine ganz besondere Tier- und Pflanzenwelt. In den porösen, oft rötlichen Eruptivgesteinen wachsen langstachelige Wildkakteen (Opuntia phaeacantha) und in den von der Sonne aufgeheizten Wänden sind Smaragdeidechsen und Ödlandschrecken zu sehen. Gehäuseschnecken schützen sich vor der Hitze der Felsen, indem sie an Gräsern und Pflanzen hochkriechen.
Oberhalb eines alten Weinberghäuschens mit zum Teil neuem Walmdach führt links zunächst ein steiler Weg mit silbernem Geländer und dann Treppen durch die Steillagen bergauf. Oben halten wir uns vor der Mauer rechts und nach 10 m an einer Weggabelung links und bewegen uns auf ein winziges mit Brettern verschlagenes und mit Ziegeln gedecktes 4 **Brunnenhäuschen** zu.

In den Vulkanfelsen gedeihen Wildkakteen.

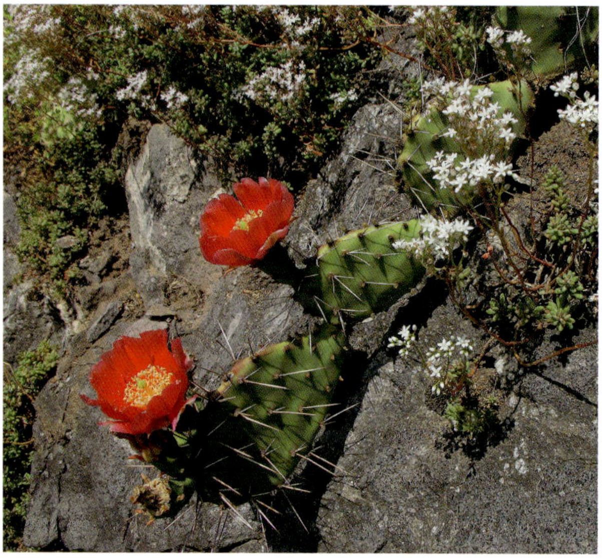

Zur Wilden Steige Hier bleiben wir geradeaus und folgen wieder der gelben Raute in Richtung Ihringen an zwei Kreuzungen auf dem breiten Hauptweg abwärts. Aber an einer T-Kreuzung bleiben wir nicht auf dem Hauptweg, der nach rechts hinunter zum jüdischen Friedhof führen würde, sondern schlendern geradeaus, nun leicht aufwärts, zwischen dem Böschungsfuß und Reben in einem Linksbogen in das Tiefental hinein. In einer Rechtskurve führt hinter einer Bank mit Tisch ein schmaler kurzer Pfad 5 m auf ein Asphaltsträßchen hinunter, auf dem wir nach links weiterwandern. Nach dem plätschernden Oberbrünnele mit Rastbank sehen wir dann links oben wieder das Staatliche Weingut Blankenhornsberg.
Der Weg führt weiter am Parkplatz geradeaus in das Tiefental hinein. An einer Weggabelung nehmen wir die linke Möglichkeit und bleiben damit in der Ebene. Nach einer Linkskurve biegen wir nach rechts auf einen aufwärts führenden Kiesweg ab, der an einem kleinen Weinberghäuschen vorbei immer steiler wird und schließlich über Serpentinen zur höchsten Stelle der 5 **Wilden Steige** hinaufführt.

Zum Weinbaumuseum An der Kreuzung am Waldrand mit dem Schild »Wilde Steige« gehen wir links hinauf und nach 50 m rechts in den Wald hinein. Bald geht es nach einer Jagdkanzel steil in erfrischendem Buchenwald abwärts auf ein Asphaltsträßchen hinunter, auf dem wir uns nach links orientie-

Lavaströme und Mineralien

Vor 15–23 Millionen Jahren entstand das kleine Vulkanmassiv des Kaiserstuhls, nicht etwa durch einen großen Ausbruch, sondern vielmehr durch an die Oberfläche quellende Magmamassen aus dem Oberrheingraben. Das Gebirge war zum Abschluss des Vorgangs um einige hundert Meter höher als heute. Die Erosion lies eine Vulkanruine zurück. Die Lössauflagen wurden durch spätere Staubanwehungen gebildet. Nur vereinzelt treten wie am Winklerberg poröse Tuffe zutage. Glänzender Augit, weiße Kalzite und rostrot verwitternde Olivine sind zu unterscheiden. Vereinzelt sind auch Lavabomben im Gestein zu finden.

ren. Nach der Kastellberghütte steigen wir rechts zur Kirche in Achkarren hinab. Vor dem schmucken Hotel Restaurant Krone gehen wir links zum sehenswerten Kaiserstühler **6** **Weinbaumuseum**, das in der ehemaligen Zehntscheuer untergebracht ist. Es zeigt die Entwicklung des Weinbaus, der Traubenverarbeitung, des Genossenschaftswesens und der Kellereiwirtschaft am Kaiserstuhl. Verschiedene Gerätschaften, Flaschenetiketten, Dokumente und weitere interessante Materialien können besichtigt werden. Die Ausstellung informiert darüber hinaus über die Geologie der typischen Kaiserstühler Landschaft und die bedeutendsten Rebsorten. (Geöffnet im Sommer, Dienstag bis Freitag 14 bis 17 Uhr, Samstag und Sonntag 11–17 Uhr).

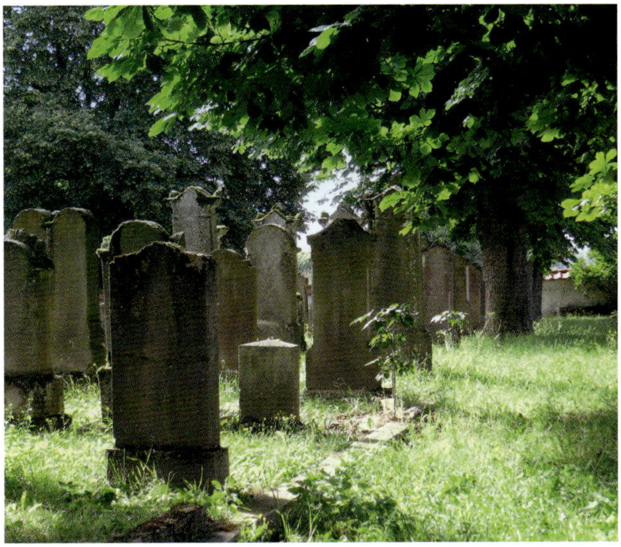

Auf dem alten jüdischen Friedhof von Ihringen

Zum Bahnhof Achkarren Weiter auf der Hauptstraße in westlicher Richtung biegen wir nach der Winzergenossenschaft Achkarren mit ihren ausgezeichneten Grauburgunderweinen nach links in den Kapellenmattenweg ein. Am Friedhof rechts, am Weingut und Strauße Michel wieder links und nochmal gleich rechts, und schon sind wir auf dem Weg zur Straßenkreuzung in der Nähe des Bahnhofs. An der Kreuzung müssen wir nach links und sind dann gleich am **E** **Bahnhof Achkarren** angelangt.

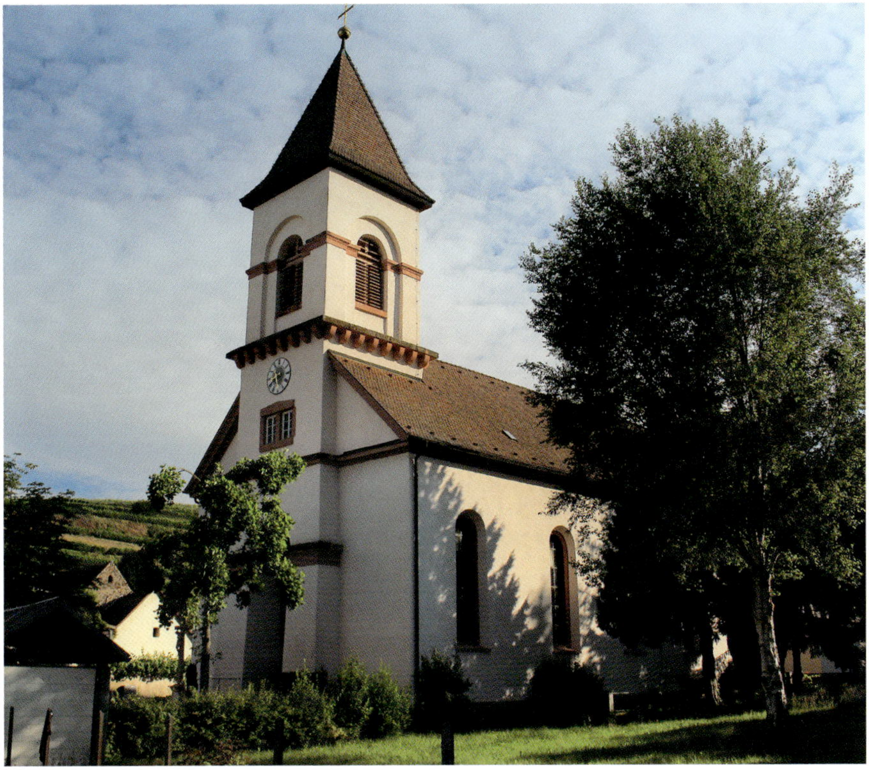

Die klassizistische Kirche in Achkarren stammt aus dem Jahr 1823.

Geologie am Kaiserstuhl und im Markgräfler Land

Der Oberrheingraben ist ein Buch der Erdkruste

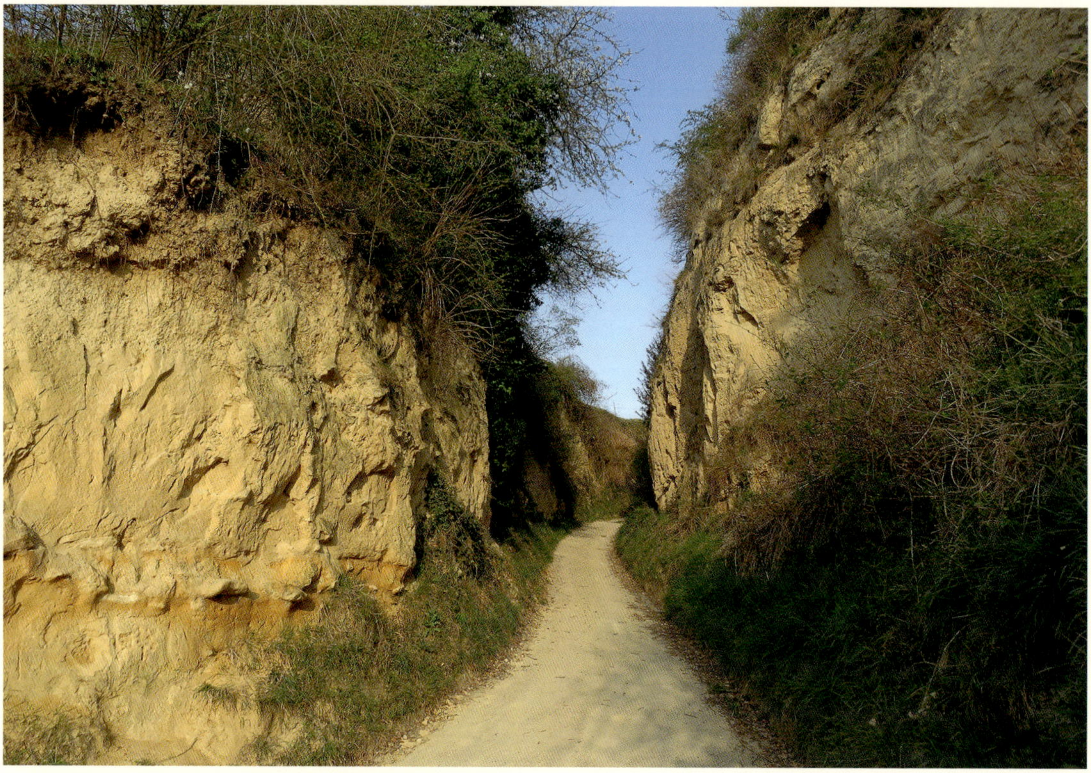

In den Lösshohlgassen bei Bickensohl zeigt sich die Mächtigkeit der Löss-Auflage (Tour 10).

Vom Mittelmeer bis nach Nordeuropa verläuft eine Schwächezone der Erdkruste. Hier begann vor etwa 50–35 Millionen Jahren die Absenkung des Oberrheingrabens, der langsam Hunderte von Metern in die Tiefe eintauchte. Die Gebirge des Schwarzwalds und der Vogesen stellten sich als Abgrenzung des Grabens deutlich heraus. Die Wasser des Rheins flossen vor der Grabenbildung durch das Urstromtal der Rhone ab. Jetzt aber brachten der nun nach Norden fließende Fluss sowie wiederkehrende Meere Sedimente und füllten so den Einbruch zu der heutigen breiten Rheinebene auf. Kieswerke zu beiden Seiten des Rheins zeugen noch von diesem Vorgang.

Vor 19–16 Millionen Jahren drangen in Bruchspalten des Grabens basaltartige Magmen nach oben und bildeten einige Vulkane entlang des Rheins, die bis auf den Kaiserstuhl bereits erodiert sind. Der gesamte Rheingraben bietet immer noch geothermische Aktivität. So können heute, wie auch schon zu Zeiten der Römer, die heißen Quellen zu entspannenden Badefreuden genutzt werden. In den Seitentälern des Schwarzwaldes, zum Beispiel in Sulzburg, wurden bereits von den Römern die Vorkommen von Silber, Blei und anderen Metallen abgebaut (Tour 25). Der Breisgau und auch das Markgräflerland liegen im Osten auf den Gneis- und Granitsockeln des Schwarzwaldes. Im Westen gibt es sowohl liebliches Hügelland aus fruchtbaren lösshaltigen Böden als auch die Rheinebene mit ihren sand- und kieshaltigen Böden aus der Sedimentierung des Rheins. Der kleine Tuniberg vor Freiburg und auch der Nimberg bei Riegel sind Kalksteinerhebungen mit Löss- und Lehmauflagen.

Der Kaiserstuhl besteht aus vulkanischem Lavagestein, das im Tertiär mit circa 1000° Celsius nach oben gedrückt wurde. Das Gebirge war zum Abschluss des Vorgangs um einige hundert Meter höher als heute. Der halbrunde Kaiserstuhlhauptkamm über den Orten Oberbergen und Oberrotweil sieht aus wie eine vulkanische Caldera, ist es aber nicht. Der hufeisenförmige Kamm des Kaiserstuhls ist nur der erodierte Rest einer Vulkanruine mit einigen verwitterten Lavaströmen. Einen direkten Vulkankrater gibt es im Kaiserstuhl nicht. Später haben staubführende Winde der Eiszeiten über den Kaiserstuhl eine bis zu 50 m dicke Lössschicht angeweht. Der heutige Kaiserstuhl ist die lössbedeckte Ruine eines alten Vulkans.

Löss ist keine Erde, sondern wird den Gesteinen zugerechnet und besteht aus einer Mischung aus angewehten feinsten mineralreichen Körnchen aus Sand und Kalk. Aus diesem Grund hat Löss auch diese große Standfestigkeit und erreicht in den Lösshohlgassen bis zu 30 m Höhe, zum Beispiel in der Eichgasse bei Bickensohl (Tour 10). Da Löss gut Wasser und Wärme speichern kann, ist er eine hervorragende Grundlage für den Weinbau. Die erodierten Lössböden in den Tälern des Kaiserstuhls können landwirtschaftlich ideal genutzt werden, da sie eine gute Belüftung bieten und eine hohe Wasserspeicherfähigkeit haben.

Nur vereinzelt treten wie in den Steinbrüchen am Limberg bei Sasbach (Tour 2) und im Vulkanfelsgarten am Winklerberg bei Ihringen (Tour 14) poröse Tuffe zutage. Zu unterscheiden sind dabei glänzender Augit, weiße Kalzite und rostrot verwitternde Olivine. Auch Lavabomben sind vereinzelt im Gestein zu finden. Am Ritterfelsensteinbruch bei Achkarren (Tour 9) gibt es einen alten Tephrit-Tuff-Steinbruch. Bei Niederrotweil (Tour 9) und bei Bötzingen (Tour 13) existieren Phonolit-Steinbrüche, wobei in Bötzingen noch heute abgebaut wird.

Im vulkanischen Fels sind Lavabomben zu erkennen (Tour 14).

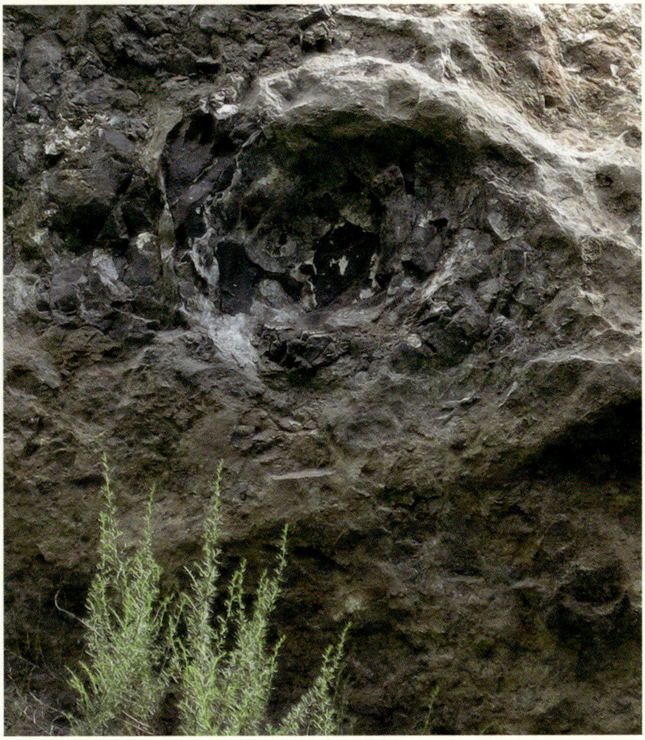

Der markante Isteiner Klotz im südlichen Markgräflerland ist eine gewaltige Ablagerung aus Tonmergeln und Kalken aus dem Jura-Zeitalter (Tour 29). Dieses Riff versperrte ursprünglich dem Rheinwasser den Weg und leitete es in das Rhonetal ab. Im Naturzentrum Kaiserstuhl in Ihringen (Tour 15) kann unter anderem die Ausstellung zu Mineralien und Gestein besichtigt werden (März bis Juli und September bis Oktober immer Dienstag 17–18 Uhr und Samstag 15–17 Uhr. Tel. 076 68/71 08 80, www.naturzentrum-kaiserstuhl.de).

15

Liliental und Totenkopf

Auf dem historischen Neunlindenbuck

Mittel | 4:30 Std. | 430 m | 13,0 km

Tourencharakter
Mittelschwere, meist schattige Tour auf markierten Natur- und Asphaltwegen durch Wälder, Weinberge und Dörfer

Ausgangs-/Endpunkt
Bahnhof Ihringen 190 m

Höchster Punkt
Neunlindenturm 557 m

Anfahrt
Mit dem Auto von der A 5 Ausfahrt Freiburg-Mitte auf der B 31a nach Westen bis Ihringen. Parkplatz GPS: N48°02'26" E007°38'59"
Mit der Bahn bis Ihringen (www.bahn.de)

Gehzeiten
Aufstieg: Bahnhof Ihringen – Martinshofschenke 0:45 Std. – Aussichtsreiche Wegkreuzung 0:15 Std. – Gasthaus zur Lilie 0:20 Std. – Mammutbaumwald 0:25 Std. – Hasenbeinmatte 0:30 Std. – Neunlindenturm 0:45 Std.
Abstieg: Neunlindenturm – Berggaststätte Lenzenberg 0:45 Std. – Bahnhof Ihringen 0:45 Std.

Beste Jahreszeit
Frühjahr und Herbst

Einkehr
Strauße Martinshofschenke, 79241 Ihringen, Martinshöfe, Tel. 07668/76 43, www.martinshof-ihringen.de
Gasthaus Zur Lilie,79241 Ihringen, Lilienhof 5, Tel. 07668/ 99 56 393, www.lilie-liliental.de
Berggaststätte Lenzenberg,79241 Ihringen, Auf dem Lenzenberg, Tel. 07668/284, www.lenzenberg.de

Karten
Kompass: »Kaiserstuhl Tuniberg«, Karte Nr: 883 1:25 000; oder Karten des LGL

Hinweise
Die Berggaststätte »Lenzenberg« bietet gute Aussicht.

Vom Weindorf Ihringen steigen wir hinauf zum Liliental mit seinem artenreichen Arboretum. Der Aussichtsturm Neunlinden auf dem Totenkopf steht an der Stelle eines einstigen Klosters des Paulinerordens. Zurück geht es über den Lenzenberg und durch enge Lösshohlwege.

Zur Martinshofschenke Zu Beginn der Wanderung geht es am **A Bahnhof Ihringen** in Richtung Norden in die Winzerstraße hinein und an der Winzergenossenschaft Ihringen vorbei. An der Kreuzung wandern wir geradeaus in die Scherkhofenstraße. Vor dem Parkplatz der Kaiserstuhlhalle zeigt

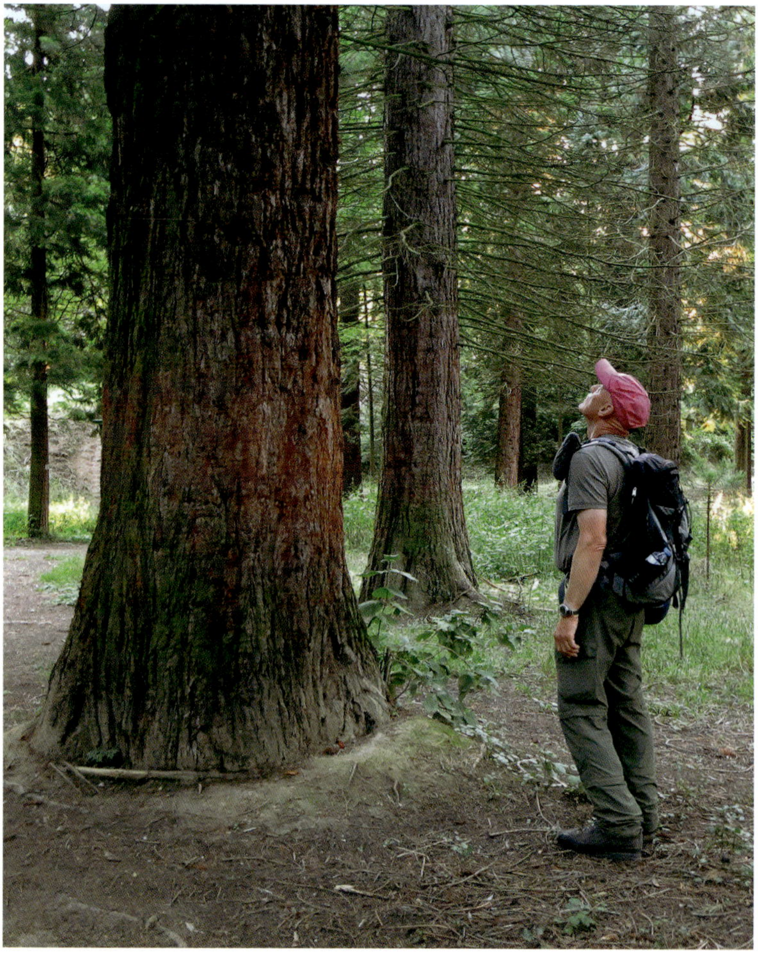

ein Wegweiser mit gelber Raute geradeaus in Richtung Liliental. Am Ende der Straße setzt sich der Weg nach rechts in die Maienbrunnenstraße in Richtung Friedhof fort. Wir bleiben dann aber geradeaus und kommen am Maienbrunnenstüble vorbei. Kurz danach plätschert links leise der Maienbrunnen. Am Ortsschild »Martinshöfe« finden wir dann die **1 Martinshofschenke**.

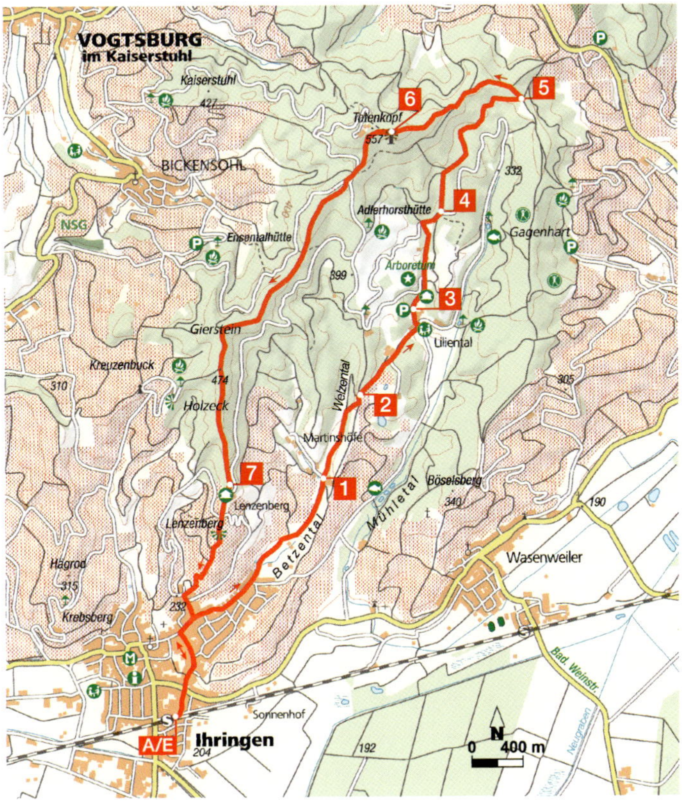

Zur aussichtsreichen Wegkreuzung Weiter geradeaus, jetzt auf einem Erdweg, weist ein oranger Punkt die Richtung am Putenstall vorbei. Geradeaus ist der Sendemast auf dem Totenkopf zu sehen. 10 m nach dem zweiten großen Zaun mit aufgeregt schnatternden Gänsen gehen wir rechts auf schmalem Pfad durch schönen Laubwald aus mit Efeu umflochtenen Buchen, Eichen, Wildkirschen und Robinien den Hang hoch. Oben ist eine **2 aussichtsreiche Wegkreuzung**.

Zum Gasthaus zur Lilie An der Wegkreuzung geht es auf der dritten Sandstraße links in Richtung Lilienhof. Am Hofgut Lilienhof vorbei spazieren wir jetzt wieder auf einer Asphaltstraße weiter abwärts. Schließlich stoßen wir auf den Lilientalweg. Links ist das **3 Gasthaus zur Lilie** und davor ein erfrischender Brunnen. Hier laden viele Spazierwege zu einem längeren Aufenthalt in dem überaus artenreichen Arboretum ein. Auch eine beträchtliche Anzahl Orchideen sind hier ab Ende März zu finden.

Zum Mammutbaumwald Das Gasthaus links passierend, kommen wir durch die meist geöffnete Schranke, der gelben Raute und den Schildern »Weg Nr. 1« und »Weg Nr. 3« folgend, an einem Kinderspielplatz vorbei. An einer Wegkreuzung bleiben wir weiter geradeaus. Eine Eibenallee säumt den Sandweg, dann wird der Fernsehturm auf dem

Linke Seite: Die Mammutbäume sind bereits zu beeindruckender Größe herangewachsen.

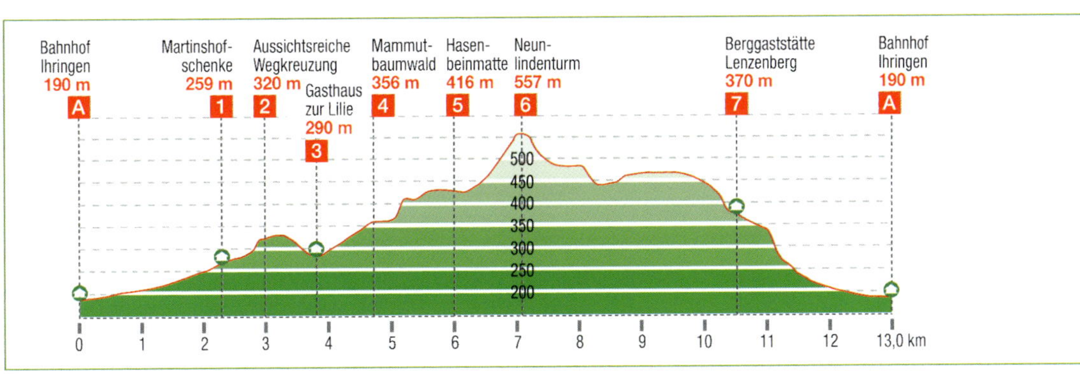

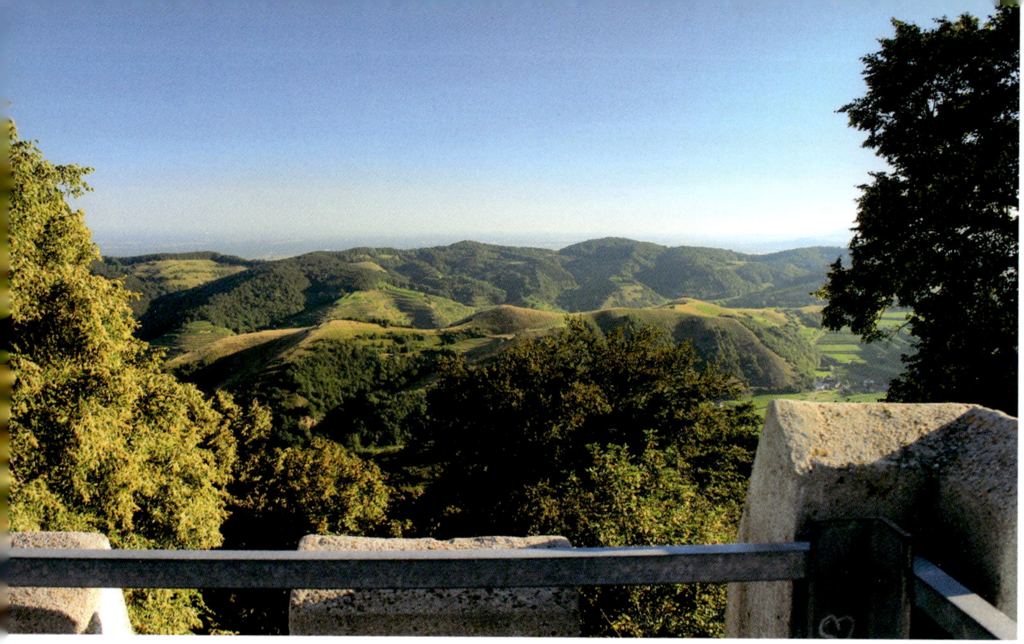

Links: Aussicht vom Neunlindenturm auf die Hügel des Kaiserstuhls

Mitte: Der »König« vom Gasthaus Lenzenberg

Totenkopf wieder sichtbar. An einer weiteren Kreuzung halten wir uns rechts auf dem Sautalweg (Weg Nr. 1 und Nr. 3) mit der gelben Raute. Am eindrucksvollen 4 **Mammutbaumwald** zweigt ein kleiner Pfad mit dem Schild zum Vogelsangpass nach links ab.

Zur Hasenbeinmatte Romantisch zieht sich diese Lösshohlgasse durch den Wald nach oben. In den Lösswänden zeugen unzählige runde Löcher von den Bruthöhlen der Solitärbienen, Wespen und anderer Insekten. Bald treten wir aus dem Hohlweg auf einen ebenen Kiesweg mit dem Namen Hundskehlenweg, dem wir nach rechts gut einen Kilometer Richtung Vogelsangpass folgen. 10 m vor der Kreuzung 5 **Hasenbeinmatte**, an der sich durch die Blätter eine Aussicht auf den Ort Bahlingen öffnet, lenkt in spitzem Winkel nach links oben ein kleiner Steig mit der gelben Raute und dem Wegweiser »Neunlindenturm«.

Zum Neunlindenturm Bei dem Weg hinauf handelt es sich nun um den Neunlindenpfad und zugleich um einen alten Grenzweg. Schon bald stoßen wir auch auf Grenzsteine aus dem Jahr 1773, auf deren Seiten unterschiedliche Wappen der Landesherren eingemeißelt sind. An einer Wegverzweigung nehmen wir die rechte Möglichkeit mit der Zielangabe Neunlindenturm, der nach einem steilen Aufstieg dann auch bald zwischen den Ästen der Bäume auftaucht. Der 6 **Neunlindenturm** auf 557 m Höhe, einst von

Das Arboretum im Liliental

Das landwirtschaftliche Gut Lilienhof wurde als Gestüt und Weingut auf uraltem Siedlungsgebiet errichtet, nachdem es sich im Dreißigjährigen Krieg wiederbewaldet hatte. Im ehemaligen Gutsverwalterhaus befindet sich heute ein Gasthaus. 1975 wurde es von der Forstlichen Versuchsanstalt erworben. Auf 70 ha wachsen Pflanzungen für die Forschung und Samengewinnung. Zugleich wurde ein Arboretum heimischer und fremder Baum- und Straucharten in großer Anzahl gepflanzt. So entstand unter anderem der oft bestaunte Mammutbaumwald. Auf den Wiesen haben sich auch 22 heimische Orchideenarten angesiedelt.

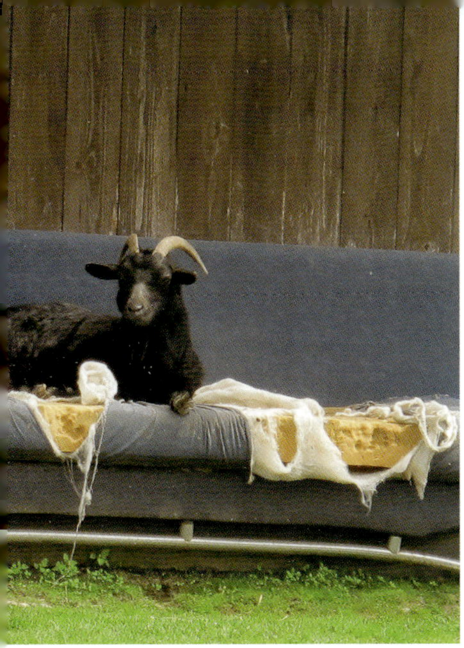

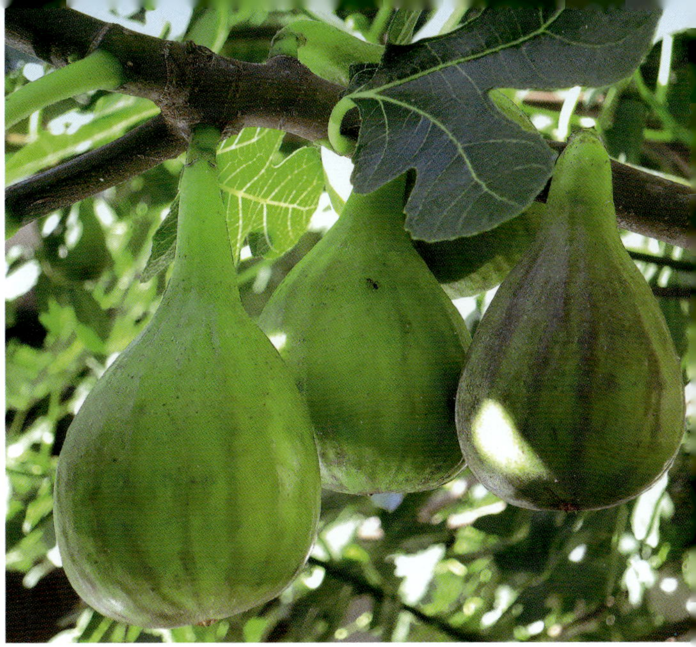

Feigen gedeihen am Kaiserstuhl wie am Mittelmeer.

neun Linden umgeben, steht an der Stelle eines einstigen Paulinerklosters. Fundamente und auch eine Gruft wurden nachgewiesen.

Zur Berggaststätte Lenzenberg Nach der Aussicht über den Kaiserstuhl, den Tuniberg und das Rheintal führt ein Kiesweg bergab. Noch steiler wird es nach dem Wegweiser Richtung Lenzenberg, wenn es links durch jungen Wald geht. Später, in höherem Wald, wandern wir auf eine Sechswegekreuzung zu. Der kleine mittlere Weg geradeaus, der leicht aufwärts verläuft, zeigt mit seinem Wegweiser nach Lenzenberg. Nun wandern wir auf einem Kammweg in ständigem Auf und Ab auf den Gierstein (473 m). Nur noch bergab spazieren wir dann auf dem Weg an einem Sendemast vorbei und bekommen gute Aussicht über Ihringen. Dann ist der Weg vor der 7 **Berggaststätte Lenzenberg** zu Ende. Vor dem gut besuchten Rasthaus gibt es wieder eine grandiose Aussicht: im Süden der Tuniberg, im Westen Breisach mit dem Münster und der Rhein.

Zum Bahnhof Ihringen Vor dem Gasthaus Lenzenberg schwenkt der Neunlindenpfad mit gelber Raute nach links in Richtung Bahnhof Ihringen und in weitem Bogen um das eingezäunte Grundstück der Gaststätte herum. Auf der Asphaltstraße halten wir uns rechts und wandern dann an dem unteren Tor der Gaststätte nach links mit dem orangen Punkt die historische Lenzenberggasse abwärts. Der Kiesweg geht in eine Hohlgasse über und verläuft weiter über eine Treppe nach unten. An einer gelben Raute führt ein kleiner Lössholweg weiter. Noch zweimal muss der Einstieg einer Treppe mit Geländer gefunden werden, um hinunterzukommen. Schließlich steigen wir auf die Fahrstraße bei Lenzenberg hinab, der wir nach rechts zur schon sichtbaren Kirche von Ihringen folgen. An einer T-Kreuzung beginnt das Wohngebiet und unser Weg biegt nach links ab in die Lenzenbergstraße. An der nächsten T-Kreuzung ist wieder die Maienbrunnenstraße, in die wir rechts einbiegen. Am Kirchplatz schwenkt links nach der Kirche eine kleine Straße ab.

Am Ende dieser Straße lockt rechts das Café Rebstock. Weiter auf der Hauptstraße warten rechts am Rathausplatz die Touristeninformation und dahinter das Naturzentrum Kaiserstuhl mit Museum. An der Kreuzung wandern wir geradeaus in die Eisenbahnstraße hinein, vorbei an der netten Winzerschenke Zum Küfer. Vor den Schienen biegen wir nach links in die Bahnhofstraße und stehen wieder am E **Bahnhof Ihringen**.

16

Panorama und alte Kapelle

Das historische Dorf Wasenweiler

Leicht | 2:50 Std. | 260 m | 8,5 km

Tourencharakter
Leichte, meist sonnige Panoramatour auf markierten Natur- und Asphaltwegen durch Weinberge und Wälder

Ausgangs-/Endpunkt
Bahnhof Wasenweiler 190 m

Höchster Punkt
Wegweiser Gagenhart 360 m

Anfahrt
Mit dem Auto von der A 5 Ausfahrt Freiburg-Mitte auf der B 31a nach Westen bis Wasenweiler. Parkplatz GPS: N48°02'48" E007°41'11"
Mit der Bahn bis Wasenweiler (www.bahn.de)

Gehzeiten
Aufstieg: Bahnhof Wasenweiler – Dorfbrunnen 0:15 Std. – St. Vituskapelle 0:25 Std. – Unterer Fischweiher 0:55 Std. – Wegweiser Gagenhart 0:15 Std.
Abstieg: Wegweiser Gagenhart – Bahnhof Wasenweiler 1:00 Std.

Beste Jahreszeit
Frühjahr und Herbst

Einkehr
Gasthaus Zur Sonne, 79241 Wasenweiler, Hauptstraße 21, Tel. 07668/229, www.sonne-wasenweiler.de

Karten
Kompass: »Kaiserstuhl Tuniberg«, Karte 883, 1:25 000; oder Karten des LGL

Hinweise
Für Autofahrer gibt es auch im Ort in der Merdinger Straße einen großen Parkplatz. GPS: N48°02'55" E007°41'09"

Diese Wanderung verläuft in Teilen auf herrlichen Panoramawegen, die den Blick auf eine lange Schwarzwaldkette, den Tuniberg und Freiburg erlauben. Der Weg passiert die Vituskapelle aus dem Hochmittelalter. Durch das Mühletal wird das Liliental zugänglich.

Zum Dorfbrunnen Vom **A Bahnhof Wasenweiler** starten wir in Richtung Liliental auf der Merdinger Straße bis zur Unteren Dorfstraße. Dort wenden wir uns nach links zum **1 Dorfbrunnen**.

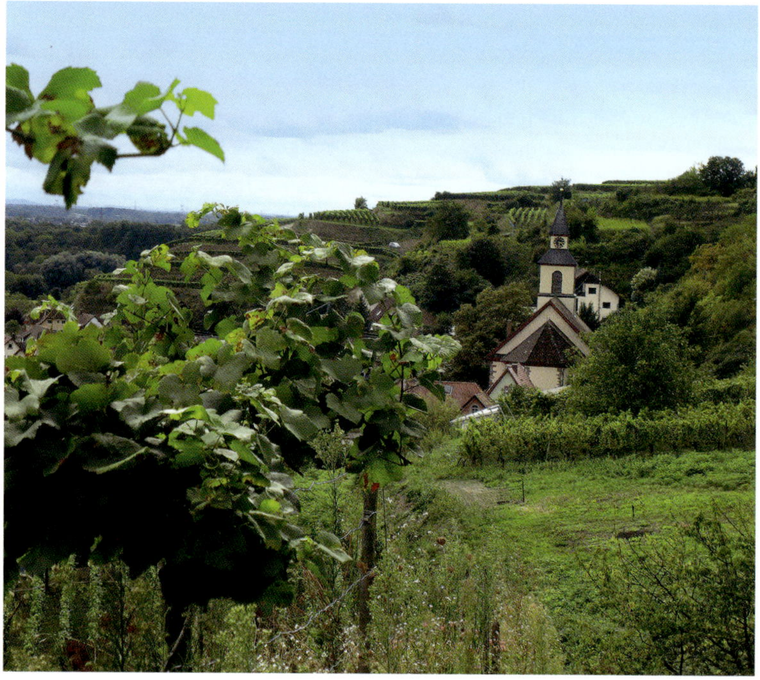

Die Kirche Mariae Himmelfahrt wurde im Weinbrenner-Stil erbaut.

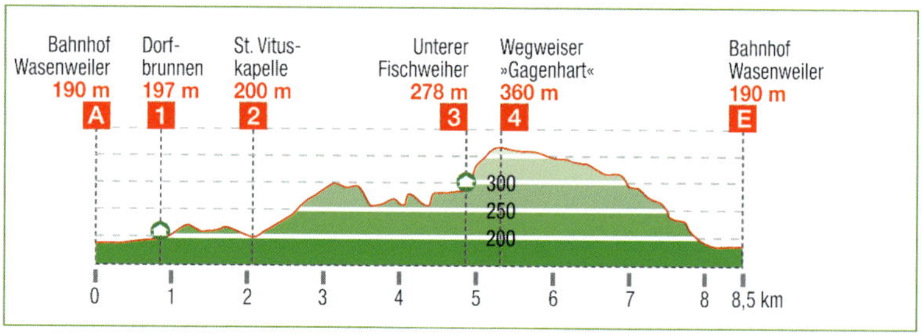

Zur St. Vituskapelle Vom Brunnen aus links bringt uns der Kaiserstuhlweg auf den Panoramaweg hinauf. An einer T-Kreuzung nach einer Rechtskurve folgen wir dem Wegweiser zur Vituskapelle nach links. Am Ende des asphaltierten Wegteils führt links ein kleiner Pfad hinab. Durch den Friedhof kommen wir zur 2 **St. Vituskapelle**.

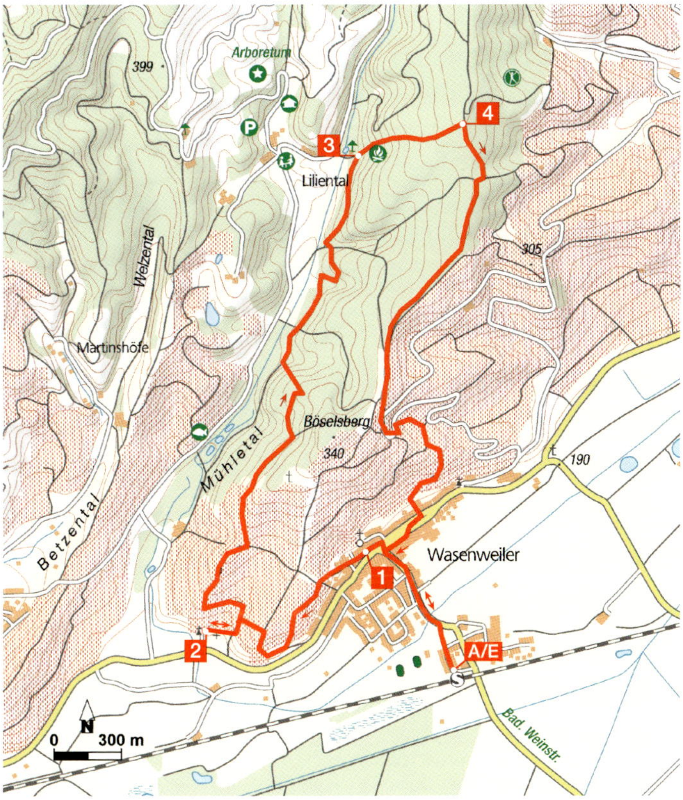

Zum unteren Fischweiher Danach wandern wir wieder den Wirtschaftsweg hinauf, nehmen aber nun nicht den kleinen Pfad. An einer asphaltierten T-Kreuzung weiter oben wenden wir uns nach links und an der Gabelung schlagen wir den linken Weg ein, der direkt auf den Sendemast auf dem Totenkopf zuläuft. Im Wald geht die Spur in einen Pfad über. Dann, wieder auf einer modernen Schlepperspur, steigen wir an einer T-Kreuzung nach links hinab und gehen unten auf einem besseren Weg eben nach rechts. Wir erreichen den 3 **Unteren Fischweiher** mit Picknickplatz. Hier könnten wir nach 250 m das Gasthaus Lilie und das Arboretum Liliental besuchen.

Zum Wegweiser »Gagenhart« Wir steigen nun aber geradeaus den steilen Hohlweg in Richtung Gagenhart hinauf. Auf dem Bergrücken gehen wir am 4 **Wegweiser »Gagenhart«** nach rechts in Richtung Wasenweiler.

Zum Bahnhof Wasenweiler Am herrlichen Aussichtspunkt Schwarzwaldblick zeigen sich der Tuniberg, Freiburg und die lange Kette des Schwarzwaldes.
Der Panoramaweg mündet nach links hinunter auf ein Asphaltsträßchen, dem wir entlang der Reben weiter geradeaus folgen. An einer T-Kreuzung vor einer Ruhebank zeigen uns die Markierungen gelbe Raute und oranger Punkt die Richtung geradeaus über einen Wiesenstreifen zu einer Treppe. An einer Kreuzung von Asphaltwegen bringt uns der blaue Wegweiser »Panoramaweg« geradeaus weiter. Rechts des Aussichtsplatzes führt der historische Hohlweg nach Wasenweiler hinunter. Auf der Hauptstraße wandern wir nach rechts und an der Straßengabel nach links auf der Unteren Dorfstraße in Richtung Bahnhof. Kurz vor dem Gasthaus »Sonne« biegen wir nach links in die Merdinger Straße und erreichen den E **Bahnhof Wasenweiler**.

Die St. Vituskapelle

Auf der Landstraße nach Ihringen ist man schnell an der unscheinbaren St. Vituskapelle aus dem Hochmittelalter vorbeigefahren. Aber in ihrem Innern verbirgt sich ein echter Kunstschatz. Die Fresken aus dem 15. Jahrhundert zeigen neben den Aposteln das Leben und das Martyrium des Heiligen Vitus. Interessant sind auch der mittelalterliche Altar und das Sakramentshäuschen aus dem Jahr 1507. Dabei drohte die Kirche 1850 einzustürzen. Erst seit der Restaurierung in jüngster Zeit erstrahlen die Fresken in ihrem heutigen Glanz. Besichtigung anmelden, Tel. 07668/50 58.

17

Beckebergli und Nimberg

Zur Bergkirche des Antoniterklosters

Leicht 4:00 Std. 200 m 12,8 km

Tourencharakter
Leichte, meist sonnige Tour auf markierten Natur- und Asphaltwegen über Weinberge und durch Dörfer

Ausgangs-/Endpunkt
Bahnhof Nimburg 185 m

Höchster Punkt
Ziegelbreite 240 m

Anfahrt
Mit dem Auto von der A 5 Ausfahrt Teningen nach Westen bis Nimburg. Parkplatz am Bahnhof, GPS: N48°06'20" E007°45'38" oder in Nimburg, GPS: N48°06'23" E007°46'18".
Mit der Bahn bis Nimburg (www.bahn.de)

Gehzeiten
Bahnhof Nimburg – Parkplatz 0:20 Std. – Bergkirche Nimburg 0:35 Std. – Feldkreuz Hohkinzig 1:05 Std. – Altes Schulhaus 0:25 Std. – Ziegelbreite 0:15 Std. – Beckebergli 0:40 Std. – Parkplatz 0:20 Std. – Bahnhof Nimburg 0:20 Std.

Beste Jahreszeit
Frühjahr und Herbst

Einkehr
Gasthaus Krone, 79331 Nimburg, Bottinger Straße 29, Tel. 07663/1614, www.krone-nimburg.de
Gasthaus Kaiserstuhl, 79331 Nimburg, Breisacher Straße 17, Tel. 07663/2261, www.guldenfels.de
Landgasthof Rebstock, 79331 Bottingen, Wirtstraße 2, Tel. 07663/93500, www.rebstock-bottingen.de

Karten
Kompass: »Kaiserstuhl Tuniberg«, Karte 883, 1:25000; oder Karten des LGL

Vom alten Nimburg mit seinem markanten Burgberg erstreckt sich diese Wanderung über die gesamte Hochfläche des Nimbergs mit ungeahnter Aussicht. Auf dem Weg liegt auch das Kulturdenkmal Bergkirche, ein Überbleibsel des verschwundenen Antoniterklosters.

Zum Parkplatz Vom Ⓐ **Bahnhof Nimburg** führt ein Gehweg neben der Breisacher Straße zum im Jahr 977 erstmals erwähnten Nimburg hinüber. An der Ecke zur Kaiserstuhlstraße befindet sich der ❶ **Parkplatz** für Wanderer, die mit dem Auto angereist sind.

Zur Bergkirche Nimburg Auf der Kaiserstuhlstraße gehen wir bis zu deren Ende und beachten an der Gabelung deren Fortsetzung nach rechts. An einer Kreuzung bleiben wir geradeaus und setzen unseren Weg auf der Straße Im Klettenacker fort. Vor den letzten Häusern biegen wir auf dem Weg »Alter Kirchpfad« nach rechts ab, gehen aber nach nur 30 m nach links auf dem Wiesenweg weiter. Von hier sieht man sehr gut in den Kaiserstuhl und bald auch voraus auf die Bergkirche. Am Weg liegt noch das nie versiegende Kinderbrünneli, um das sich Sagen ranken. Von der Straße steigen wir links auf der Treppe zum Friedhof hinauf und stehen vor der ❷ **Bergkirche Nimburg**. Die Bergkirche ist das heutige Gotteshaus von Nimburg, aber auch die ehemalige Kirche des Antoniterklosters. Es gab um die Kirche mit den künstle-

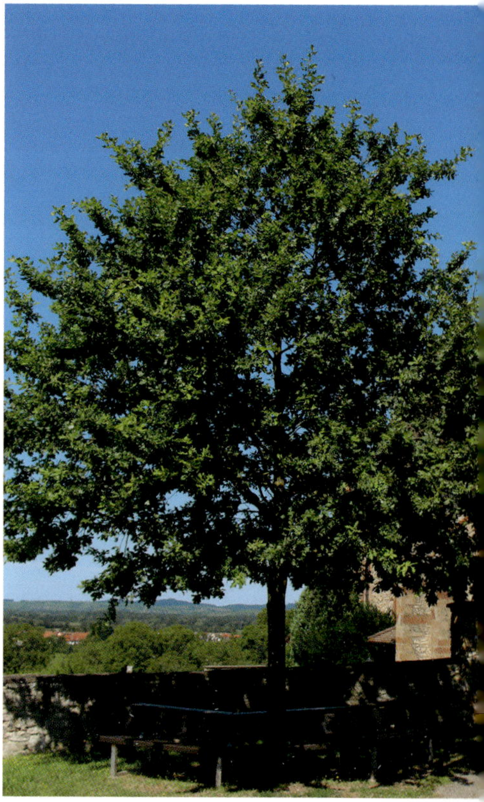

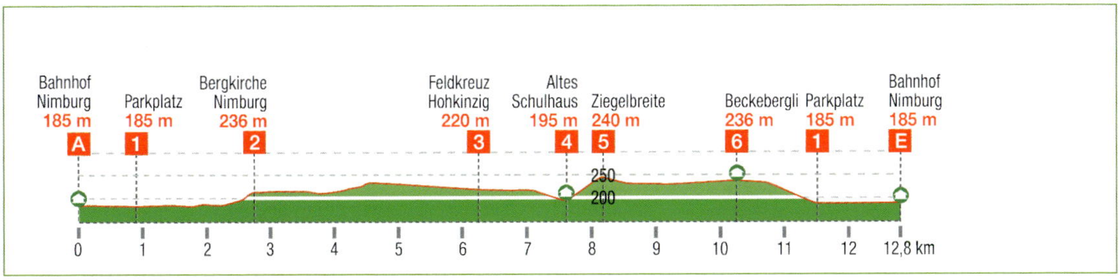

risch wertvollen Fresken einst auch das Dorf Obernimburg, das aber mit dem Kloster und dem Spital verschwunden ist. Die Fresken stammen möglicherweise sogar aus der Zeit, als die Gemeinschaft der Antoniter 1456 ein kleines Kloster zur Krankenpflege errichtete. Allerdings wurden hier oben auch Funde aus der römischen Zeit und Artefakte aus der Steinzeit zutage gefördert.

Zum Feldkreuz Hohkinzig Nach der Bergkirche wandern wir nach Süden auf dem Weg, der entlang des neuen Friedhofs in Richtung Bottingen führt. Weiter oben knickt der Weg mit der Markierung gelbe Raute nach links. An einer T-Kreuzung vor einem Obstgarten gehen wir nach rechts und an der nächsten T-Kreuzung, jetzt auf einem betonieren Sträßchen, nach links. An einer 5-Wege-Kreuzung nehmen wir die zweite Straße nach rechts in Richtung Hohkinzig. An einer Kreuzung nach einer Picknickbank schlendern wir rechts abwärts entlang einer Kirschenallee mit Blick auf Eichstetten am Kaiserstuhl. An einer T-Kreuzung müssen wir in spitzem Winkel nach links auf den Weg, der

Die Nimburger Bergkirche war einst eine Klosterkirche der Antoniter.

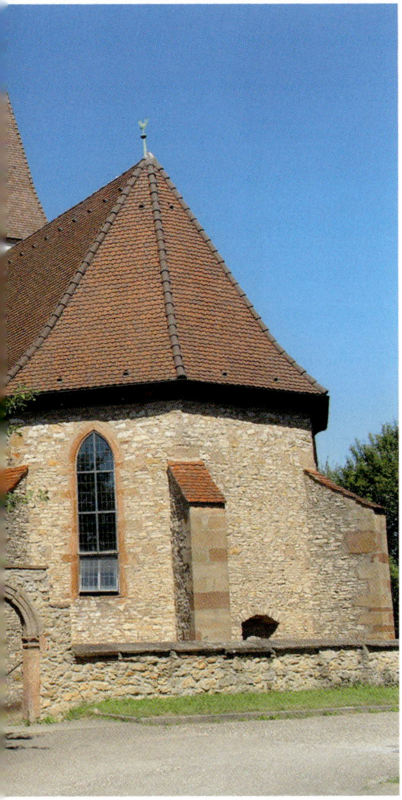

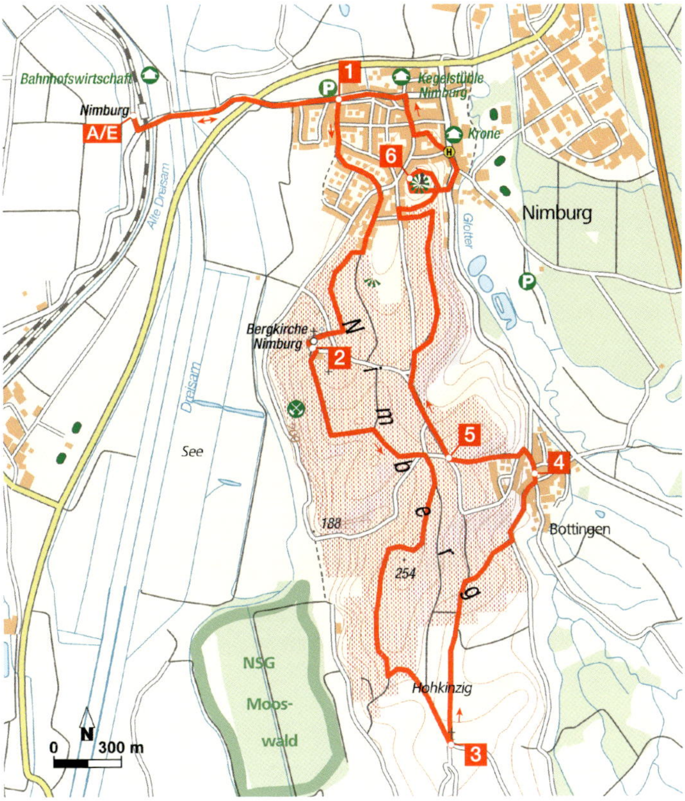

Kleinräumige Biotope auf dem Nimberg

Zwar gibt es auch auf dem Nimberg-Plateau weitläufige Rebflächen, doch blieben insgesamt mehr kleinräumige Lebensbereiche erhalten als im Kaiserstuhl. Am Nimberg wurde nie eine Flurbereinigung wie im Kaiserstuhl und am Tuniberg durchgeführt. So blieben alte Hecken und Raine in ihren Kleinbiotopen intakt. Am Nimberg stehen auch noch viele alte solitäre Obstbäume und bieten Lebensraum für Höhlenbrüter. Der Nimberg hat die dichteste Feldhasenpopulation im Breisgau. Feldhase, Dachs und Rebhuhn sind eben auf diese kleinräumigen Biotope mit vernetzten Rückzugsmöglichkeiten angewiesen.

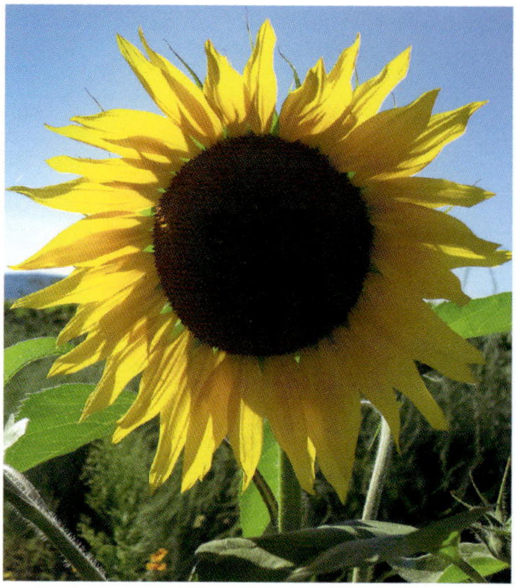

Sommerblumen in den Gärten erfreuen die Wanderer.

bald auf Asphalt abwärts an der Bammert-Hütte vorbeiführt. 50 m vor dem Feldkreuz spazieren wir an der Kreuzung in spitzem Winkel nach links. Gute Aussicht in den Schwarzwald, vom Kandel bis zum Schauinsland, bietet der Standort direkt am **3 Feldkreuz Hohkinzig**, befinden wir uns doch hier 70 m über der Ebene.

Zur alten Schule 50 m vor dem Feldkreuz wandern wir von Norden kommend an der Kreuzung in spitzem Winkel nach links und dann an Abzweigen geradeaus weiter. Erst an einer Kreuzung mit Picknickbänken gehen wir rechts in einem alten Hohlweg und unten auf der Straße weiter nach Bottingen hinunter. In Bottingen halten wir uns links und kommen zum **4 Alten Schulhaus** mit Glockenturm und Storchennest. Das stille Dorf Bottingen wurde das erste Mal im Jahr 751 urkundlich erwähnt und ist damit über 200 Jahre älter als Nimburg.

Tierische Begegnung in Bottingen

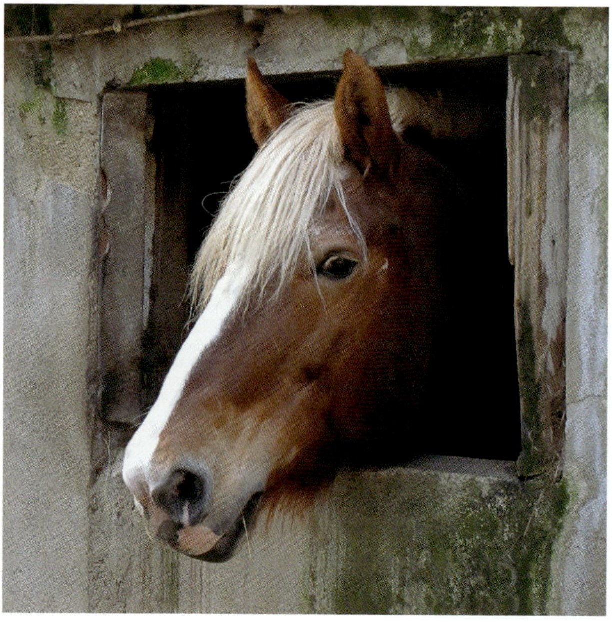

Zur Ziegelbreite An der nächsten Kreuzung in Bottingen wandern wir links leicht aufwärts und dann wieder links in der Weinbergstraße bergauf. Nach 70 m steigen wir rechts den historischen Wirtschaftsweg hoch in die Weinberge und erreichen die Kreuzung **5 Ziegelbreite**.

Auf das Beckebergli Hier gehen wir rechts nach Norden in Richtung Nimburg und Beckebergli. Ein historischer Handelsweg von Nimburg nach Freiburg hat hier die Hohlwege erodiert. In den Hohlwegen ist die Lössauflage des Nimbergs zu erkennen. Die geologische Entstehung der Lössauflage ist ähnlich wie beim größeren Bruder Kaiserstuhl, nur ist das Grundgestein des Nimbergs wesentlich älter.

An einer Gabelung mit Walnussbäumen wandern wir rechts und an der nächsten Kreuzung

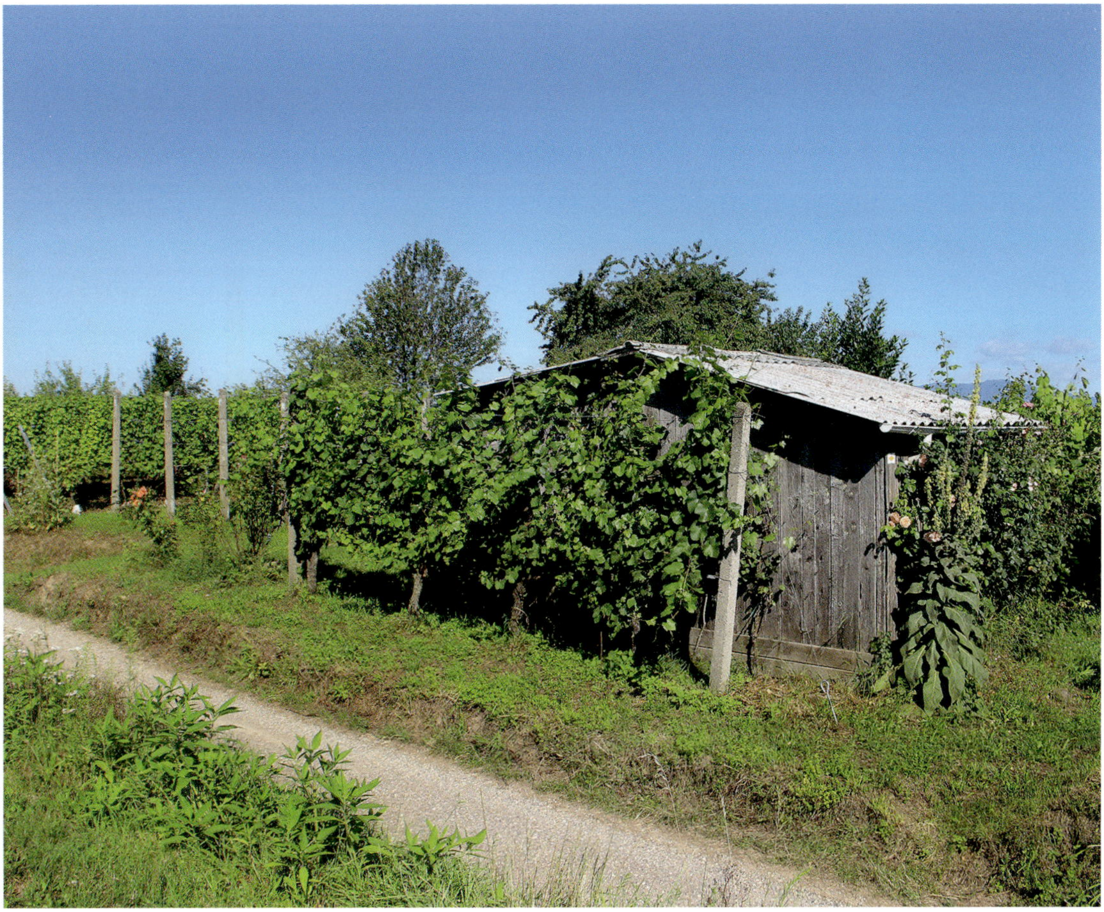

Auf dem Nimberg stehen noch viele alte Rebhisli.

wieder rechts weiter. Ein kleiner Abstecher leitet rechts zu einem Aussichtspunkt auf einem Wasserbehälter, von dem sich der Schwarzwald überblicken lässt.
An einer T-Kreuzung im tief eingeschnittenen Hohlweg vor Nimburg müssen wir links abwärts, dann auf der Langstraße in Nimburg nach rechts und nach nur 20 m gleich wieder nach rechts aufwärts. Schneckenförmig steigt der Weg auf das 6 **Beckebergli**, auf dem vom 11. bis ins 14. Jahrhundert die Burg der Grafen von Nimburg stand. Die Rundumsicht ist wirklich unerwartet gut, sind wir doch nur 60 m über der Ebene. Im Osten steht der Schwarzwald, nach Süden schauen wir über den Nimberg mit der Bergkirche und im Westen erhebt sich der Kaiserstuhl mit der Michaelskapelle bei Riegel. Das Monument auf dem Beckebergli ist ein Kriegerdenkmal.

Zum Parkplatz Wir steigen wieder hinunter, nehmen aber nach einem Drittel des Abstiegs an der Markierung gelbe Raute auf der linken Seite den Weg über eine Wiese und die Treppe hinab. Unten in Nimburg gehen wir auf der Burgstraße nach links und an der Langstraße nach rechts. Im Hof des Rathauses sind eine ganze Reihe alter Grenzsteine aufgestellt, die von den historischen Gemarkungen zeugen. Auf der Breisacher Straße gehen wir nach links am 1 **Parkplatz** Ecke Kaiserstuhlstraße vorbei.

Zum Bahnhof Nimburg Auf der Breisacher Straße kommen wir nach 900 m zum E **Bahnhof Nimburg** zurück.

18

Breisach und Neuf-Brisach

Grenzfestungen und Europastadt am Rhein

Leicht 5:00 Std. 100 m 14,5 km

Tourencharakter
Leichte, meist sonnige Tour, überwiegend auf markierten Asphaltwegen durch Ortsgebiete

Ausgangs-/Endpunkt
Bahnhof Breisach 190 m

Höchster Punkt
Münsterplatz 230 m

Anfahrt
Mit dem Auto von der A 5 Ausfahrt Freiburg-Mitte nach Westen bis Breisach. Parkplatz GPS: N48°01'31" E007°35'17"
Mit der Bahn bis Breisach (www.bahn.de)

Gehzeiten
Bahnhof Breisach – Münsterplatz 0:25 Std. – Marktplatz 0:45 Std. – Eckartsberg 0:10 Std. – Schiffsschleuse 0:25 Std. – Place d'Armes 1:25 Std. – Schiffsschleuse 1:35 Std. – Bahnhof Breisach 0:15 Std.

Beste Jahreszeit
Frühjahr und Herbst

Einkehr
Restaurant Des Remparts, F-68600 Neuf-Brisach, Rue de l'Hotel de ville 9, Tel. +33 389/72 76 47
Café Restaurant Ihringer, 79206 Breisach, Marktplatz 1, Tel. 07667/310
Restaurant Kaiserstühler Hof, 79206 Breisach, Richard-Müller-Straße 2d, Tel. 07667/830 60, www.kaiserstuehler-hof.com

Karten
Kompass: »Kaiserstuhl Tuniberg«, Karte 883, 1:25 000; oder Karten des LGL
Club Vosgien: »Colmar Munster«, Karte 6/8, 1:50000

Hinweise
Wegen der Grenzüberschreitung sollte ein Ausweis mitgeführt werden.

Mit der Besichtigung von Breisachs mittelalterlicher Oberstadt samt Münster beginnt die Tour. Nach einem Rundumblick vom Eckartsberg führt die Wanderung über den Rhein an der Schiffsschleuse vorbei. Das UNESCO-Weltkulturerbe Neuf-Brisach ist das Ziel.

Auf den Münsterplatz Vom Ⓐ **Bahnhof Breisach** beginnen wir die Wanderung nach links und am Kreisverkehr nach rechts auf den Neutorplatz. Auf dem rechten Gehweg kommen wir auf der Neutorstraße in die Fußgängerzone. Nach dem Hotel »Post« mit dem lauschigen Hofgarten am Ende der Straße gehen wir rechts zum Gutgesellentorplatz. Durch das Gutgesellentor aus dem Jahr 1402 steigen wir auf der Münsterbergstraße höher, vorbei am Hagenbachturm, dem einstigen Gefängnis, und am aussichtsreichen Cafe »Etoile«. Oben wenden wir uns in spitzem Winkel nach rechts zum ❶ **Münsterplatz**. Bereits in der Jungsteinzeit siedelten Menschen auf diesem Plateau und auch die Römer errichteten hier ein Kastell. Das St. Stephansmünster ist ein besonderes Kleinod, geprägt durch romanische und gotische Elemente. Im Chor steht hinter dem Lettner einer der schönsten Schnitzaltäre Deutschlands. Die Wandmalereien aus dem 15. Jahrhundert stammen von dem Colmarer Künstler Martin Schongauer. Der verzierte Reliquienschrein ist eine Kostbarkeit. Bei der Umrundung des Münsters gegen den Urzeigersinn sieht man die Vogesen, die Stadt von oben, die offene Krypta, den Kaiserstuhl und den Schwarzwald.

Zum Marktplatz Vom Endpunkt des Aufstiegs gehen wir auf der Radbrunnenallee nach rechts. Im Radbrunnen konnte seit dem 12. Jahrhundert mit

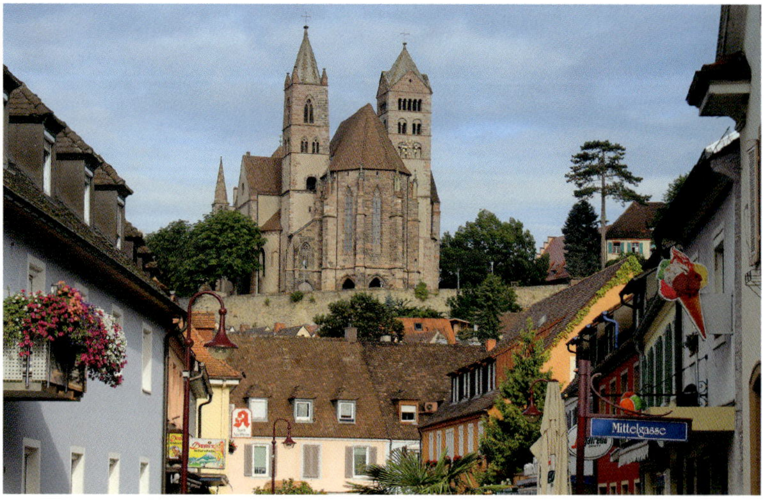

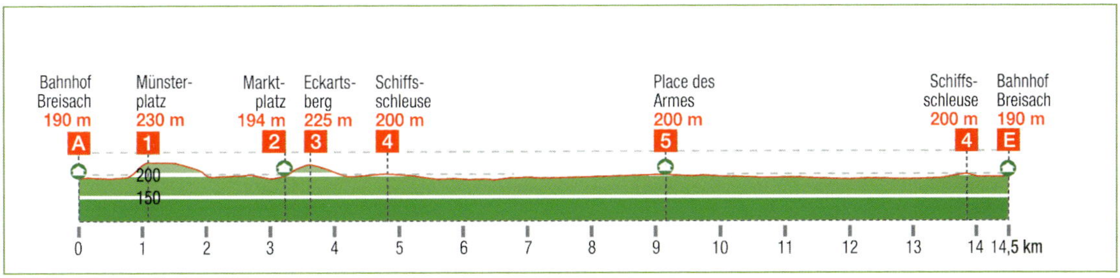

einem Laufrad Wasser aus dem 41 m tiefen Brunnen geschöpft werden. Am Ende der Radbrunnenallee bleiben wir geradeaus auf der Straße Burg und sehen die Reste eines Grabens eines frühen Schlosses. Auf dem Plateau befindet sich heute das Festspieltheater mit dem Tullaturm zur Erinnerung an Johann Gottfried Tulla, dem Begradiger des Rheins.

Links: Blick aus der Fußgängerzone zum Münster St. Stephan

Rechts: Das St. Stephansmünster behütet viele Kunstschätze.

Wir gehen den kurzen Weg zurück und wandern rechts auf der Goldengasse abwärts durch das Kapftor aus dem 11. Jahrhundert. Nach dem Tor steigen wir die Kapftorstiege zum Rheintor hinunter. Das Rheintor wurde 1678 zum Schutz des Rheinübergangs erbaut. Ludwig XIV. ließ Breisach durch seinen Baumeister Vauban zum Bollwerk gegen das Habsburgerreich ausbauen. Im Frieden von Rijswijck 1697 musste er Breisach wieder zurückgeben. Als Ersatz für die Grenzfestung Breisach ließ er durch Vauban die Festung Neuf-Brisach errichten. Die reich geschmückte Prunkfassade des Rheintors liegt auf Westseite. Der hölzerne Steg überspannt ein Gewässer, an dessen Stelle früher der Rhein war. Das Stadtmuseum im Rheintor veranschaulicht die 4000-jährige Geschichte Breisachs.

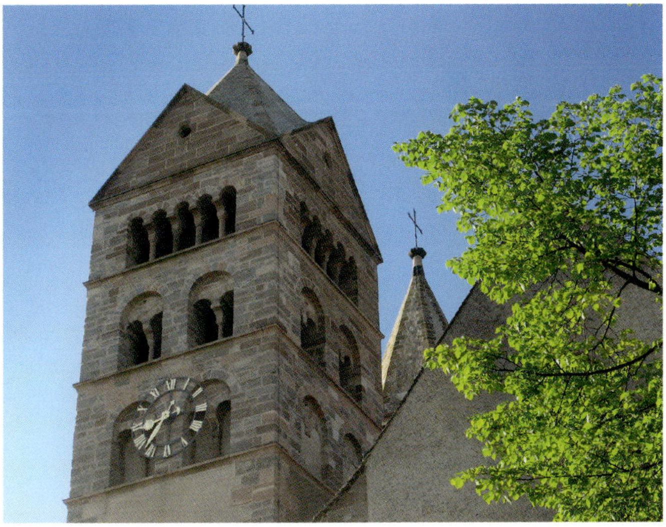

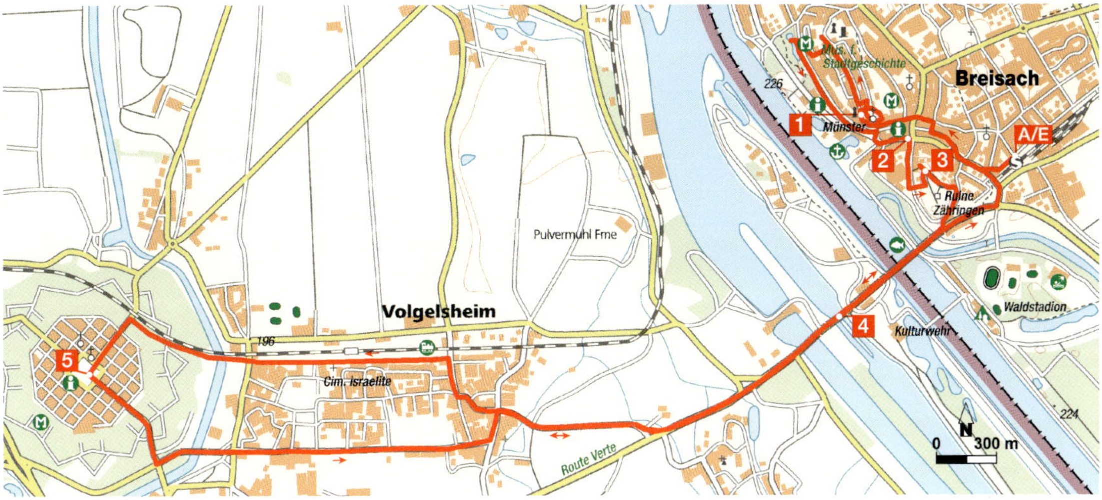

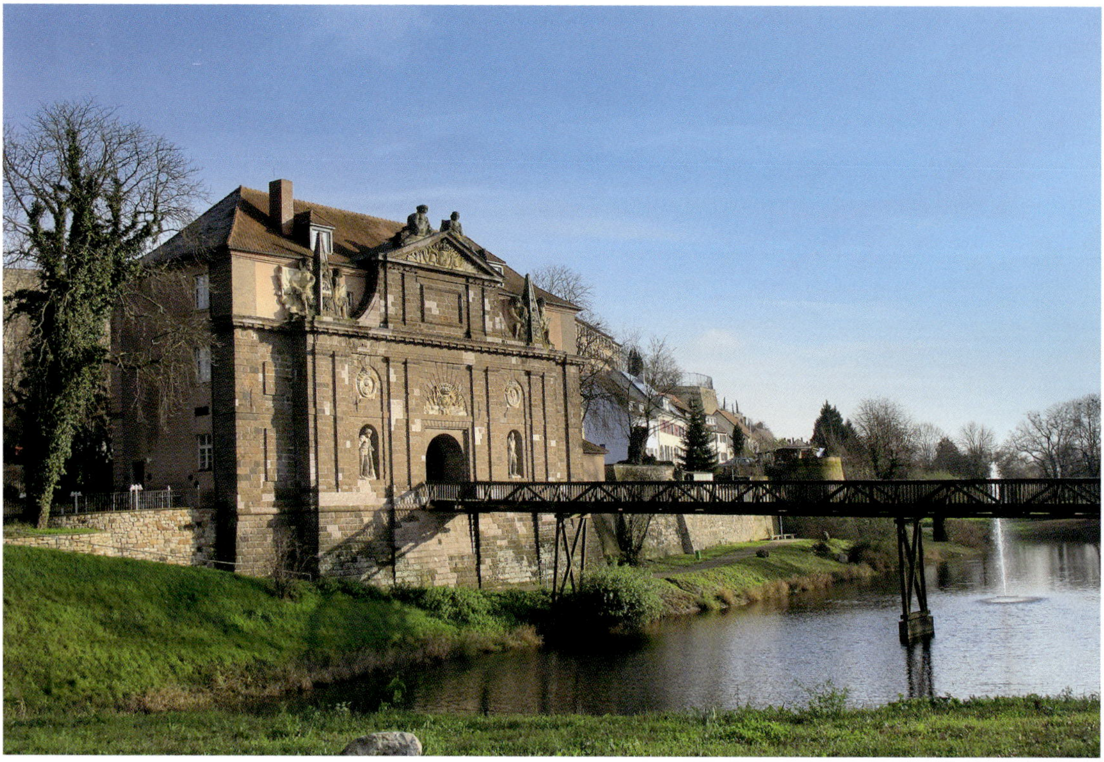

Das Breisacher Rheintor stand einst direkt am Rhein, heute ist hier allerdings nur noch ein Weiher.

Zurück auf dem Rheintorplatz laufen wir rechts auf der Straße Fischerhalde weiter. Hier wohnten in den kleinen Häusern vom 14. bis zum 17. Jahrhundert die Fischer und Schiffsleute. Durchblicke erlauben die Sicht auf den Rhein. Durch die Metzgergasse gehen wir dann nach rechts zum 2 **Marktplatz**. In einer Volksbefragung bekannten sich die Breisacher 1950 als Erste zu einem Bundesstaat Europa. Der Europabrunnen auf dem Marktplatz erinnert an den Ehrentitel »Europastadt«.

Zum Eckartsberg Vor dem guten Cafe Ihringer spazieren wir rechts auf der Straße Marienau weiter an der Spitalkirche vorbei. Auf der linken Seite nehmen wir dann die Treppe durch die Weinberge aufwärts und oben nach links. Eine Treppe höher und wir stehen auf dem 3 **Eckartsberg**. Hier oben brennt auf dem Fahnenmast das Europalicht. Die einstige Burg auf dem Eckartsberg aus dem 12. Jahrhundert wurde 1745 zerstört. Ein wunderschöner Rundumblick lässt uns hier verweilen. Der Münsterberg steht im Norden gegenüber. Orientierungstafeln erklären Kaiserstuhl, Tuniberg, Schwarzwald, Rheinauewald, Rhein, Elsass und Vogesen.

Zur Schiffsschleuse Nach der obersten Treppe vom Plateau des Eckartsberges hinab, wandern wir nach links auf dem Asphaltsträßchen abwärts und biegen unten an dem kleinen Ecktürmchen nach rechts. Auf der linken Seite bringt uns gegenüber dem Schnellrestaurant eine Treppe zur Straße B 31 hinunter und nach rechts auf der Brücke über den Rhein und über die Grenze zur interessanten 4 **Schiffsschleuse**.

Zur Place des Armes Nach dem Kraftwerk auf französischer Seite gehen wir am Kreisverkehr nach rechts und 50 m weiter wieder nach links auf dem Jakobsweg in Richtung Volgelsheim. Dieser Abschnitt muss am Rand der allerdings nicht stark befahrenen

Straße zurückgelegt werden. In Volgelsheim queren wir einen kleinen Kanal und die D1III geradeaus. An dem Kreisverkehr nach der Schule laufen wir mit der Markierung rote Raute rechts auf der Rue de la Libération und vor den Schienen nach links auf dem Kiesweg weiter. Auf diesen Gleisen verkehrt der Riedexpress, eine Museumsbahn. Erst an der Brücke der Festungsanlage Neuf-Brisach gehen wir links durch die einstige Porte de Strasbourg zur riesigen **5 Place des Armes** mit der stämmigen Eglise Royale St. Louis. Gegenüber liegt die Touristeninformation.

Nach rechts bietet sich ein Abstecher zur erhaltenen Porte de Colmar und zum Canal Vauban an, auf dem das Baumaterial für die Festungsstadt über 28 km aus den Vogesen hergebracht wurde. Ein Umweg geradeaus führt zur Porte de Belfort, in der das Musée Vauban untergebracht ist.

Die Festungsstadt Neuf-Brisach

Durch den Vertrag von Rijswijk musste Breisach 1697 an Österreich abgegeben werden. Der Rhein wurde dadurch zur Grenze. König Ludwig XIV. sah sich genötigt, auf der elsässischen Rheinseite eine neue Festung zu bauen: Neuf-Brisach. Die Bauarbeiten erfolgten von 1699 bis 1708 unter der Hand des Festungsbaumeisters Vauban. Der Grundriss der Stadt ist achteckig, die dreifachen Verteidigungswerke bilden einen 16-armigen Stern. Neuf Brisach war die modernste Festungsstadt des 17. Jahrhunderts. Als Meisterwerk der Militärarchitektur wurde Neuf-Brisach in die Liste des UNESCO-Weltkulturerbes aufgenommen.

Zur Schiffsschleuse Von der Place des Armes gehen wir in der Hauptwanderung aber auf der Rue de Bâle nach links zur Porte de Bâle. Nach dem letzten der drei Festungsgräben schlendern wir links auf dem kleinen Pfad durch die Grünanlage und nach der Zufahrt zum Camping Vauban links über die Brücke. Auf der Rue de Neuf-Brisach bleiben wir lange geradeaus und gehen erst am Ende der Straße nach links und am Rathaus von Volgelsheim nach rechts auf der bereits bekannten Rue de la Forét Noire zur **4 Schiffsschleuse** am Rhein.

Zum Bahnhof Breisach In Breisach laufen wir am Kreisverkehr nach links und am zweiten Kreisverkehr rechts zum **E Bahnhof Breisach** zurück.

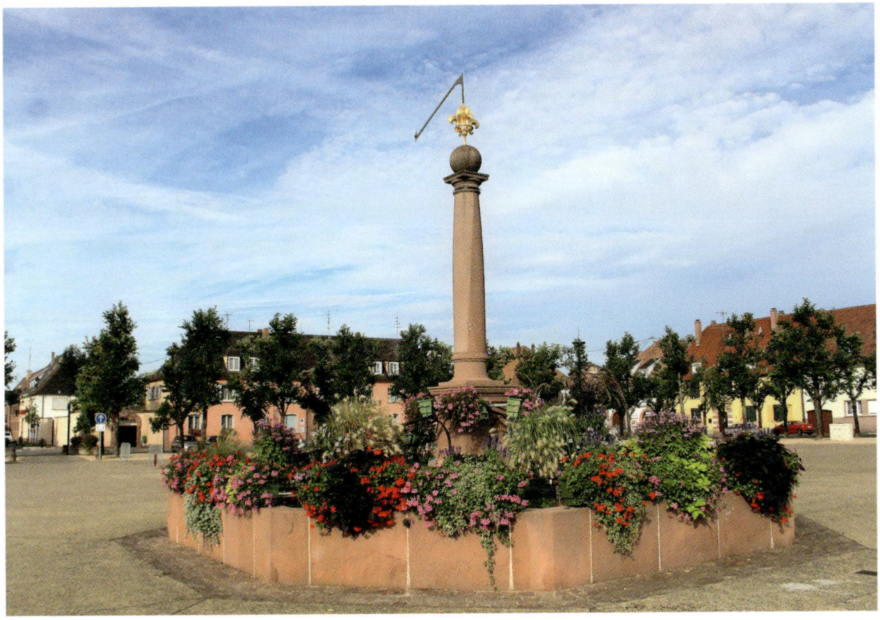

Die Place des Armes war einst ein Aufmarschplatz der Armee.

19

Rebhisli und Römerbad

Von Gottenheim auf den Tuniberg

Leicht | 3:30 Std. | 160 m | 11,0 km

Tourencharakter
Leichte, meist sonnige Tour auf markierten Natur- und Asphaltwegen durch Weinberge und Ortsgebiet

Ausgangs-/Endpunkt
Bahnhof Gottenheim 195 m

Höchster Punkt
Wasserhochbehälter 260 m

Anfahrt
Mit dem Auto von der A 5 Ausfahrt Freiburg-Mitte auf der B 31a nach Westen bis Gottenheim. Parkplatz GPS: N48°03'05" E007°43'39"
Mit der Bahn bis Gottenheim (www.bahn.de)

Gehzeiten
Bahnhof Gottenheim – Kirche 0:10 Std. – Wasserhochbehälter 0:20 Std. – »Wölfle« 0:40 Std. – Römerbad 1:05 Std. – Bahnhof Gottenheim 1:15 Std.

Beste Jahreszeit
Frühjahr und Herbst

Einkehr
Gutsschenke Hess, 79288 Gottenheim, Hauptstraße 12, Tel. 07665/63 22, www.weingut-hess.com
Straußе Hunne-Straußе, 79288 Gottenheim, Rathausstraße 2, Tel. 07665/62 07, www.weingut-hunn.de
Restaurant Zur Krone, 79288 Gottenheim, Hauptstraße 57, Tel. 07665/67 12, www.krone-gottenheim.de

Karten
Kompass: »Kaiserstuhl Tuniberg«, Karte 883, 1:25 000; oder Karten des LGL

Vom Weinort Gottenheim steigt die Wanderung durch Hohlwege hinauf in die eher kleinräumigen Rebflächen und setzt sich auf dem netten Rebhisliweg fort. Auf dem Rückweg liegen die Reste eines Römerbades, das die frühe Besiedelung der Gegend belegt.

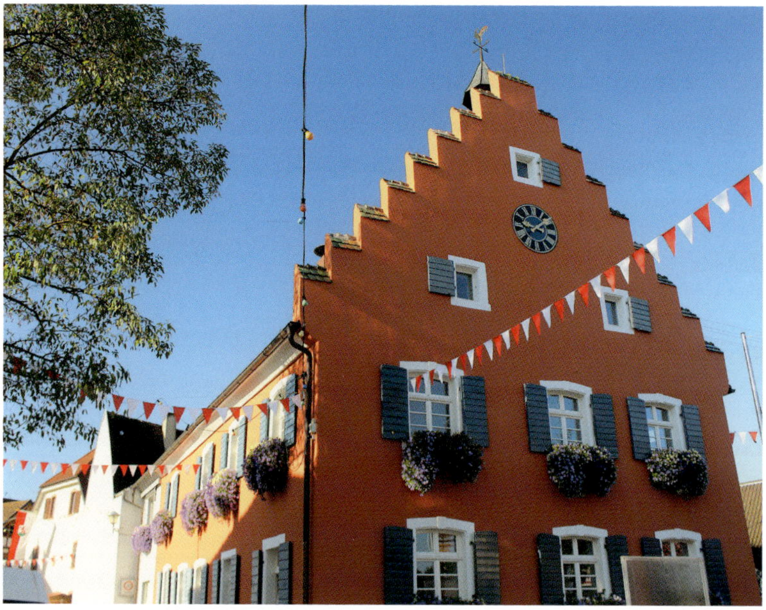

Am schmucken Rathaus in Gottenheim

Zur Kirche Vom Parkplatz vor dem Ⓐ **Bahnhof Gottenheim** starten wir in die Bahnhofstraße nach Süden und biegen links in die Hauptstraße. Am Weingut und Straußе Hess und am schönen Rathaus mit Treppengiebel biegen wir rechts in die Rathausstraße und laufen an der Hunnen-Straußе vorbei. Da stehen schon zwei Straußwirtschaften zur Auswahl für eine Einkehr am Schluss der Wanderung. Nach der Hunnen-Straußе gehen wir links die schmale Straße zur ❶ **Kirche** hoch, nicht ohne die Störche auf dem Turm zu beobachten. Die katholische Kirche St. Stephan wurde 1727 erbaut und ist das Wahrzeichen von Gottenheim. Auf dem Seitenaltar ist ein bedeutendes Bildnis aus dem Jahr 1892, das St. Gallus am Bodensee predigend zeigt.

Zum Wasserhochbehälter Nach der Kirche folgen wir links der Rebhisli-Tour aufwärts am Friedhof vorbei, einen Hohlweg hinunter und dann geradeaus auf einem größeren Hohlweg wieder aufwärts. An der »Madonna im Weinberg« bleiben wir geradeaus und spazieren dabei auch ein Stück auf dem Burgunderpfad, der über den gesamten Tuniberg verläuft. Aber 100 m nach der »Madonna im Weinberg« verlassen wir den Burgunderpfad nach links und orientieren uns an einigen Abzweigen vorbei vorerst nur noch an der Beschilderung »Rebhisli-Tour«. Diese Route führt durch interessante kleinräumige Wein- und Obstbaumflächen mit vielfältigen Lebensräumen. Auf der gesamten Rebhisli-Tour werden auch Heilkräuter vorgestellt. Auf dem **2 Wasserhochbehälter** bietet sich eine gute Aussicht über Freiburg in den Schwarzwald und zurück über Gottenheim. Der Ort hat eine leidvolle Geschichte. 1350, 1564 und 1633 kam die Pest nach Gottenheim und löschte ganze Familien aus. Im Dreißigjährigen Krieg überfielen die Breisacher die bei Gottenheim stehenden Schweden. Dabei wurde das Dorf zerstört, von der Kirche blieb nur der Turm stehen.

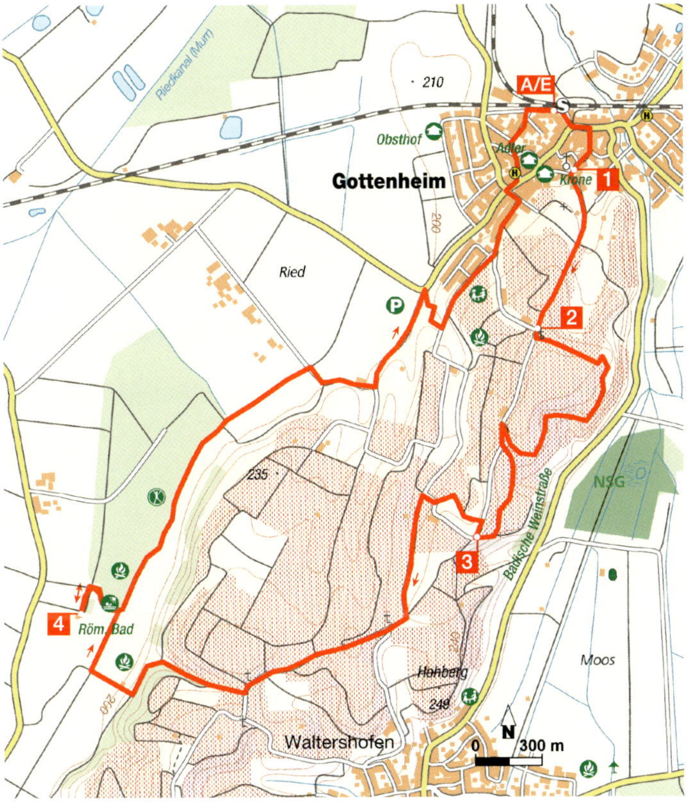

Zum »Wölfle« Vom Wasserbehälter steigen wir die Treppe hinab und gehen links weiter und an der Hohlwegkreuzung mit dem Bildstöckle nochmal links. Wieder besteht freie Sicht zur Kette des Schwarzwaldes von der Hornisgrinde im Norden bis zum Blauen im Süden.

Schließlich fällt der Weg auf eine breitere Asphaltstraße hinunter. In spitzem Winkel gehen wir links wieder nach Süden und biegen wegen der guten Aussicht gleich an einer Gabelung nach links ab. Dann stoßen wir an einer Kreuzung auf eine breitere Weinbergstraße, an dem ein Stein mit der Aufschrift **3 »Wölfle«** steht.

Zum Römerbad Hier gehen wir rechts und dann links, dem Pfeil für die Rebhisli-Tour folgend. Nun verlassen wir aber den Rundweg der Rebhisli-Tour geradeaus und laufen links an einem Rebhisli vorbei, an dem eine große Fichte steht. An der folgenden Gabelung halten wir uns rechts und wandern unten an der ersten Kreuzung links in einem Tal an Feldern vorbei. An der Kreuzung mit der Baumgruppe gehen wir rechts an einem hölzernen Wegkreuz vorbei auf den Tuniberg-Höhenweg hinauf. 10 m nach einem stei-

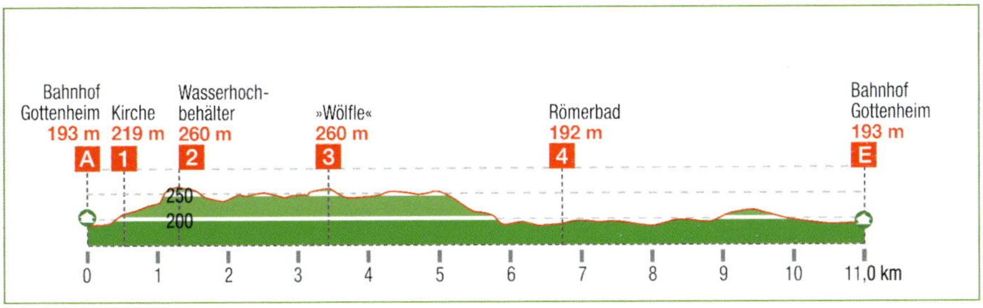

Gottenheimer Rebhisli

In den Gottenheimer Weinbergen auf dem Tuniberg stehen noch mehr als 100 der sogenannten »Rebhisli« (Weinberghütten). Im Gottenheimer Gebiet wurde keine Flurbereinigung durchgeführt wie in vielen anderen Rebenlandschaften, etwa am Kaiserstuhl. Daher gibt es in den Gottenheimer Weinbergen auch noch viele typische Kleinterrassen, kleinräumige Wein- und Obstbaumflächen, schmale Feldwege und wilde Böschungen mit wertvollen Kleinlebensräumen für Pflanzen, Reptilien, Insekten und Vögel. Große alte Obstbäume geben Höhlenbrütern wie Meisen, Wendehälsen und Eulen ein Zuhause.

nernen Wegkreuz mit erhöht liegender Ruhebank spazieren wir rechts auf dem Wiesenweg zwischen Obstbäumen und Reben abwärts. Am Ende der Obstbäume schlendern wir den fast zugewachsenen romantischen Hohlweg hinunter. Am Schild »Kelten und Römer am Tuniberg« sehen wir unten in der Ebene ein Dach, das die Reste des römischen Bades schützt. Im 1. Jahrtausend v. Chr. bewohnten Kelten den Tuniberg, weil sie natürlich auch fruchtbare Lössgebiete und ein mildes Klima für ihre Siedlungen bevorzugten. Der Name Tuniberg entstammt dem keltischen Wort »Tuni«, was Zaun bedeutet. Ab dem 1. Jahrhundert n. Chr. lebten hier Römer in Gutshöfen, die »Villa Rustica« genannt werden, und betrieben Landwirtschaft, Wein- und Obstbau.
Hier an der Informationstafel wandern wir nach links und nach dem Gartenhaus nach rechts in die Ebene hinunter. Unten in den Feldern gehen wir rechts auf die drei Walnussbäume zu, deren Stämme auffällig weiß gekalkt sind. Am Jagdansitz am Waldrand marschieren wir links und im Wald noch einmal links zum 4 **Römerbad**, von dem allerdings nur noch die abgedeckten Fundamente erhalten sind. Eine ergiebige Info-Tafel erläutert die Einzelheiten.

Zum Bahnhof Gottenheim Nach der Besichtigung gehen wir zurück zu dem Jagdansitz und wandern nach diesem links am Waldrand entlang. Am Waldende folgen wir dem Weg nach rechts und gleich darauf nach links entlang ausgedehnter Pferdekoppeln. An der Kreuzung mit einer Asphaltstraße gehen wir rechts auf die Straße Im Ried. An der

Links: In Gottenheim sind Störche gern zu Gast.

Mitte: Der Tuniberg gilt bei Kennern als »Burgunderoase«.

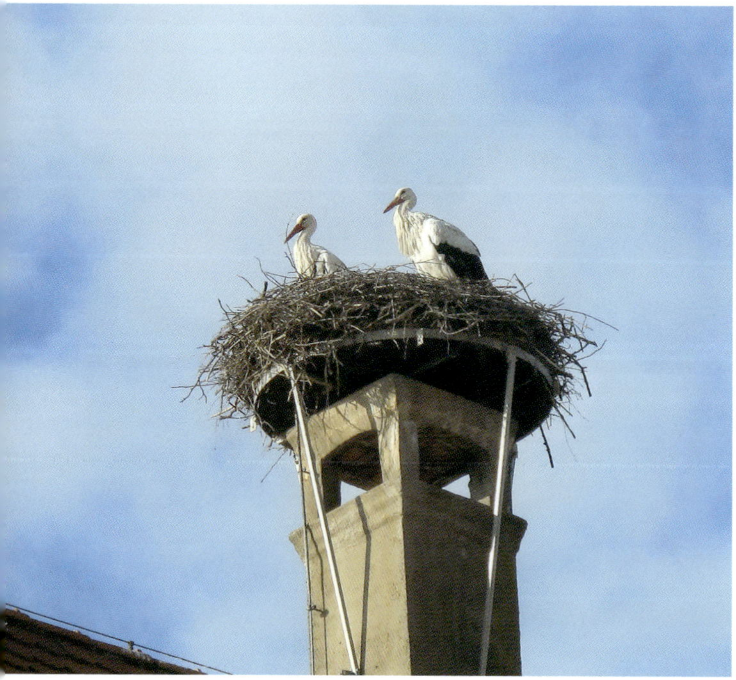

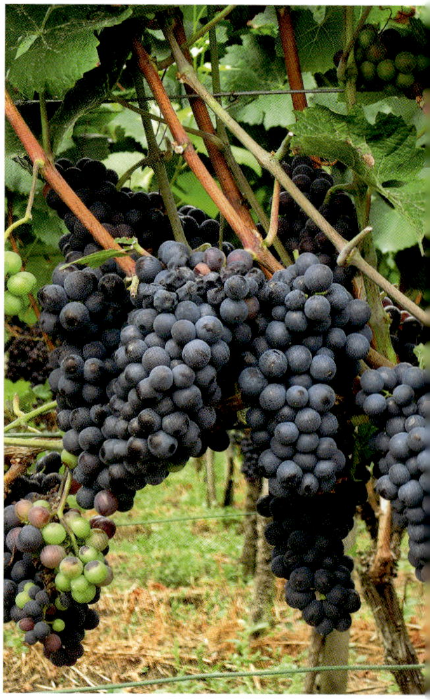

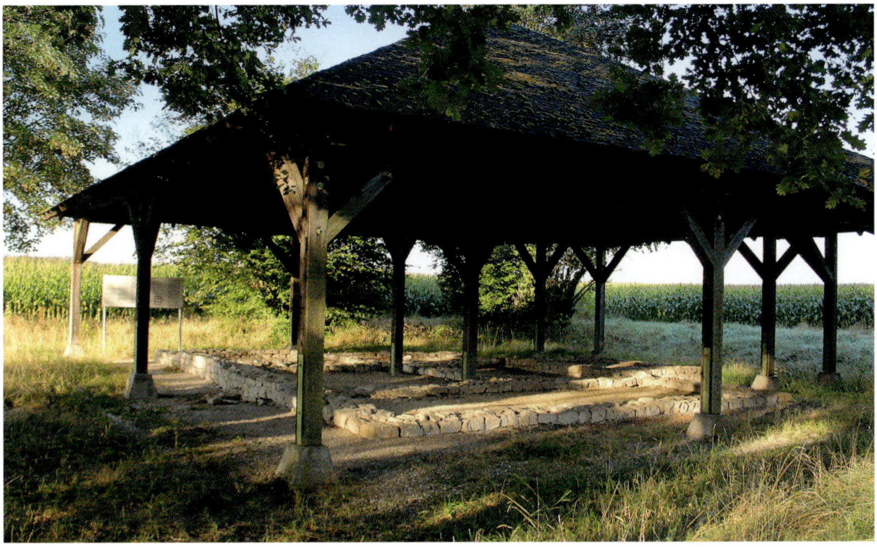

Vom Römerbad sind nur noch die Fundamente erhalten.

T-Kreuzung vor der Böschung wenden wir uns nach links und an einer weiteren Böschung wieder links. Kurz vor der stark befahrenen Straße zwischen Wasenweiler und Umkirch gehen wir in spitzem Winkel nach rechts hoch auf eine ruhigere Route. Oben halten wir uns links und an der Carl-Frey-Straße rechts aufwärts. An der T-Kreuzung wandern wir nach links in die Tunibergstraße, die am Ende nach links knickt. Am Gasthof Krone gehen wir rechts und am Gasthof Adler links in die Schulstraße. Vielleicht geht es aber auch geradeaus, wenn man nämlich noch in eine der zu Anfang erwähnten Straußen einkehren möchte. Vor der Schule laufen wir rechts zum E **Bahnhof Gottenheim** zurück.

Blick auf den Kaiserstuhl mit Totenkopf und Eichelspitze

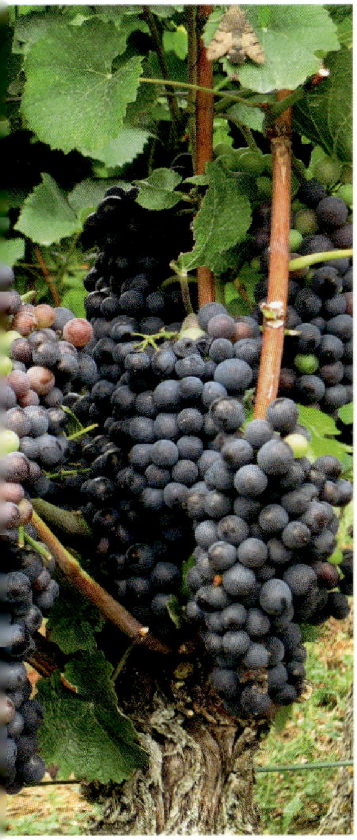

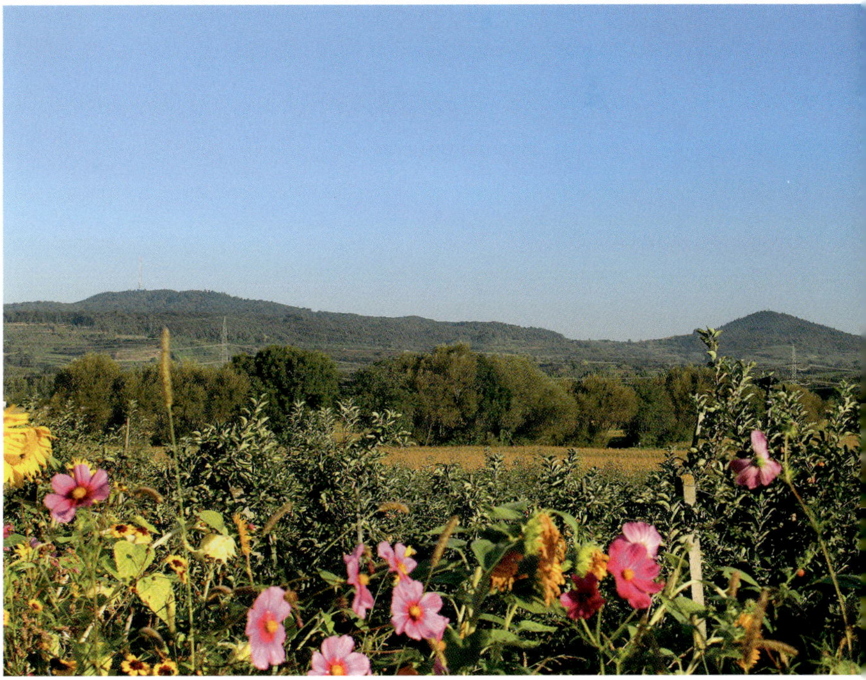

20

Attila und Erentrudis

Von Munzingen auf den Tuniberg

Leicht 4:50 Std. 280 m 14,5 km

Tourencharakter
Leichte, meist sonnige Tour auf markierten Natur- und Asphaltwegen durch Weinberge und Ortsgebiet

Ausgangs-/Endpunkt
P&R Parkplatz 210 m

Höchster Punkt
Attilafelsen 280 m

Anfahrt
Mit dem Auto von der A 5 Ausfahrt Freiburg-Süd nach Südwesten auf der Freiburger Landstraße über Tiengen bis Munzingen. Parkplatz GPS: N48°10'29" E007°38'12"
Mit dem Bus der Linie 33, 35, 46, und 241 bis Munzingen (www.vag-freiburg.de)

Gehzeiten
P&R Parkplatz – Erentrudiskapelle 0:30 Std. – Holz-Feldkreuz 1:40 Std. – Attilafelsen 0:25 Std. – Griestal-Strauße 0:30 Std. – Lagerhalle 1:15 Std. – Schloss Reinach 0:20 Std. – P&R Parkplatz 0:10 Std.

Beste Jahreszeit
Frühjahr und Herbst

Einkehr
Strauße Griestal-Strauße, 79112 Opfingen, Griestal 2, Tel. 07664/400675, www.griestal-strausse.de
Winzerschenke Kapellenblick, 79112 Munzingen, Große Roos 10, Tel. 07664/2341, www.winzerschenke.de
Hotel Restaurant s'Badische Wirtshaus im Schloss Reinach, 79112 Munzingen, St.-Erentrudis-Straße 12, Tel. 07664/4070, www.schlossreinach.de

Karten
Kompass: »Kaiserstuhl Tuniberg«, Karte 883, 1:25000; oder Karten des LGL

Vom Weinort Munzingen an der südlichen Spitze des Tunibergs führt diese Tour hinauf auf die Rebflächen zur historischen Erentrudiskapelle auf dem 1000-jährigen Kultplatz. Über den Attilafelsen und die Griestal-Strauße geht es zurück nach Munzingen.

Zur Erentrudiskapelle Vom **A P&R Parkplatz** und der Bushaltestelle in Munzingen laufen wir in der Windhäuslegasse nach Nordwesten aufwärts. An der Gabelung nach den letzten Häusern wandern wir links und kommen am

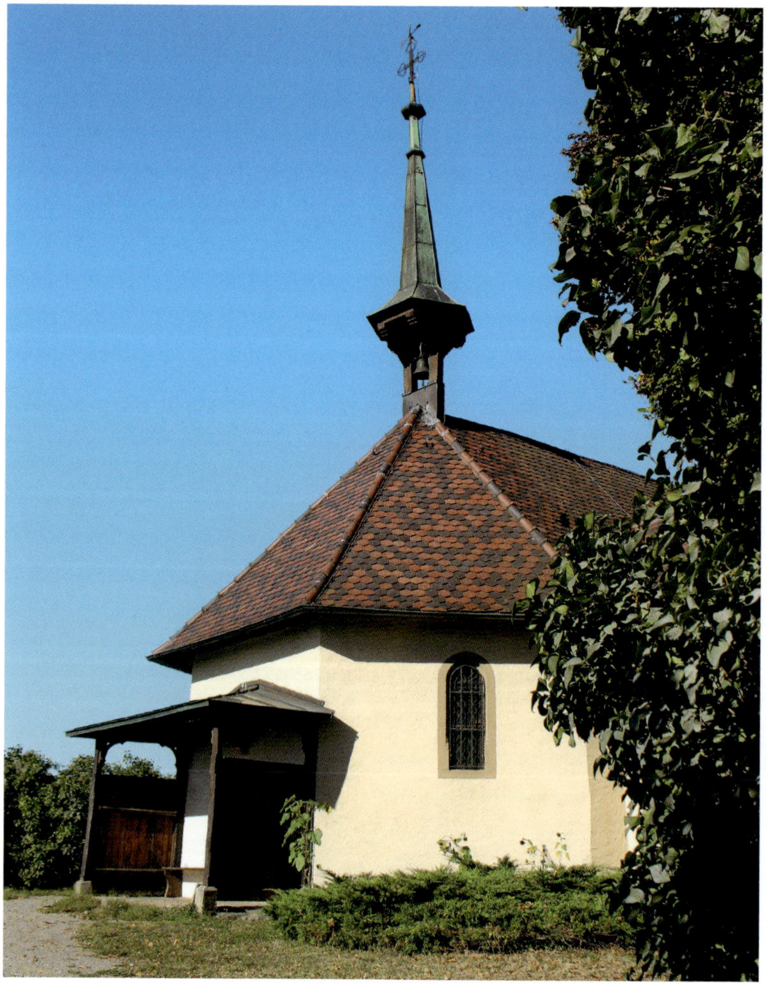

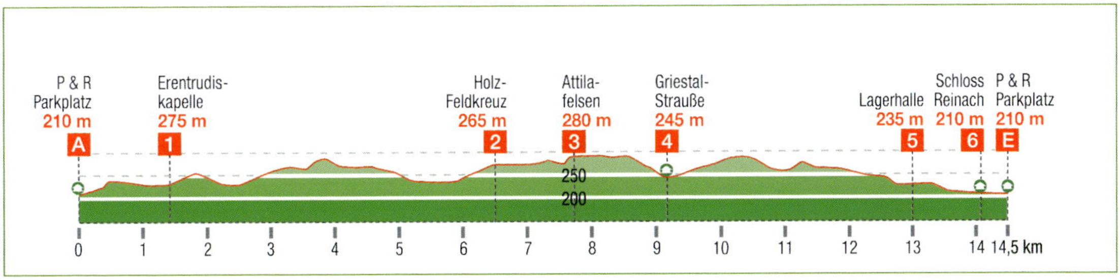

Sportplatz vorbei, dann erreichen wir das obere Steingrüble. Dies ist eine Abbruchwand eines alten Kalksteinbruches. In einer Höhle fanden sich frühsteinzeitliche Besiedelungsspuren. Die Felswand bietet heute neuen Lebensraum für Tiere und Pflanzen, die sich entsprechend angepasst haben.

Am oberen Steingrüble gehen wir geradeaus vorbei und auf dem Burgunderpfad aufwärts. Vor dem Schild »Die Arbeiten im Weinberg« orientieren wir uns nach rechts auf den Wiesenweg unterhalb der Kapelle. An einer Gabelung müssen wir in spitzem Winkel nach links an den Wasserbehältern vorbei und steigen zur **1 Erentrudiskapelle** hinauf. Auf dem Kapellenberg wartet eine großartige Aussicht auf den Schwarzwald über Freiburg und bis zu den Vogesen. Die Erentrudiskapelle wurde Ende des 17. Jahrhunderts gebaut. Hier oben auf dem Kapellenberg sind 6000 Jahre Siedlungsgeschichte nachweisbar. Die Kapelle wurde bis 1843 als Einsiedelei bewohnt. Danach verfiel sie bis zum Wiederaufbau im Jahr 1870.

Linke Seite: Die Erentrudiskapelle steht am südlichen Ende des Tunibergs.

Zum Holz-Feldkreuz Vom Eingang der Kapelle fällt ein kleiner Weg am Hang Richtung Westen hinunter. Geradeaus gehen wir auf der asphaltierten Weinbergstraße weiter und halten uns an die Richtung des Attilafelsens. An der Kreuzung vor dem versteckt liegenden Flurbereinigungsdenkmal wenden wir uns nach links auf den Panoramarundweg. An einer Y-Kreuzung gehen wir rechts hoch und gelangen an eine T-Kreuzung am geologischen Aufschluss Hauptrogenstein. Die Entstehung dieser seltenen geologischen Formation reicht in die Zeit der Dinosaurier zurück. Vor 170 Millionen Jahren lagerte sich in einem Jura-Meer Kalk um Kristallisationskerne ab, die an Fischrogen erinnern. Daher der Name »Hauptrogenstein«.

An der T-Kreuzung vor der Felswand gehen wir links auf den 312 m hohen Berg. Dort oben breitet sich die Aussicht auf den Rhein, Breisach und den Kaiserstuhl vor uns aus. An der kleinen T-Kreuzung laufen wir rechts und nach 20 m an der großen Kreuzung links

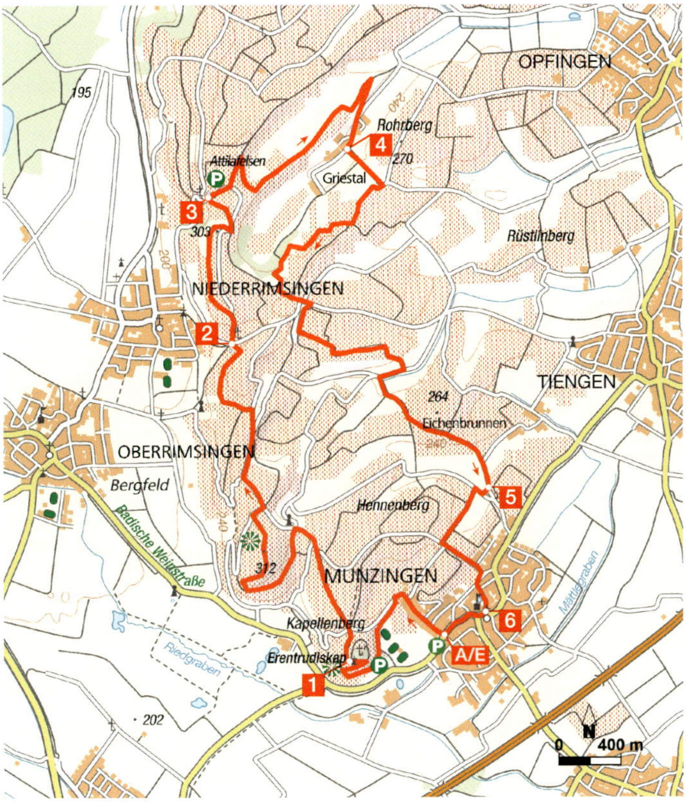

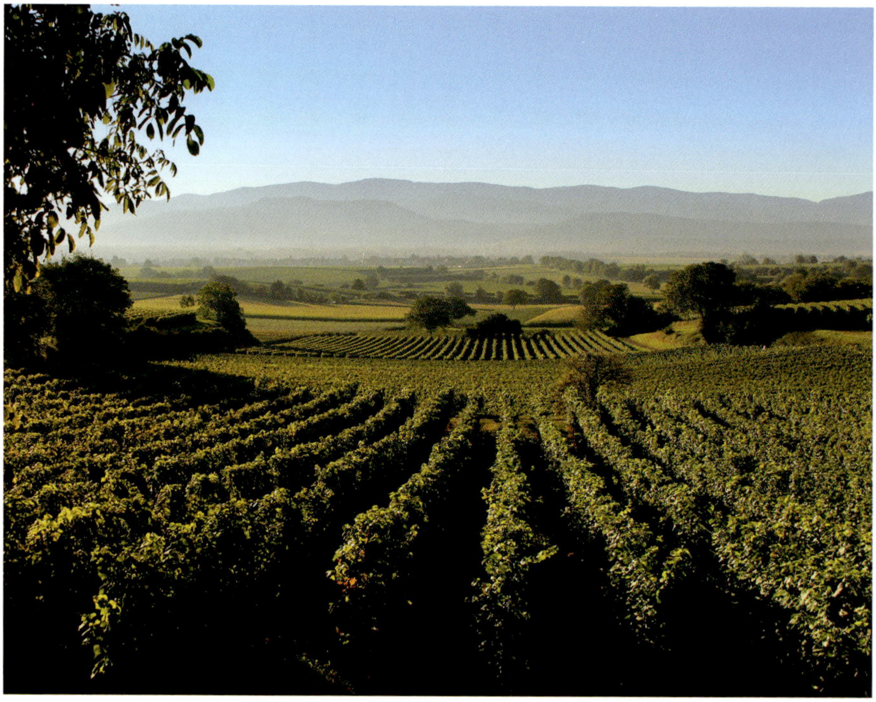

Aussicht vom Tuniberg über die Reben zum Schwarzwald

Richtung Attilafelsen, begleitet von der Muschel des Jakobsweges. An der T-Kreuzung mit Blick auf Ober- und Niederrimsingen verlassen wir den Jakobsweg schon wieder nach rechts und bleiben auf der Hangkante. An einer Gabelung spazieren wir links Richtung Maiblumengasse und folgen nach 100 m der gelben Raute nach links an einem gemauerten Rebhäuschen vorbei auf den Panoramaweg über Niederrimsingen. Der Turm der St. Laurentiuskirche in Niederrimsingen stammt aus dem 11. Jahrhundert und ist damit einer der ältesten im Breisgau. An einer 6-Wegekreuzung mit einem 2 **Holz-Feldkreuz** nehmen wir die zweite Straße rechts aufwärts Richtung Attilafelsen.

Zum Attilafelsen Fast ganz oben an der Gabelung wandern wir nach links auf dem Naturweg weiter, bald mit Blick voraus auf Breisach mit dem markanten Münsterberg. An einer Rechtskurve schauen wir dann auf die Weinlage Attilafelsen vor dem Kaiserstuhl.
Am Beginn des Asphaltbelags gehen wir links über den Wiesenstreifen und steigen die Treppe hinunter. So kommen wir unten auf der Asphaltstraße zum Parkplatz mit Picknicktisch am 3 **Attilafelsen**. Der Attilafelsen ist nur eine Lösswand. Da Löss aber den Gesteinen zugerechnet wird, ist der Begriff »Felsen« nicht falsch. Nach einer Sage wird das Grab von Attila dem Hunnenkönig auf dem Tuniberg vermutet.

Zur Griestal-Strauße An der Kreuzung vor dem Picknickplatz gehen wir nach rechts hinauf in Richtung Griestal und nach 100 m an

Munzinger Geschichte

Die Endung im Ortsnamen »-ingen« zeigt, dass Munzingen eine Gründung der Alemannen ist. Schriftlich wurde Munzingen das erste Mal im Jahr 845 erwähnt. Im Mittelalter herrschten das Geschlecht der Üsenberger und die Herren von Staufen über den Ort. Die Habsburger hatten die Macht zur Zeit der vorderösterreichischen Führung, daher blieb der Ort katholisch. Es folgte die badische Markgrafenzeit. Heute ist Munzingen bei Feinschmeckern als Spargel-Anbaugebiet bekannt. In der Weinlage Kapellenberg bauen die Winzer überwiegend Burgunder-Trauben an und veredeln den Saft zu vorzüglichen Spätburgunder-Weinen.

der Gabelung ohne Markierung nach links. An der ersten T-Kreuzung an den niedrigen Lösswänden laufen wir rechts hinab. Das schmale Asphaltsträßchen macht an den drei Walnussbäumen eine Linkskurve um das Hennenschweiftal. An der T-Kreuzung unter der Stromleitung gehen wir rechts ein Stück auf dem Eidechsenpfad und schauen gleich hinunter in das Griestal, in dem einige Gehöfte stehen. Im Tal wandern wir an der T-Kreuzung rechts und werden von der gern besuchten **4 Griestal-Strauße** zur Einkehr gestoppt.

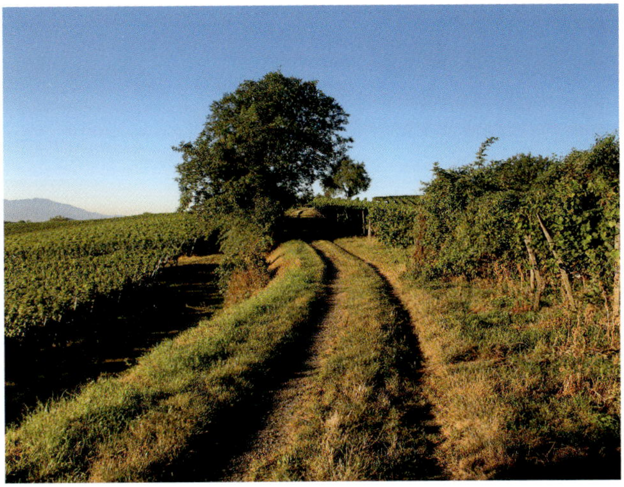

Wanderweg auf dem Tuniberg mit Aussicht nach Süden und in den Schwarzwald

Zur Lagerhalle An der Griestal-Strauße wandern wir gut gestärkt links an den Parkplätzen vorbei aufwärts und oben auf dem Tuniberg-Ostweg nach rechts mit Ausblick auf beide Seiten. An einer Kreuzung mit einem Grenzstein von 1748 laufen wir geradeaus Richtung Ebene. Schon nach 30 m gehen wir in spitzem Winkel rechts auf dem Naturweg und Schwarzkehlchenpfad mit der gelben Raute weiter. An der T-Kreuzung kurz nach dem Beginn des Asphaltbelages bleiben wir geradeaus, vorbei an dem Weinberghäuschen. Unten im Wolkental laufen wir an der T-Kreuzung rechts und an der Kreuzung mit den zwei großen Birken inmitten von Feldern links hinauf. An der Y-Kreuzung weiter oben wandern wir links und dann geradeaus über die Kreuzung mit den zwei großen Spitzahornen. Endlich erreichen wir die **5 Lagerhalle** des Winzervereins Munzingen.

Zum Schloss Reinach Rechts an der Lagerhalle vorbei schlendern wir auf eine weitere Lagerhalle zu. An der T-Kreuzung nach der zweiten Lagerhalle gehen wir links den Lösshohlweg Kinziggasse hinunter. An der mächtigen Linde laufen wir rechts in den Dorfgraben und dann links den Schlossbuck am reich verzierten Renaissance-Schloss vorbei. Das Schloss Munzingen wird immer noch von der Gräflichen Familie »Von Kageneck« bewohnt. Ihr Vorfahre Johann Friedrich Reichsfreiherr von Kageneck ließ es 1672 erbauen. 1745 gefiel den Schlossherren dann der Rokokostil besser und es wurde dahingehend verändert. Es ist das größte ländliche Herrenhaus im Breisgau.

Das Schloss Reinach ist heute ein Hotel und Restaurant.

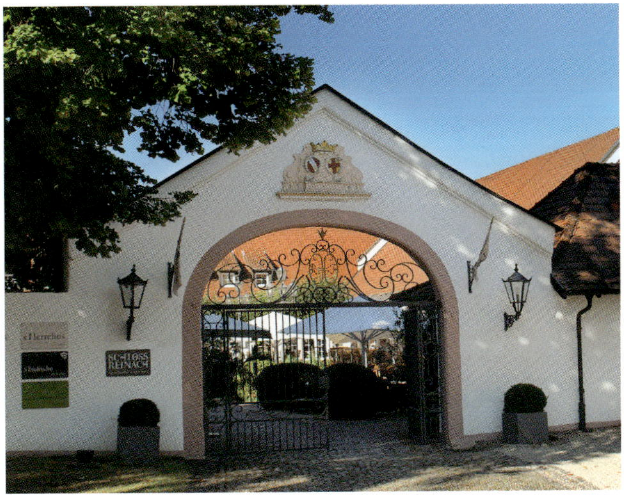

Nach der Schlossmauer sehen wir auf der anderen Seite der Straße einen kleinen Rundturm, »Gigili« genannt. Es ist der Überrest eines Wasserschlosses, das im Dreißigjährigen Krieg zerstört wurde. An dem Platz vor dem Schloss gehen wir rechts den Fußweg zwischen den Häusern hinab direkt auf das Tor von **6 Schloss Reinach** zu. Erbaut als Gutshof, stand es neben dem zerstörten Wasserschloss.

Zum P&R Parkplatz Auf der St.-Erentrudis-Straße weiter, am Schloss Reinach rechts vorbei, sind wir schon bald wieder zurück am **E P&R Parkplatz**.

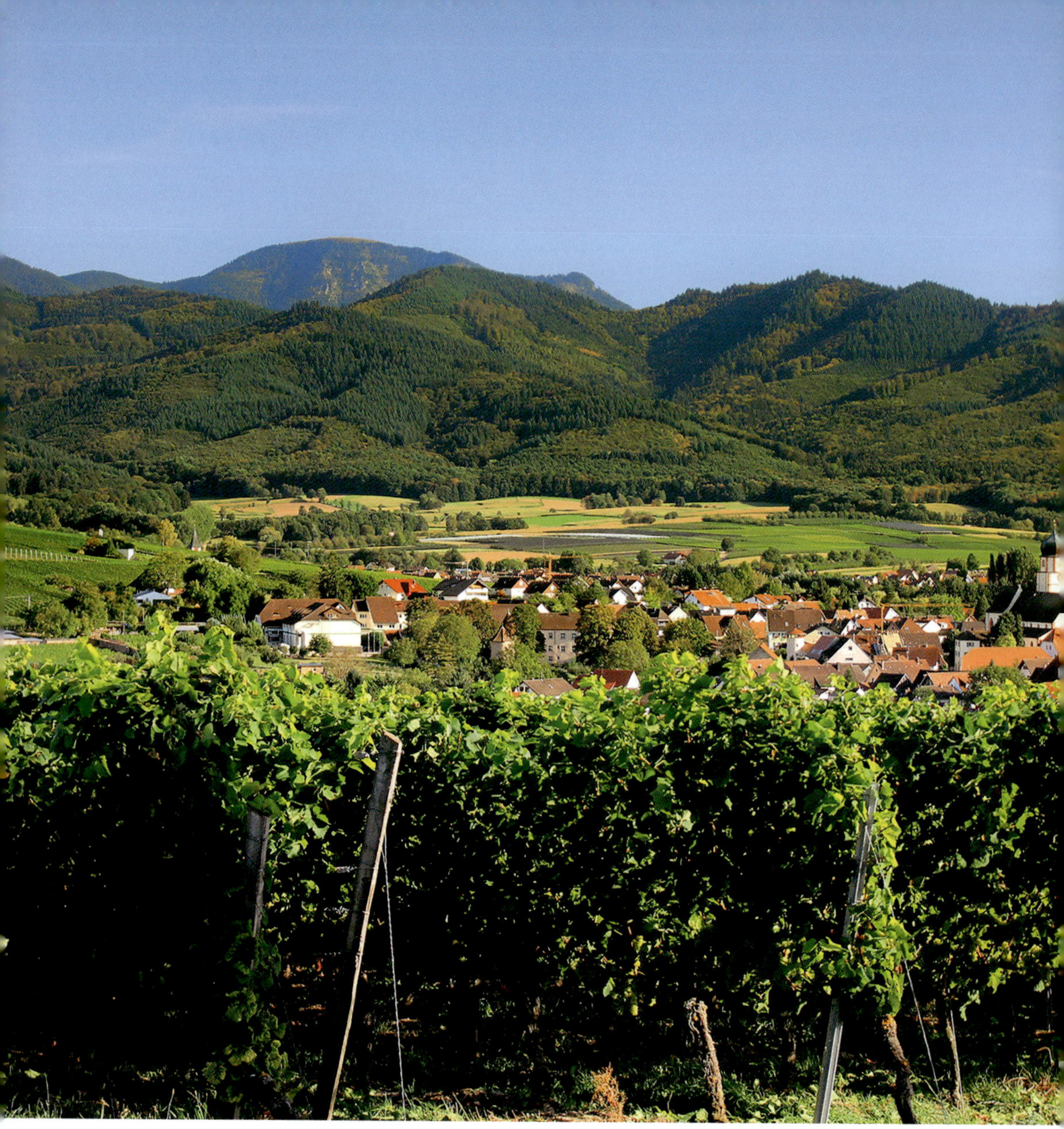

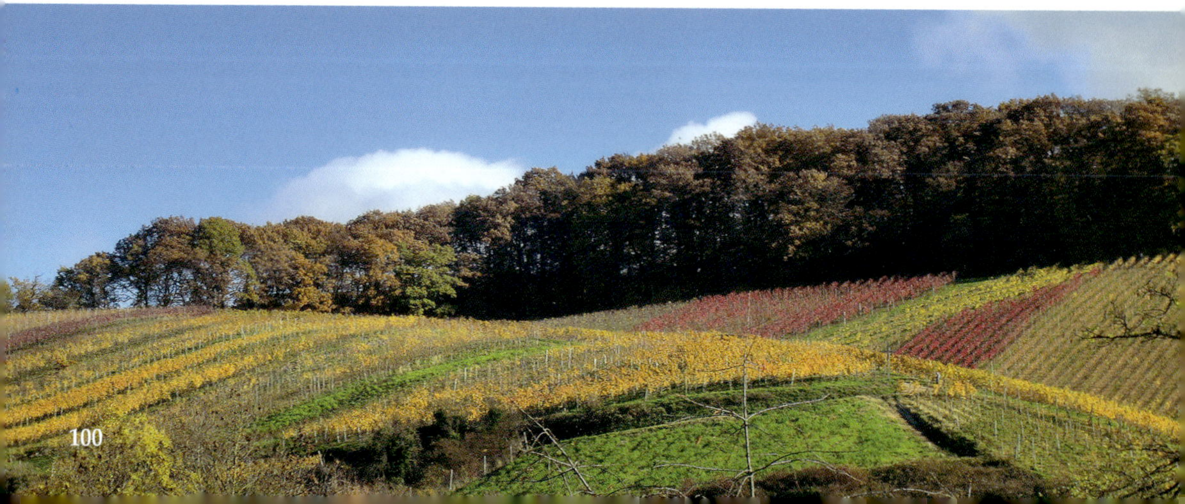

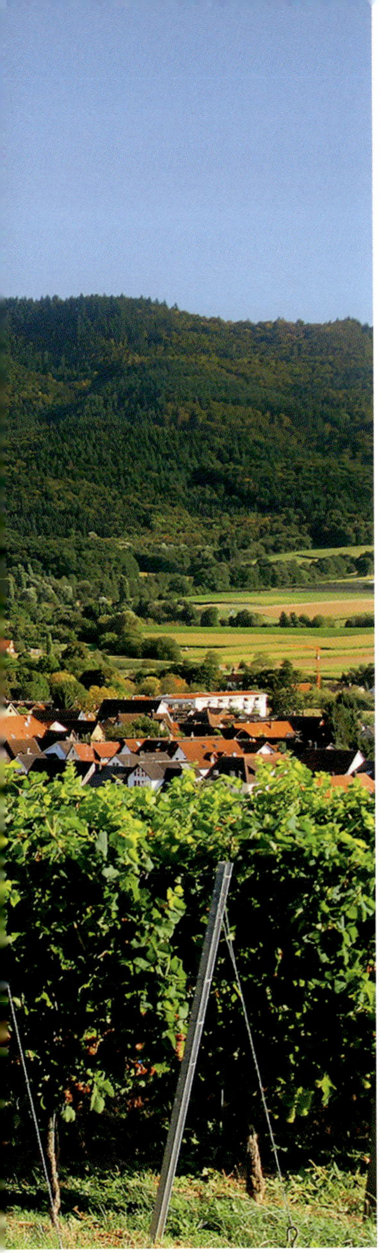

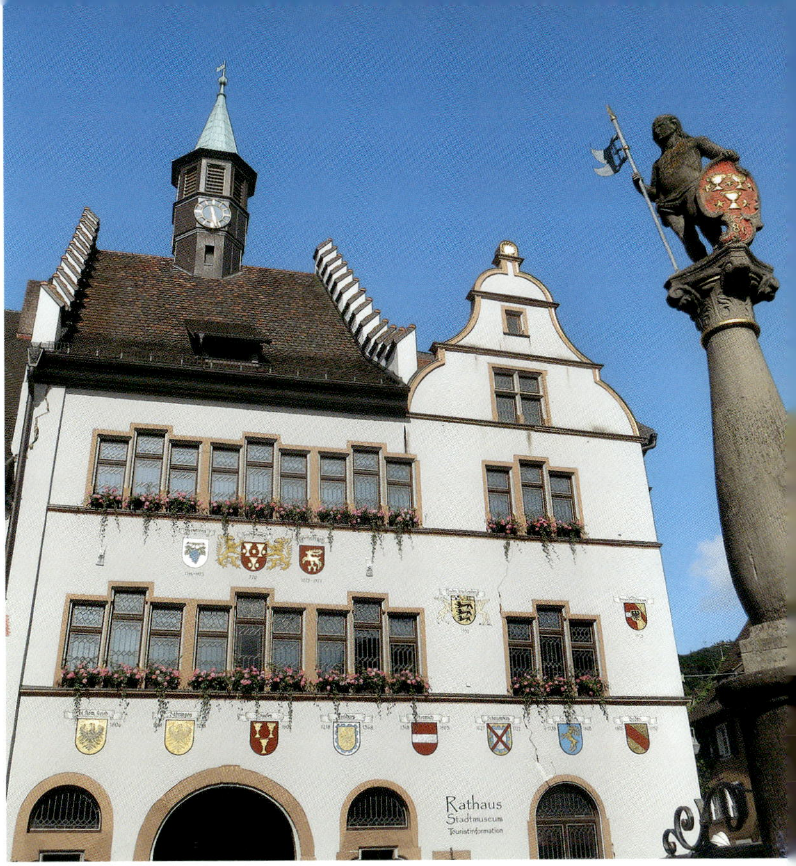

Breisgau und Markgräfler Land

Oben links: Aussicht vom Batzenberg über Kirchhofen in den Schwarzwald (Tour 24). Oben rechts: Das Rathaus in Staufen ist das Schmuckstück des Städtchens. Unten links: Im Herbst kleiden sich die Weinberge in leuchtende Farben. Unten rechts: Weinreben so weit das Auge reicht auf dem Batzenberg (Tour 24).

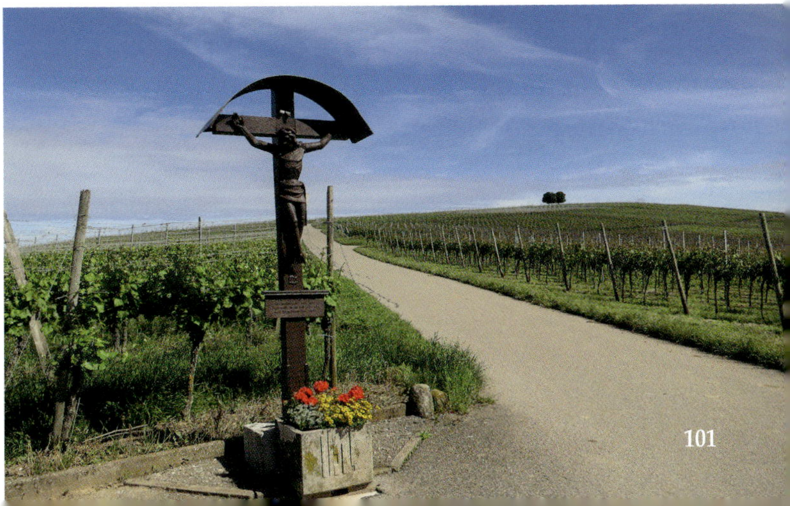

21 Umkämpfter Schönberg

Blick auf Freiburg und in das Hexental

Mittel | 4:10 Std. | 450 m | 11,4 km

Tourencharakter
Mittelschwere Rundwanderung, meist sonnig auf nicht immer markierten Natur- und Asphaltwegen durch Wälder, Wiesen und Dörfer.

Ausgangs-/Endpunkt
Haltestelle Merzhausen-Ortsmitte 281 m

Höchster Punkt
Schönberg 645 m

Anfahrt
Mit dem Auto von der A 5 Ausfahrt Freiburg-Süd nach Merzhausen. Parkplatz Schwimmhalle, Im Grämeracker, GPS: N47°57'59" E007°49'30"
Mit dem Bus Linie 12 von Freiburg (www.vag-freiburg.de)

Gehzeiten
Haltestelle Merzhausen-Ortsmitte – Kreuzung in Au 0:30 Std. – Kirche Wittnau 0:35 Std. – Schönberggipfel 0:45 Std. – Gasthaus Schönberghof 0:25 Std. – Schneeburg 0:15 Std. – Jesuitenschloss 1:20 Std. – Haltestelle Merzhausen-Ortsmitte 0:20 Std.

Beste Jahreszeit
Frühjahr und Herbst

Einkehr
Gasthaus Schönberghof, 79285 Ebringen, Unterer Schönberghof 1, Tel. 07664/72 22, www.gasthaus-schoenberghof.de

Karten
Kompass: »Nördliches Markgräflerland«, Karte 890, 1:25 000; oder Karten des LGL

Bettlerpfad Etappe 1 Die Wanderung beginnt in Merzhausen und folgt dem Bettlerpfads durch das liebliche Hexental. Von Wittnau aus erkunden wir die strategische Bedeutung des Schönbergs. Die Ruine Schneeburg und das Jesuitenschloss liegen am Weg.

Zur Kreuzung in Au Von der Ⓐ **Haltestelle Merzhausen-Ortsmitte** starten wir auf der Dorfstraße in Richtung Westen auf dem Bettlerpfad. Der Wegweiser steht rechts der Apotheke. An einer Kreuzung bleiben wir geradeaus und befinden uns nun in der Weberstraße aufwärts. An einer Gabelung vor einer Wiese nehmen wir den linken Weg, vorbei an dem Gedenkkreuz unterhalb des Hauerhofes. Hier soll 1870 ein armer Handwerksbursche erfroren sein, wovon der Bettlerpfad angeblich seinen Namen erhielt. Schließlich erreichen wir die ❶ **Kreuzung in Au**.

Zur Kirche in Wittnau Wir biegen nach rechts aufwärts in die Straße Am Schönberg und gehen an der Kreuzung weiter oben nach links in den Oberen Hainbachweg. Schon sind wir inmitten von Weiden und Streuobstwiesen in schönster Natur. An einer Kreuzung in Wittnau wandern wir nach rechts auf der Schönbergstraße in Richtung Schönberg, vorbei am Landgast-

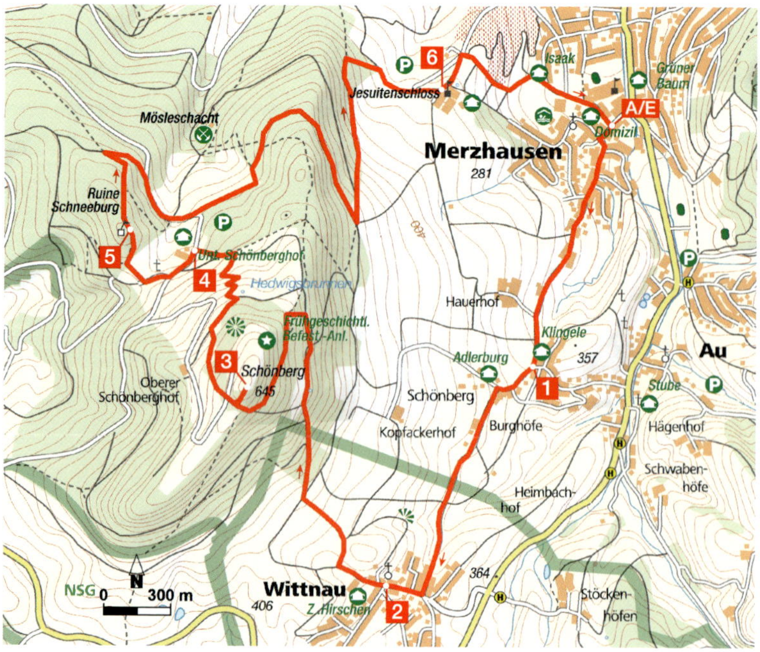

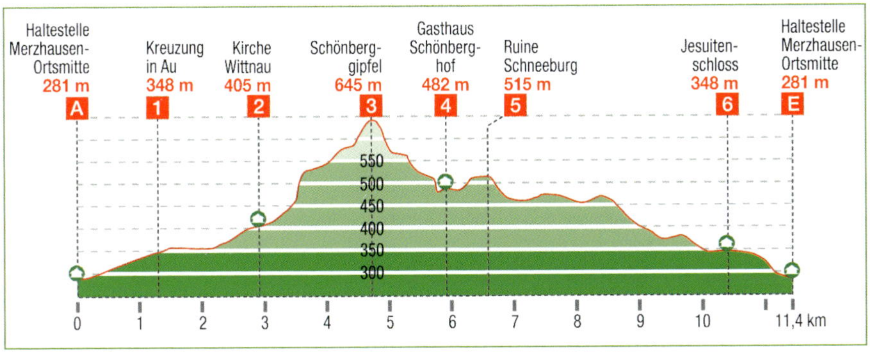

hof Zum Hirschen mit seinem ruhigen Gastgarten, zur ❷ **Kirche in Wittnau**. Wittnau war einst österreichisches Lehen im Besitz der Familie Swenlin-Bernlapp, Freiherren zu Bollschweil. Unter den Linden vor dem Friedhof wurde Gericht gehalten. Heute stehen auf dem Platz Esskastanien und Kastanien. Beachtenswert ist der schön angelegte Kräutergarten vor der Kirche Maria Himmelfahrt.

Auf den Schönberggipfel An der Kirche in Wittnau verlassen wir den Bettlerpfad geradeaus aufwärts in Richtung Schönberg. An der ersten Gabelung in den Wiesen gehen wir rechts und an der Weggabel vor der Linde mit der Bank nach links hinauf auf dem Weg, der im Wald verschwindet. Dort kommen wir an der historischen Sandgrube Hirschewirts Wäldili vorbei, aus der in früheren Zeiten Baumaterial entnommen wurde.
An einer Wegkreuzung bleiben wir geradeaus auf dem Steinbruchwegli, der an zwei alten Kalksteinbrüchen vorbei als Pfad weiter ansteigt. Bereits im 18. Jahrhundert wurden hier Steine gebrochen. Der Kalkstein wird Hauptrogenstein genannt, da er eine körnige Oberfläche aufweist, die an Fischrogen erinnert.
Nun beschreibt der Pfad einige Serpentinen aufwärts. Einem ebenen quer verlaufenden Pfad folgen wir nach rechts am Kleiberbrunnen vorbei und kommen schließlich an einen

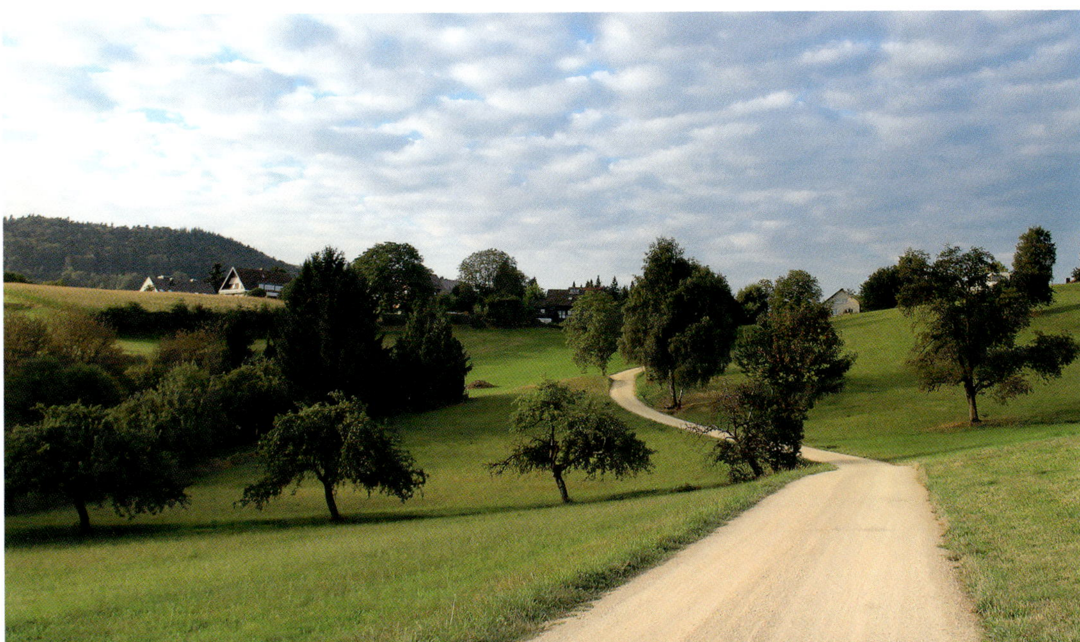

Auf dem Bettlerpfad vor Wittnau

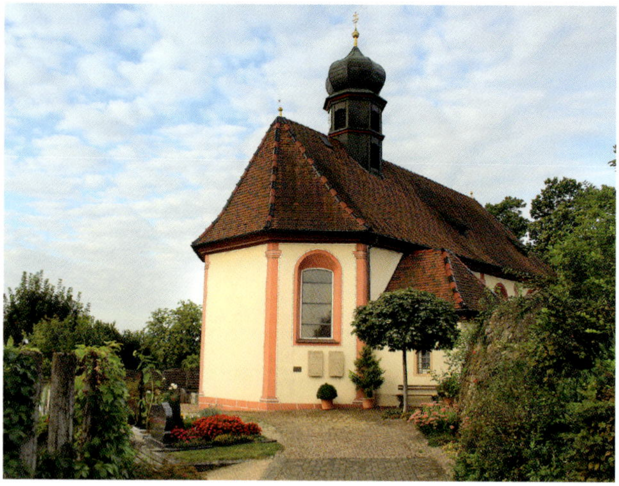

Die Kirche Maria Himmelfahrt in Wittnau

Forstweg. 20 m auf der Forststraße nach rechts, dann steigt links am Waldrand ein Pfad bergauf. Einem quer verlaufenden Pfad folgen wir nach links am Zaun entlang. Wir sind auf dem Naturlehrpfad Schönberg. An einer Kreuzung vor einer Wiese wandern wir rechts aufwärts und an einem Abzweig mit Aussicht über die Rheinebene rechts in den Wald hinein auf den 3 **Schönberggipfel**. Von hier oben ist Freiburg zu überblicken und der Verlauf des Hexentals bis Wittnau. Der Schönberg ist als Scholle erkennbar, getrennt durch den Grabenbruch des Hexentals. Der Name Hexental soll sich aus dem Wort Hagstal entwickelt haben.

Bereits vor über 100 000 Jahren war der Schönberg besiedelt. 1644 tobte im Dreißigjährigen Krieg am Westhang des Schönbergs zwischen Bayern und Franzosen die Schlacht um Freiburg. 7000 Soldaten kamen zu Tode, ehe sich die Franzosen wieder zurückziehen mussten.

Zum Gasthaus Schönberghof Wir steigen den Weg wieder hinunter, gehen dann aber, noch immer im Wald, nach rechts zu dem Wegweiser an dem Asphaltsträßchen hinab. Hier queren wir das Asphaltsträßchen und laufen in Richtung Schönberger Hof hinunter. Auf dem Weg ist zwischendurch das alte Weindorf Ebringen, auf einem Nebengipfel die Ruine Schneeburg und schließlich Freiburg zu sehen. An einer Kreuzung am Hedwigsbrunnen steigen wir geradeaus auf einem Pfad in Serpentinen hinunter in Richtung Schönberger Hof. Unten an einer Kreuzung nach den Viehweiden wandern wir geradeaus durch den Wald und treffen direkt auf das 4 **Gasthaus Schönberghof**. Der herrliche Gastgarten lädt zur Einkehr ein. Aber auch nach dem Besuch der Schneeburg ist ein Besuch des Gasthauses möglich.

Zur Ruine Schneeburg Also gehen wir auf dem Asphaltsträßchen vor dem Schönberg-Hof nach links aufwärts. An der Weggabel müssen wir rechts und an dem Abzweig nach dem Wegkreuz wieder rechts. Zur 5 **Ruine Schneeburg** führen einige Wege hinauf. Die Burg stammt wohl aus dem 13. Jahrhundert. Sie war zumindest zeitweise im Besitz der Familie Schnewlins, worauf auch der Name Bezug nimmt. Bereits im 15. Jahrhundert wurde die Burg verlassen, woraufhin sie verfiel. Heute ist die Ruine ein Aussichtsplatz mit großartigem Blick nach Ebringen und nach Freiburg hinunter.

Zum Jesuitenschloss Von der Schneeburg steigen wir auf dem breitesten Weg hinab, gehen aber dann in spitzem Winkel nach links durch niederen Wald in nördliche Richtung. An einer Freifläche endet der Weg an einer Forststraße, der wir nach rechts folgen. An einem Abzweig bleiben wir geradeaus in Rich-

Geologie des Schönbergs

Das Schönbergmassiv ist ein Vorgebirge des Schwarzwaldes. Im Süden liegt die Staufener Bucht und im Norden Freiburg. Im Westen erstreckt sich die Rheinebene. Der Schönberg ist als Scholle vom Schwarzwald abgetrennt und liegt in der Bruchzone des Oberrheingrabens. Verwerfungen, Grabenbrüche und Vulkanismus formten die Oberflächenstruktur. Es finden sich sogar zwei vulkanische Tuffschlote und ein Basaltgang. Des Weiteren gibt es am Schönberg alte Tongruben. Im unteren Bereich ist das Massiv mit einer mächtigen Lössschicht bedeckt. Nur auf der Ostseite fällt der Schönberg steil in das Hexental ab.

tung Schönberg-Hof. An der Kreuzung kurz vor den Parkplätzen der Gastwirtschaft wandern wir auf dem Naturlehrpfad nach links eben dahin. Der Weg verkleinert sich jetzt zu einem Pfad. An einer T-Kreuzung gehen wir rechts und gleich wieder links auf felsigem Pfad abwärts. An einer Kreuzung mit einem Forstweg mit Blick auf das Jesuitenschloss vor Freiburg laufen wir links am Waldrand abwärts. 100 m vor einer Kreuzung der Forststraßen fällt rechts ein Pfad als Abkürzung durch den Wald bergab. Wieder auf einer Forststraße gehen wir rechts zum 6 **Jesuitenschloss**. Die Jesuiten erhielten das Gut 1635 von der Familie Schnewlin-Bernlapp als Schenkung. 1773 fiel es an Vorderösterreich. Heute ist das Weingut der Freiburger Heiliggeistspitalstiftung im Schloss ansässig. Der hervorragende Aussichtsplatz ist ein beliebter Ausflugsort der Freiburger. Von der Terrasse besteht freier Blick über Freiburg, Kaiserstuhl und Schwarzwald.

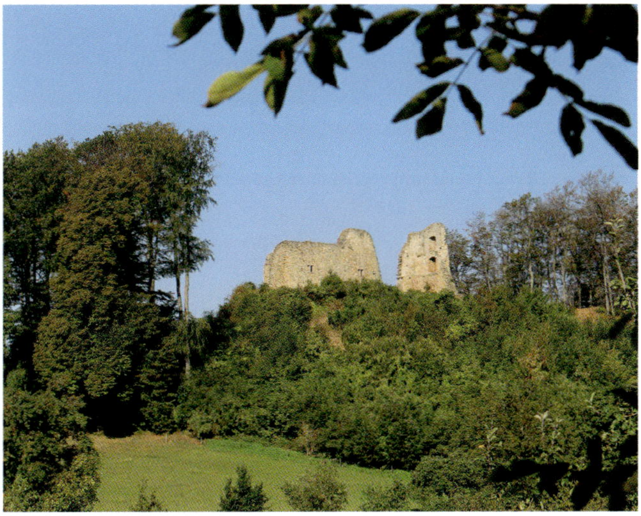

Die Ruine Schneeburg steht auf einem Nebengipfel des Schönbergs.

Zur Haltestelle Merzhausen-Ortsmitte Direkt von der Terrasse aus führen Stufen und ein kleiner Weg hinunter. Nach einem Wäldchen nehmen wir den gesperrten Feldweg nach rechts. Unten in Merzhausen gehen wir auf der Straße Im Grämeracker geradeaus an der Schwimmhalle und am Friedhof vorbei und kommen direkt zur E **Haltestelle Merzhausen-Ortsmitte** zurück.

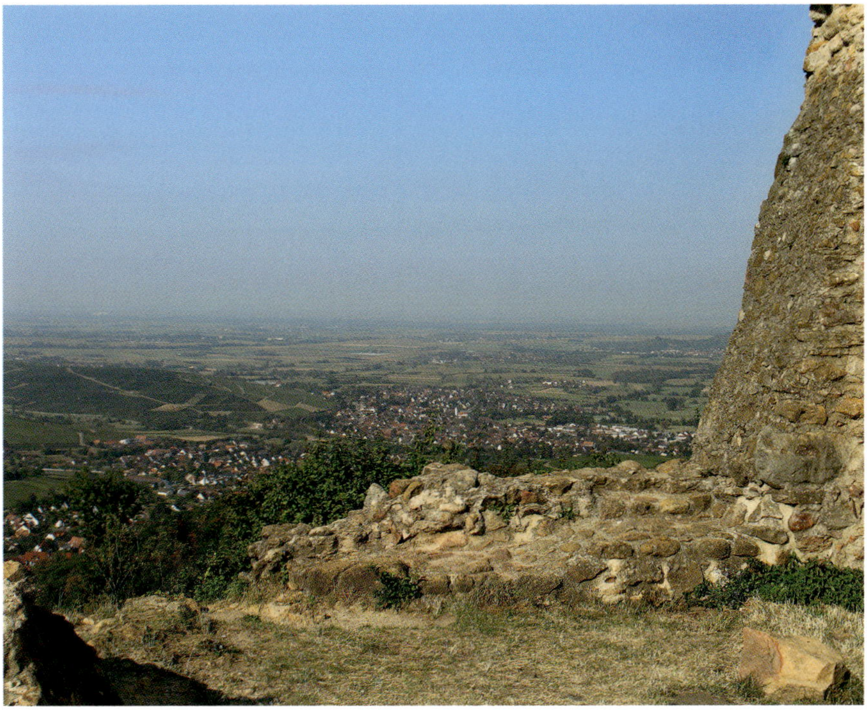

Aussicht von der Ruine Schneeburg auf Batzenberg und Ebringen

22

Bezaubernndes Hexental

Von Wittnau über Sölden nach Bollschweil

Leicht 3:50 Std. 180 m 11,0 km

Tourencharakter
Leichte Rundwanderung, meist sonnig, auf markierten Natur- und Asphaltwegen durch Wiesen, Wälder und Dörfer

Ausgangs-/Endpunkt
Haltestelle Wittnau-Alemannenstraße 404 m

Höchster Punkt
Kirche Wittnau 405 m

Anfahrt
Mit dem Auto von der A 5 Ausfahrt Freiburg-Süd oder Bad Krotzingen bis Wittnau. Parkplätze gibt es im Kirchweg, GPS: N47°56'39" E007°48'55"
Mit dem Bus Linie 12 von Freiburg (www.vag-freiburg.de)

Gehzeiten
Haltestelle Wittnau-Alemannenstraße – Kirche in Wittnau 0:10 Std. – Friedhof Bollschweil 1:10 Std. – Kirche Bollschweil 0:25 Std. – Kloster Sölden 1:15 Std. – Haltestelle Wittnau-Alemannenstraße 0:50 Std.

Beste Jahreszeit
Frühjahr und Herbst

Einkehr
Dorfgasthaus Bolando, 79283 Bollschweil, Leimbachweg 1, Tel. 07633/95 99 910, www.bolando.de
Gasthaus Löwen, 79294 Sölden, Staufener Straße 10, Tel. 0761/40 41 62
Restaurant Badischer Heldt, 79299 Wittnau, Kirchweg 10, Tel. 0761/40 37 97, www.badischer-heldt.de
Landgasthof Hirschen, 79299 Wittnau, Schönbergstraße 11, Tel. 0761/40 21 37, www.hirschen-wittnau.de

Karten
Kompass: »Nördliches Markgräflerland«, Karte 890, 1:25 000; oder Karten des LGL

Bettlerpfad Etappe 2 Von Wittnau aus wandern wir im Hexental am Fuß des Schönbergs nach Südwesten. Über Bollschweil gelangen wir an die östliche Flanke des Tals, auf die Ausläufer des Schwarzwaldes, und erleben so das bezaubernde Hexental von zwei Seiten.

Zur Kirche in Wittnau Von der Ⓔ **Haltestelle Wittnau-Allemannenstraße** am Feuerwehrhaus starten wir nach links auf dem Kirchweg direkt auf die Kirche in Wittnau zu. Witunauia wurde erstmals 786 in der Schenkungsurkunde des Klosters St. Gallen erwähnt. Witunauia setzt sich aus den althochdeutschen Begriffen »Witun« für Wald und »Auia« für Aue zusammen, was zu Wittnau wurde. Die ❶ **Kirche in Wittnau** wurde 1795 als letzte barocke Kirche im Breisgau erbaut.

Zum Friedhof Bollschweil Vor der Kirche betreten wir nach links den Bettlerpfad auf der Straße In den Haseln in Richtung Bollschweil. An allen Kreuzungen und Abzweigen durch den Grabenbruch des Hexentals bleiben wir stets geradeaus. Auch der westliche Ortsrand von Sölden wird geradeaus durchschritten. Voraus ist in der Ferne bereits die Kirche von Bollschweil zu sehen. Nach Querung des Eckbachs wandern wir links weiter und kommen

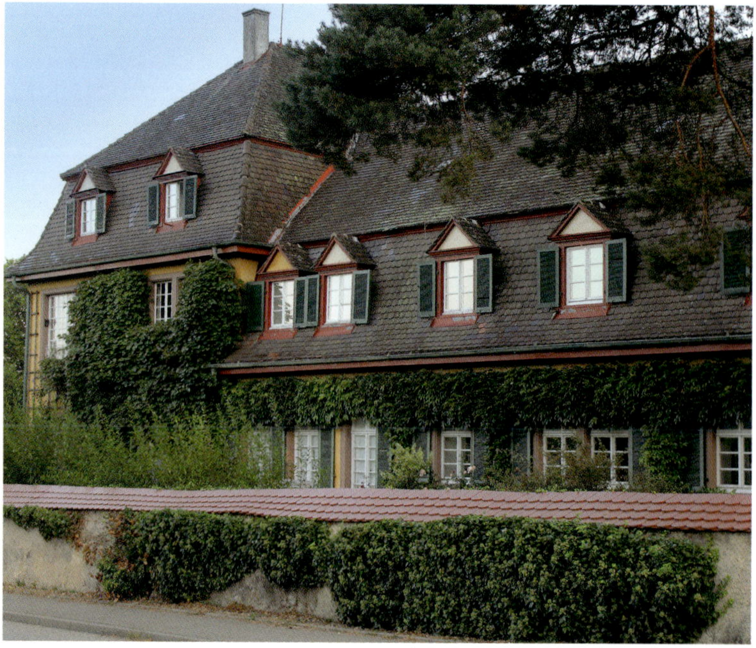

an einer Mariengrotte mit Brunnen vorbei. An einer Weggabelung an einem Zaun eines Wasserschutzgebietes gehen wir links hinauf. Nach dem Tennisplatz steigt vor einer Bank ein Fußweg links durch den Wald hoch zum ❷ **Friedhof Bollschweil**, an dem wir geradeaus in den Ölbergweg laufen.

Zur Kirche in Bollschweil An der T-Kreuzung vor dem Kindergarten St. Josef wandern wir nach rechts. Auf dem Mühlenweg gehen wir nach links und geradeaus durch das Tor des Grundstücks, das zum Schloss Bollschweil gehört. Das Bollschweiler Schloss wurde im französischen Stil am Ende des 18. Jahrhunderts erbaut und wird immer noch von der Familie Holzing-Berstett bewohnt.

An der Schlossmauer rechts vorbei kommen wir zur Hexentalstraße, der wir nach links in Richtung Bollschweil folgen. Im Dorf erreichen wir auf der rechten Seite die ❸ **Kirche in Bollschweil**. Die Pfarrkirche St. Hilarius wurde im Jahr 1844 im klassizistischen Weinbrenner-Stil erbaut.

Zum Kloster Sölden Geradeaus weiter kommen wir am Dorfgasthaus »Bolando« vorbei. Durch eine Bürgergenossenschaft wurde das historische Bauernhaus vor dem Abriss bewahrt und zu Deutschlands erstem genossenschaftlichen Dorfgasthaus umgestaltet. Fast am Ende des Dorfes weichen wir rechts auf die ruhigere Straße Am Kupferacker aus, die später wieder auf die Hexentalstraße zuläuft. Kurz nach dem Schild am Ortsende schwenken wir

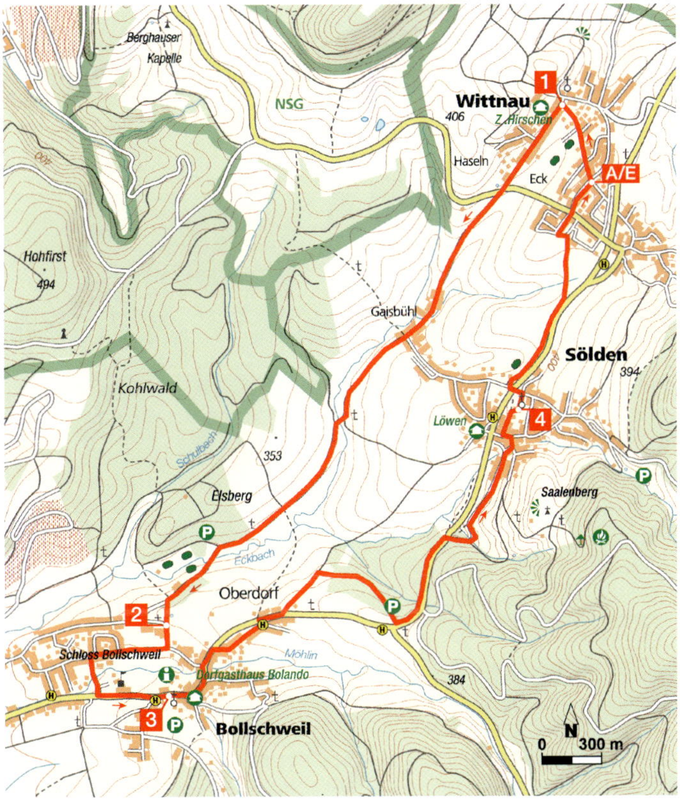

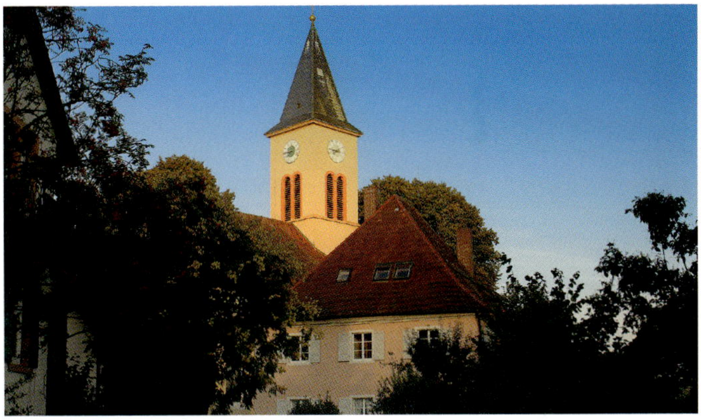

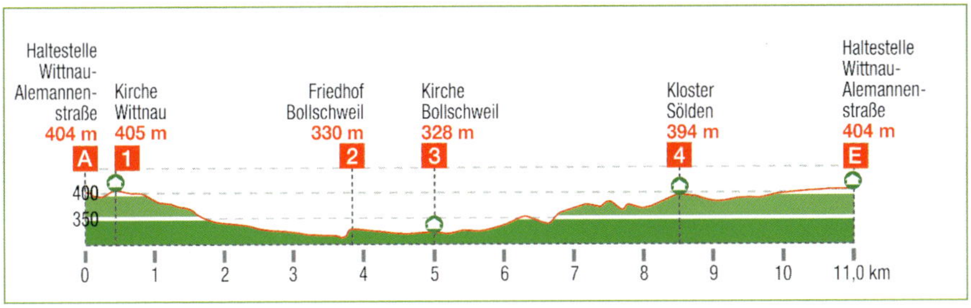

Die im Weinbrenner-Stil errichtete Kirche St. Hilarius in Bollschweil

Linke Seite: Im Schloss Bollschweil lebte einst die Schriftstellerin Marie Luise Kaschnitz.

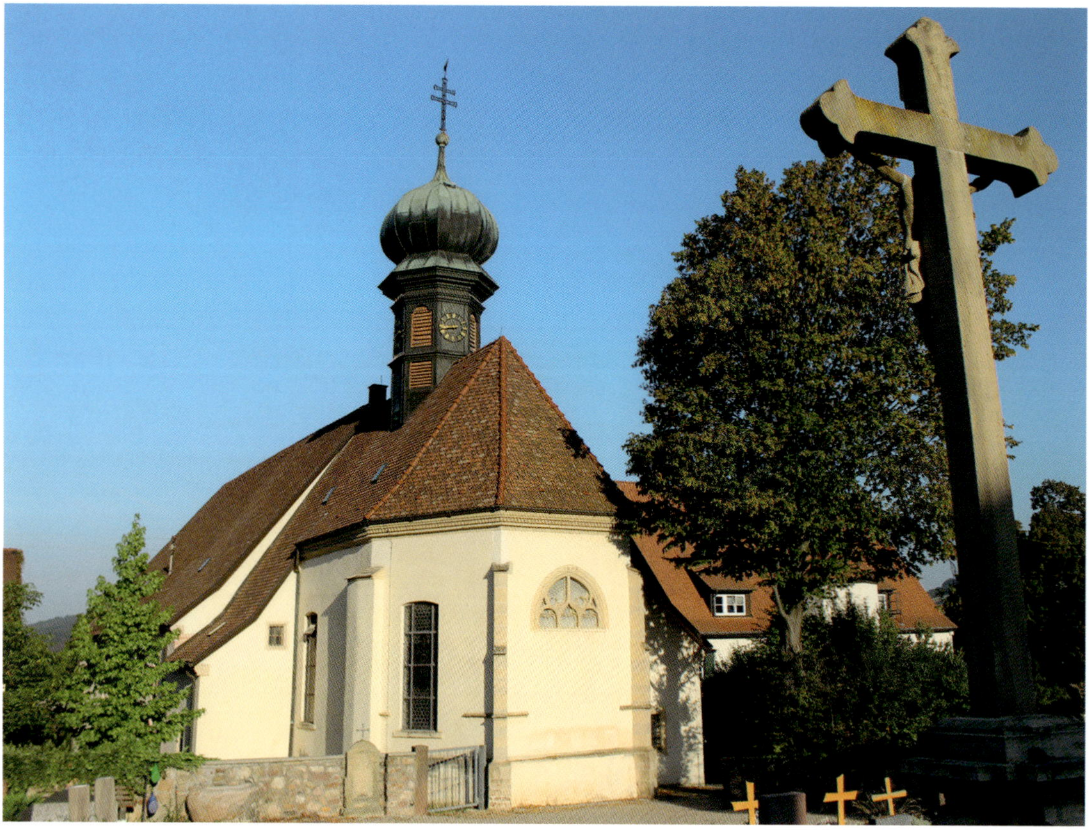

Die Kirche des Klosters Sölden entstand in der Zeit der Gotik, wurde aber teilweise im Barockstil gestaltet.

links auf den Wiesenweg und dann in den Wald hinein. An einer Gabelung gehen wir rechts aufwärts und am Wanderparkplatz auf dem Fuß- und Radweg wieder neben der Hexentalstraße weiter. An einer tiefer liegenden landwirtschaftlichen Lagerhalle laufen wir nach rechts durch einen Tunnel unter der Straße durch und dann, links abbiegend, auf das Dorf Sölden zu. Sölden wurde 805 zum ersten Mal in einer Schenkungsurkunde an das Kloster Lorsch aufgeführt. Spuren früherer Besiedelung reichen jedoch bis in das Jahr 500 n. Chr. zurück.

An einer Gabelung im Dorf gehen wir rechts, biegen dann links in die Saalenbergstraße ein und gleich darauf nochmal links. Nach 40 m folgen wir rechts dem Kirchweg, der zu

Die Innenausstattung der Kirche St. Fides und Markus

Der elegante Hochaltar-Tabernakel ist ein edles Beispiel Breisgauer Rokokos. Auf dem Türchen kontrastiert der weiße Körper Jesu auf dem Kreuz, der Mittelteil ist von zwei Reliquienschreinen flankiert. Auf dem Tabernakel turnen lustige Putten in schönen Formen, während dekoratives Blatt- und Blütenwerk besonders das Dach und die Seiten des Tabernakels schmückt. Das begeisternde Kunstwerk des Schwarzwälder Klosterbildhauers Matthias Faller entstand im Jahr 1768 zusammen mit dem Hochaltar. Die Illusionsmalerei des Deckengemäldes gaukelt eine riesige Kuppel vor.

einem Gehweg wird. Vor der Bushaltestelle können wir rechts durch den schmalen Torbogen in den Klosterhof gelangen. Das 4 **Kloster Sölden** wurde als Benediktinerinnenkloster des Cluniazenserinnen-Ordens von Graf Gerald von Scherzingen im Jahr 1115 gestiftet. Ein Schild am Tor weist das Kloster als Cluniazensisches Erbe aus. Der Name entstammt der Ausrichtung des Ordens nach der strengen Benediktiner-Reform von Cluny in Burgund. In der gotischen und zum Teil barocken Pfarrkirche St. Fides und Markus ist das Heilige Grab etwas Besonderes. Dieses ist nämlich eine seltene barocke Bildwand aus dem Jahr 1761, das Szenen aus dem Leben Jesu zeigt. Es wird allerdings nur in der Karwoche aufgestellt. Der alte Taufstein aus dem Jahr 1544 stammt aus dem Kloster St. Peter, dessen Wappen er trägt. Beachtlich ist die illusionistische Deckenmalerei, die eine gewaltige Kuppel vortäuscht. Unter den Zuhörern der Predigt des Markus ist auch Freiherr Schnewelin-Bernlapp abgebildet. Diese Scheinarchitektur wurde 1938 restauriert und durch klassizistische Elemente erweitert. Die Kirche hat dadurch ein neoklassizistisches Raumbild erhalten. Die Säkularisation führte 1807 zur Auflösung des Klosters.

Zur Haltestelle Wittnau-Allemannenstraße Nach Norden gehen wir aus dem Kloster hinaus und spazieren vor der Metzgerei nach links über die Hexentalstraße. Dann folgen wir nach rechts dem Fuß- und Radweg in Richtung Wittnau am Sportplatz vorbei. Auf einem Feldweg verlassen wir nach links die Hexentalstraße und streben Wittnau zu. Oben im Wohngebiet gehen wir auf dem Wasenacker links und dann rechts auf der Alemannenstraße weiter. Am Feuerwehrhaus erreichen wir schließlich die E **Haltestelle Wittnau-Alemannenstraße**.

Wittnau schmiegt sich an die Hänge des Schönbergs.

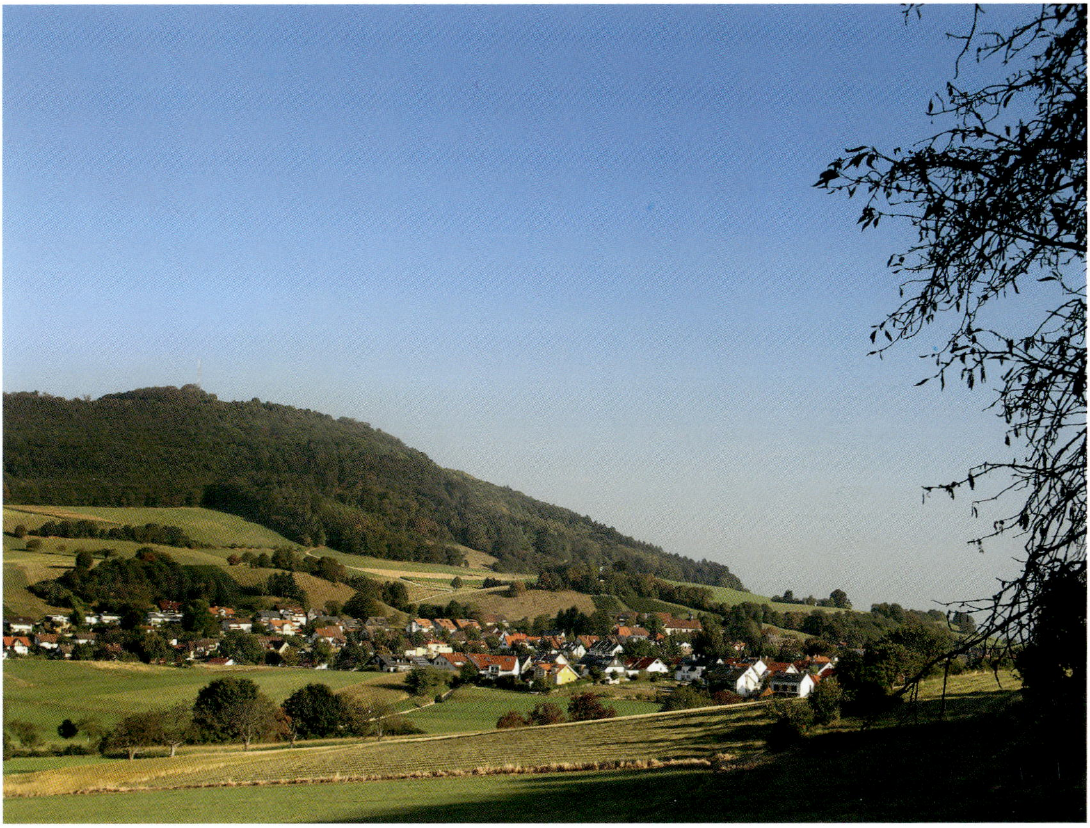

23

Ebringer Weinberge

Wanderung in die Breisgauer Reben

Leicht | 3:00 Std. | 180 m | 8,7 km

Tourencharakter
Leichte Wanderung, meist sonnig auf markierten Natur- und Asphaltwegen durch Weinberge und Wälder

Ausgangspunkt
Bahnhof St. Georgen 250 m

Endpunkt
Bahnhof Schallstadt 250 m

Höchster Punkt
Pavillon Sängerruh 341 m

Anfahrt
Mit dem Auto von der A 5 Ausfahrt Freiburg-Süd nach Osten auf der B 31 bis zum Bahnhof St. Georgen. Parkplatz GPS: N47°58'31" E007°48'08", zurück nach St. Georgen mit der Bahn ab Bahnhof Schallstadt.
Mit der Bahn bis Freiburg St. Georgen, zurück ab Bahnhof Schallstadt (www.bahn.de)

Gehzeiten
Bahnhof St. Georgen – Pavillon Sängerruh 0:35 Std. – Flurbereinigungsdenkmal 0:55 Std. – Schloss Ebringen 0:20 Std. – Bahnhof Schallstadt 1:10 Std.

Beste Jahreszeit
Frühjahr und Herbst

Einkehr
Binzenmühle-Strauße, 79227 Schallstadt, Waldseemüller-Straße 2, Tel. 0160/18 00 900, www.binzenmuehle-strausse.com
Restaurant Zum Ochsen, 79227 Schallstadt, Basler Straße 50, Tel. 07664/61 39 950, www.hotel-ochsen.de

Karten
Kompass: »Kaiserstuhl Tuniberg«, Karte 883, 1:25 000; oder Karten des LGL

Hinweise
Nehmen Sie ein Fernglas mit. Am Schönberg kreisen Milane. Falken und Sperber »stehen« im Rüttelflug über den Rebflächen.

Wiiwegli Etappe 1 Die quirlige Stadt im Rücken, den südlichen Breisgau und das herrliche Markgräflerland vor Augen. Ein verheißungsvoller Start auf dem Wiiwegli nach Süden in das Gutedel-Paradies. Die Weindörfer bieten gute Einkehrmöglichkeiten.

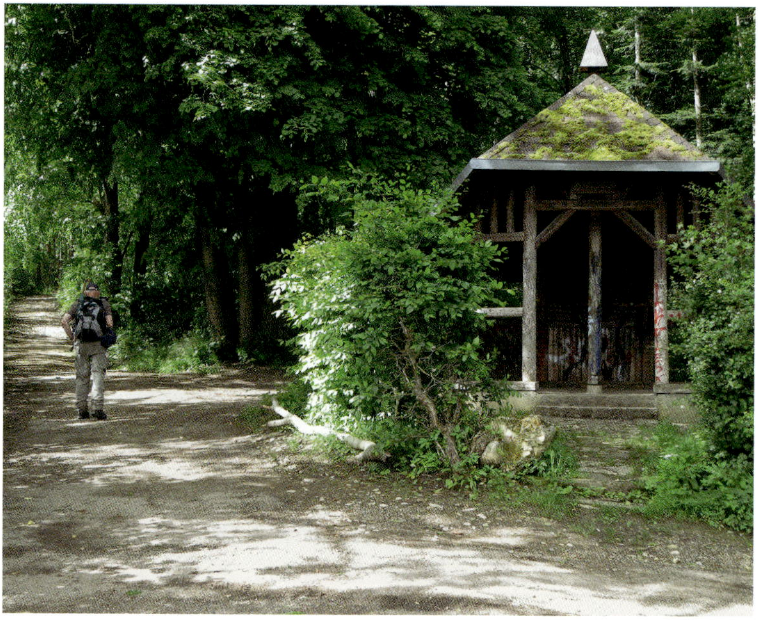

Aufstieg zum Pavillon Sängerruh Vom Ⓐ **Bahnhof St. Georgen** beginnen wir die Wanderung in südöstlicher Richtung auf dem Zechenweg leicht aufwärts. Auf der rechten Seite liegt das kirchliche Albertus-Magnus-Haus. Es ist das ehemalige Verwaltungsgebäude der Erzgrube Sankt Barbara.

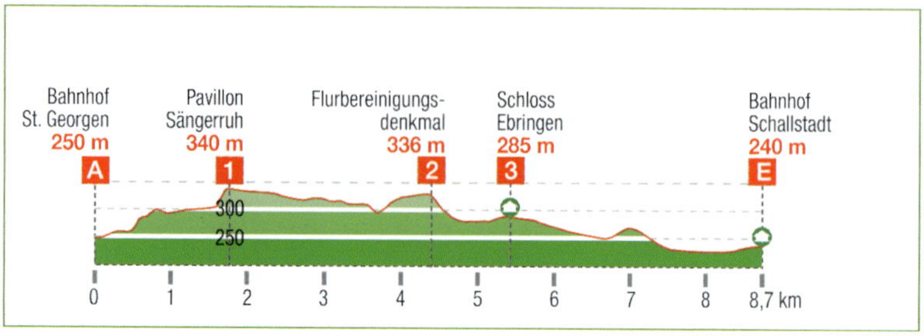

An einer Weggabelung nehmen wir den linken gesperrten Weg. Die Straße gabelt sich erneut und wir steigen auf der linken Straße bergan. Nach einer Rechtskehre wandern wir nach links aufwärts. An der nächsten T-Kreuzung gehen wir nach links leicht aufwärts durch Weinberge und genießen gleich die Aussicht auf den Kaiserstuhl und den Tuniberg vor der Linie der Vogesen. Im Norden überblicken wir das Freiburger Becken. Einige der Rebflächen leuchten im Frühsommer zart blaulilla mit den Blüten des Kalifornischen Rainfarnblättrigen Büschelschöns (Phaselia tanacetifolia), der zur Gründüngung eingesät wird.

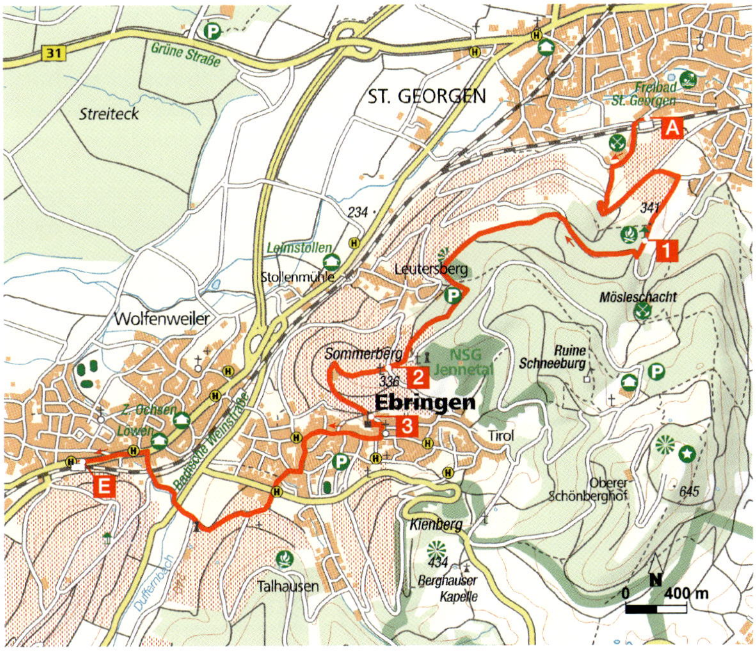

An einer Kreuzung vor einem Obstgarten wenden wir uns nach rechts aufwärts und dann ein Stück abwärts. Vor einem Feldkreuz aus dem Jahr 1783 wandern wir dann rechts hinauf und entdecken von hier beim Blick zurück das Freiburger Münster. Am Waldrand halten wir uns links und erreichen den ❶ **Pavillon Sängerruh**.

Zum Flurbereinigungsdenkmal Jetzt befinden wir uns rechts auch auf dem markierten Wiiwegli und dem Jakobsweg. An einer Wegkreuzung nehmen wir den breiteren Forstweg nach rechts in Richtung Ebringen durch hohen Mischwald. Auf der linken Seite lassen sich bald neben dem Forstweg in einem Tümpel Teichmolche beobachten. Salomonsiegel und Akeleien stehen im Frühling am Weg. Dann öffnet sich der Wald und gibt über Obstwiesen hinweg den Blick auf den Kaiserstuhl vor den Vogesen frei.

Erst vor dem Naturschutzgebiet Vogelsang wandern wir nach links in Richtung Schneeburg. Am nächsten Abzweig bleiben wir geradeaus in Richtung Schloss Ebringen. Bald sind rechts durch die Bäume die Häuser von Leutersberg zu sehen. Nach Verlassen des Waldes durchschreiten wir weite Rebflächen, aus denen manchmal ein Rehbock stiebt. An einer T-Kreuzung sehen wir links oben am Waldrand das sogenannte Schlachtenkreuz am Bohl, das an die Kämpfe auf dem Schönberg im Dreißigjährigen Krieg erinnert. Wir gehen aber rechts hinab und kommen zum ❷ **Flurbereinigungsdenkmal** in der Weinlage Sommerberg.

Linke Seite: Auf dem Wiiwegli am Pavillon Sängerruh

Abstieg zum Schloss Ebringen Am Flurbereinigungsdenkmal bleiben wir geradeaus, an einem alten Wegkreuz mit modernem Relief vorbei. An einer T-Kreuzung wandern wir links hinunter und am bunten Wiihisli rechts vorbei auf Ebringen zu.

Bergbau am Schönberg

In der Vorbergzone des Schwarzwaldes lagern im Schönberg bis zu 11 m mächtige Erzgänge. Ab dem Jahr 1937 wurden bei Freiburg St. Georgen 1,4 Millionen Tonnen Erz, das 23 % Eisen enthielt, in mehreren Stollen abgebaut. Dabei waren 900 zugewanderte Bergleute beschäftigt. Ein Mundloch ist noch heute am Albertus-Magnus-Haus, dem ehemaligen Verwaltungsgebäude des Bergwerks, zu sehen. Eine Seilbahn beförderte das Material von den südlich gelegenen Stollen bei Ebringen und von einem Tagebau zu den einstigen Erzsilos an der Bahnlinie. 1942 wurde die Produktion wegen Unrentabilität eingestellt.

Ebringen ist 1300 Jahre alt und der älteste urkundlich erwähnte Weinbauort im Markgräflerland. Rechts über der Bahn liegen die Weinorte Pfaffenweiler und Schallstadt. Links oben im Osten ragt die aus dem 13. Jahrhundert stammende Ruine der Schneeburg aus der Silhouette des Schönbergs. Schon in der Jungsteinzeit, in der römischen Antike und in der Epoche der Alemannen lebten Menschen auf dem strategisch wichtigen Schönberg.
An Abzweigen bleiben wir immer geradeaus und betreten schließlich über eine Treppe nach rechts den Schlossplatz vor dem barocken 3 **Schloss Ebringen**, das ab 1711 als repräsentatives Probsteigebäude errichtet wurde.

Zum Bahnhof Schallstadt An der Doppeltreppe des Schlosses beginnt mit dem Schlossbrunnen der Ebringer Brunnenweg, dem wir durch den Ort ein Stück weit folgen. Vom Schlossplatz gehen wir zur Kirche St. Gallus und Otmar hinunter, die mit ihren Seitenaltären zu den bedeutendsten Sakralbauten des Breisgaus zählt. Vor der Kirche breitet sich ein großer nordamerikanischer Tulpenbaum aus. Gegenüber ist das Gasthaus Rebstock Stube, dessen Namen zeigt, dass es in früheren Zeiten eine Amtsstube beherbergte.
Die Schönbergstraße führt weiter von der Kirche abwärts am Brunnen der Vier vorbei, der von vier St. Galler Mönchen errichtet wurde. An der T-Kreuzung nach der Kirche sehen wir links den oberen Sinnbrunnen, dessen Basis aus dem Jahr 1586 stammt, aber wir gehen rechts die Friedhofstraße hinab. Unser Weg ist die gerade Straße am Wangenbrunnen und am Dorfbrunnen vorbei und wird nun Schönbergstraße genannt. Erst am unteren Sinnbrunnen schlendern wir vor der Bäckerei nach links in der Thalhauser Straße weiter. Nach dem Markusplatz steht rechts der Bollinger Brunnen. Das Fachwerkhaus schräg gegenüber ist ein faszinierender Bau. Es ist die Sankt-gallische Vogtei (Haus Bollinger / Guderian), die ehemalige Amtsstube des Vogtes. Sie wurde um das Jahr 1680 im Stil der Renaissance errichtet. Das Sockelgeschoss trägt an den Fenstereinfassungen jedoch gotische Züge. Vielleicht wurden sie aus einer anderen Stelle entnommen und wie-

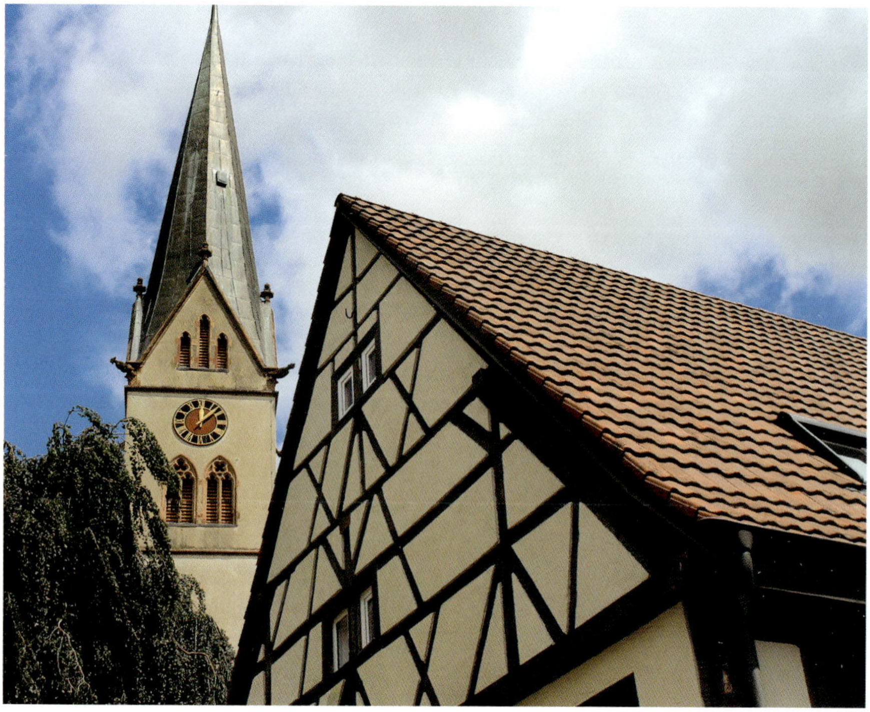

Die Kirche St. Gallus zählt zu den bedeutendsten Sakralbauten des Breisgaus.

derverwendet. Der romanische Keller soll angeblich sogar 1000 Jahre alt sein. Ebringen glänzt mit einer ganzen Reihe schöner Häuser aus dem 16. und 17. Jahrhundert.

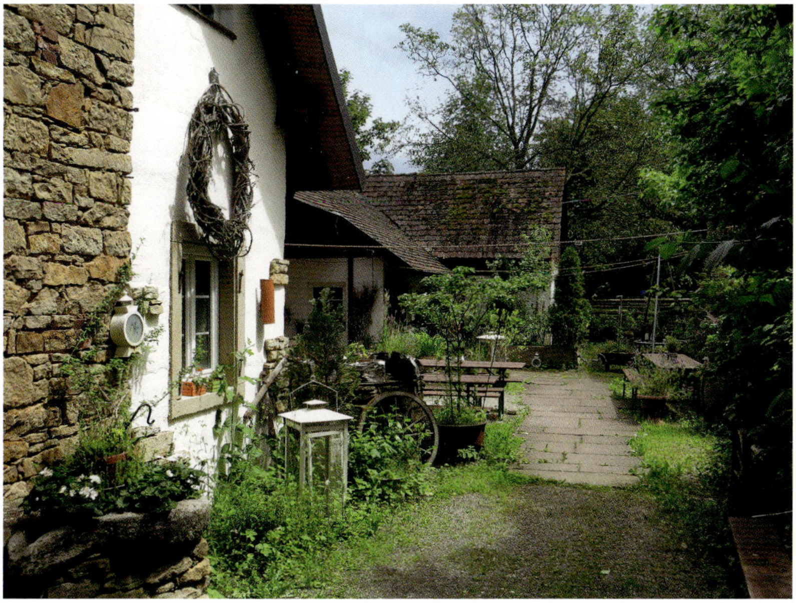

In der romantischen Binzenmühle-Strauße kehren die Leute gerne ein.

An der nächsten T-Kreuzung wandern wir rechts in der Dürrenbergstraße weiter, bleiben an einer weiteren Kreuzung geradeaus, queren die K 4953 und steigen in die Weinlage Dürrenberg hoch. An einer Kreuzung vor einer Rebfläche gehen wir nur leicht rechts abknickend fast geradeaus und an der folgenden Gabelung rechts in Richtung Schallstadt hinunter. Fast ganz unten bleiben wir wieder geradeaus und queren auf einer Brücke die L 125. An der T-Kreuzung nach der Brücke wenden wir uns nach links und vor einem Wassergraben nach rechts. Eine schmale Unterführung bringt uns unter der Bahnlinie hindurch und wir erreichen links entlang der verkehrsreichen Basler Straße den E **Bahnhof Schallstadt**. Hinter der katholischen Kirche Sankt Blasius lockt über dem Bezenbächle in der Waldseemüller-Straße die romantische Binzenmühle-Strauße.

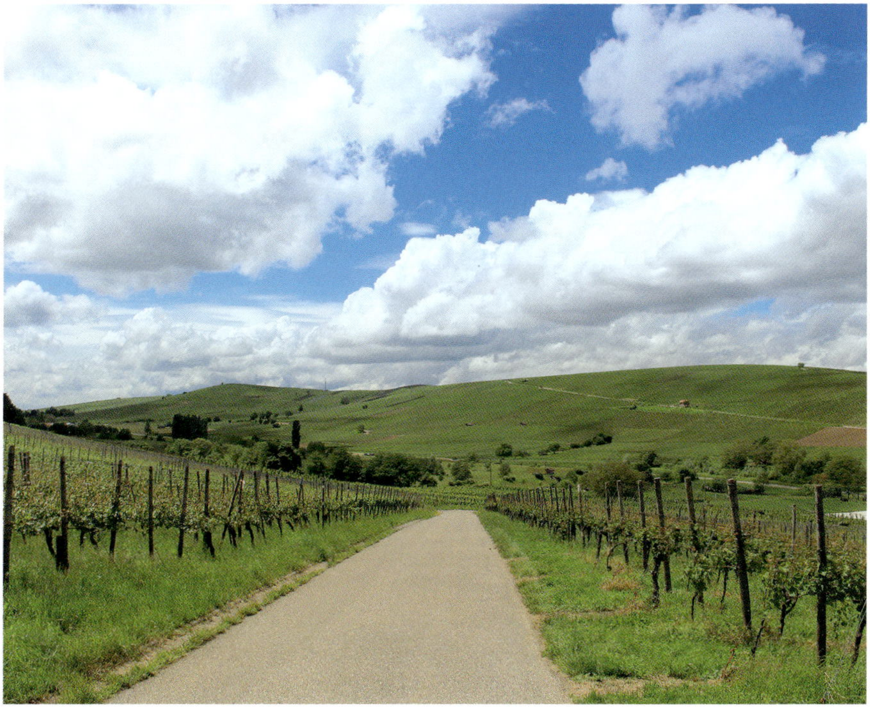

Blick aus den Ebringer Weinbergen auf den solitären Batzenberg

24

Herrlicher Batzenberg

Berühmte Markgräflerland-Aussichten

Leicht | 4:40 Std. | 365 m 355 m | 15 km

Tourencharakter
Leichte Streckenwanderung, meist sonnig auf markierten Naturwegen und auf Asphalt durch Weinberge, Wiesen und Wälder

Ausgangspunkt
Bahnhof Schallstadt 240 m

Endpunkt
Bahnhof Staufen 284 m

Höchster Punkt
Gotthardhof 360 m

Anfahrt
Mit dem Auto von der A 5 Ausfahrt Freiburg-Süd nach Osten auf der B 31 und auf der B 3 nach Süden bis Schallstadt. Parkplatz GPS: N47°57'20" E007°45'08", zurück mit der Bahn ab Bahnhof Staufen
Mit der Bahn bis Schallstadt, zurück ab Bahnhof Staufen (www.bahn.de)

Gehzeiten
Bahnhof Schallstadt – Reblausdenkmal 0:55 Std. – Wasserschloss 0:50 Std. – Ölbergkapelle 0:55 Std. – Lourdes-Grotte 0:30 Std. – Gotthardhof 1:00 Std. – Bahnhof Staufen 0:30 Std.

Beste Jahreszeit
Frühjahr und Herbst

Einkehr
Strauße Kerbers Strauße,79219 Staufen, Auf der Breite 1, Tel. 07633/57 705, www.aufderbreite.de
Gasthof Gotthardhof, 79219 Staufen, Bötzenstraße 67, Tel. 07633/74 20

Karten
Kompass: »Kaiserstuhl Tuniberg«, Karte 883, 1:25 000; oder Karten des LGL

Hinweise
Nehmen Sie ein Fernglas mit. Falken und Sperber »stehen« im Rüttelflug über den Rebflächen.

Wiiwegli Etappe 2 Allbekannte Panoramafotos über das Markgräflerland entstehen vom Batzenberg oder von der Ölbergkapelle. Die Weindörfer Kirchhofen und Ehrenstetten, der Gotthardhof und die Stadt Staufen sind die Perlen an der Kette des Wanderweges.

Zum Reblausdenkmal Vom Ⓐ **Bahnhof Schallstadt** starten wir unsere Wanderung rechts oder links der Schienen nach Süden zur Brücke der B 3 über den Bahnkörper. Den Batzenberg auf unserer linker Seite erobern wir über den nach Süden aufsteigenden Weg in Richtung »Zum Batzenberg Weinlehrpfad«. An allen Abzweigen bleiben wir einfach geradeaus auf dem stets ansteigenden Hauptweg in Richtung des Sendemastes. Erst oben auf dem Kamm des Batzenberges wählen wir schließlich an der T-Kreuzung das Sträßchen nach rechts und befinden uns jetzt auf dem markierten Wiiwegli und Jakobsweg.

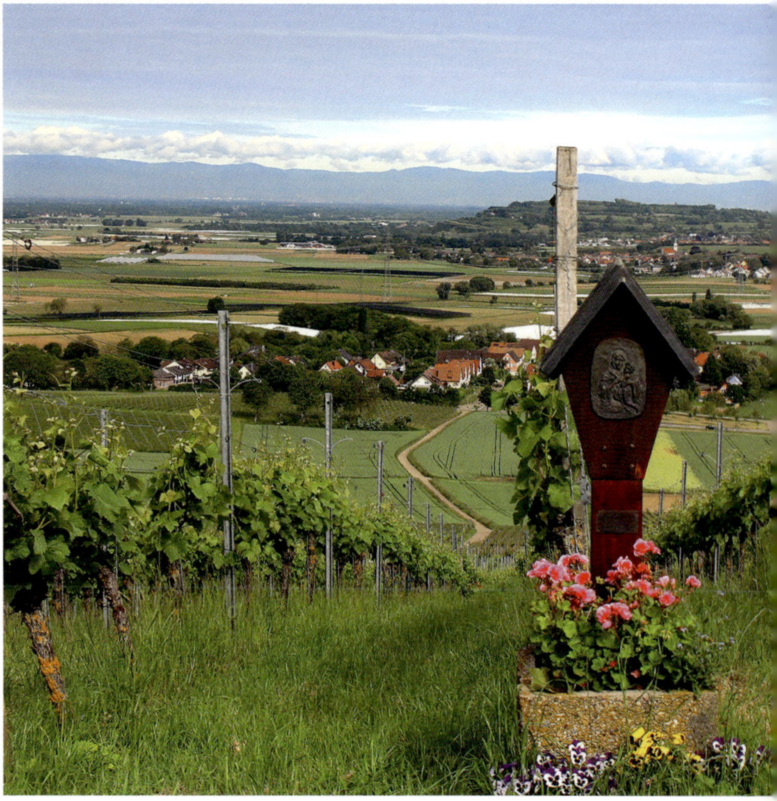

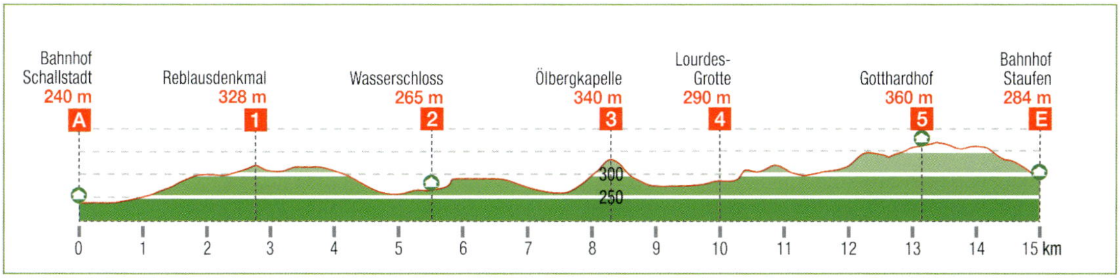

Der Blick nach links zeigt unten im Schneckental das Weindorf Pfaffenweiler und im Nordosten Ebringen mit der darüber liegenden Schneeburg, die wie ein Scherenschnitt aus dem Schönberg herausragt.
Am höchsten Punkt des Batzenberges steht auf der rechten Seite das **1 Reblausdenkmal**. Der Batzenberg bildet eine einzige riesige Rebenfläche und bietet wegen seiner Alleinstellung als abgetrennte Scholle des Schwarzwalds eine überragende Aussichtsplattform. Eine steinerne Platte mit Richtungspfeilen erleichtert die Orientierung. Im Norden sehen wir bis Freiburg. Im Osten liegt hinter dem Schneckental mit Pfaffenweiler und Kirchhofen-Ehrenstetten die Kette der Schwarzwald-Randberge mit dem Schauinsland. Im Süden zeichnet sich die Ruine der Burg Staufen vor dem Blauen mit der Antenne ab. Fast sieht der Burgberg wie ein spitzer Vulkan aus. Der Staufener Burgberg ist aber ebenfalls eine einzeln dastehende Scholle in der Rheinebene. Die Bruchzone des Rheingrabens zwischen Vogesen und Schwarzwald sank einst 4000 m ab. Heute ist der Rheingraben mit gewaltigen Ablagerungen auf das jetzige Niveau verfüllt. Im Westen lie-

Der Tuniberg liegt im Rheintal vor der Kette der Vogesen.

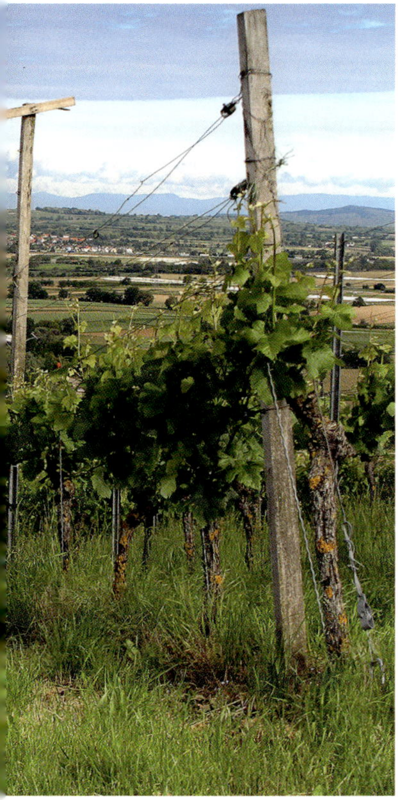

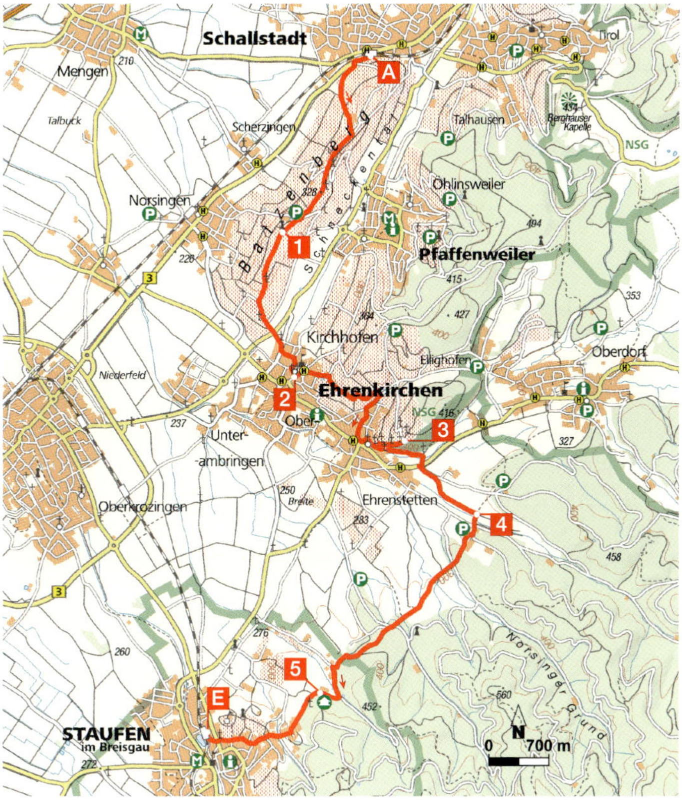

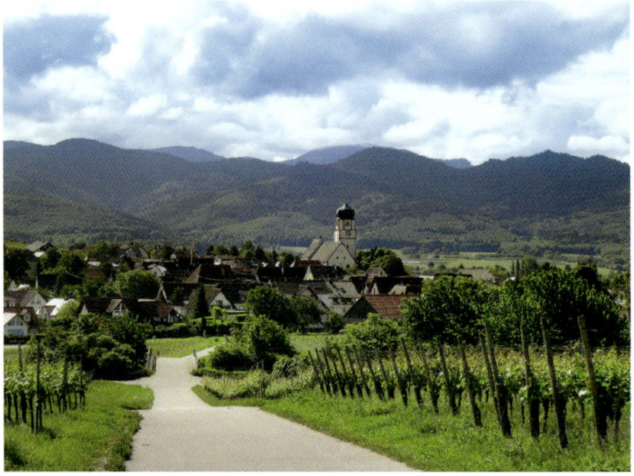

Vom Batzenberg aus gesehen liegt Kirchhofen fotogen vor den Hügeln des Schwarzwaldes.

gen vor der Kette der Vogesen der Tuniberg und der Kaiserstuhl.

Zum Wasserschloss Wir wandern am Reblausdenkmal geradeaus vorbei und weiter nach Süden. Dabei passieren wir ein Wegkreuz mit Ruhebänken unter den drei Linden und schöner Sicht auf Kirchhofen unterhalb.
Unten geht es auf der Brücke über die Schneckentalstraße, dann spazieren wir an der T-Kreuzung in Kirchhofen rechts. Nach 100 m biegen wir links in die Batzenbergstraße ein und vor der Kirche nach rechts in die Herrenstraße. Rechts steht das schöne Herbster-Haus, in dessen Hof ein alter Brennkessel zu bewundern ist. In der dann folgenden Kurve befinden sich alte Höfe mit den Zunftzeichen der Bäcker und Metzger über der Türe.
Wir aber steigen gegenüber dem Herbster-Haus über die Treppe zur Wallfahrtskirche Mariä Himmelfahrt hinauf. Der große Kirchhof mit den Kastanien gibt dem Ortsmittelpunkt ein heiteres Flair. Die Kirche ist zwar spätgotisch einzuordnen – was sich in den Netzgewölben der Seitenschiffe zeigt – doch im 18. Jahrhundert erfuhr sie innen und außen eine deutliche Barockisierung. Lediglich das geschnitzte Gnadenbild der Muttergottes stammt aus dem 15. Jahrhundert.
Vom Kirchplatz mit dem großen Brunnen von 1784 wandern wir nach links in die Schlossstraße weiter. Nach 100 m liegt links das ehemalige **2 Wasserschloss** Kirchhofen mit seinen schmucken Ecktürmen. Der kaiserliche Rat und Feldoberst Lazarus von Schwendi erwarb das Gebäude und ließ es zu seinem Wohnsitz ausbauen. Er gründete auch das Spital und die Schule.

Zur Ölbergkapelle Vom Wasserschloss gehen wir wieder 50 m auf der Schlossstraße zurück und links die Berggasse aufwärts. Am Wasserbehälter treffen wir wieder auf das ausgeschilderte Wiiwegli und folgen diesem nach rechts. An der folgenden Gabelung bleiben wir geradeaus und sehen bald hinunter auf Ehrenstetten. Weiter links oben erscheint dann auch die Ölbergkapelle als unser nächstes Ziel. Ehrenstetten und Kirchhofen haben sich zu der Gemeinde Ehrenkirchen zusammengeschlossen.
An einer Wegkreuzung mit einem Asphaltsträßchen folgen wir diesem nach links aufwärts und gehen nach 50 m rechts zu dem 10 000-Liter-Fass mit dem trostreichen Trinkspruch. Am Fass laufen wir rechts vorbei abwärts. 50 m vor dem Talgrund müssen wir erneut rechts und auf der Talstraße wieder rechts in Richtung Staufen. In Ehrenstetten bleiben wir stets geradeaus in der Thiergartenstraße und dann in der Straße Schmiege. 50 m vor der Hauptstraße wandern wir nach links in den Ölbergweg und wenden uns an der nächsten Kreuzung nach rechts. Der Weg mit den modernen Kreuzwegstationen führt oberhalb der Kirche vorbei und bringt uns in zwei Kehren zur **3 Ölbergkapelle** hoch. Im

Beliebte Straußе

Der Name Strauße kommt von dem Besen (Besenwirtschaft) mit den bunten Bändern, der vor das Tor gehängt wird, wenn geöffnet ist. In einer Strauße werden selbst erzeugter Wein und kleine Speisen aus eigener Herstellung in einem Weinkeller oder einer Scheune angeboten. Eine Strauße darf nur vier Monate im Jahr geöffnet haben und ist auf maximal 40 Sitzplätze beschränkt. Besonders lecker wird es im Frühsommer, wenn der Betrieb auch Spargelanbau betreibt. Wann nun die Öffnungszeiten sind, erfährt der Genießer aus den Straußen-Kalendern (www.straussen-kalender.de und Straußen-App).

Osten liegt das liebliche Hexental, der schönste Zugangsweg nach Freiburg. Weit schweift der Blick über das Markgräflerland und über die Rheinebene.

Zur Lourdes-Grotte Für den weiteren Weg gehen wir wieder 100 m bergab in die Richtung, aus der wir gekommen sind, und nehmen an der niedrigen Mauer den Pfad nach links und die Treppen hinab unter die Sohlen. Es sind die historischen Himmelsstäpfele, die von unten tatsächlich wie eine Treppe in den Himmel erscheinen. Am Ende der langen Treppe laufen wir nach rechts und steigen dann nach 30 m auf der linken Seite den kleinen Pfad durch den Wald hinunter. An einer Weggabel bleiben wir auf dem linken oberen Pfad. Bereits im Tal gehen wir am Ende einer langen Hecke nach rechts und auf einem Steg über das Flüsschen Möhlin.
Geradeaus an dem Wegkreuz vorbei ist ein 400 m weiter Abstecher zur Teufelsküche möglich. Bereits in der Steinzeit bewohnten Menschen diese natürlichen Höhlen in der Kalksteinwand. Die größte Höhle ist allerdings in 10 m Höhe schwer erreichbar. Auch spärliche Mauerreste der Burg Hauenfels sind dort zu sehen.
Wir wandern aber nach dem Steg über die Möhlin weiter und queren die L 122. An einer Weggabel vor einem Steinkreuz wählen wir den rechten Weg in Richtung Gotthardhof über Felder und durch Obstgärten. Weiter hinten ist die Streicherkapelle zu sehen. An einer Wegkreuzung auf freiem Feld gehen wir nach rechts und erreichen nach einem Steg über den Bach die 4 Lourdes-Grotte.

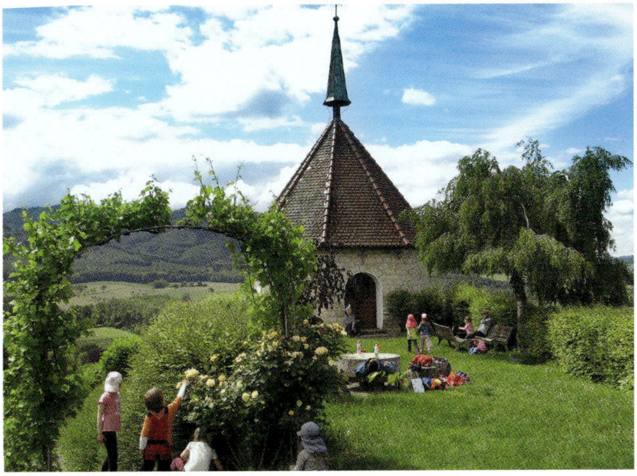
Kindergarten-Ausflug an der Ölbergkapelle

Zum Gotthardhof Nach einer Treppe verläuft der Weg nach links über eine Wiese bergauf und an einem Parkplatz vorbei. Wir folgen ein Stück weit der Straße und dann vor einer Linkskurve dem kleinen Weg rechts über die Wiese und in den Wald hinein. Ein Bächlein und ein Forstweg werden überquert und wir befinden uns in einem Mischwald, in dem mächtige amerikanische Roteichen und Douglasien stehen. An einem weiteren Forstweg spazieren wir geradeaus über den Bach und verlassen somit das Wiiwegli.
Nun gehen wir auf dem historischen Bettlerpfad mit der Markierung gelbe Raute weiter über eine herrliche Wiese mit blühendem Klappertopf, Margeriten und Witwenblumen. 150 m vor dem Waldrand wandern wir nach rechts auf dem kleinen Wiesenweg weiter und am Waldrand dann fast geradeaus auf einem Steg über einen Bach. Zwei Forststraßen werden überquert, ehe wir uns an einer weiteren T-Kreuzung mit einem Forstweg nach rechts wenden. Am Ende des Weges folgen wir dem Asphaltsträßchen nach links aufwärts. An einer Straßengabelung gehen wir nach rechts hinauf und erreichen die Sankt Gotthardkapelle und das Gasthaus 5 Gotthardhof. Die Terrasse ist wegen der Aussicht einzigartig und eine flüssige Erfrischung tut auch gut.

Zum Bahnhof Staufen Nun geht es vom Gotthardhof nach Staufen hinunter nur noch abwärts. An der Straße mit dem Namen Im Rondell laufen wir nach rechts hinab mit dem Blick auf die Ruine der Staufener Burg. Im weiteren Verlauf heißt die Straße ab einer Kreuzung Sixtgasse. Unten überqueren wir noch die Hauptstraße und sind gleich am E Bahnhof Staufen. Das romantische Staufen und die Burgruine werden zu Beginn der Etappe 3 des Wiiweglis besichtigt.

25

Charmantes Staufen

Viel geliebtes Städtle und Bergbaustadt

Leicht | 3:30 Std. | 190 m 160 m | 10,0 km

Tourencharakter
Leichte Streckenwanderung, meist sonnig auf markierten Naturwegen und auf Asphalt durch Weinberge, Wiesen und Wälder.

Ausgangspunkt
Bahnhof Staufen 284 m

Endpunkt
Rathaus Sulzburg 337 m

Höchster Punkt
Castellbergturm 440 m

Anfahrt
Mit dem Auto von der A 5 Ausfahrt Bad Krozingen nach Südosten über Bad Krozingen bis Staufen. In Staufen zum Parkplatz am Bahnhof oder in der Hauptstraße. Parkplatz GPS: N47°53'26" E007°43'37", zurück mit dem Bus Linie 113 nach Staufen
Mit der Bahn über Bad Krozingen bis Staufen, zurück mit dem Bus Linie 113 nach Staufen (www.bahn.de)

Gehzeiten
Bahnhof Staufen – Burgruine Staufen 0:25 Std. – Rathaus Staufen 0:20 Std. – Weinpresse Grunern 0:35 Std. – Castellberg-Turm 1:20 Std. – St. Cyriak 0:40 Std – Marktplatz Sulzburg 0:10 Std.

Beste Jahreszeit
Frühjahr und Herbst

Einkehr
Straußе Ziegelhof, 79282 Ballrechten-Dottingen, Ziegelhofstraße 31, Tel. 07634/8394, www.zum-ziegelhof.de
Gasthaus Weinreich, 79295 Sulzburg, Gustav-Weil-Straße 2, Tel. 07634/8751

Karten
Kompass: »Nördliches Markgräflerland«, Karte 890, 1:25 000; oder Karten des LGL

Wiiwegli Etappe 3 Vom bezaubernden Städtchen Staufen führt die Wanderung über den alten Weinort Grunern zum Castellberg, auf dem Reste einer Burg und ein Aussichtsturm stehen. In Sulzburg brilliert das kulturhistorische Juwel St. Cyriak.

Zur Burgruine Staufen Vom (A) **Bahnhof Staufen** aus werden wir zuerst die Burgruine Staufen erobern. In der Bahnhofstraße gehen wir nach Norden, wenden uns an der Hauptstraße nach links und nach 60 m auf den Weg rechts aufwärts in Richtung Burgruine. Es ist der Staufener Obstbaumpfad, der viele verschiedene Sorten zeigt. An Abzweigen bleiben wir stets auf dem asphaltierten Weg aufwärts. An einer Kreuzung vor einer Mauer gehen wir nach rechts und dann, nach einer Bank, nach links den kleinen Pfad in Serpentinen durch den Wald hinauf. An einer Weggabel laufen wir rechts entlang der Burgmauer und kommen zu einem Aussichtsplatz mit Fernrohr und Bänken. Hier können wir über ganz Staufen und zu den Vogesen schauen. Aber wir steigen noch höher in die (1) **Ruine Staufen** hoch. Auch der Turm ist zu besteigen und bietet eine unvergleichliche Aussicht. Im Süden ist vor dem Blauen mit der Antenne der Castellberg, unser Zwischenziel, zu sehen. Der Blick nach Norden zeigt den Verlauf des Wiiweglis über den Batzenberg.
Die Burg der Herren von Staufen wurde erstmals 1248 schriftlich erwähnt. Mit der Burg konnten diese ihre wertvollen Silbervorkommen im Münstertal

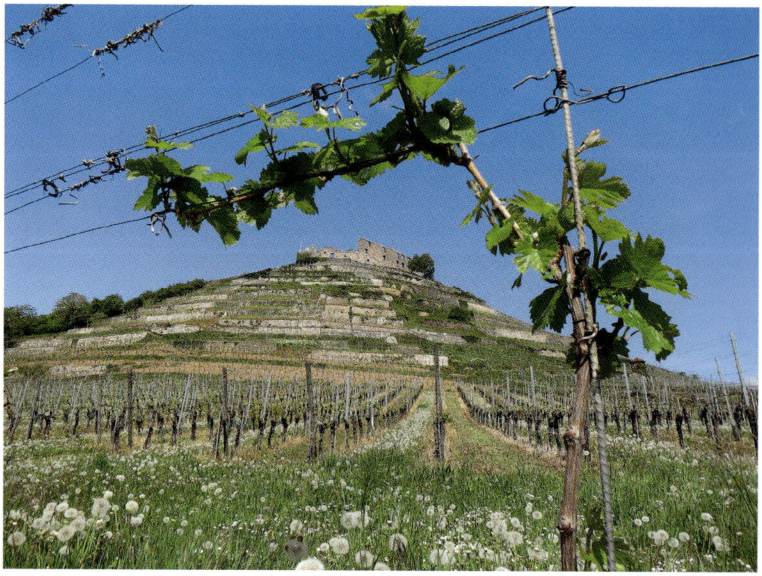

absichern. Im Dreißigjährigen Krieg wurde die Burg aber zerstört.

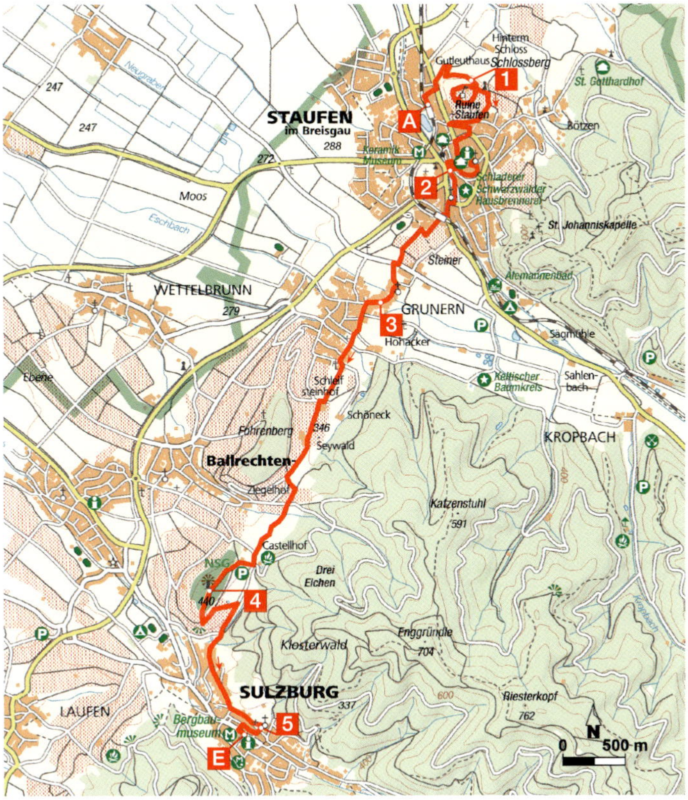

Zum Rathaus Staufen

Vom Aussichtsplatz mit dem Fernrohr steigen wir links auf dem asphaltierten Weg hinunter. An der vom Aufstieg bekannten Kreuzung wandern wir nach rechts und an der Kreuzung mit dem modernen Kreuz wieder rechts in Richtung Rathausplatz. An einer Weggabel bleiben wir erneut rechts und an einer Kreuzung an den ersten Häusern geradeaus hinunter in die Schlossgasse. An der Straße Auf dem Rempart gehen wir rechts hinunter und am Staufener Weinbrunnen nach links in die Hauptstraße.

Auf der linken Seite befindet sich etwas zurückgesetzt das Stadtschloss. Georg Leo von Staufen war der letzte Burgherr der Bastion oben am Berg. 1607 zog er in das bequemere Stadtschloss. Vor dem Gasthaus Hirschen gehen wir nach links in die Jägergasse, die am Ende nach rechts zu einem Fußweg wird und zu dem ruhigen Viertel um die Kirche St. Martin führt. An der Kirche vorbei bleiben wir in der Kirchenstraße und biegen dann nach rechts in die Spittalstraße ein. Hier sind wir im »Hinterstädtle«, dem ältesten Teil Staufens. Die Adlergasse bringt uns nach rechts zum **2 Rathaus**. Das historische Rathaus in Staufen wurde wie auch der Brunnen 1546 erbaut. Die reich verzierte Fassade, die Erker und der Volutengiebel machen das Rathaus zu einem der schönsten Häuser in der Stadt. Der Marktplatz bleibt die »Gute Stube« Staufens, wenn auch die gewaltigen Risse in den Häusern ein Manko sind.

Am Rathaus laufen wir in der Hauptstraße nach links am Restaurant Kornhaus vorbei und schauen uns am Flüsschen Neumagen die einzige in Deutschland noch erhaltene Gussstahlbrücke von 1871 an. Die wirklichen Attraktionen sind hier aber wahrscheinlich die weithin bekannten leckeren Pralinen und die Schwarzwälder Kirschtorte im Café Decker.

Vor dem Café Decker schlendern wir in der Straße Im Grün nach rechts und vor dem schönen Haus mit den Balkonen wieder nach rechts durch die Struve-Passage. Wieder

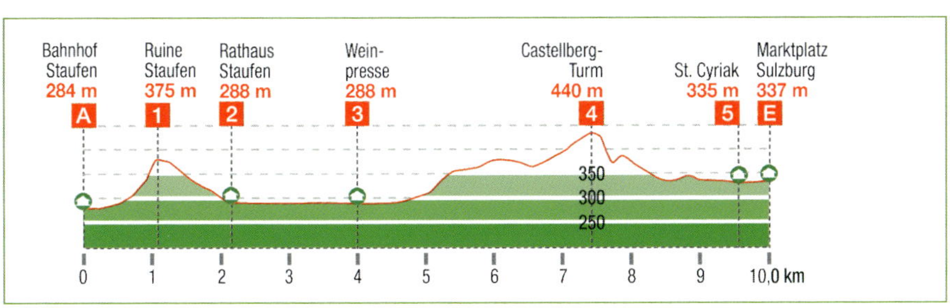

Linke Seite: Der Burgberg von Staufen ist zugleich eine gute Weinlage.

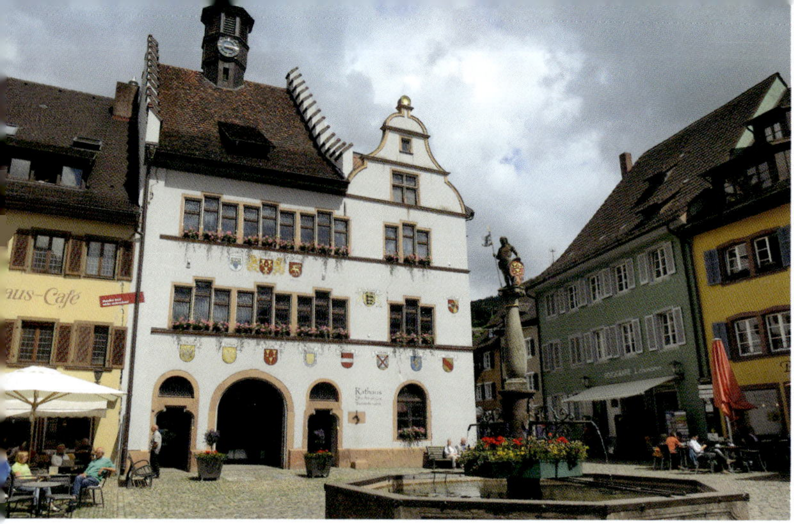

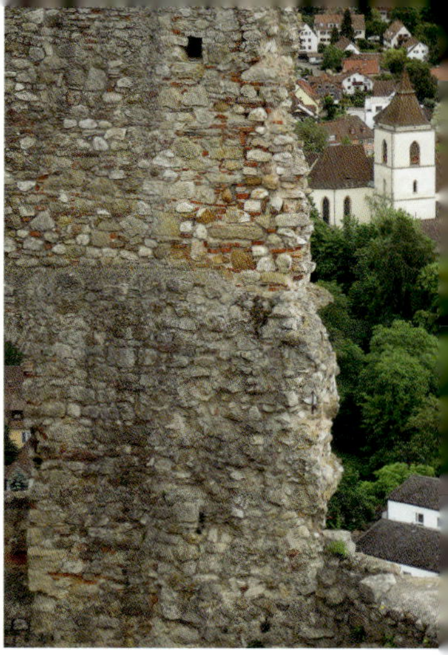

Links: Am Marktplatz in Staufen lässt es sich gut verweilen.

Mitte: Von der Ruine schweift der Blick über Staufen.

auf der Hauptstraße nach rechts erleben wir das entzückende Staufen mit seinem **2** **Rathaus** noch einmal.

Zur Weinpresse in Grunern Am Rathaus gehen wir wieder rechts und jetzt vor dem Flüsschen Neumagen nach links immer am Wasser entlang. An der St. Annabrücke wechseln wir die Flussseite nach rechts aufwärts und verlassen den Neumagen an dem Steg nach rechts auf dem Wiiwegli in Richtung Grunern. Die Münstertalstraße und die Bahnlinie werden überquert und wir steigen geradeaus das Treppchen hoch in den engen Fußweg hinein. An der Kreuzung mit dem asphaltierten Weg gehen wir rechts und nach 20 m an den Müllcontainern der Schule nach links auf den Wiesenweg. Entlang von Rebflächen bleiben wir nur geradeaus auf dem Wiesenstreifen in Richtung Kirchturm des Dorfes Grunern. Eine Straße überqueren wir nach rechts versetzt und kommen rechts an der Kirche St. Agatha mit dem klassizistischen Portal vorbei. Sie besitzt schöne neugotische Altäre. Die Dorfstraße bringt uns direkt zu der gewaltigen **3** **Weinpresse** aus dem 16. Jahrhundert.

Zum Castellberg-Turm Vor dem roten Rathaus gehen wir an der Kreuzung nach links die Altenbergstraße hoch. Am Steinkreuz an der T-Kreuzung gehen wir 10 Meter nach links und dann rechts auf dem mit der gelben Raute ausgezeichneten Bettlerpfad steiler aufwärts durch die Weinlage Neuenberg. Wir passieren die Straußwirtschaft »Probst«, an der wir geradeaus vorbeilaufen. An einer Kreuzung in den Reben wandern wir den Wiesenweg links Richtung Castellberg hinab. Am Ende der Weinbaufläche müssen wir nach links in den Graben mit dem kleinen Bächlein hinunter und wieder hinauf. Nach der Querung eines Hohlwegs laufen wir über eine große Wiese. Die aufgestellten Wandstücke an dem einzelnen Gehöft rechts sind originale Stücke der Berliner Mauer.
Am Ende des Wiesenweges folgen wir dem Asphaltsträßchen links hinauf. Nach 100 m steht links die kunstvoll gestaltete 400 Jahre alte Gerichtseiche an der Castellberg-Hütte. Hier steigen wir nach rechts auf dem Burgweg

Staufen darf nicht zerbrechen

Bei Bohrungen zur Gewinnung von Erdwärme hinter dem Rathaus drang Grundwasser in eine Schicht aus Gipskeuper. Das Anhydrit im Gipskeuper wird mit dem Wasser zu Gips. Dies bringt eine Quellung des Materials mit sich. Staufen hob sich zu Beginn der Katastrophe monatlich um einen Zentimeter. Das führte zwangsläufig zu sehr bedauerlichen Schäden an 260 Häusern in der Altstadt. Diese sollen sich auf 50 Millionen Euro belaufen. Die Solidaritätskampagne »Staufen darf nicht zerbrechen« wurde in der Folge gegründet. Die roten Aufkleber auf den Häusern sollen die Risse symbolisch kitten und die Häuser zusammenhalten.

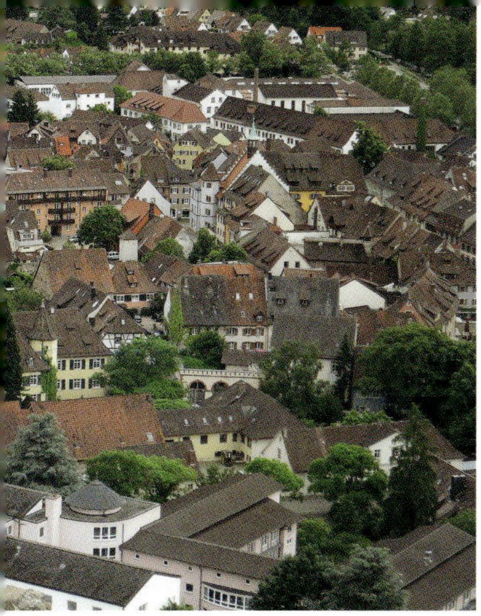

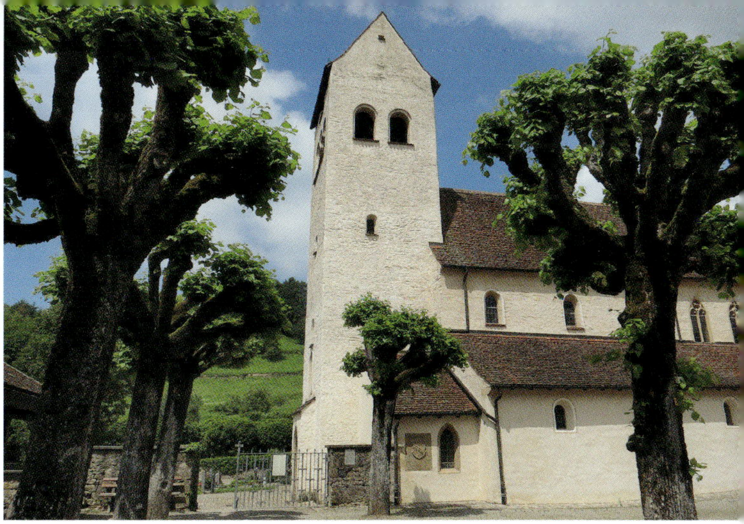

St. Cyriak ist ein romanisches Kleinod.

in Richtung Castellberg-Turm hinauf. 30 m nach dem Forsthaus nehmen wir den mittleren Pfad aufwärts.
Auf der bewaldeten Kuppe des Castellbergs ist das submediterrane Flaumeichenvorkommen erwähnenswert. Die Zweige, Knospen und Blätter sind graufilzig behaart. Der Castellberg verfügt über eine artenreiche Baum- und Strauchschicht. Die Reste der Castellburg stammen von einer mittelalterlichen Bastion aus dem 12. Jahrhundert, die von den Üsenberger Vögten errichtet wurde. Aber schon in vorgeschichtlicher Zeit war der Berg mit einem Wall befestigt. Vom 4 **Castellberg-Turm** reicht der Blick über das Markgräflerland hinaus in den Schwarzwald und in die Vogesen.

Zu St. Cyriak Vom Castellberg-Turm wandern wir auf dem Keltenwegle nach Süden und erreichen nach dem Wald den oberen Rand der Weinlage Castellberg mit Aussicht über Sulzburg und Ballrechten-Dottingen. Wir steigen die lange Steintreppe hinab und gehen am offenen Weinberghäuschen nach links. Die über 200 Jahre alten Trockenmauern und Steintreppen bilden ein wertvolles Biotop für seltene Tier- und Pflanzenarten.
An einer Kreuzung spazieren wir geradeaus abwärts und wenden uns unten auf dem Talweg nach rechts. Ab einer Kreuzung geht es geradeaus wieder leicht bergan und wir laufen an den ersten Häusern auf dem Neubergweg in Sulzburg ein. An Abzweigen vorbei bleiben wir dem Neubergweg treu und marschieren unten am Sulzbach auf seiner linken Seite weiter in den Kirchbachweg. Nach links durch den Friedhof und wir stehen vor der Kirche 5 **St. Cyriak**. Das kulturhistorische Juwel gehörte zu einem Kloster, das heute nicht mehr existiert. Der frühromanische Kirchturm stammt mindestens aus dem 11. Jahrhundert und ist damit der älteste Kirchturm Südwestdeutschlands. Holzteile aus dem Turm haben Forscher auf das Jahr 996 datiert.

Zum Marktplatz Sulzburg Rechts des Turms gehen wir wieder aus dem Friedhof heraus und kommen auf der Klostergasse über den Sulzbach, an dem die idyllische Terrassen des Gasthauses Weinreich einladen. Nach dem Gasthaus wenden wir uns nach rechts in die Gustav-Weil-Straße. Das Haus Nr. 18 ist die ehemalige Synagoge, die 1822 in spätbarock-klassizistischem Mischstil der Karlsruher Weinbrenner-Schule entstand.
Nach der Synagoge folgen wir nach links der Ernst-Bark-Gasse zum E **Marktplatz**. Das Rathaus entstand 1830 als Stadtpalais eines Weinhändlers, das Gebäude des Auktionshauses Kaupp ist Teil einer Renaissance-Schlossanlage aus dem 16. Jahrhundert. Das Landesbergbaumuseum ist in der ehemaligen Stadtkirche untergebracht. Das mittelalterliche Stadttor schließt die älteste Bergbaustadt Europas ab. Ein Abstecher nach Südosten führt zum schön gelegenen Naturschwimmbad.

26 Vertraute Weindörfer

Gute Etiketten aus Laufen und Britzingen

Leicht | 4:20 Std. | 310 m 360 m | 13,0 km

Tourencharakter
Leichte Wanderung, meist sonnig, auf markierten Natur- und Asphaltwegen durch Weinberge und Wälder.

Ausgangspunkt
Rathaus Sulzburg 337 m

Endpunkt
Altes Rathaus Müllheim 270 m

Höchster Punkt
Kreuzung Römerberg 420 m

Anfahrt
Mit dem Auto von der A 5 Ausfahrt Hartheim über Heitersheim bis Sulzburg Marktplatz. Parkplatz GPS: N47°50'26" E007°42'29", zurück mit dem Bus Linie 261 nach Sulzburg Mit dem Bus Linie 261 von Müllheim oder Bus Linie 113 von Staufen, zurück mit dem Bus Linie 261 nach Sulzburg (www.bahn.de)

Gehzeiten
Marktplatz Sulzburg – Wasserbehälter 0:20 Std. – Kapelle Muggardt 0:50 Std. – Kirche Britzingen 0:35 Std. – Kreuzung Römerberg 1:05 Std. – Sportplatz 0:45 Std. – Frickmühle 0:30 Std. – Altes Rathaus 0:15 Std.

Beste Jahreszeit
Frühjahr und Herbst

Einkehr
Dorfladen & Café, 79379 Britzingen, Markgräflerstraße 33, Tel. 07631/74 90 170, www.dorfladen-genossenschaft-britzingen.de
Gasthof Engel, 79379 Müllheim, Werderstraße 63, Tel. 07631/22 28, www.hotel-engel-muellheim.de
Restaurant Taberna, 79379 Müllheim, Marktplatz 7, Tel. 07631/ 17 48 84, www.taberna-restaurant.de

Karten
Kompass: »Nördliches Markgräflerland«, Karte 890, 1:25 000; oder Karten des LGL

Wiiwegli Etappe 4 Laufen und Britzingen im »Gutedel-Land« sind das Paradies für Weinliebhaber. Das Wiiwegli verläuft durch diese Rebflächen in den ersten Anhöhen des Schwarzwaldes mit Aussicht bis in das mit südlichem Flair gesegnete Müllheim.

Zum Wasserbehälter Vom **A Marktplatz in Sulzburg** starten wir auf der Hauptstraße nach Westen durch das stimmungsvolle mittelalterliche Stadttor. Oben ist das Stadtwappen zu sehen, auf dem ein Bergmann in einen Stollen einfährt.
120 m nach dem Stadttor gehen wir links in den Kappellenmattenweg über den Fliederbach und vor einer großen Holzscheune nach links auf den Wiesenweg. In der Folge verläuft der Weg am Waldrand aufwärts bis zu einer Kreuzung, an der rechts der **1 Wasserbehälter** steht. Die Aussicht reicht hier über die Rheinebene mit ihren Dörfern bis zum Castellberg im Norden.

Zur Kapelle in Muggardt Nach dem Wasserbehälter wandern wir rechts hinunter in Richtung Muggardt. Etwa in der Mitte der abschüssigen Strecke biegen wir nach links in das Rebenmeer ein. Rechts unten liegt das Weindorf Laufen. An einer T-Kreuzung am Waldrand laufen wir rechts abwärts und

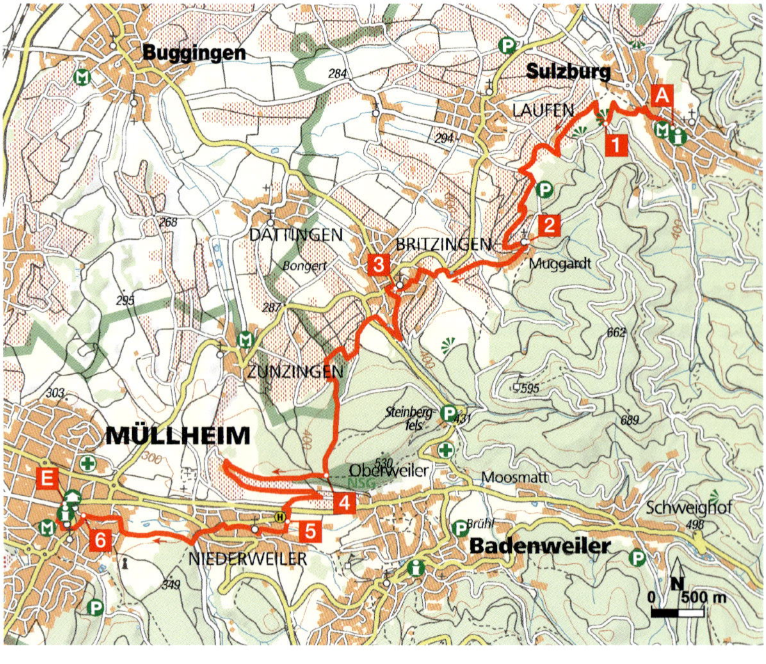

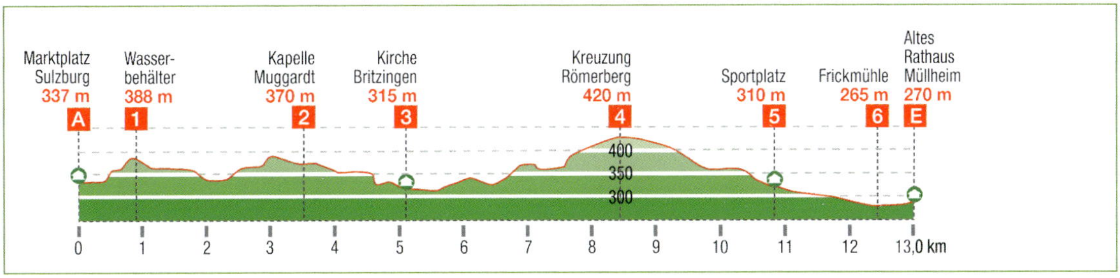

an einer Weggabel links wieder bergauf. An einer weiteren T-Kreuzung halten wir uns ebenso links aufwärts. Am Waldrand gehen wir schließlich rechts an einer offenen Blockhütte vorbei. Bevor der Weg den Waldrand verlässt, marschieren wir in spitzem Winkel links in den schattigen Wald hoch. An einer Weggabel bleiben wir rechts und kommen unterhalb des 250 Jahre alten Muggardter Rebhisli zu einem Aussichtsplatz über dem winzigen Dorf Muggardt. An der T-Kreuzung in Muggardt wenden wir uns nach rechts und erreichen die ❷ **Kapelle in Muggardt**.

Zur Kirche in Britzingen In Muggardt bleiben wir stets auf der Hauptstraße, nehmen an einer Straßengabel nach dem Ort den linken Weg und spazieren dann geradeaus. Kurz vor der Landstraße L 125 steigen wir links auf dem schmalen Pfad den Wiesenhang hoch. An den ersten Häusern von Britzingen verlassen wir das Wiiwegli und gehen rechts in den Ort hinab. Dann laufen wir die zweite Straße links in den Ruländerweg. An einer T-Kreuzung wandern wir rechts und vor der Schule links in die Rebbergstraße. Diese knickt an der ❸ **Kirche in Britzingen** nach rechts ab.

In der begehrten Weinlage Römerberg über Müllheim

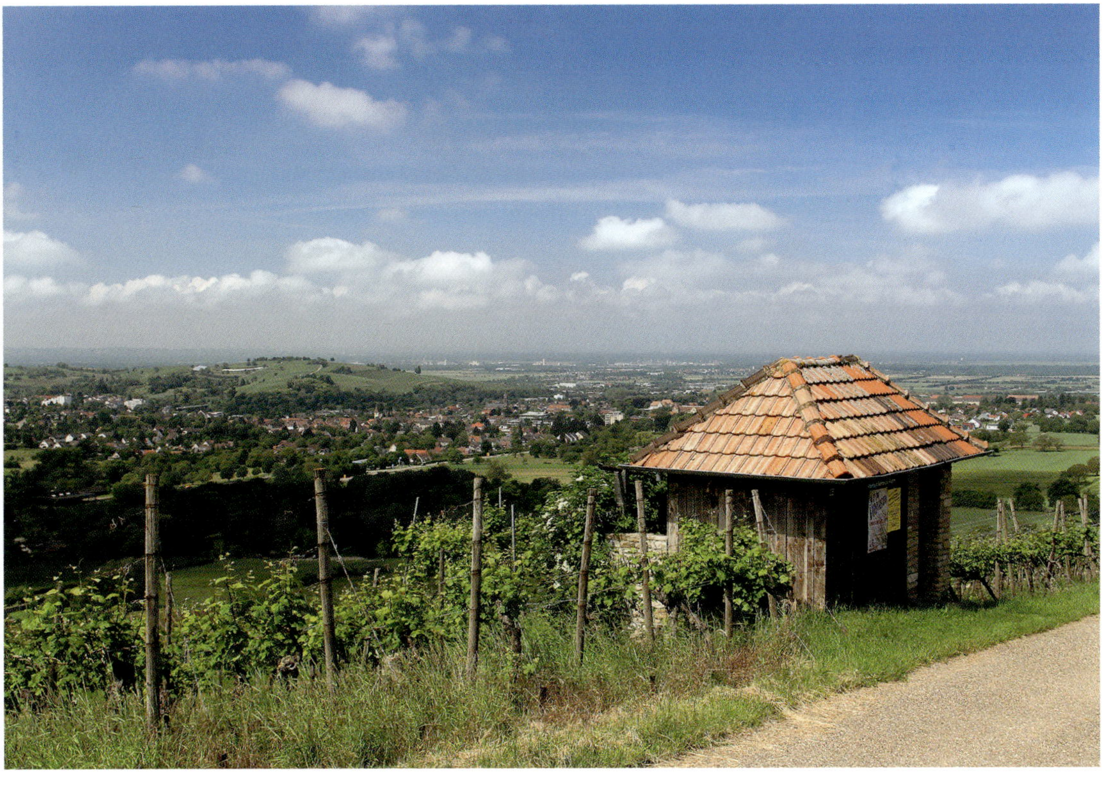

Schon um das Jahr 700 n. Chr. gab es hier eine erste Holzkirche. Der Turm der heutigen Kirche stammt aus dem 13. Jahrhundert. Beachtenswert ist der Wandteppich im Innenraum. Die Kirche fundiert auf einer römischen Villa Rustica aus der Zeit um 150 n. Chr.

Zur Kreuzung am Römerberg Die Rebbergstraße führt von der Kirche zur Markgräflerstraße hinunter, an der wir nach links weitergehen. Im Ortskern befinden sich schmucke denkmalgeschützte Winzerhöfe. Wie wäre es mit einem Kaffee im Britzinger Genossenschafts-Dorfladen?

Nach dem Gasthaus Hirschen wandern wir nach links im Hirzenweg aufwärts und gehen am Ende der Straße nach rechts in den Sonnholenweg. An einer Info-Tafel laufen wir nach rechts über den Ehebach und sind wieder auf dem ausgeschilderten Wiiwegli. Nach 30 m führt dieser nach rechts auf dem Wiesenweg weiter und quert schließlich die Schwärzestraße. Weiter oben in den Reben biegen wir an einer Wegkreuzung rechts abwärts und dann nach 50 m links. Unten liegt das kleine Weindorf Zunzingen. Bei der Gutsschänke Schneider gibt es ein Weinetiketten-Museum.

An einem Pavillon wählen wir den ersten Weg links in den Wald hinauf. Die historische Spur ist gepflastert und führt nach Badenweiler hinüber. Im Wald bleiben wir an Abzweigen geradeaus und nehmen erst an einer Gabelung den rechten Weg. An der 4 **Kreuzung am Römerberg** spazieren wir dann wegen der guten Aussicht rechts.

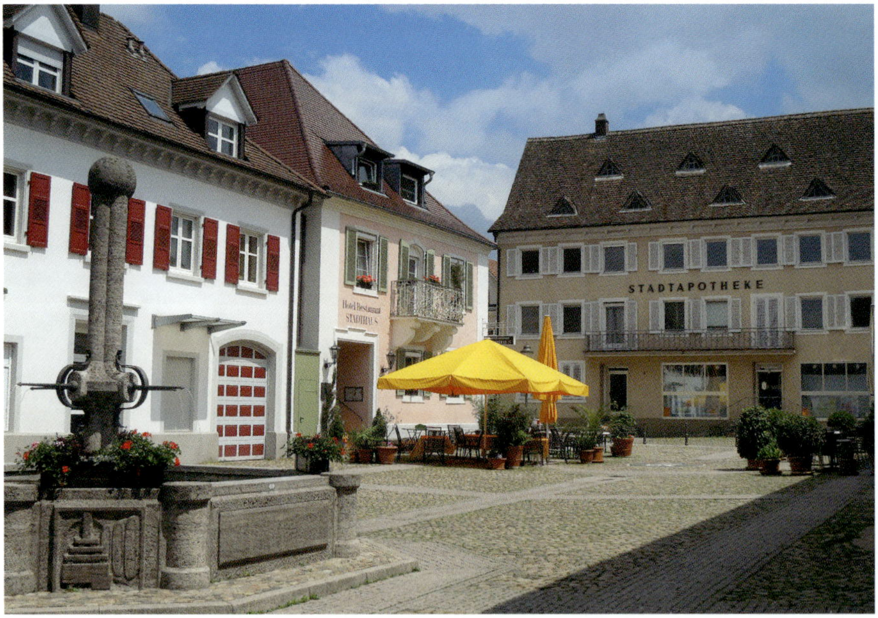

Am gemütlichen Marktplatz in Müllheim

Zum Sportplatz Niederweiler Der Weg verlässt den Wald und verläuft nun nach einer Gabelung, an der wir uns links halten, durch die Reben der Weinlage Römerberg, die Weinkennern ein Begriff ist. Hier öffnet sich auch die Aussicht zur Burg Baden in Badenweiler, unten Niederweiler und Müllheim. Über dem Rhein ist das französische Chalampé zu sehen.

Nach einem Waldstück, an dessen unterer Ecke sich eine kleine Schutzhütte versteckt, verlassen wir den asphaltierten Weg und auch das Wiiwegli in spitzem Winkel nach links auf Niederweiler zu. An einer Wegverzweigung nehmen wir die mittlere Fahrspur. Vor uns steht nun die Burg Baden vor dem Blauen mit der Sendeantenne. An einer Kreuzung gehen wir auf Asphalt nach rechts und gleich noch einmal nach rechts. Bei einem Walnussbaum und einer Bank müssen wir in spitzem Winkel nach links hinunter und durch die Unterführung unter der Straße durch zum 5 **Sportplatz**, an dem wir geradeaus bleiben.

Stadt Müllheim

Müllheim ist kein einladender Name. Die Herkunft desselben hat aber nichts mit Abfall zu tun. Er leitet sich von »villa mulinhaimo« ab und wurde im Jahr 757 erstmals urkundlich erwähnt. Mühlen gaben den Anlass für den Namen. Entlang des schnell fließenden Klemmbachs gab es sieben Getreidemühlen, die restaurierte Frick-Mühle veranschaulicht das in ihrem Mühlenmuseum. Die stadtgeschichtliche Bedeutung dieser Mühlen für Müllheim ist auch im Wappen der Stadt belegt. Wer Müllheim besichtigt hat, denkt sowieso nur noch an schöne historische Gebäude, an das südliche Flair, an guten Wein, gemütliche Ecken und schöne Museen.

Zur Frickmühle Der kleine Fußweg bringt uns an den Klemmbach, dem wir nun nach rechts in Richtung Mühlengrund folgen. Gleich am ersten Steg steht auf der anderen Seite die 250 Jahre alte Klemmbachmühle, die heute eine romantische Weinstube und ein Café mit Terrasse ist.

Schließlich müssen wir am zweiten Steg den Klemmbach überqueren und dann links an einem Haus vorbei zur Lindenstraße, auf der wir rechts nach Niederweiler hineinschlendern. Historische Häuser und stille Gässchen säumen den Klemmbach. Am Ende der Lindenstraße werden wir über den Bach geführt und setzen unseren Weg auf der Weilertalstraße fort. An der Straßenkreuzung bleiben wir geradeaus und kommen am Hotel Warteck vorbei. Nach dem Hotel wandern wir auf der Straße links und nach dem Klemmbach rechts den kleinen Fußweg aufwärts. Oben geht es vor dem Wasserbehälter nach rechts und wieder mit der Markierung Wiiwegli durch stille Streuobstwiesen auf Müllheim zu. An der Brunnmattenstraße verlassen wir das Wiiwegli wieder und folgen lieber dem Müllheimer Mühlenweg nach rechts. Nach der Brücke steht rechts die Mühle in der Erngupfe, die wohl älteste Mühle Müllheims mit der urkundlichen Nennung von 1238. Allerdings sind die jetzigen Gebäude nicht so alt.

Wir gehen aber nach der Brücke links auf dem Fußweg am Klemmbach entlang und kommen an der nächsten Brücke zur links stehenden 6 **Frickmühle**, die zu einem ansehnlichen Mühlenmuseum ausgebaut wurde.

Um das Jahr 1800 wurde das Blankenhornpalais als Gasthaus erbaut.

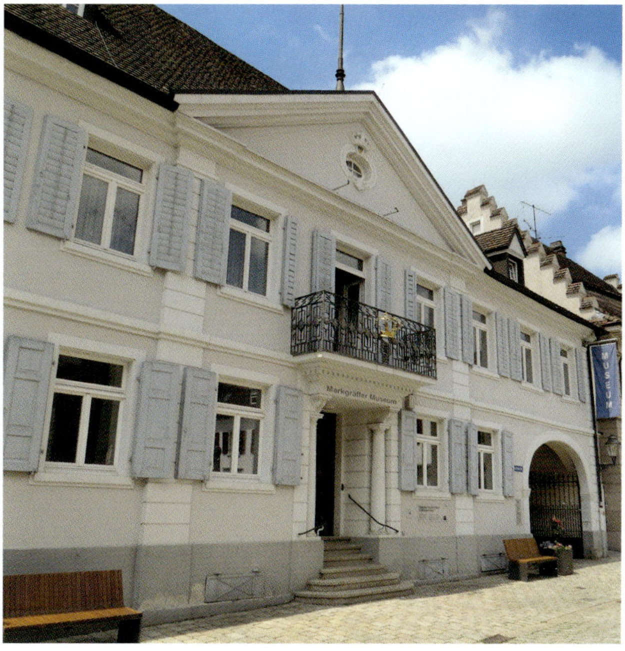

Zum alten Rathaus Weiter geht es in der historischen Webergasse am Klemmbach entlang. Hier stehen alte Gerberhäuser und Mühlengebäude. Nach der Querung der Östlichen Allee fällt das alte klassizistische Schlachthaus auf. Es wurde zur Entsorgung der Schlachtabfälle pragmatisch über den Klemmbach gebaut. Vor dem Hotel Stadthaus gehen wir links und dann rechts über den Marktplatz zum Markgräfler Museum im klassizistischen Blankenhornpalais. Darin wird Kunst, Literatur und Regionalgeschichte gezeigt. Interessant ist auch der Innenhof.

Vor dem Museum spazieren wir rechts die Fußgängerzone hinauf an der Martinskirche vorbei, unter der Funde römischer Besiedelung gemacht wurden. Der Turm der Kirche stammt aus dem 12. Jahrhundert. Das letzte Haus in der Fußgängerzone auf der rechten Seite ist das E **Alte Rathaus**, hinter dem die Bushaltestelle ist.

Weine aus dem Kaiserstuhl und Markgräfler Land

Glückseligkeit für die Genießer

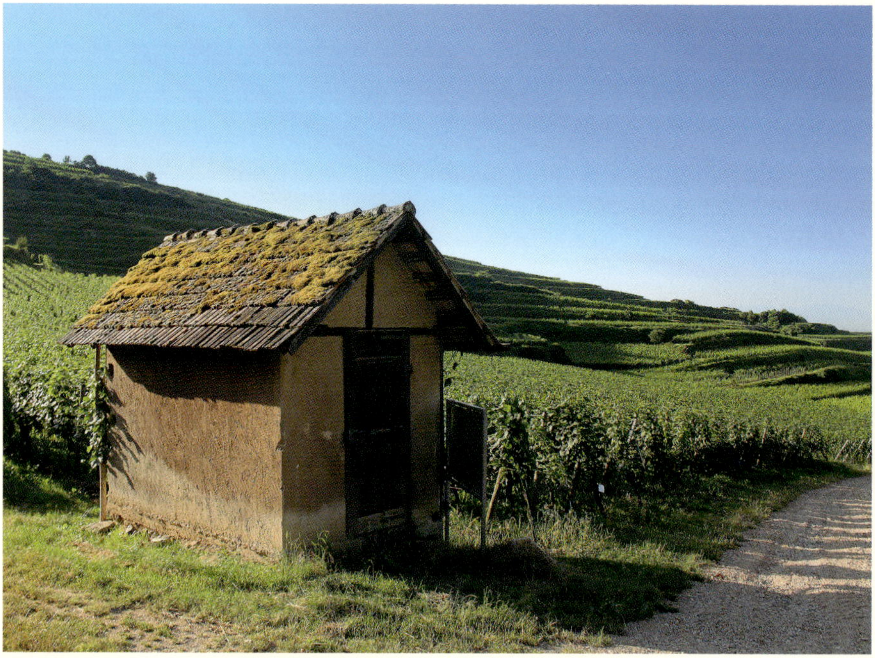

Ein typisches Rebhisli in den Weinbergen

Bei den Wanderungen begegnen wir nicht nur auf dem Wiiwegli auf Schritt und Tritt dem Wein, sei es in den Weinbergen, in den Winzergenossenschaften, in den Weingütern und Kellern: Theoretisch kann in jedem Dorf ein anderer Wein verkostet werden, was aber für das Wandern letztlich nicht zuträglich ist.

Die Weinlese steht bevor.

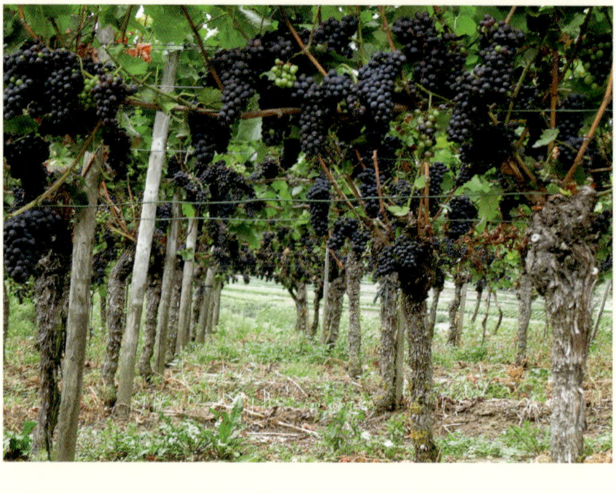

Mit 16.000 ha Rebfläche und einem Durchschnittsmostertrag von 1,1 Millionen hl ist Baden das drittgrößte Weinbaugebiet Deutschlands. Aus den Rebsorten Weißburgunder, Grauburgunder, Müller-Thurgau, Gutedel, Riesling und Silvaner werden Weißweine gekeltert. Aus Spätburgunder, Regent, Schwarzriesling und Dornfelder reifen Rotweine in den Kellern.

Der mit warmem Klima gesegnete Kaiserstuhl ist eines von neun Weinbaugebieten Badens. Die vorrangig angebauten Weine sind Burgundersorten. Im Kaiserstuhl wurde der Weinbau bereits zur Römerzeit praktiziert und er war schon immer ein wichtiger Wirtschaftszweig. Als 1633 die Burg Höhingen bei Achkarren (Wanderung 9) erobert wurde, betrug die Beute unter Anderem 15.000 l Wein aus den Kellergewölben der Burg. Im Keller der Winzergenossenschaft Oberrotweil liegt das größte Holzfass Badens, erbaut 1938: Sein Fassungsvolumen beträgt 25.000 l.

Im Markgräflerland liegen die Anbaugebiete von Spätburgunder, Müller-Thurgau und Gutedel. Die Spezialität des Markgräflerlandes ist der leichte weiße Gutedel auf 40 % der Fläche. Dabei handelt es sich um eine Rebe, die schon vor 5000 Jahren in Ägypten angebaut wurde. Wenn man auf dem Wiiwegli im Markgräflerland unterwegs ist, sollte man den Gutedel also auf jeden Fall probieren.

Strauße und Winzerschenken

Ein Besen mit bunten Bändern wird vor das Tor gehängt, wenn das Weingut geöffnet hat. Von diesem Besen (Besenwirtschaft) kommt der Name Strauße. Ausgeschenkt wird in der Scheune oder im Keller. Selbst erzeugter Wein und kleine Speisen aus eigener Produktion werden serviert. Nur vier Monate im Jahr darf eine Strauße ihre Tore öffnen und die Sitzplatzzahl ist auf 40 Stück beschränkt. Wenn der Betrieb auch Spargel anbaut, ist der Frühsommer eine herrliche Zeit. Die Öffnungszeiten erfährt der Genießer aus den Straußen-Kalendern (www.straussen-kalender.de und Straußen-App).

Eine Winzerschenke hat im Gegensatz zu einer Strauße eine Gaststättenkonzession und ist auch nicht in der Sitzplatzanzahl und in der Öffnungszeit beschränkt. Sie darf zudem fremden Wein und Produkte aus anderen Betrieben auftischen.

Typische Gerichte, die in Straußen und Winzerschenken angeboten werden, sind: »Bibbeliskäs« (quarkähnlicher Frischkäse mit frischem Schnittlauch), dazu »Brägeli« (Bratkartoffeln mit Speck und Zwiebeln) oder »Gschwelldi« (Pellkartoffeln) und im Herbst Zwiebelwaie (Zwiebelkuchen) oder Flammkuchen. Nicht zu vergessen der leckere Spargel.

Na dann: Viel Vergnügen, Prost und Mahlzeit!

Links: Der Wein lagert in großen Fässern im Keller.

Rechts: Kühl muss der Wein ins Glas.

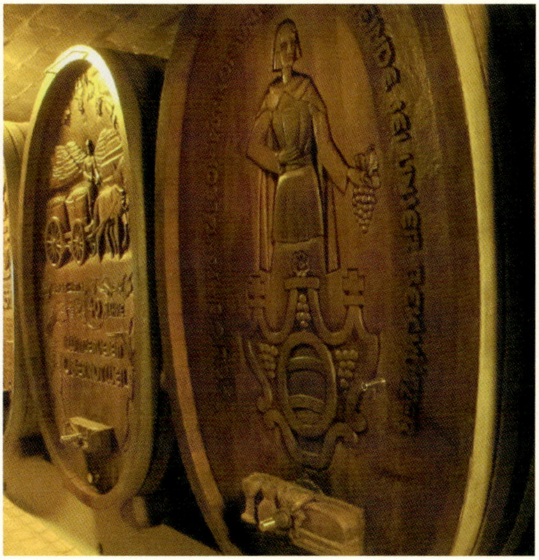

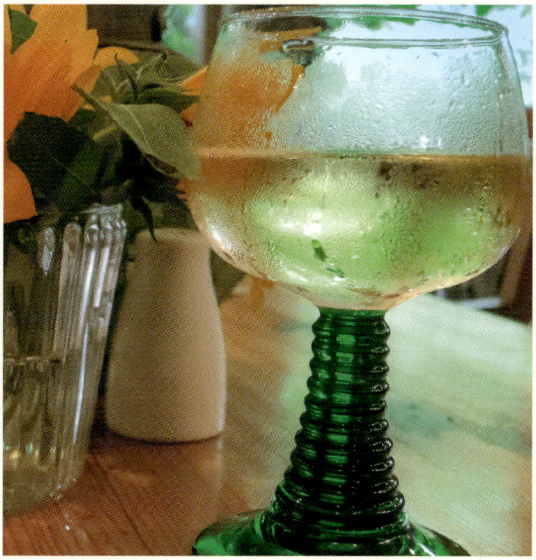

27

Markgräfler Rebenmeer

Die Auggener und Schlingener Weinberge

Leicht | 3:40 Std. | 220 m 215 m | 10,2 km

Tourencharakter
Leichte Wanderung, meist sonnig, auf markierten Naturwegen und auf Asphalt durch Weinberge und Dörfer.

Ausgangspunkt
Bahnhof Müllheim 235 m

Endpunkt
Bahnhof Schliengen 240 m

Höchster Punkt
Himmelberg 348 m

Anfahrt
Mit dem Auto von der A 5 Ausfahrt Müllheim nach Westen über Neuenburg bis zum Bahnhof in Müllheim. Parkplatz GPS: N47°48'32" E007°35'59", zurück mit der Bahn nach Müllheim
Mit der Bahn bis Müllheim, zurück mit der Bahn ab Schliengen. (www.bahn.de)

Gehzeiten
Bahnhof Müllheim – Jägerdenkmal 0:50 Std. – Rossberghütte 0:25 Std. – Kreuzkirche Auggen 0:15 Std. – Eiche am Denkmal 1:30 Std. – Bahnhof Schliengen 0:40 Std.

Beste Jahreszeit
Frühjahr und Herbst

Einkehr
Straußе Wein- und Obsthof Rüdlin, 79424 Auggen, Kleinfeldele 2, Tel. 07631/6807, www.wein-und-obsthof-ruedlin.de
Gasthaus Sonne, 79418 Schliengen, Marktplatz 1, Tel. 07635/200009, www.sonne-schliengen.de
Gasthaus Drei Linden Bahnhöfle, 79418 Schliengen, Bahnhofstraße 6, Tel. 07635/1300, www.gasthaus-drei-linden.de

Karten
Kompass: »Nördliches Markgräflerland«, Karte 890, 1:25000; oder Karten des LGL

Wiiwegli Etappe 5 Vom attraktiven Müllheim verläuft diese sonnige Wanderung in die Auggener Weinberge hinauf und nach Süden weiter in das Schliengener Rebenmeer. Die Tour zeigt Panoramen bis in die Vogesen und in den Schwarzwald.

Zum Jägerdenkmal Die Wanderung beginnt am **A Bahnhof Müllheim** auf dem Fußweg am Bach entlang Richtung Luginsland, begleitet von der Markierung gelbe Raute. Der Weg verläuft unter der B 3 durch und nach 120 m rechts über die Holzbrücke und noch einmal unter einer Straße hindurch.

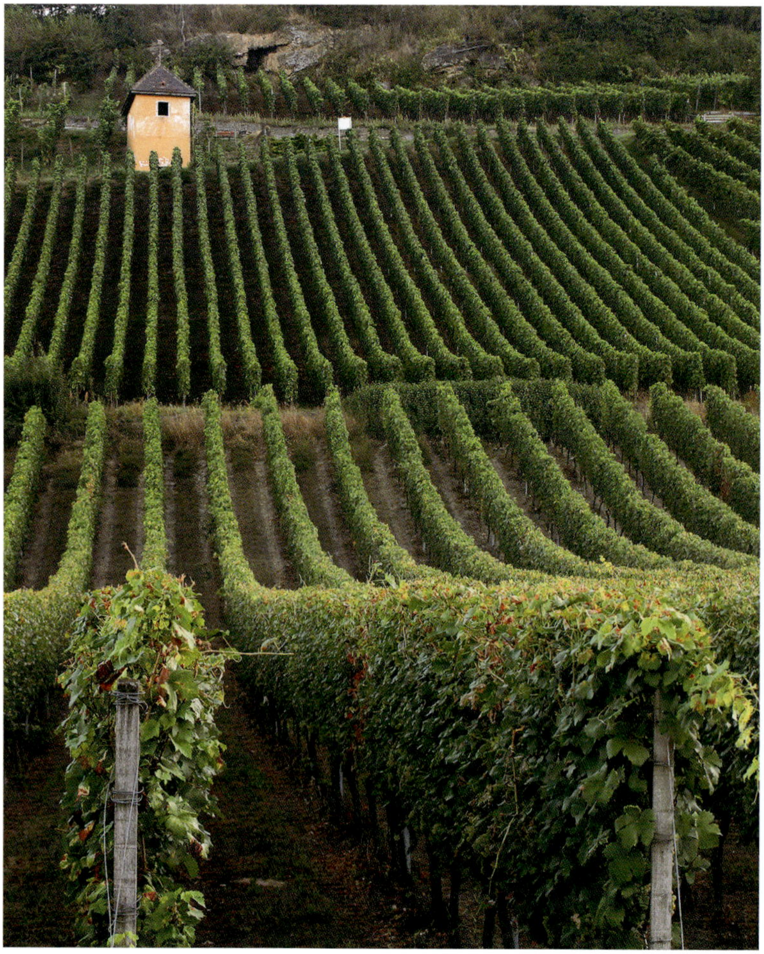

Nach dem rosa gestrichenen Wohnblock mit der Hausnummer 15 gehen wir rechts in die Stechelestraße unter der Südtangente durch und steigen in die Weinberge hoch. Nach 150 m wenden wir uns in spitzem Winkel nach links und am Beginn einer Leitplanke rechts den steilen Naturweg aufwärts. Geradeaus über zwei Kreuzungen hinweg steuern wir auf das zweistöckige Weinberghäuschen mit der Baumgruppe zu. Am Aussichtsplatz Luginsland steht eine gewaltige alte Winterlinde (Tilia cordata), die im Gegensatz zur Sommerlinde zerdrückbare Samenkapseln hat. Geradeaus weiter kommen wir an der höchsten Stelle des Berges zum **1 Jägerdenkmal**.

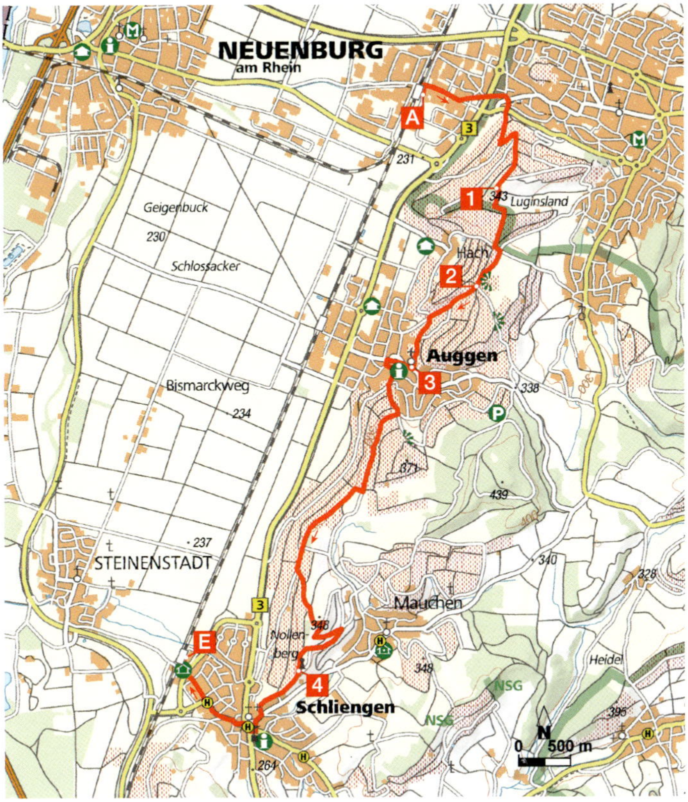

Zur Rossberghütte Geradeaus wandern wir weiter auf dem linken Weg hinter der Obstbaumallee, wir befinden uns auf dem Markgräfler Wiiwegli mit der roten Raute und auf dem Jakobsweg. An einer T-Kreuzung mit erstem Blick auf Auggen folgen wir der roten Raute nach links hinab. Auf diesem Weg in Richtung Süden eröffnet sich immer wieder das Panorama auf Müllheim, den Blauen im Osten und westlich in die Rheinebene bis zu den Vogesen. An einem querenden Sträßchen in einer Hohlgasse gehen wir links hinunter und unten wieder rechts hinauf Richtung Auggen. Oben ist ein schöner und aussichtsreicher Picknickplatz mit Tischen und Bänken. Dann geht es wieder abwärts zur **2 Rossberghütte** in den Auggener Weinbergen.

Zur Kreuzkirche in Auggen Wir bleiben geradeaus in Richtung Auggen und entscheiden uns an einer Gabelung für den rechten Weg, der uns direkt zur **3 Kreuzkirche in Auggen** bringt. Die Aussichtsterrasse lässt den Blick über Auggen und die Rheinebene schweifen. Auggen wurde erstmals als Anghom im Jahre 752 namentlich erwähnt und gehört damit zu den ältesten Orten im Markgräflerland. Bekannt wurde Auggen durch die Weinlage Schäf. Der Auggener Schäf zählt zu den besten Gutedel-Weinen des Markgräflerlandes.

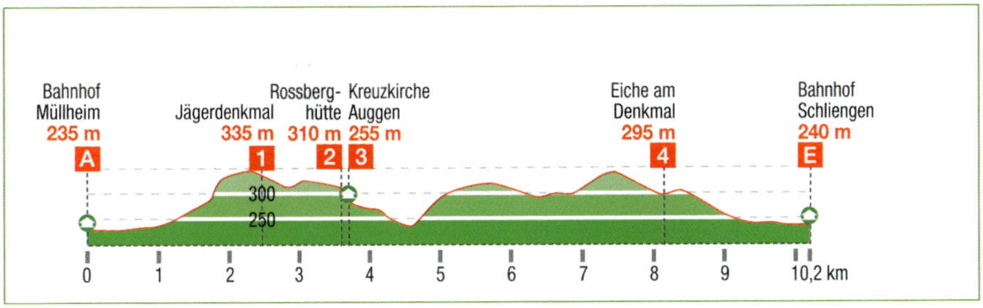

Linke Seite: In den Auggener Weinbergen

Von der Kreuzkirche in Auggen ist der Ort gut zu überschauen.

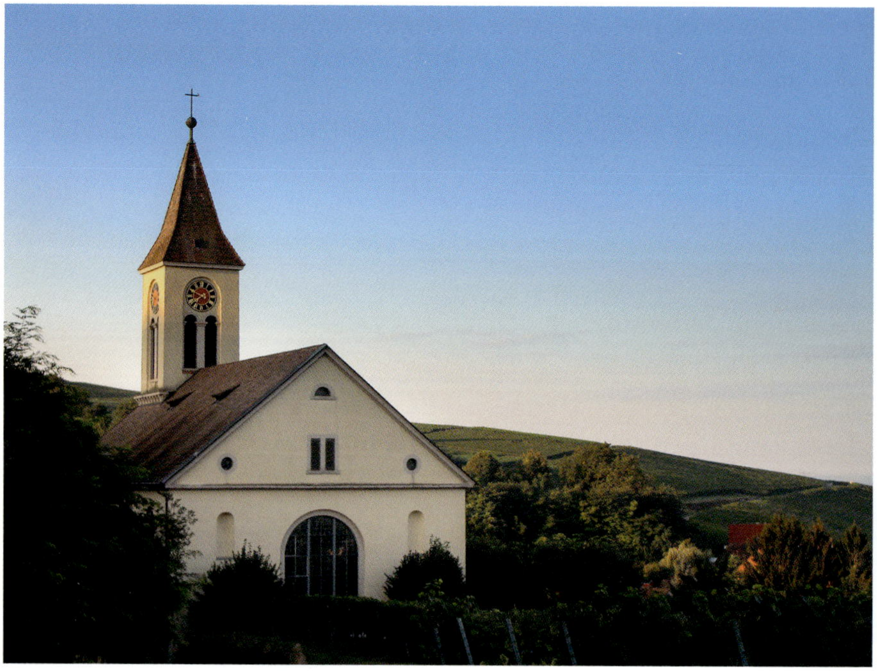

Unten: Unterwegs auf dem Markgräfler Wiiwegli

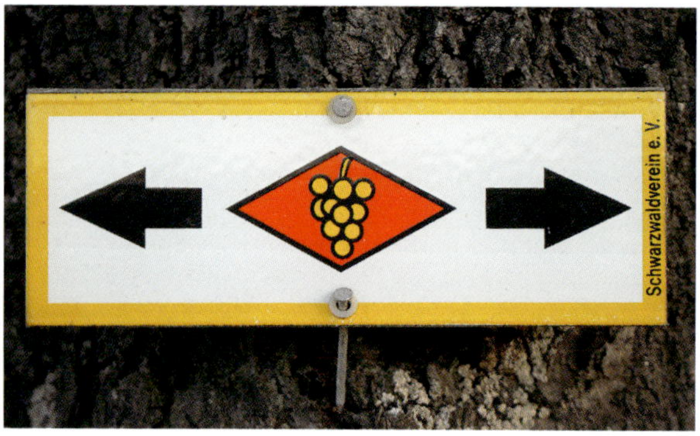

Beliebte Winzerschenken

Eine Winzerschenke hat anders als eine Strauße eine Gaststättenkonzession und ist nicht in der Sitzplatzanzahl und in der Öffnungszeit eingeschränkt. Auch kann eine Winzerschenke fremden Wein und Produkte aus anderen Betrieben anbieten. Typische Gerichte, die in Straußen und Winzerschenken angeboten werden, sind: »Bibbeliskäs« (quarkähnlicher Frischkäse mit frischem Schnittlauch), dazu »Brägeli« (Bratkartoffeln mit Speck und Zwiebeln) oder »Gschwelldi« (Pellkartoffeln), im Herbst Zwiebelwaie (Zwiebelkuchen) oder Flammkuchen. Besonders lecker wird es zur Spargelzeit.

Zur Eiche am Denkmal Auggen verdient als Ort auch eine Besichtigung. Deshalb verlassen wir nach der Kirche das Wiiwegli und gehen in spitzem Winkel nach rechts in den Ort hinunter. 80 m weiter können wir links durch das Hochziitsgässle wandeln, das unten als Metzgergässle am großen Dorfbrunnen endet.

Nach dem Rathaus wandern wir nach links und gleich wieder nach links in die Straße Am Brunnenbuck, die von schönen alten Winzerhöfen gesäumt wird. Vor der Kulturkneipe Sternen steigen wir rechts die Leiergasse hinauf. An der Kreuzung in den Reben gehen wir die zweite Straße nach links hoch und bleiben an drei Abzweigen geradeaus. Es folgt eine T-Kreuzung, an der wir uns rechts halten und wieder auf das Wiiwegli in Richtung Schliengen einbiegen. An einer Weggabel geht es geradeaus auf dem Kiesweg, der nun eben durch riesige Rebflächen führt. Die Rheinebene liegt uns ständig vor den südlichen Vogesen zu Füßen.

An einer Gabelung bleiben wir auf dem rechten Weg auf ebener Strecke. Schliengen befindet sich jetzt direkt vor uns, doch der Himmelberg bietet auch eine schöne Aussicht in den Schwarzwald, daher verlassen wir das Wiiwegli und steigen an der nächsten Gabelung nach links in Richtung Himmelberg hoch. Es sind nur 50 Höhenmeter zu schaffen. An allen Abzweigen vorbei bleiben wir

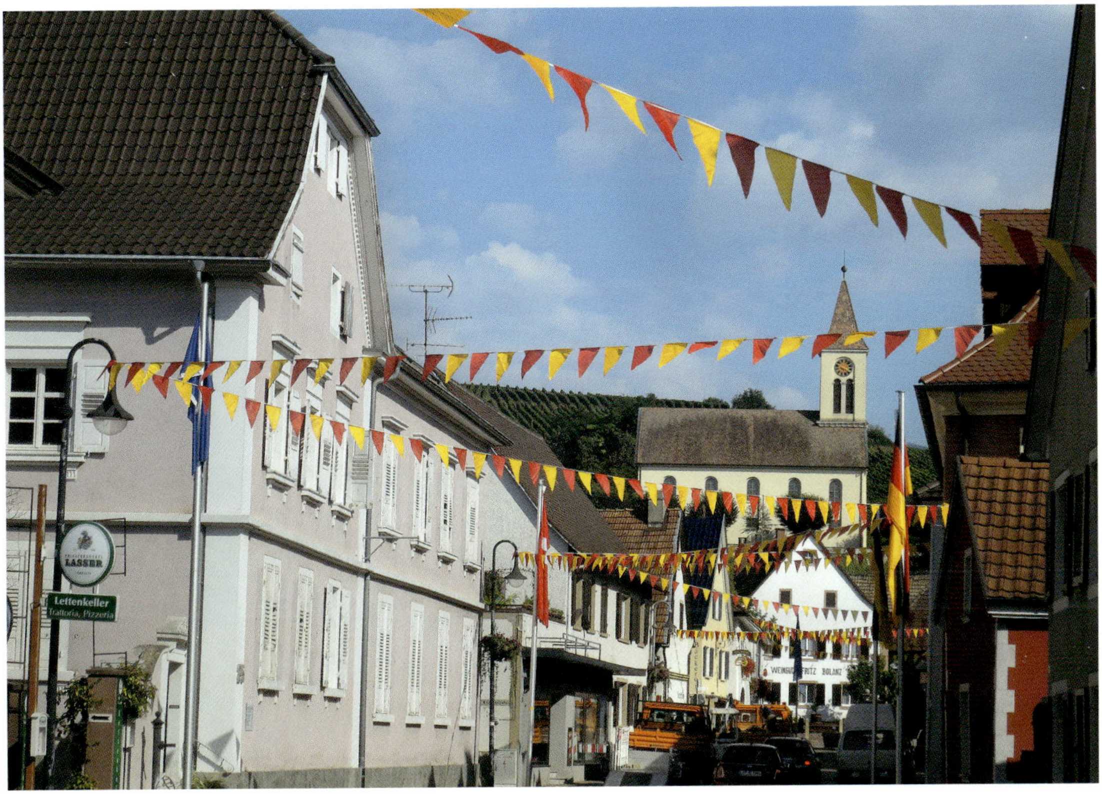

auf dem Weg, der aufwärts führt. Schon über der höchsten Stelle schauen wir an einer T-Kreuzung nach Osten auf das nette Dorf Mauchen hinunter und in den Schwarzwald. Nun wandern wir nach rechts nur noch abwärts. An einer Kreuzung mit einem Rebhisli müssen wir in spitzem Winkel nach rechts, dann geradeaus in Richtung Schliengen und kommen schließlich zu einer großen 4 Eiche am Denkmal.

Auggen ist während seines Weinfests in Feierstimmung.

Zum Bahnhof Schliengen Wir bleiben mit Blick auf Schliengen geradeaus abwärts, auch an einer Kreuzung an den ersten Häusern des Ortes. Der Hohlweg ist die Mauchener Gasse. Vor der Trafostation wenden wir uns in die Straße St. Alban nach rechts und dann vor dem Gasthaus Adler links die Mauchener Gasse hinunter. Unten an der Altinger Straße wollen wir nach rechts, überqueren aber erstmal die Straße und schauen uns das hübsche Schloss Entenstein an. Einst ein Wehrturm des Hochmittelalters, wurde es im 16. Jahrhundert in ein Wasserschloss umgestaltet. Schloss Entenstein ist heute das Rathaus Schliengens.

An der Kreuzung rechts des Schlosses Entenstein spazieren wir nach rechts zum Marktplatz und da nach links auf der Eisenbahnstraße in Richtung Bahnhof. An der Kreuzung bleiben wir der Eisenbahnstraße treu und erreichen den E Bahnhof Schliengen.

Das Schloss Entenstein ist das Wahrzeichen Schliengens.

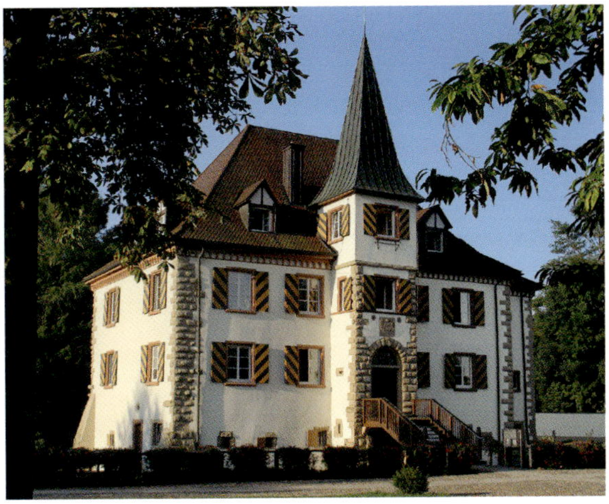

28

Am Vater Rhein entlang

Über Bad Bellingen nach Kleinkems

Leicht | 4:10 Std. | 290 m 270 m | 13 km

Tourencharakter
Leichte, meist sonnige Tour auf markierten Natur-und Asphaltwegen durch Weinberge, Wälder, Felder und Dörfer

Ausgangspunkt
Bahnhof Schliengen 240 m

Endpunkt
Bahnhof Kleinkems 260 m

Höchster Punkt
Kapelle Maria Hügel 350 m

Anfahrt
Mit dem Auto von der A 5 Ausfahrt Müllheim südlich auf der L 134 bis zum Bahnhof Schliengen. Parkplatz GPS: N47°45'40" E007°34'04", zurück per Bahn ab Bahnhof Kleinkems. Mit der Bahn bis Schliengen, zurück mit der Bahn ab Bahnhof Kleinkems (www.bahn.de).

Gehzeiten
Bahnhof Schliengen – Heilig-Kreuz-Kapelle 0:15 Std. – Kapelle Maria Hügel 1:45 Std. – Wegkreuz Bamlach 0:15 Std. – Umkehrplatz im Wald 1:25 Std. – Grillhütte 0:15 Std. – Bahnhof Kleinkems 0:15 Std.

Beste Jahreszeit
April bis Oktober

Einkehr
Strauße Zimmermann, 79418 Schliengen, Bürgelnblick 1, Tel. 07635/665, www.zimmermann-wein.eu
Männlins Straußwirtschaft, 79415 Bamlach, Kirchstraße 7, Tel. 07635/819190, www.maennlin-bamlach.de
Gasthaus Zur Blume, 79588 Kleinkems, Alte Weinstraße 27d, Tel. 07628/1241, www.blume-kleinkems.de

Karten
Kompass: »Südliches Markgräflerland«, Karte 897, 1:25000; oder Karten des LGL

Wiiwegli Etappe 6 Südlich von Schliengen ändert sich das Landschaftsbild, denn der Weinbau weicht zunehmend Feldern, Wiesen, Obstplantagen und kleinen Wäldern. Dafür zeigt sich aus der erhöhten Lage des Wiiweglis der Rhein und der Grand Canal d'Alsace.

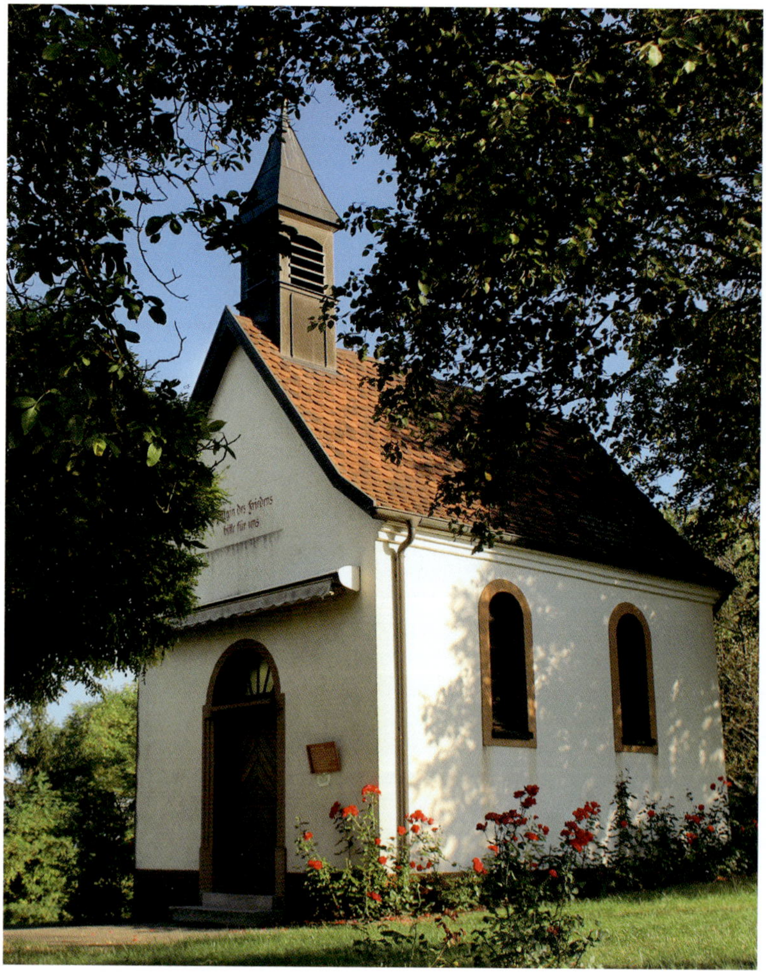

Zur Heilig-Kreuz-Kapelle Vom **A Bahnhof Schliengen** starten wir bei dieser schönen Wanderung auf der Eisenbahnstraße nach Osten in Richtung Ortsmitte. An der zweiten Straße gehen wir rechts in Richtung Markgräfler Wii-

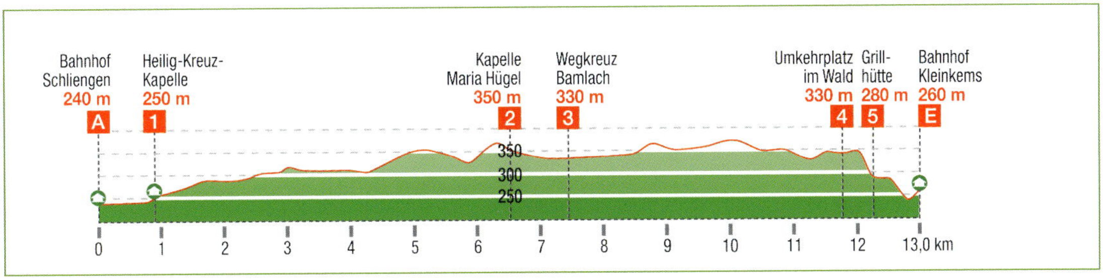

wegli (roter Wegweiser auf der linken Seite) und gleich wieder rechts. Vor der ❶ **Heilig-Kreuz-Kapelle** mit einer Tafel aus dem Jahr 1752 über der Tür wandern wir auf der Bellinger Straße nach links.

Linke Seite: Die Kapelle Maria Hügel steht auf dem alten Hochufer des Rheins.

Zur Kapelle Maria Hügel 70 m nach der Heilig-Kreuz-Kapelle steigen wir das Sträßchen nach rechts aufwärts und kommen oben an einem Feldkreuz an einen schönen Rastplatz. Hier haben wir Aussicht auf die südlichen Vogesen mit dem Grand Ballon, auf den Rhein und auf den Grand Canal d'Alsace. Leider geben hier aber auch die lärmenden Güterzüge einen Eindruck von der Belastung durch die Rheintalbahn. Mit dem Krach ist es aber gleich zu Ende, denn ein Stück weiter vorne ist das Südportal des Katzenbergtunnels, der den Güter- und Fernverkehr aufnimmt und uns eine ruhige Wanderung beschert. Der Katzenbergtunnel ist über 9 km lang und wurde 2012 eröffnet.

An Abzweigen bleiben wir immer geradeaus. Erst an einer asphaltierten T-Kreuzung marschieren wir nach links aufwärts und oben am Naturschutzgebiet Rutscheten vorbei, das mit Magerrasen aufwarten kann. An einer weiteren T-Kreuzung gehen wir abermals links und dann gleich nach rechts. An der Kreuzung am Kirschenhof bleiben wir geradeaus. Die Landschaft hat sich inzwischen verändert. Hier gibt es kaum noch Weinbauflächen, sondern Felder und kleine Wäldchen. An einem Wanderparkplatz queren wir die Straße, die von Bad Bellingen heraufkommt. Der Kurort verdankt seine Thermalquellen den Probebohrungen nach Erdöl. Heute ist der Badebetrieb die bestimmende Größe der Gemeinde. Funde der Verarbeitung von Bronze und Eisen aus der Zeit der Kelten bezeugen frühe Besiedelung.

Unser Weg steigt durch den Wald an und kommt weiter oben am schönen Rastplatz Pfaffenacker vorbei. An einer T-Kreuzung in den Feldern müssen wir nach rechts, wo wir einen Golfplatz passieren. Hier oben gibt es wieder Aussicht über den Rhein in den herrlichen Sundgau, den südlichsten Teil im Elsass. Unten liegen die Orte Bamlach und Rheinweiler.

An einer T-Kreuzung gehen wir rechts in Richtung Kapelle Maria Hügel abwärts. Nach 50 m nehmen wir den Wiesenweg nach links. Schließlich führt ein romantischer Pfad durch Wald mit wärmeliebenden Robinien hinauf zur ❷ **Kapelle Maria Hügel**, die 1866 erbaut wurde. Die Bäume gewähren Durchblick zum Rhein hinunter.

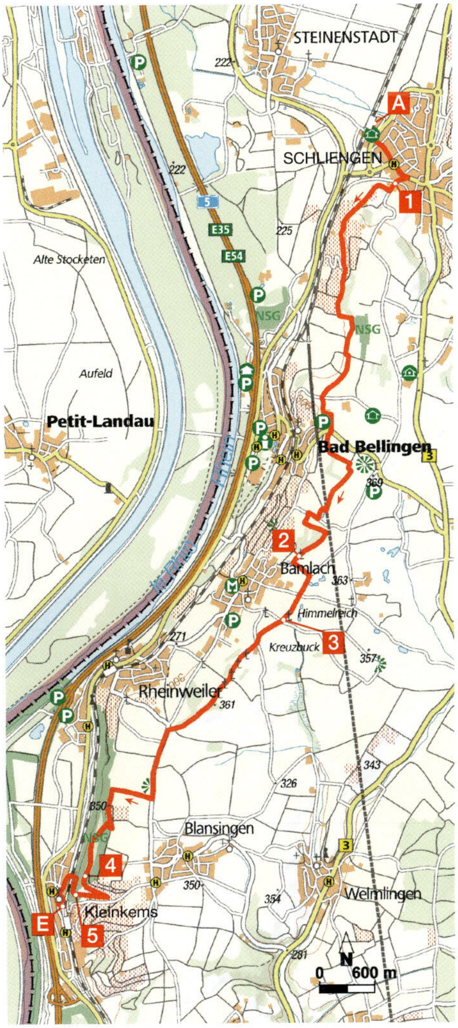

Zum Wegkreuz Bamlach 40 m unterhalb der Kapelle folgen wir dem Wiiwegli-Wegweiser nach links. Ab einer T-Kreuzung wandern wir nach rechts abwärts auf einem Asphaltsträßchen weiter und überqueren eine Kreuzung geradeaus. Wir sind auf der historischen oberen Römerstraße. Am 3 **Wegkreuz Bamlach** könnten wir nach rechts abwärts zur beliebten Männlins Straußwirtschaft links neben der Kirche St. Petrus und Paulus gelangen. Der Turm der Kirche stammt noch aus dem 14. oder 15. Jahrhundert. Das Langhaus ist neugotisch und wurde im 19. Jahrhundert erbaut.

Zum Umkehrplatz im Wald Auf dem Wiiwegli halten wir uns am Wegkreuz Bamlach aber geradeaus und folgen nun dem Stationenweg, dessen beeindruckende Bilder in expressionistischer Mosaikarbeit ausgeführt sind. An einer asphaltierten Kreuzung entscheiden wir uns abermals für den Weg geradeaus und gehen am nächsten Abzweig links aufwärts. Auch an der T-Kreuzung auf der Kuppe bleiben wir geradeaus, jetzt wieder mit Blick auf den Grand Ballon in den Vogesen. Hier oben sehen wir auch schon die Flugzeuge auf den Flughafen Basel einschweben.

Links: Die Kirche St. Petrus und Paulus über Bamlach

Mitte: Freudige Herbstfarben

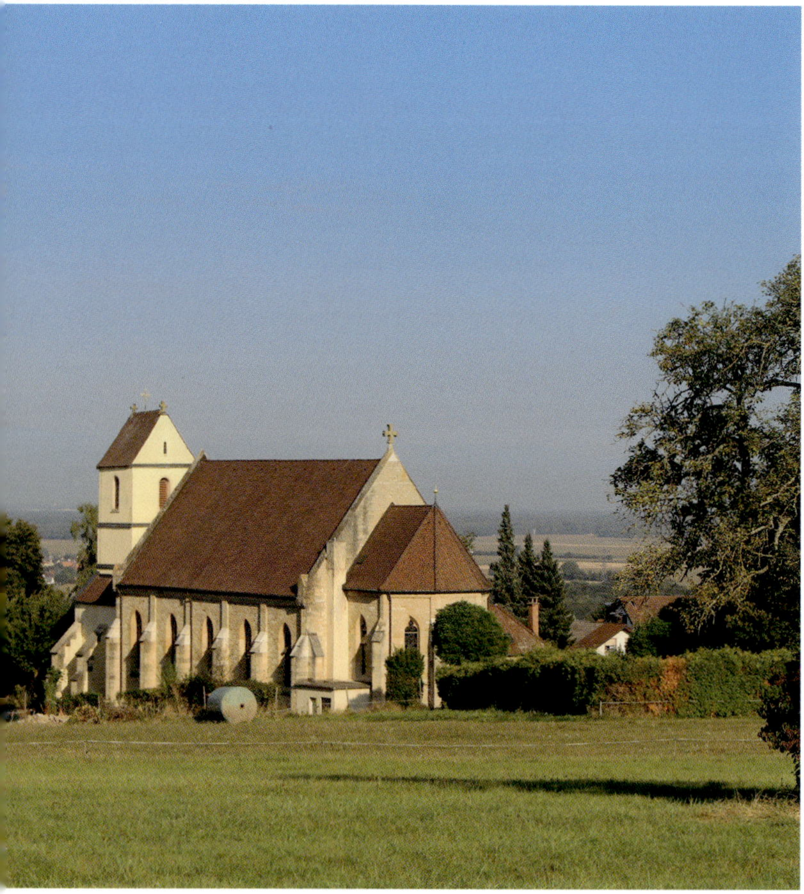

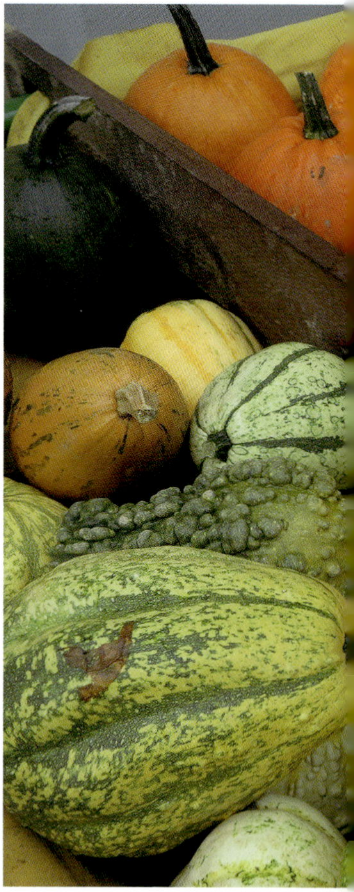

Erst an einer T-Kreuzung an einer Hochspannungsleitung können wir die kaum befahrene Straße nach rechts in Richtung Kleinkems verlassen. Unterhalb von einer Apfelplantage und Rebflächen zieht der Weg nach links auf dem alten Hochufer des Rheins entlang. Nach einem kurzen Straßenstück mit Asphaltbelag spazieren wir nach rechts. Nach 40 m steigen wir am Ende einer kleinen Rebfläche in spitzem Winkel nach rechts hinunter und verlassen damit das Wiiwegli. Wir sind jetzt im schattigen Laubwald des Naturschutzgebietes Buchholz. An einer T-Kreuzung im Wald gehen wir links leicht aufwärts und an einer Weggabel nach rechts, nun aber leicht abwärts. An einem 4 **Umkehrplatz im Wald** wählen wir den rechten Weg abwärts.

Zur Grillhütte Nach Verlassen des Waldes erfüllen wieder ausgedehnte Weinberge die Landschaft. Der Weg endet an einer asphaltierten Straße, der wir in spitzem Winkel rechts abwärts folgen. In einer Linkskurve bleiben wir geradeaus auf dem Wiesenweg und betreten wieder das Naturschutzgebiet Buchholz. Ökologisch wertvolle Trockenmauern halten hier die Weinbergterrassen. Weiter unten im Wald gelangen wir an eine 5 **Grillhütte**.

Zum Bahnhof Kleinkems Noch weiter unten führt der Weg unter der Bahnlinie hindurch. In Kleinkems wandern wir nach links und am Gasthaus Blume links die Straße Am Scherbenrain hinauf. Dann steigt auf der rechten Seite nach einer Mauer eine kleine

Blick von der Kapelle Maria Hügel auf den Rhein

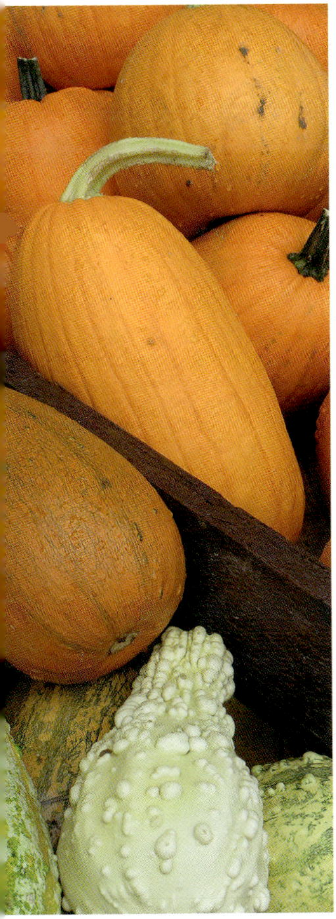

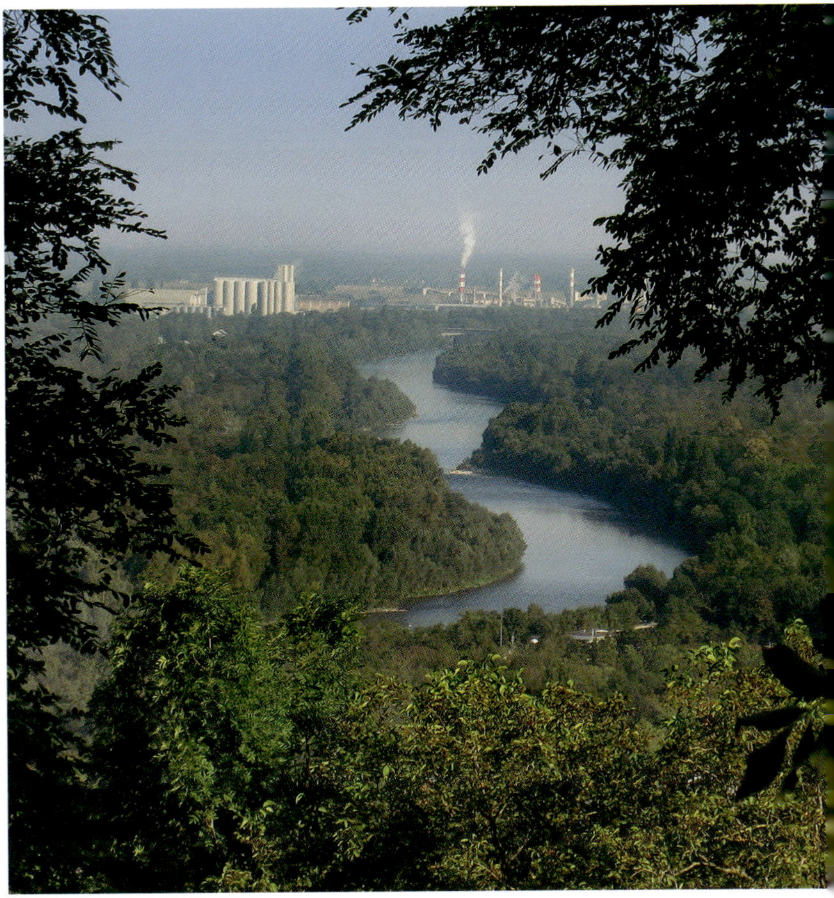

Treppe zur Kirche hoch, von deren Terrasse aus Kleinkems zu überschauen ist. Hier bei Kleinkems gab es zur Zeit der Römer eine Brücke über den Rhein nach Kembs hinüber, das ein wichtiger Straßenknotenpunkt war.
Geradeaus an der Kirche vorbei führt ein Fußweg zu einer Straße, auf der wir uns nach links wenden und den E **Bahnhof Kleinkems** erreichen.

29 Markanter Isteiner Klotz

Von Kleinkems bis Efringen-Kirchen

Leicht | 3:40 Std. | 280 m | 11 km

Tourencharakter
Leichte Wanderung, meist sonnig, auf markierten Natur- und Asphaltwegen durch Weinberge, Felder und Dörfer

Ausgangspunkt
Bahnhof Kleinkems 260 m

Endpunkt
Bahnhof Efringen-Kirchen 260 m

Höchster Punkt
Sportplätze 385 m

Anfahrt
Mit dem Auto von der A 5 Ausfahrt Efringen-Kirchen nach Norden auf der K 6347 zum Bahnhof Kleinkems. Parkplatz im Dorf, GPS: N47°41'18" E007°31'24", zurück mit der Bahn ab Efringen-Kirchen. Mit der Bahn bis Kleinkems, zurück ab Efringen-Kirchen. (www.bahn.de)

Gehzeiten
Bahnhof Kleinkems – Sportplätze 1:15 Std. – Aussichtsstelle Feuerplatz 0:30 Std. – Kreuzung »Stapfehus« 0:15 Std. – St. Veitskapelle 0:10 Std. – Kreuzung »Stapfehus« 0:10 Std. – Huttinger Kreuz 0:40 Std. – Bahnhof Efringen-Kirchen 0:40 Std.

Beste Jahreszeit
Frühjahr und Herbst

Einkehr
Restaurant Hotel Walsers, 79588 Efringen-Kirchen, Bahnhofstraße 34, Tel. 07628/80 552 44, www.walsers-hotel.de
Gasthof Zum alten Salzfaß, 79588 Efringen-Kirchen, Markgrafenstraße 26, Tel. 07628/12 13, www.salzfass.de

Karten
Kompass: »Südliches Markgräflerland«, Karte 897, 1:25 000; oder Karten des LGL

Wiiwegli Etappe 7 Vom ruhigen Kleinkems führt die Wanderung auf den markanten Jurakalkrücken Isteiner Klotz. Die Sicht reicht bis Basel. Die kuriose St. Veitskapelle zieht die Blicke auf sich. Istein besticht mit seinen historischen Fachwerkhäusern.

Zu den Sportplätzen Vom **(A) Bahnhof Kleinkems** starten wir am Friedhof vorbei in die Weinberge hinauf. Am ersten Abzweig biegen wir rechts auf den Betonplattenweg. Schon können wir über den Rhein zum Grand Ballon in den Vogesen und in den Sundgau schauen.
An einem Umkehrplatz steigen wir links am Zaun entlang steil nach oben. Wo sich die Weinbergwege kreuzen, wenden wir uns auf den Betonplattenweg nach rechts. An einer Fünf-Wege-Kreuzung wandern wir links hinauf, biegen nach 50 m in spitzem Winkel rechts auf den Wiesenweg und bleiben in der Folge auf etwa gleicher Höhe. Am Waldende spazieren wir rechts hinunter, gehen aber nach nur 15 m nach links auf ebenem Weg dahin. Dann geht es geradeaus auf einem Schotterweg weiter auf den Isteiner Klotz zu, mit Aussicht in den Schweizer Jura und bei guter Sicht bis in die Alpen.

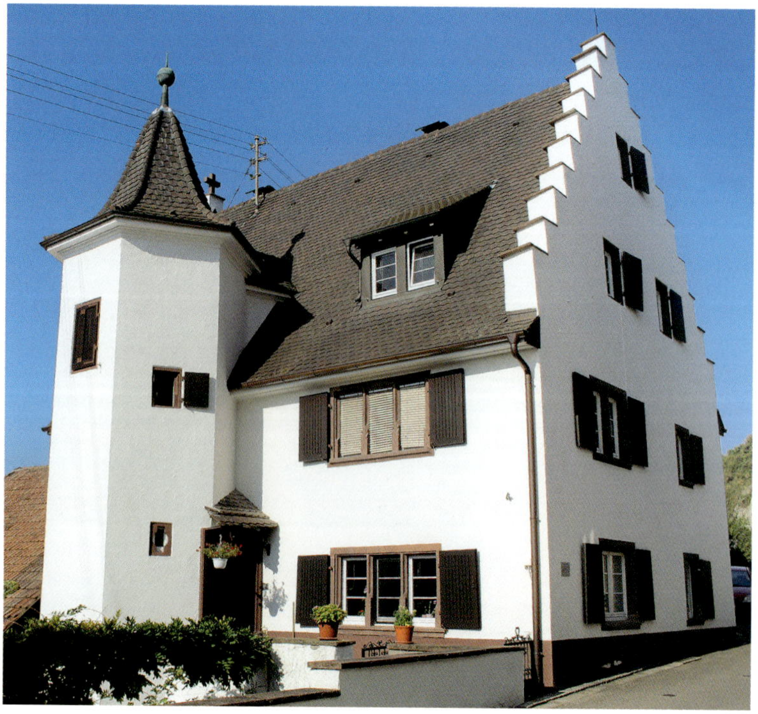

An einer T-Kreuzung laufen wir links und oben an einer Kreuzung vor einer Böschung rechts. Auf diese Weise gelangen wir zunächst wieder auf das Wiiwegli und den Jakobsweg. Nach nur 5 m wandern wir allerdings schon wieder nach rechts, zunächst am Waldrand entlang und dann durch Obstplantagen. Vor einer eingezäunten Apfelplantage geht es links und nach 40 m unter einer Starkstromleitung nach rechts. Wir passieren eine Kirschenplantage und halten uns anschließend wieder links und nach 10 m auf einem Asphaltsträßchen rechts. An einer T-Kreuzung wandern wir dann nach links aufwärts auf einen Antennenmast zu, orientieren uns aber an einem Walnussbaum wieder nach rechts in Richtung Isteiner Klotz. Der Weg führt schließlich zwischen zwei ❶ **Sportplätzen** hindurch. Bald darauf haben wir eine sehr gute Aussicht über Basel.

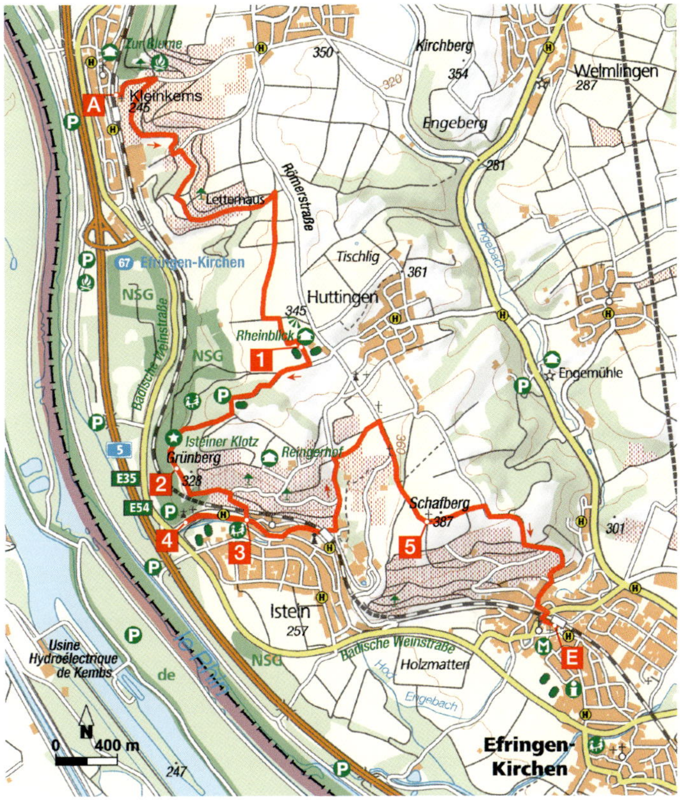

Zur Aussichtsstelle Feuerplatz Nach den Sportplätzen gehen wir rechts und an einer Gabelung vor einer Kastanie links in den Wald hinein in Richtung Isteiner Klotz. Das Wiiwegli haben wir hier bereits verlassen, wir befinden uns jetzt im Naturschutzgebiet Isteiner Klotz. An einer Kreuzung nach einem weiteren Sportplatz im Wald entscheiden wir uns für den Weg geradeaus. Durch die Bäume ist auf der linken Seite das Weingut Reininger Hof vor dem Kalkwerk zu sehen. An einer T-Kreuzung vor einer Rebfläche marschieren wir nach rechts und überblicken Istein und Basel. An einer weiteren T-Kreuzung halten wir uns geradeaus und schauen hier auf das Kraftwerk Kembs. Bald darauf kommen wir an die ❷ **Aussichtsstelle Feuerplatz** über Istein. Der markante und beeindruckende Isteiner Klotz ist eine gewaltige Ablagerung aus Tonmergeln und Kalken aus dem Jura-Zeitalter. Dieses Riff versperrte ursprünglich dem Rheinwasser den Weg und leitete es in das Rhonetal ab. Besiedelt war der Klotz bereits in der Steinzeit. Der Isteiner Klotz war außerdem zu allen Zeiten ein wichtiger strategischer Posten und mit Burgen und Festungen besetzt. Über 100 Bunker aus dem Zweiten Weltkrieg wurden gesprengt.

Linke Seite: Das historische »Stapfehus« ist ein ansehnliches Herrenhaus aus dem 17. Jahrhundert.

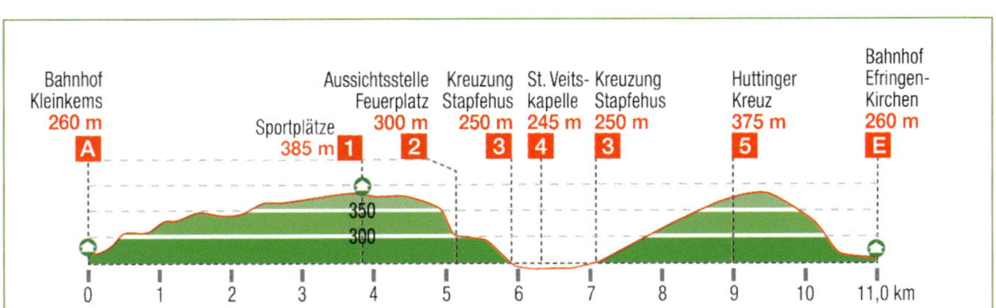

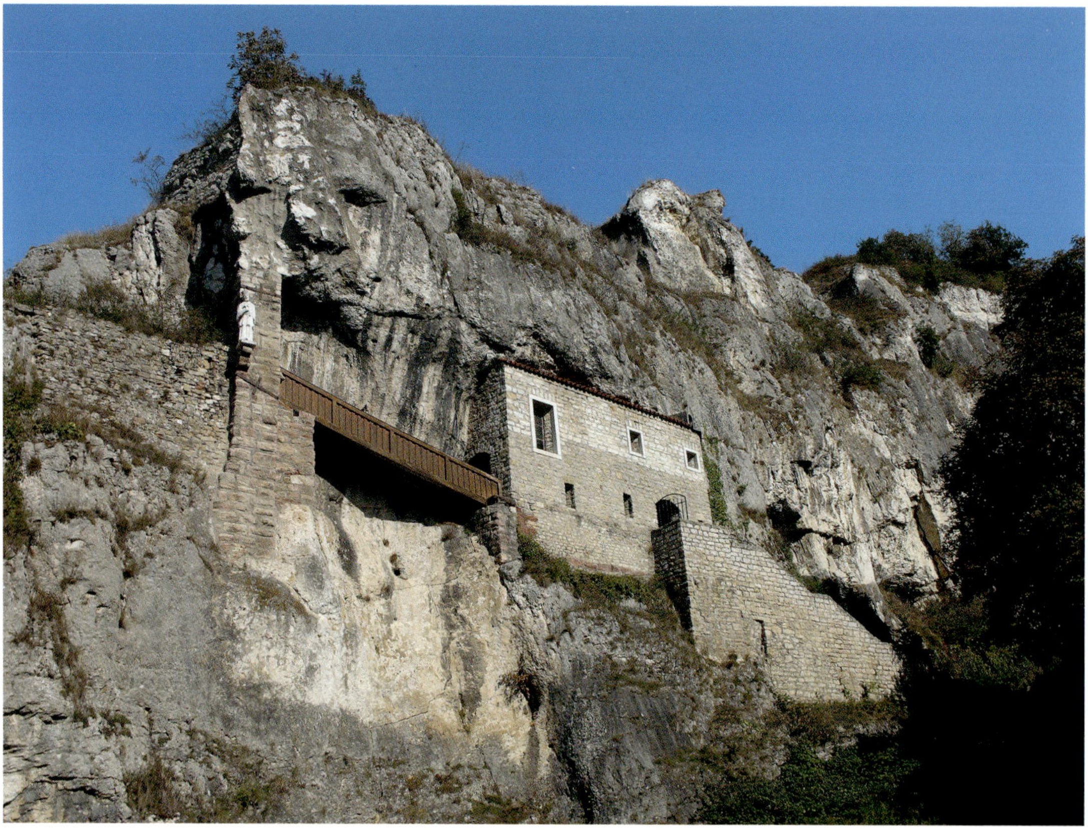

Die St. Veitskapelle »klebt« im Fels des Isteiner Klotzes.

Unten: Gartenidylle in Istein

Zur Kreuzung Stapfehus Ein Wiesenweg führt rechts in Richtung Istein zu einem Picknicktisch mit Aussicht hinunter. Unten am Rhein ist die berühmte Schleuse Kembs-Niffer zu sehen, die der Architekt Le Corbusier geplant hat.

Der Weg wird zu einem kleinen Pfad, der an einem Schutzzaun entlang nach Istein hinunterführt. Die offenliegenden Jurakalk-Felsen bilden einen besonderen Trockenstandort mit interessanter Botanik, die hier auf Schautafeln auch erklärt wird. Anschließend geht es auf einem Forstweg weiter abwärts und an einer Kreuzung in den Weinbergen

Feuersteine im Isteiner Klotz

Bei archäologischen Grabungen am Isteiner Klotz konnten Spuren von Bergbautätigkeit in der Jungsteinzeit, etwa 4200 v. Chr., nachgewiesen werden. Gewonnen wurde Jaspis und der begehrte Feuerstein als wichtigster Werkstoff für Waffen und Geräte. Noch heute werden exklusive Skalpelle aus Feuerstein hergestellt. Jaspis ist eine Varietät des Minerals Quarz. Feuerstein ist eine sehr dichte und harte körnige Quarzart, oft mit Chalcedon-Gängen, entstanden aus Skelettresten von Kieselpflanzen und Kieseltierchen. Feuerstein und Jaspis kommt nicht in Schichten, sondern in Knollen- oder Linsenform in Kreidekalken vor.

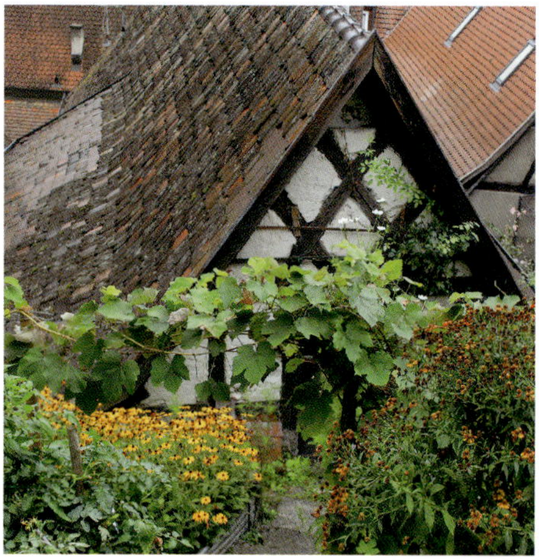

nach rechts hinab und unter der Bahn hindurch zur 3 **Kreuzung Stapfehus**. Das Stapfehus ist das Stufengiebelhaus auf der linken Seite, es wurde im Jahr 1621 als Herrenhaus erbaut.

Zur St. Veitskapelle Wir gehen aber zunächst nach rechts und machen einen Abstecher zur sehenswerten St. Veitskapelle in den Felsen des Isteiner Klotzes. Die 4 **St. Veitskapelle** kann auch besichtigt werden. Bei ihr soll es sich um eine Burgkapelle aus dem 12. Jahrhundert handeln.

Zur Kreuzung Stapfehus Gleich darauf sind wir wieder zurück an der 3 **Kreuzung Stapfehus** und gehen geradeaus in das Dorf hinunter.

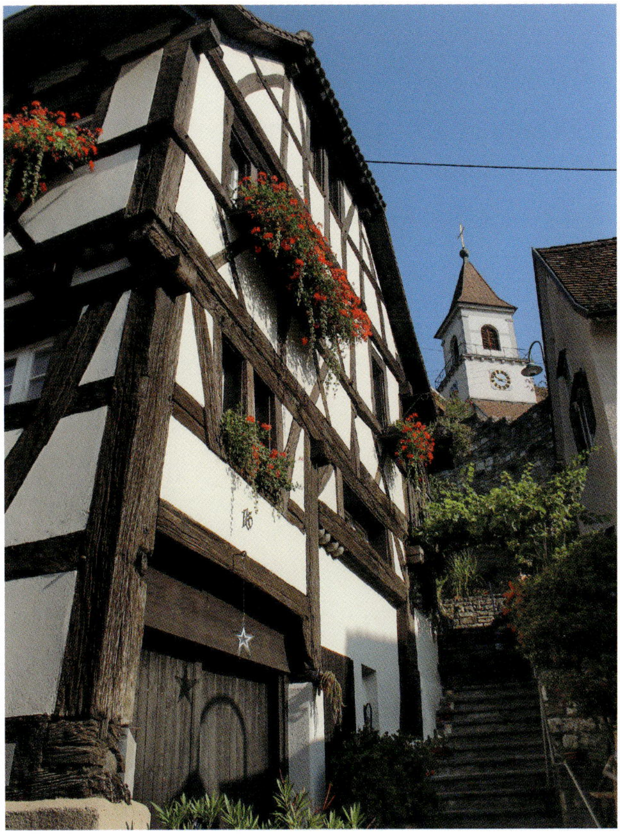

Das Haus Arche ist das älteste Haus in Istein.

Zum Huttinger Kreuz Beim Durchwandern des schönen Ortskerns von Istein sollten wir uns reichlich Zeit nehmen und die historischen Häuser betrachten, an denen zum Teil Informationsschilder angebracht sind. Das Haus Arche ist das älteste Haus Isteins aus dem Jahr 1535. Der Scholerhof stammt aus dem Jahr 1580. Über dem Dorf grüßt die Kirche St. Michael im klassizistischen Weinbrenner-Stil.
Nach dem Scholerhof steigen wir links die Straße Am Kehrenweg zum Bahnhof hinauf und bleiben parallel zu den Schienen in Richtung »Gleis 1 Freiburg«. Mit der Straße unterqueren wir die Gleise und wandern geradeaus die wenig befahrene Straße in Richtung Huttingen hinauf. In einer Linkskurve gehen wir rechts den schattigen Hohlweg mit der Markierung gelbe Raute durch den Wald aufwärts. Oben laufen wir an der Kreuzung auf dem Asphaltsträßchen rechts in Richtung Efringen-Kirchen. An drei T-Kreuzungen bleiben wir jeweils geradeaus und sind dann wieder auf dem Wiiwegli in Richtung Huttinger Kreuz auf dem Schafberg. Am großen 5 **Huttinger Kreuz** haben wir eine fantastische Aussicht. Schwarzwald, Basel, das Elsass und kleinere Orte liegen zu Füßen.

Zum Bahnhof Efringen-Kirchen Geradeaus am Huttinger Kreuz vorbei kommen wir zu einer T-Kreuzung, an der wir nach rechts auf ein Asphaltsträßchen spazieren. An der nächsten Kreuzung halten wir uns dann links und gelangen kurz darauf zu einer weiteren T-Kreuzung. An dieser verlassen wir das Wiiwegli geradeaus bergab in Richtung Efringen-Kirchen. Wir bleiben immer abwärts, kommen am Schützenhaus vorbei und laufen unten auf der Straße Im Lügle in Efringen-Kirchen ein. An der T-Kreuzung schlendern wir nach rechts auf der Engetalstraße weiter und gehen vor den Schienen nach links den Gehweg hinunter. Unten können wir mit der Straße unter dem Bahnkörper hindurch. Auf der anderen Seite der Straße führt eine Treppe hinauf zum E **Bahnhof Efringen-Kirchen**.

30 Zeugnisse des Jurameeres

Weinberge weichen ebenem Meeresboden

Leicht | 4:10 Std. | 260 m 250 m | 14,0 km

Tourencharakter
Leichte Streckenwanderung, meist sonnig, auf markierten Natur- und Asphaltwegen durch Weinberge, Wiesen und Dörfer.

Ausgangspunkt
Bahnhof Efringen-Kirchen 260 m

Endpunkt
Bahnhof Haltingen 270 m

Höchster Punkt
Schützenhaus 360 m

Anfahrt
Mit dem Auto von der A 98 Ausfahrt Efringen-Kirchen nach Süden zum Bahnhof Efringen-Kirchen. Parkplatz GPS: N47°39'19" E007°33'50", zurück mit der Bahn ab Haltingen
Mit der Bahn bis Efringen-Kirchen, zurück ab Bahnhof Haltingen (www.bahn.de)

Gehzeiten
Bahnhof Efringen-Kirchen – Kirche Egringen 1:25 Std. – Schützenhaus 0:35 Std. – Picknickplatz Hinkelstein 0:25 Std. – Gasthaus Schwanen 0:35 Std. – Bahnhof Haltingen 1:10 Std.

Beste Jahreszeit
Frühjahr und Herbst

Einkehr
Gasthaus Schwanen, 79589 Binzen, Hauptstraße 10, Tel. 07621/62316, www.schwanen-binzen.de
Café Inka,79576 Ötlingen, Dorfstraße 95, Tel. 07621/9539925, www.cafeinka.de (Donnerstag bis Montag von 11–18 Uhr geöffnet).
Restaurant Badischer Hof, 79576 Haltingen, Freiburger Straße 96, Tel. 07621/69828

Karten
Kompass: »Südliches Markgräflerland«, Karte 897, 1:25 000; oder Karten des LGL

Wiiwegli Etappe 8 Die ebene, eher reizlose Landschaft des Meeresbodens der Jura-Zeit um Eimeldingen und Weil am Rhein umgehen wir auf den letzten Hügeln des Markgräfler Landes. Das erfordert einige zusätzliche Höhenmeter, aber der Lohn ist die gute Aussicht.

Zur Kirche in Egringen Am Ⓐ **Bahnhof Efringen-Kirchen** beginnt diese großartige Wanderung, indem wir von der Bahnlinie aus in nordöstlicher Richtung auf der Egringer Straße starten. Die gelbe Raute weist uns dabei den Weg. Wir kommen zunächst geradeaus auf der Kreisstraße an der Bezirkskellerei Markgräflerland vorbei, überqueren dann die B 3 und biegen gleich danach links auf das Asphaltsträßchen ein, das durch Wiesen und Felder aufwärts führt. An der T-Kreuzung vor dem Stromleitungsmast gehen wir rechts und nach 50 m links entlang einer Allee mit Walnussbäumen. An einer weiteren T-Kreuzung nach einer Schweinemastanlage wandern wir

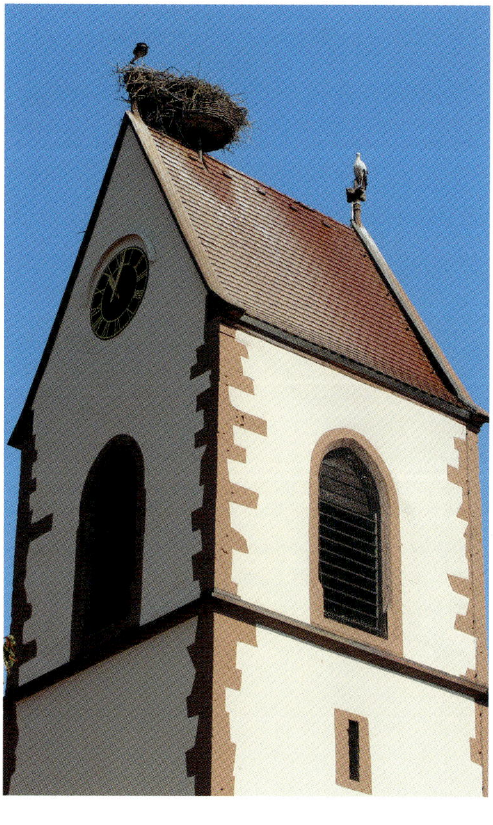

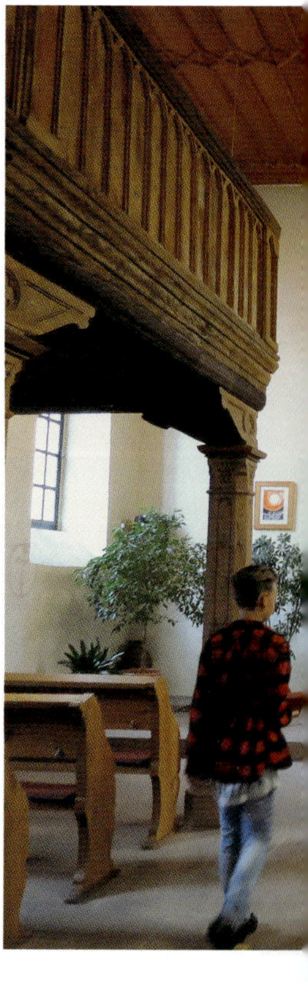

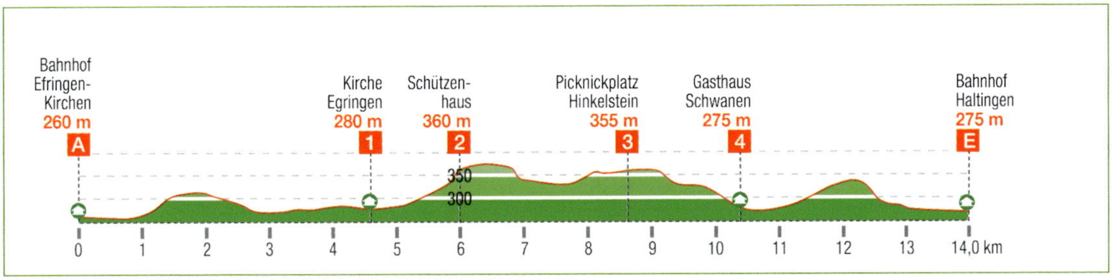

rechts weiter in Richtung Egringen, vorbei am Gasthaus »Baselblick«, das seinem Namen alle Ehre macht. 25 m vor einer Starkstromleitung wenden wir uns dann nach links auf den Wiesenweg durch die Felder in Richtung Egringen. Später wird der Weg zu einem Sandsträßchen, das an einem Bunker vorbeiführt. Ein Schild erklärt jedoch, dass es sich um eine Bammerthütte handelt. Darunter ist eine Schutzhütte für den Aufseher der Weinberge zu verstehen.

An der Kreuzung vor dem landwirtschaftlichen Lagergebäude marschieren wir rechts in Richtung Egringen und überqueren unten auf dem Weilerweg den Feuerbach. Dann biegen wir nach rechts in die Feuerbachstraße und kommen so zur **1** **Kirche in Egringen**. Eine Gallus-Kirche wird hier erstmals im Jahr 775 erwähnt. Das romanische Südportal stammt aus dem 13. Jahrhundert, wohingegen der heutige Turm im 15. Jahrhundert errichtet wurde. Der Innenraum ist recht schlicht, aber mit seinen einfachen Elementen aus dem 16. Jahrhundert durchaus beeindruckend. Erwähnenswert ist vor allem das Gebälk der Empore.

Links: Fast jedes Dorf im Markgräflerland hat seine Störche.

Mitte: Die Gallus-Kirche in Egringen ist eine Besichtigung wert.

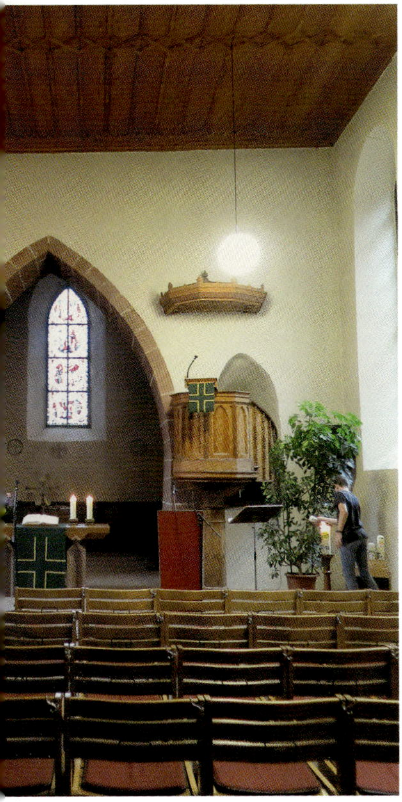

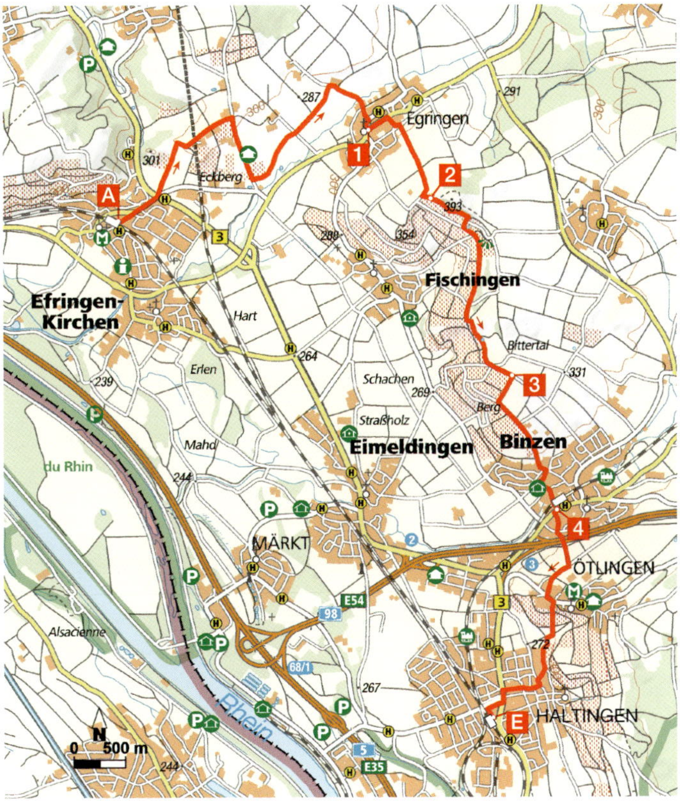

Zum Schützenhaus An der Kirche laufen wir auf der Kanderner Straße nach links am Gasthaus Rebstock und am Rathaus vorbei. Dann spazieren wir am Fahrradgeschäft rechts die Mummelgasse hinauf. An der großen Linde gehen wir links und gleich rechts auf dem Betonplattenweg zum bewaldeten Läufelberg hinauf in Richtung Fischingen. Weiter oben knickt der Weg nach rechts ab. An der T-Kreuzung wandern wir nach links, nun wieder auf dem Wiiwegli, und kommen zum 2 **Schützenhaus**. Der am Haus angeschriebene Name »Schützenhaus Dreiländerblick« ist richtig. Frankreich, Deutschland und die Schweiz bilden mit ihren Grenzen unten bei Weil am Rhein ein Dreiländereck. Bei guter Sicht reicht der Blick über den Schweizer Jura bis in die Alpen.

Zum Picknickplatz Hinkelstein Wir gehen am Schützenhaus geradeaus vorbei auf dem Weg, der entlang der Rebfächen verläuft. Bald passieren wir einen Picknickplatz mit wunderbarer Aussicht. Die Kulturlandschaft der Weinberge zieht sich bis Fischingen hinunter. Der artenreiche Wald auf dem Läufelberg wird von wärmeliebenden Baum- und Straucharten dominiert. Die Robinie sticht dabei besonders hervor. Dann entdecken wir am Wegrand offene Felsbänke. Es handelt sich um weichen Sandstein, Ablagerungen des einstigen Jurameeres aus der Zeit vor 150 bis 200 Millionen Jahren, dessen Meeresboden rechts unten in der Ebene um Eimeldingen zu sehen ist.

Von den Felswänden aus bewegen wir uns rechts hinunter auf eine offene Hütte zu, hinter der wir nach links gehen. Jetzt halten wir im Prinzip die Richtung geradeaus nach Binzen ein. An einer sehr engen Weggabel wählen wir den rechten unteren Schotterweg. An einer Kreuzung mit Asphaltbelag bleiben wir geradeaus in Richtung Binzen. Es folgt eine Gabelung mit Blick über Basel, an der wir links hinaufwandern. Dann geht es vor

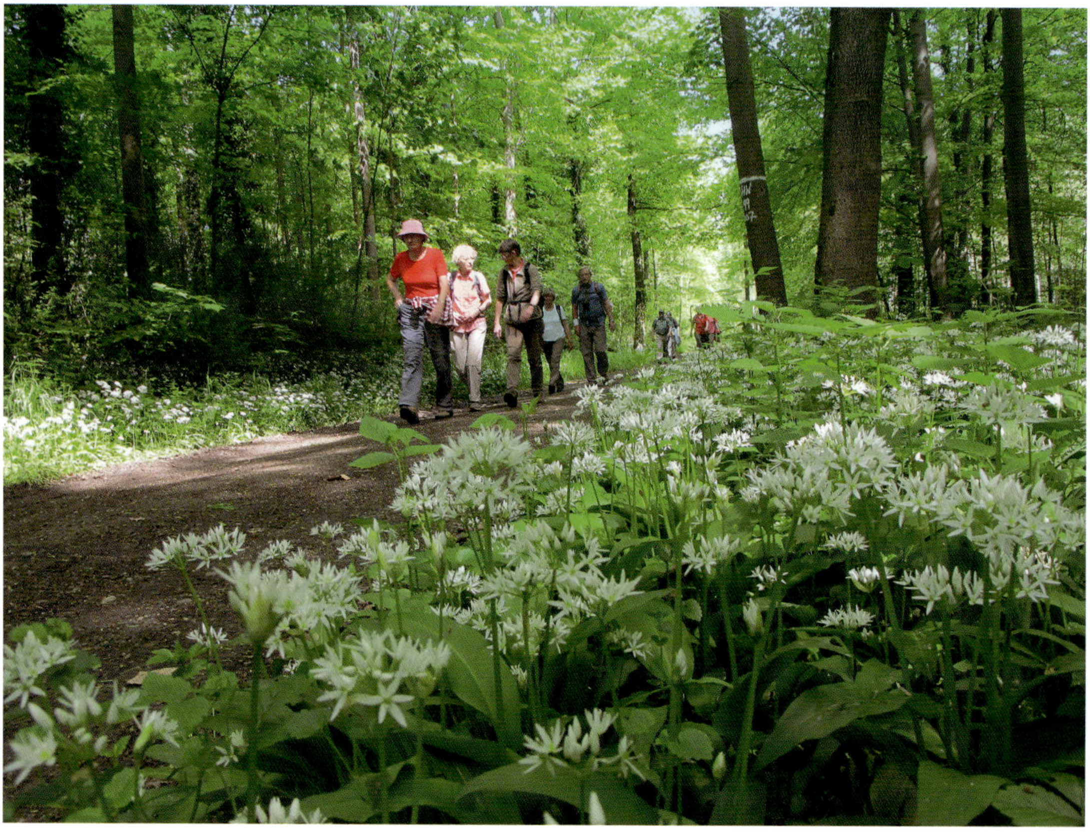

Wandergruppe im duftenden Frühlingswald

dem Rebhisli mit dem Schild »Rebhaus am Alpenblick« rechts hinunter. An einer Kreuzung mit sechs Wegen entscheiden wir uns für den geradeaus in Richtung Binzen und kommen an einen Grillplatz mit großer Schutzhütte. Es ist der **3** **Picknickplatz Hinkelstein**. Die Aussicht nach Süden und Westen ist wieder überwältigend.

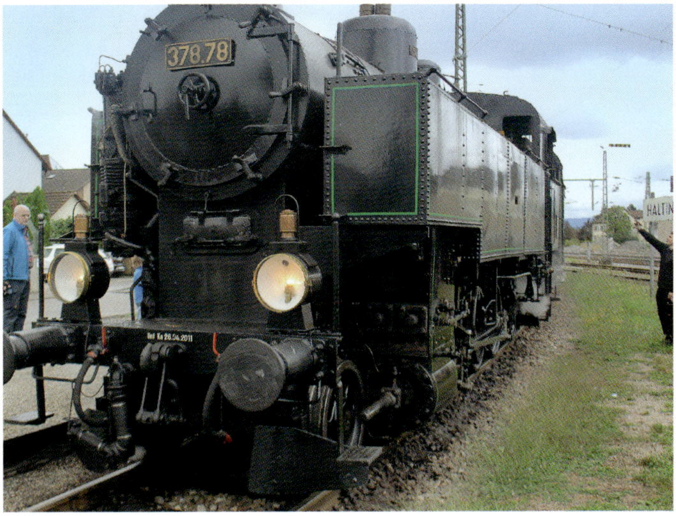

Die Fahrt mit der Kandertalbahn ist eine beliebte Aktion.

Zum Gasthaus Schwanen in Binzen

Vor dem aufgestellten Hinkelstein müssen wir rechts durch die Reben hinunter und unten an der T-Kreuzung links nach Binzen hinab. Im Ort laufen wir auf der Straße Im Berg ein, gehen dann rechts in den Birkenweg und schließlich links in die Fischinger Straße. Dann überqueren wir das Flüsschen Kander und eine Bahnlinie. Hier verkehrt nur noch das dampfende Chanderli, die Museumseisenbahn der Kandertalbahn. Geradeaus stehen an der Kreuzung der Schwanenbrunnen und das **4** **Gasthaus Schwanen**.

Zum Bahnhof Haltingen Am Schwanenbrunnen wandern wir rechts und gleich wieder links in die Johannes-Peter-Hebel-Straße in Richtung Ötlingen. Links über den Häusern zeigt sich noch der Turm der Binzener Laurentius-Kirche, die von ebenjenem Turm abgesehen 1822 abgerissen und im Weinbrenner-Stil wieder aufgebaut wurde. An der nächsten Kreuzung gehen wir geradeaus in die gesperrte Anliegerstraße. Eine Fußgängerbrücke bringt uns über die Autobahn. Dann steigen wir geradeaus nach Ötlingen hinauf. Oben an der T-Kreuzung müssen wir nach rechts und an der Kreuzung nach dem Ortsschild geradeaus in die Binzener Straße. In Ötlingen gehen wir auf der Dorfstraße nach links und am Gasthaus Dreiländerblick rechts hinunter.

Eigentlich liegt das berühmte Café Inka erst auf der nächsten Etappe des Wiiweglis, aber wenn wir hier den richtigen Zeitpunkt erwischen (nur Donnerstag bis Montag von 11–18 Uhr geöffnet), können wir es schon jetzt in der Dorfstraße Nummer 95 besuchen und unter der französischen Tapete Kuchen und kleine Speisen genießen. Ein Abstecher, der sich lohnt!

Trotzdem müssen wir dann am Gasthaus Dreiländerblick geradeaus auf dem steilen asphaltierten Fußweg durch die Weinberge hinunter auf Haltingen zu. Nach einem Garten geht es auf einem Asphaltsträßchen rechts abwärts weiter. An einer Gabelung bei den ersten Häusern laufen wir rechts auf dem Ötlinger Weg hinunter, gehen dann an einer T-Kreuzung links in den Winzerweg und nach 50 m rechts in die Straße Große Gaß am Rathaus vorbei. An der Kreuzung am Restaurant Badischer Hof schwenken wir links auf die Freiburger Straße. An der Ampel gehen wir die dritte Straße nach rechts und erreichen den **E** **Bahnhof Haltingen**.

Die Hexe von Binzen

Um die Burgruine Rötteln ranken sich einige Sagen. Am bekanntesten ist die von der Hexe von Binzen, die sich an einem gebieterischen Burgherrn rächt und Feinden den Zugang zur Burg durch einen unterirdischen Gang verrät. Eine andere Fassung erzählt von der schicksalhaften Verflechtung der Kräuterhexe von Binzen mit dem Leben ihrer schönen Tochter, die der junge Herr von Rötteln entführt haben soll. Es gibt aber auch Geschichten von sonderbaren Erscheinungen und von einem weißen Fräulein, das einen Schatz bewacht. Angeblich hausen hier auch keuchende unsichtbare Gestalten und gespenstische Lichter.

31

Südlichster Punkt im Land

Über das Café Inka an den Rhein

Leicht 3:00 Std. 115 m 120 m 8,0 km

Tourencharakter
Leichte Streckenwanderung, meist sonnig, auf markierten Natur- und Asphaltwegen durch Weinberge, Wiesen und Dörfer.

Ausgangspunkt
Bahnhof Haltingen 270 m

Endpunkt
Bahnhof Weil am Rhein 265 m

Höchster Punkt
Café Inka 360 m

Anfahrt
Mit dem Auto von der A 98 Ausfahrt Weil am Rhein/Hüningen auf der B 532 zum Bahnhof Haltingen. Parkplatz GPS: N47°36'48" E007°36'42", zurück mit der Bahn ab Bahnhof Weil am Rhein
Mit der Bahn bis Haltingen, zurück ab Bahnhof Weil am Rhein. (www.bahn.de)

Gehzeiten
Bahnhof Haltingen – Gasthaus Dreiländerblick 0:30 Std. – Café Inka 0:10 Std. – Kirche Weil am Rhein 1:25 Std. – Bahnhof Weil am Rhein 0:55 Std.

Beste Jahreszeit
Frühjahr und Herbst

Einkehr
Gasthaus Dreiländerblick, 79576 Ötlingen, Langgaß 2, Tel. 07621/62517
Gasthaus Hotel Zum Ochsen, 79576 Ötlingen, Dorfstraße 82, Tel. 07621/62228, www.gasthaus-zum-ochsen.de
Café Inka,79576 Ötlingen, Dorfstraße 95, Tel. 07621/9539925, www.cafeinka.de

Karten
Kompass: »Südliches Markgräflerland«, Karte Nr: 897 1:25 000; oder Karten des LGL

Wiiwegli Etappe 9 Ötlingen ist eines der schönsten Dörfer des südlichen Markgräflerlandes. Das kulturhistorisch wichtige Café Inka liegt auf dem Weg. Der Ort ist auch eine einmalige Gemäldegalerie unter freiem Himmel. Herrliche Aussichten erwarten uns.

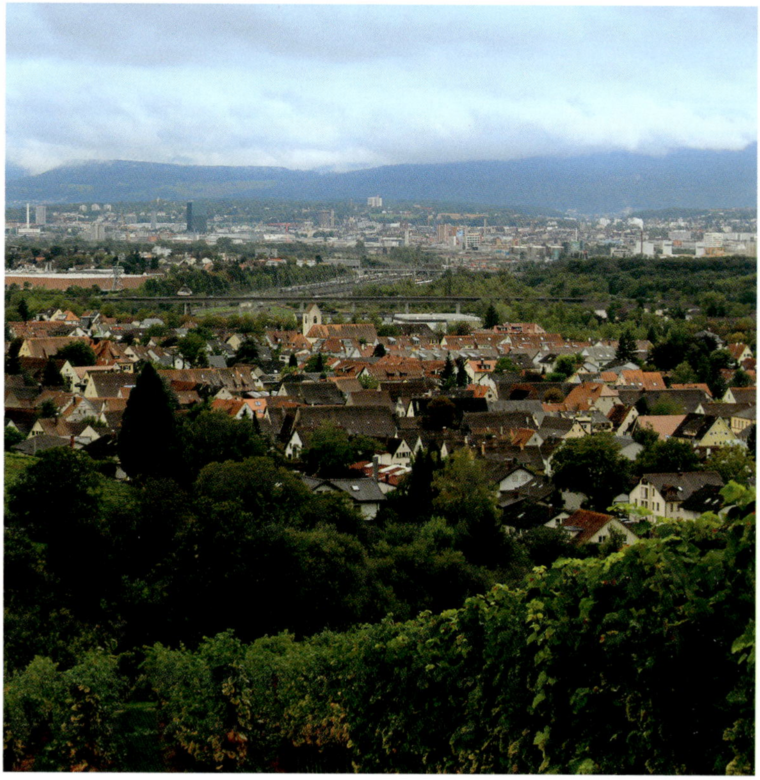

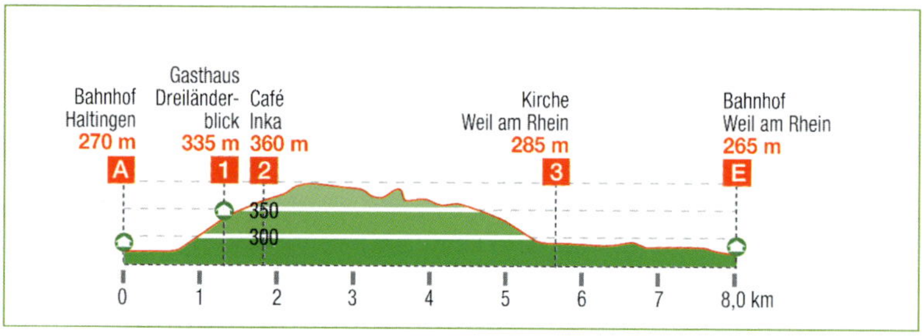

Zum Gasthaus Dreiländerblick Vom Ⓐ **Bahnhof Haltingen** beginnen wir die letzte Etappe der Wanderung auf dem Wiiwegli nach links. 100 m weiter startet übrigens das Chanderli, die Kandertalbahn. Die beliebte Museumsbahn bietet Dampfloks, die ein gutes Fotomotiv abgeben. Wir müssen aber nach rechts, also nach Nordosten. An der Freiburger Straße laufen wir links und an der Kreuzung vor dem Restaurant Badischer Hof rechts in die Straße Große Gaß am Rathaus vorbei. Haltingen wurde bereits im Jahr 764 urkundlich erwähnt, zuammen mit Weil am Rhein im Zweiten Weltkrieg aber total zerstört.

Am Ende der Straße Große Gaß spazieren wir links in den Winzerweg und nach 50 m rechts auf dem Ötlinger Weg bergauf. Nach einem Garten steigen wir links den steilen asphaltierten Fußweg durch die Weinberge aufwärts. Oben in Ötlingen kommen wir zum ❶ **Gasthaus Dreiländerblick**. Der Blick zurück schweift über Basel zum Schweizer Jura und bis in die Alpen.

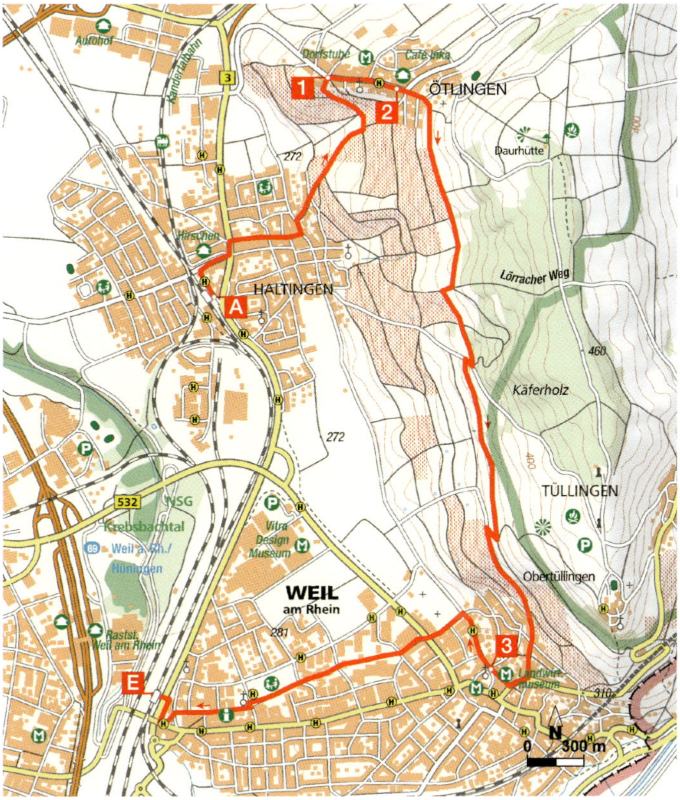

Zum Café Inka Am Gasthaus Dreiländerblick folgen wir der Dorfstraße nach rechts aufwärts. Das ganze Dorf ist durch die Gemälde an den Häusern eine einzigartige Freiluftgalerie (www.art-dorf.de). Weiter oben, in der Dorfstraße 95, befindet sich das berühmte

Linke Seite: Aussicht vom Gasthaus Dreiländerblick über Basel

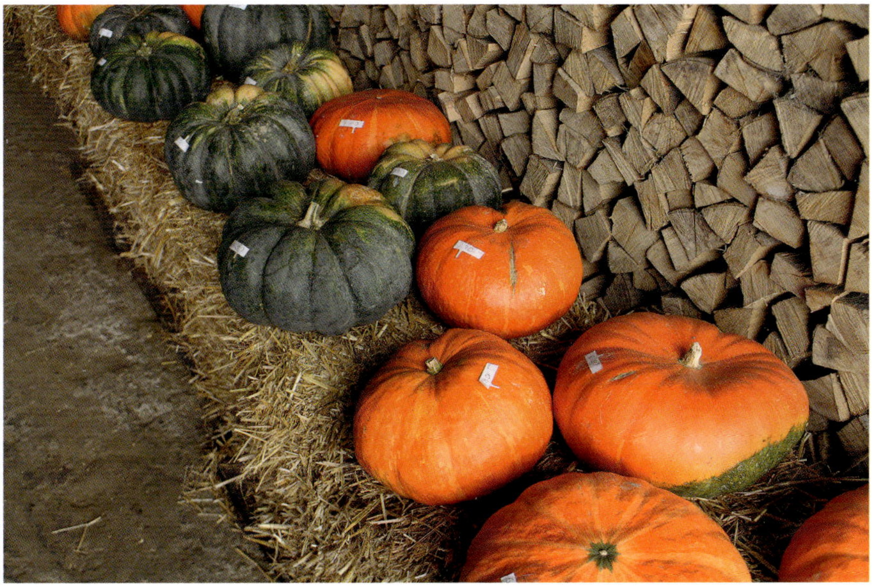

Herbstfrüchte setzen kräftige Farbakzente.

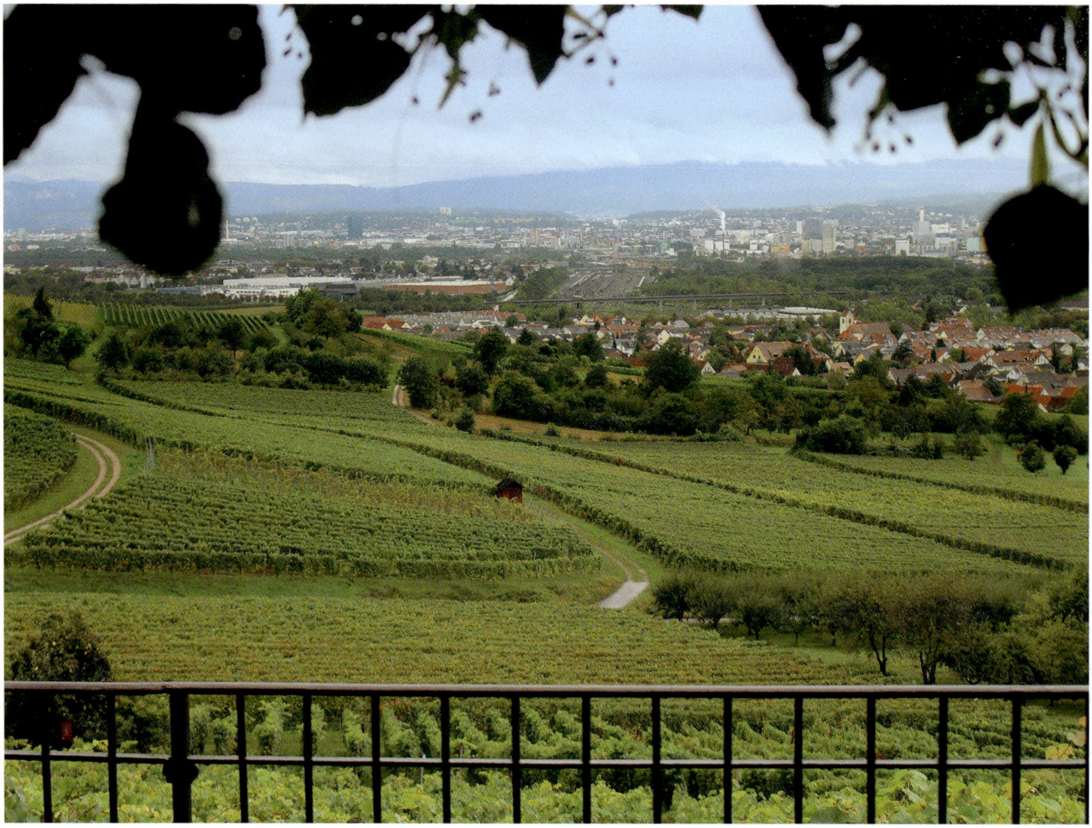

Das historische Gasthaus Zum Ochsen besitzt eine tolle Aussichtsterrasse.

2 Café Inka. Mit Mühe und Liebe zum Detail wurde der Raum des jetzigen Cafés wieder in den Originalzustand vom Anfang des 19. Jahrhunderts zurückversetzt. Das Besondere ist die Tapete, die 1819 mit hölzernen Modeln von Hand in Paris bedruckt wurde. Sie zeigt in Bildern das Leben der Inkas. Offenbar ließ der reiche Wirt des Gasthauses Zum Ochsen die Tapete in dem damaligen Nebenraum anbringen (nur Donnerstag bis Montag von 11–18 Uhr geöffnet).
Das heutige Gasthaus Zum Ochsen befindet sich schräg gegenüber in der Dorfstraße 82, denn dahin wurde es später verlegt. Der »Ochs« ist zweifellos eine der urigsten Gaststätten im südlichen Markgräflerland, zumindest wurde an der Einrichtung in den letzten 60 Jahren nichts verändert, nur die Registrierkasse ist neu. Das Schönste aber ist die Terrasse, von der man über Basel bis in den Schweizer Jura und die Schweizer Alpen schauen kann. Aber auch die Kirche hat eine gute Aussichtsterrasse mit Picknickbank, nur ohne Bedienung.

Zur Kirche Weil am Rhein Auf der Dorfstraße gehen wir weiter aufwärts und an der Kreuzung geradeaus auf der Käferholzstraße weiter. Hier findet sich auch die Markierung des Wiiweglis. An der Gabelung bleiben wir geradeaus auf der Straße Im Storchen. An einer weiteren Gabelung nehmen wir den rechten ebenen Weg. Bald können wir rechts auf Weil am Rhein hinunterschauen. Ganz rechts im Industriegebiet ist das Vitra-Design-Museum mit seinen architektonisch anspruchsvollen Gebäuden zu sehen.
Wir halten uns immer geradeaus bis zu einer T-Kreuzung, an der wir auf einem Asphaltsträßchen nach rechts abwärts gehen. Nach 50 m wandern wir nach links in Richtung Alt-Weil auf einer Kiesstraße weiter. Dann folgt ein romantischer Wegabschnitt auf einem

kleinen Pfad durch einen Laubwald. An einer versetzten Kreuzung mit einer Asphaltstraße gehen wir rechts und nach nur 10 m wieder nach links auf dem Wiiwegli weiter durch Streuobstwiesen und Gärten. Erst an einer Kreuzung in X-Form wenden wir uns in spitzem Winkel auf Asphaltbelag nach rechts abwärts und nach 40 m in ebenso spitzem Winkel nach links durch ausgedehnte Weinberge. Unten liegt Weil am Rhein mit der Kirche, die unser nächstes Ziel ist. An den ersten Häusern nehmen wir geradeaus die untere Straße an den Grundstücken entlang. Auch an den nächsten zwei Kreuzungen bleiben wir geradeaus auf der Wittlinger Straße und gehen erst auf der Lörracher Straße nach rechts. Bald zweigt rechts der Fußweg Kirchgässlein ab, der uns erwartungsgemäß direkt zur 3 **Kirche Weil am Rhein** bringt.

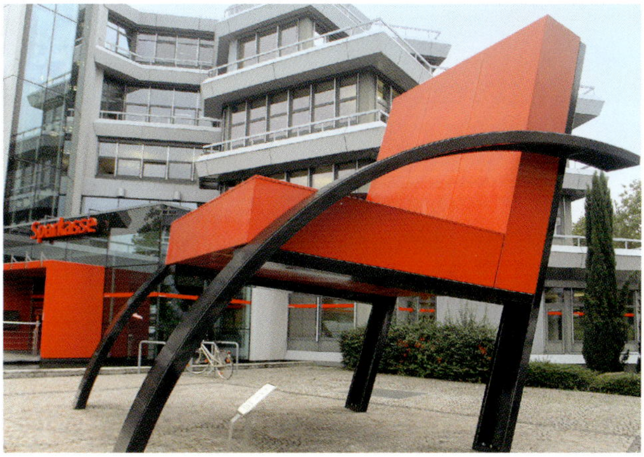

Fast alles in Weil am Rhein und im Vitra-Design-Museum hat mit Stühlen zu tun.

Zum Bahnhof Weil am Rhein Vor der Kirche wandern wir rechts durch die enge Straße mit den alten Gebäuden in Richtung Bahnhof. Dann bleiben wir geradeaus auf der Domhofstraße und biegen vor dem Friedhof links in die Bergstraße ein. An einer Ampel queren wir die Römerstraße in einen nach rechts versetzten Fußweg, der dann später In den Laublinggärten heißt. Vor der Schule schlendern wir nach rechts und nach 30 m links in den Gehweg mit der Markierung gelbe Raute. An der T-Kreuzung mit einer Straße spazieren wir nach rechts und an einer Gabelung links in die Straße Am Messeplatz. In der Verlängerung kommen wir in der Schillerstraße an der modernen Johanneskirche vorbei. Auch am Rathaus halten wir uns geradeaus und gehen an der T-Kreuzung vor dem Restaurant Delphi nach links und noch einmal rechts zum E **Bahnhof Weil am Rhein** hinunter.

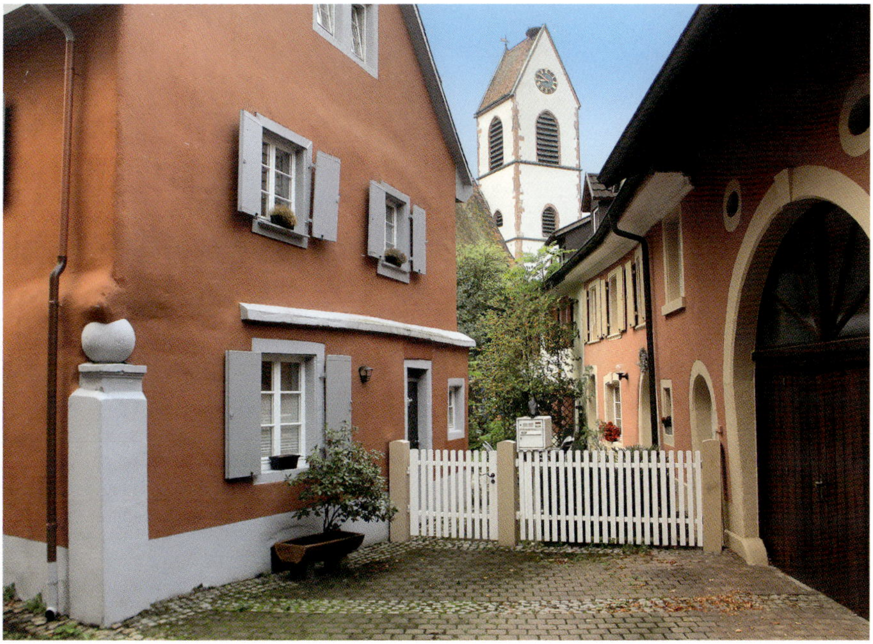

Weil am Rhein bietet überraschende Einblicke.

32

Die Römer in Heitersheim

Villa Urbana und Johanniterschloss

Leicht | 4:50 Std. | 200 m | 12,9 km

Tourencharakter
Leichte Rundwanderung, meist sonnig, auf markierten Natur- und Asphaltwegen durch Weinberge und Dörfer.

Ausgangs-/Endpunkt
Bahnhof Heitersheim 230 m

Höchster Punkt
St. Ägidius Kirche 290 m

Anfahrt
Mit dem Auto von der A 5 Ausfahrt Hartheim/Heitersheim nach Osten auf der K 4941 bis Heitersheim. Parkplatz am Bahnhof, GPS: N47°52'47" E007°38'46". In Heitersheim gibt es ebenfalls Parkplätze. Mit der Bahn bis Heitersheim (www.bahn.de)

Gehzeiten
Bahnhof Heitersheim – Altes Rathaus 0:30 Std. – T-Kreuzung Hohlgasse 1:20 Std. – St. Ägidius Kirche 0:40 Std. – Sulzbach-Straussi 1:00 Std. – Villa Urbana 0:15 Std. – Altes Rathaus 0:35 Std. – Bahnhof Heitersheim 0:30 Std.

Beste Jahreszeit
Frühjahr und Herbst

Einkehr
Strauße Sulzbach-Straussi, 79423 Heitersheim, Am Sulzbach 114, Tel. 07634/4272, www.weingut-lampp.de
Gaststätte Römerkeller, 79423 Heitersheim, Hauptstraße 25, Tel. 07634/552379, www.roemerkeller.biz

Karten
Kompass: »Nördliches Markgräflerland«, Karte 890, 1:25 000; oder Karten des LGL

Hinweise
Ein guter Abschluss der Wanderung ist ein Besuch im Heitersheimer Schwimmbad, www.sport-freizeitbaeder.de

Von Heitersheim verläuft diese Wanderung durch die Bugginger Reben zur ältesten Kirche des Markgräflerlandes im kleinen Betberg. Im sympathischen Heitersheim wartet nach der Vollendung der Rundtour die berühmte römische Villa Urbana auf die Besichtigung.

Zum alten Rathaus Vom A **Bahnhof** Heitersheim starten wir auf der Eisenbahnstraße neben dem Sulzbach in Richtung Osten zur Ortsmitte. Unterwegs überqueren wir an einem Kreisverkehr die B 3 und kommen dann an einem weiteren Kreisverkehr mit dem Standbild des Gottes Amor in der Mitte an das schmucke 1 **Alte Rathaus** mit der neogotischen Fassade. Türmchen und Staffelgiebel geben dem Gebäude ein pittoreskes Aussehen. Das spätbarocke Stadtwappen stammt von 1847.

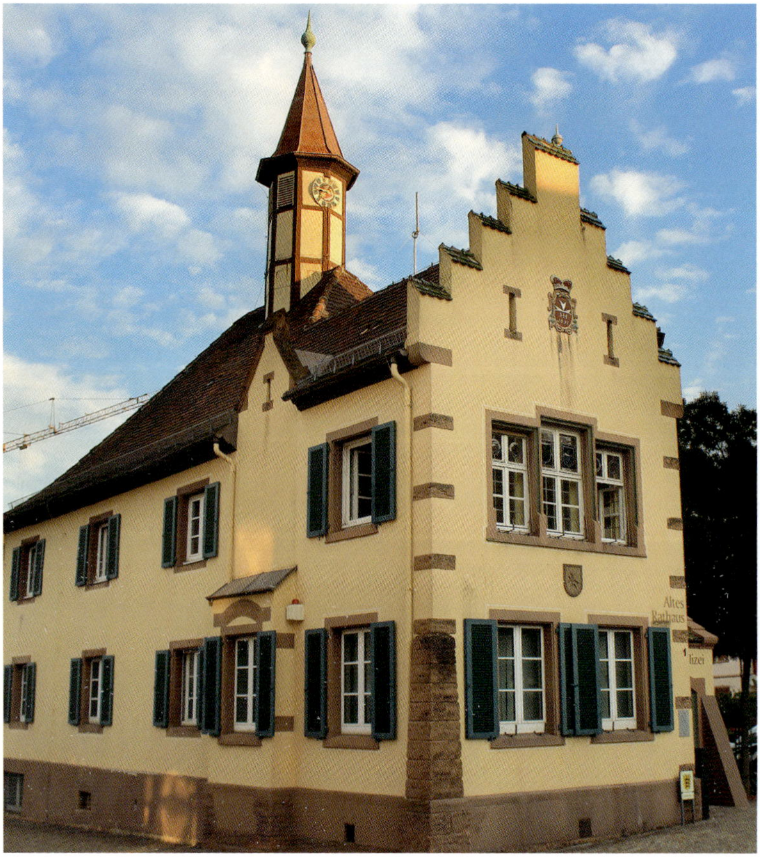

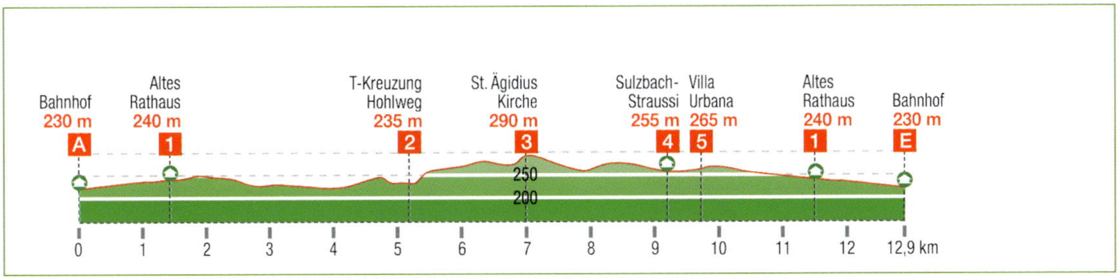

Zur T-Kreuzung Hohlweg Vom Alten Rathaus wandern wir das Basler Gässle, das weiter oben In der Ziegelei heißt, nach Süden hoch. An einer T-Kreuzung gehen wir links die Straße Am Lehenbühl aufwärts und an einer weiteren T-Kreuzung rechts in die Weinbergstraße. Nach 400 m müssen wir an einem kleinen Regenwasserauffangbecken rechts zum Feldrand hinunter, an dem entlang wir dann nach links weiterlaufen. Am Wegweiser mit dem Namen »Semmler« halten wir uns rechts und spazieren dann an dem Kirschbaum links auf Seefelden zu. Im Ort schlendern wir auf der Heitersheimer Straße und dann auf der Schulstraße geradeaus an einigen Bergarbeiterhäusern des Kalibergwerks vorbei. Wir kommen dann an eine Kreuzung, an der wir nach links in die Betberger Straße einbiegen. Nach dem Winzerhaus Seefelden steigen wir vor dem letzten Haus des Dorfes rechts den Weinbergweg hoch. Die weithin sichtbare Abraumhalde zeugt von dem zwischen 1964 bis 1973 betriebenen Kalibergwerk in Buggingen. Ein Kalimuseum erinnert an diese Zeit. 20 m vor einer Linkskurve gehen wir den Naturweg rechts hinunter an den Tennisplätzen vorbei. Unten im 1200 Jahre alten Buggingen bleiben wir ganz links auf dem Weg zwischen Gärten und Böschung und gelangen an die ❷ **T-Kreuzung Hohlweg**.

Linke Seite: Das Alte Rathaus in Heitersheim gibt sich pittoresk.

Zur St. Ägidius Kirche An der T-Kreuzung zieht sich nach links der gesperrte Hohlweg am Waldrand in die Reben hinauf. Oben bleiben wir geradeaus, wandern an einer Gabelung rechts und an einer asphaltierten T-Kreuzung nach links weiter auf Betberg zu. Betberg ist einer der ältesten Orte im Markgräflerland. Die Hintergrundkulisse bilden die Hügel des Schwarzwalds. Am Beginn der Friedhofsmauer findet sich eine Treppe hinauf zur ❸ **St. Ägidius Kirche**, der ältesten Kirche des Markgräflerlandes. Das romanische Gotteshaus wurde im 8. Jahrhundert von einem alemannischen Adligen erbaut und Betberg diente diesem als Herrensitz. Der spätgotische Chor hat schöne Fenster in Steinmetzarbeit mit alten farbigen Glasfenstern. Die Orgel entstammt der Silbermann-Schule.

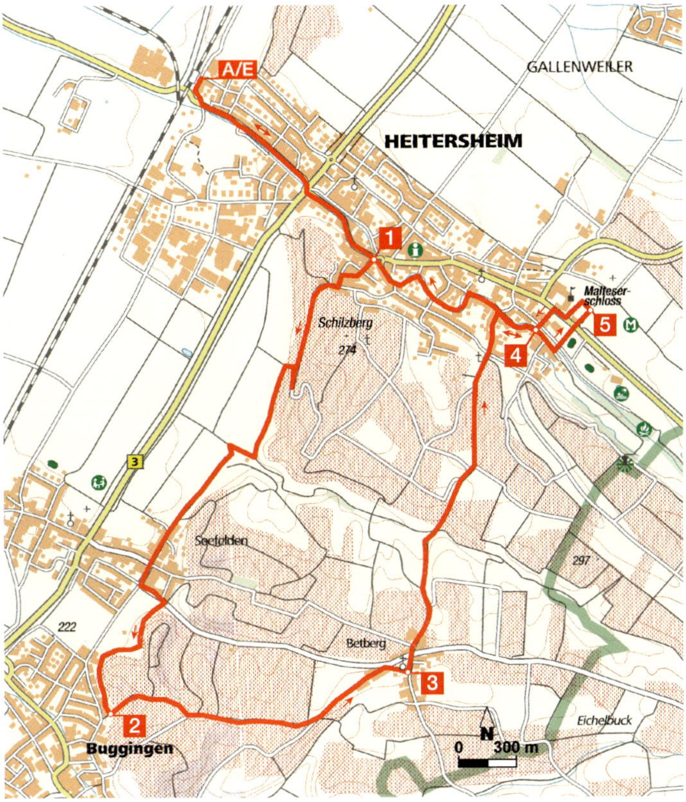

Villa Urbana

Im Jahr 70 n. Chr. eroberten die Römer unter Kaiser Titus Flavius Vespasianus das Gebiet, das vorher von Kelten locker besiedelt war. Verdiente Kriegsveteranen erhielten große Grundstücke in den eroberten Bezirken. Auf strategisch günstigen Hügeln errichteten die Neuansiedler Gehöfte. Die Römer brachten den Wein und ihre luxuriöse Lebensweise und Kultur mit. Die Gehöfte wurden mit allem damals erdenklichen Luxus ausgestattet, zum Beispiel mit Bädern und beheizten Fußböden. Die Güter wurden Villa Urbana genannt. Eine der bedeutendsten war jene, die neben dem Malteserschloss ausgegraben wurde.

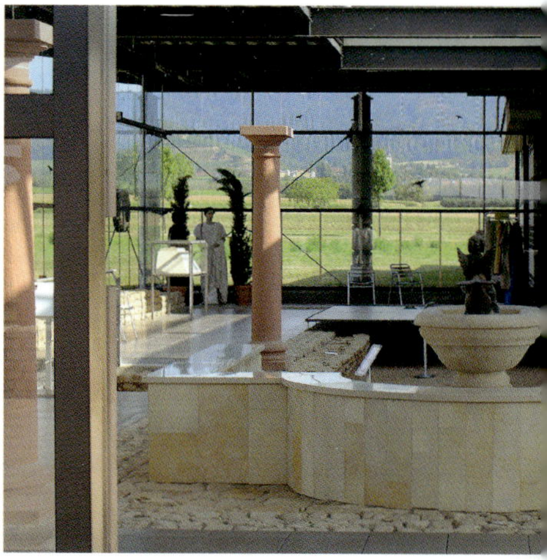

Mitte: Das Wasserbecken im Atrium der Villa Urbana ist rekonstruiert.

Unten: Die Betberger Kirche ist die älteste des Landes.

Zur Sulzbach-Straussi Auf der anderen Seite des Friedhofs führt wieder eine Treppe hinab zu einem Brunnen. Geradeaus gehen wir auf der Malteserstraße in Richtung Heitersheim. 100 m nach dem letzten Haus wählen wir den linken Arm der Verzweigung mit dem grünen Radwegschild. Wir sind nun auf dem Markgräfler Römerweg unterwegs. In Heitersheim laufen wir auf der Honiggass ein. An der Honiggassbrücke gehen wir vor dem Sulzbach rechts und kommen an einer weiteren Brücke an die 4 **Sulzbach-Straussi**, die zur Einkehr lockt.

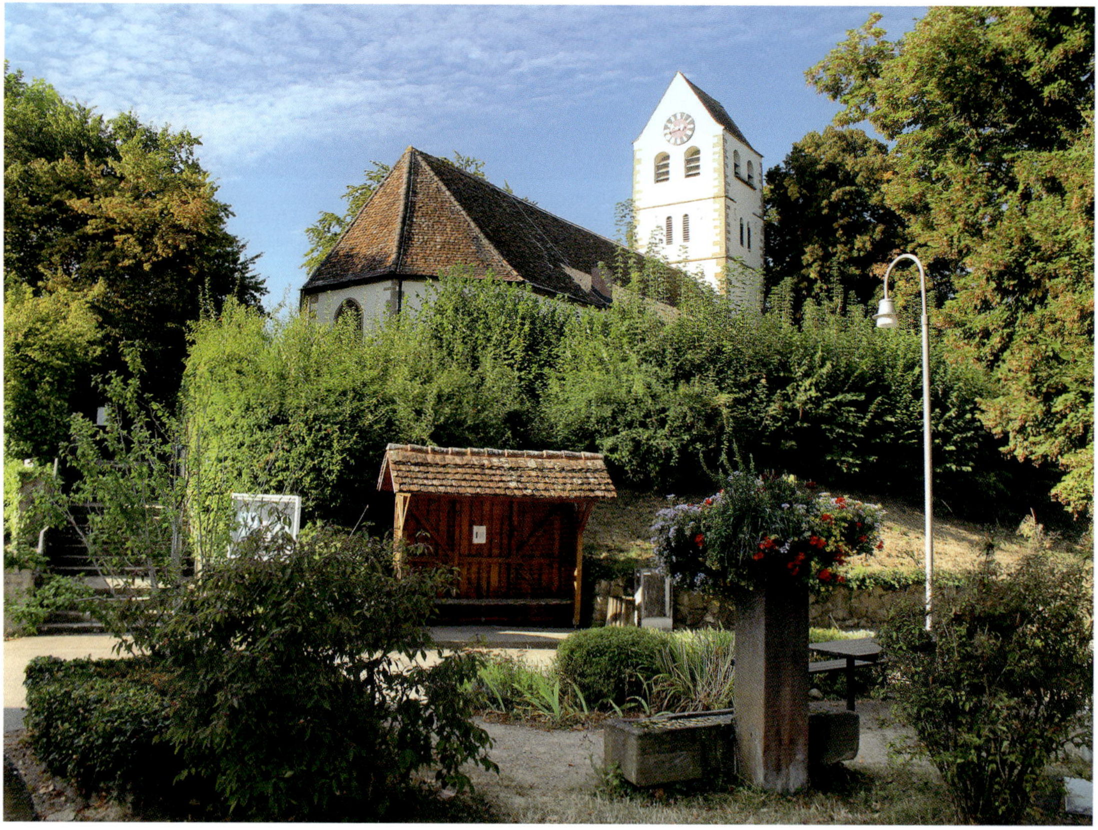

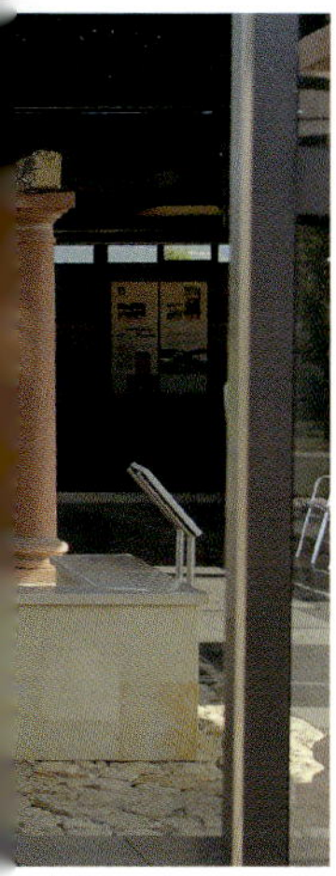

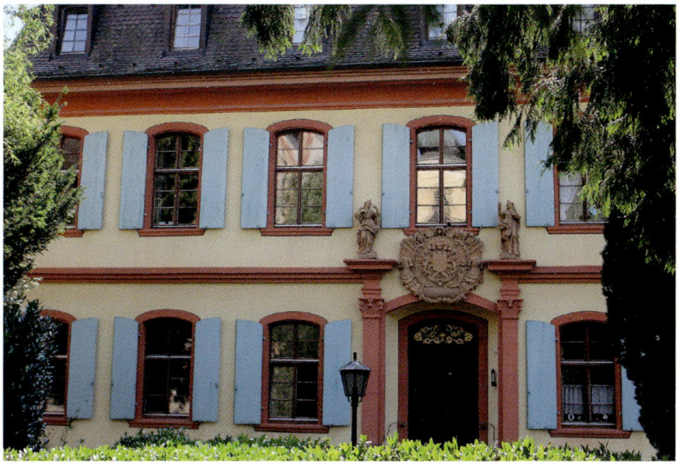

Das Malteserschloss ist eines der schönsten Anlagen im Markgräflerland.

Zur Villa Urbana Vor der Straußе bleiben wir auf der Straße Am Sulzbach und gehen nach dem Haus Nummer 142 links auf dem Steg über den Sulzbach. Geradeaus an den Sportplätzen und am Schwimmbad vorbei erreichen wir hinter der Querung der Straße nach Sulzburg die 5 Villa Urbana. Die von einem modernen Glasgebäude geschützte römische Villa ist vielleicht die wichtigste Sehenswürdigkeit der Gegend. Das Anwesen wurde im 1. Jahrhundert von einem römischen Großgrundbesitzer errichtet und bestand bis zum Jahr 260. Im Wohnbereich befand sich im Atrium ein etwa 18 m langes Wasserbecken, das rekonstruiert wurde. Das Museum informiert über das Leben im antiken Rom. Nördlich der Villa Urbana gibt es die Villa Artis, die der Kunst gewidmet ist und auch ein Café bietet. Es ist einem römischen Getreidespeicher nachempfunden, der an dieser Stelle stand.

Zum alten Rathaus Wir gehen zurück zur Straße und dort nach rechts zum Malteserschloss. Das Schloss Heitersheim ist eines der schönsten Schlösser im Markgräflerland. Es war die Residenz des Reichsfürsten und der Sitz des Priors des Malteserordens. Ringmauern und Gräben der einstigen Wasserburg sind noch erkennbar. Später wurde die Wasserburg zu einer repräsentativen Schlossanlage ausgebaut. Heute besitzt der Orden der Barmherzigen Schwestern vom Heiligen Vinzenz von Paul die Anlage. Sehenswert ist auch der Innenhof.
Am besten gehen wir dann gegenüber vom Haupteingang des Malteserschlosses den Schloßbuck hinunter, vorbei an historischen Häusern, und wandern an der Sulzbach-Straussi nach rechts am ruhigen Sulzbach entlang bis zum 1 Alten Rathaus.

Die Villa Artis ist einem römischen Getreidespeicher nachempfunden.

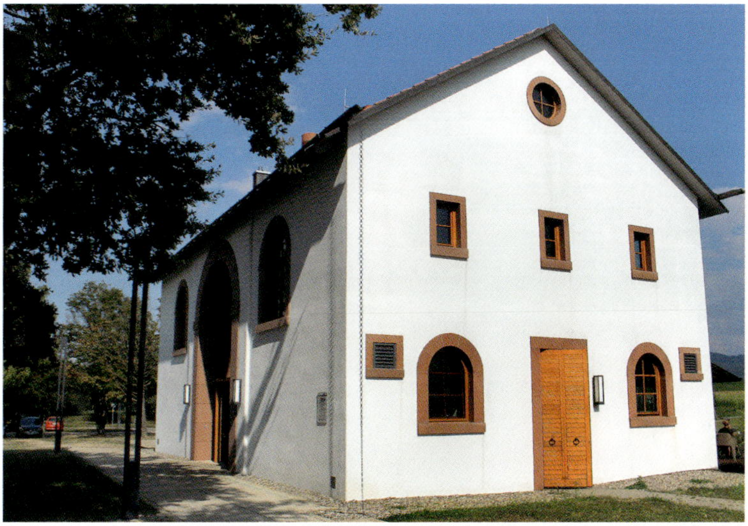

Zum Bahnhof Auch weiterhin bleiben wir auf dem nun bekannten Weg am Sulzbach, der uns zum E Bahnhof zurückbringt.

Für jeden Tag die richtige Tour

1	●	Von Wyhl nach Venezuela	2.10 Std.	20/20 Hm	6,2 km	●	●	●	●		●		●
2	●	Burgen auf dem Vulkan	3.00 Std.	190/190 Hm	8,4 km	●	●	●	●	●		●	●
3	●	Gemäuer und Bauernkrieg	3.30 Std.	260/260 Hm	9,8 km	●	●	●	●	●			●
4	●	Spuren des Glaubens	3.30 Std.	500/500 Hm	9,0 km	●	●	●		●		●	●
5	●	Die Römer am Kaiserstuhl	2.40 Std.	100/100 Hm	7,8 km	●	●	●	●	●			●
6	●	Sponeck und Burkheim	5.00 Std.	380/380 Hm	15,0 km	●	●	●	●	●		●	●
7	●	Uraltes Siedlungsgebiet	3.40 Std.	230/230 Hm	10,0 km	●	●	●	●	●			●
8	●	Die Alemannen-Siedlung	4.00 Std.	270/270 Hm	11,5 km	●	●	●	●	●			●
9	●	Zur Burg Höhingen hinauf	3.20 Std.	300/300 Hm	9,4 km	●	●	●		●			●
10	●	Durch die Lösshohlgassen	3.10 Std.	310/310 Hm	8,2 km	●	●	●	●	●			●
11	●	Zum Vogelsangpass	4.20 Std.	330/330 Hm	13,0 km	●	●	●		●			●
12	●	Einsiedelei Bruderhäusl	4.10 Std.	430/430 Hm	12,8 km	●		●		●			●
13	●	Bötzinger Lebenselexiere	4.30 Std.	160/160 Hm	12,3 km	●	●	●	●	●			●
14	●	Zum Vulkanfelsgarten	4.10 Std.	460/460 Hm	11,5 km	●		●	●	●			●
15	●	Liliental und Totenkopf	4.30 Std.	430/430 Hm	13,0 km	●		●			●		●
16	●	Panorama und alte Kapelle	2.50 Std.	260/260 Hm	8,5 km	●	●	●	●	●			●
17	●	Beckebergli und Nimberg	4.00 Std.	200/200 Hm	12,8 km	●	●	●	●	●			●
18	●	Breisach und Neuf-Brisach	5.00 Std.	100/100 Hm	14,5 km	●	●	●	●	●			●
19	●	Rebhisli und Römerbad	3.30 Std.	160/160 Hm	11,0 km	●	●	●	●	●			●

Nr.		Tour	Gehzeit in Std.	Höhenunterschied in m	Länge in km	Einkehr	Kindergeeignet	Sehenswürdigkeit	Wintergeeignet	Viel Sonne	Schattiger Weg	Baden	ÖPNV
20	●	Attila und Erentrudis	4.50 Std.	280/280 Hm	14,5 km	●	●	●	●	●			●
21	●	Umkämpfter Schönberg	4.10 Std.	450/450 Hm	11,4 km	●	●	●		●			●
22	●	Bezauberndes Hexental	3.50 Std.	180/180 Hm	11,0 km	●	●	●	●	●			●
23	●	Ebringer Weinberge	3.00 Std.	180/180 Hm	8,7 km	●	●	●	●	●			●
24	●	Herrlicher Batzenberg	4.40 Std.	365/355 Hm	15,0 km	●	●	●	●	●			●
25	●	Charmantes Staufen	3.30 Std.	190/160 Hm	10,0 km	●	●	●	●	●			●
26	●	Vertraute Weindörfer	4.20 Std.	310/360 Hm	13,0 km	●	●		●	●			●
27	●	Markgräfler Rebenmeer	3.40 Std.	220/215 Hm	10,2 km	●	●	●	●	●			●
28	●	Am Vater Rhein entlang	4.10 Std.	290/270 Hm	13,0 km	●	●		●	●			●
29	●	Markanter Isteiner Klotz	3.40 Std.	280/280 Hm	11,0 km	●	●	●	●	●			●
30	●	Zeugnisse des Jurameeres	4.10 Std.	260/250 Hm	14,0 km	●	●	●	●	●			●
31	●	Südlichster Punkt im Land	3.00 Std.	115/120 Hm	8,0 km	●	●	●	●	●			●
32	●	Die Römer in Heitersheim	4.50 Std.	200/200 Hm	12,9 km	●	●	●	●	●			●

Piktogramme erleichtern den Überblick

- **Gehzeit in Std.**
- **Länge in km**
- **Höhenunterschied in m**
- **Einkehr**
- **Kindergeeignet**
- **Sehenswürdigkeit**
- **Wintergeeignet**
- **Viel Sonne**
- **Schattiger Weg**
- **Baden**
- **ÖPNV**

PS: Da fällt mir noch was ein!

Herrliche Sonnenuntergänge

Mit einer kühlen Flasche Grauburgunder und badischem Vesper die Zeit verstreichen lassen und auf den Sonnenuntergang warten. Welcher Platz ist dafür der beste? Vielleicht der Aussichtspunkt am Pavillon Mondhalde (Tour 7)? Oder doch an der Littesbühlhütte (Tour 14)? Der solitäre Batzenberg (Tour 24) ist auch ein Favorit. Oder gemütlich im Gasthof Gottharthof über Staufen (Tour 24) sitzen? Letztendlich egal, wenn die Sonne hinter den Vogesen eintaucht.

Wunderbare Einkehrmöglichkeiten, fantastische Weine

Wer viele Wanderungen macht, baut in der frischen Luft großen Appetit auf. Gediegen und mit gehobener Küche, dabei aber mit moderatem Preis, sind die Bürgerstube in Sasbach (Tour 2) oder die Weinstube Zum Küfer in Ihringen (Tour 15). Aber ohne Reservierung geht dort nichts. Gerhart's Strauße in Jechtingen (Tour 6) hat zur Spargelzeit für mich seit vielen Jahren eine Anziehungskraft wie ein starker Magnet. Eine Kiste Bickensohler Grauer Burgunder (Tour 10) und Britzinger Gutedel (Tour 26) werden in mein Auto eingeladen.

Einmal richtig abhängen

In Staufen treffe ich meine Freunde Wolfgang und Berthold. In der Sonne am Weinbrunnen probieren wir Gutedel trocken und essen dann Leberle sauer mit Brägele im Kornhaus. Danach hören wir in meiner Lieblingskneipe Rombach-Scheuer an der Bar gute Musik, philosophieren über das Leben und erzählen von alten Zeiten bis tief in die Nacht.

So ein Buch zu schreiben, ist nicht nur Arbeit, es gibt auch angenehme Nebenschauplätze.

RKröll

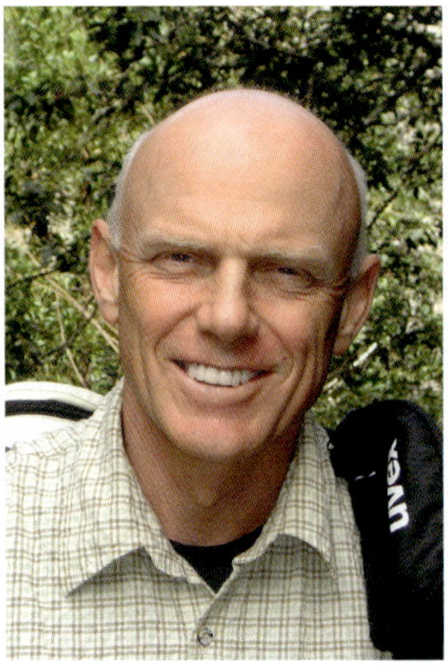

Rainer D. Kröll

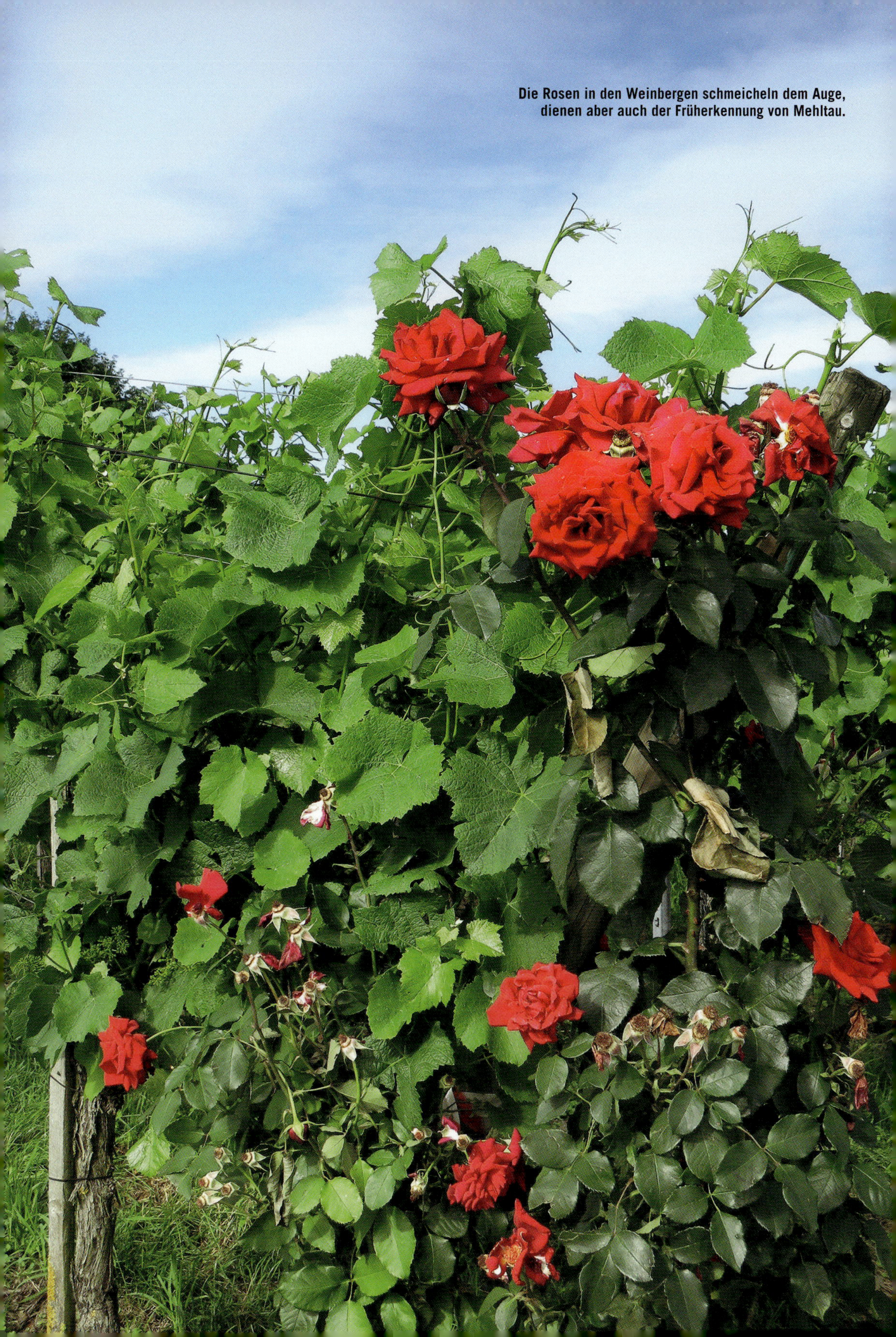

Die Rosen in den Weinbergen schmeicheln dem Auge, dienen aber auch der Früherkennung von Mehltau.

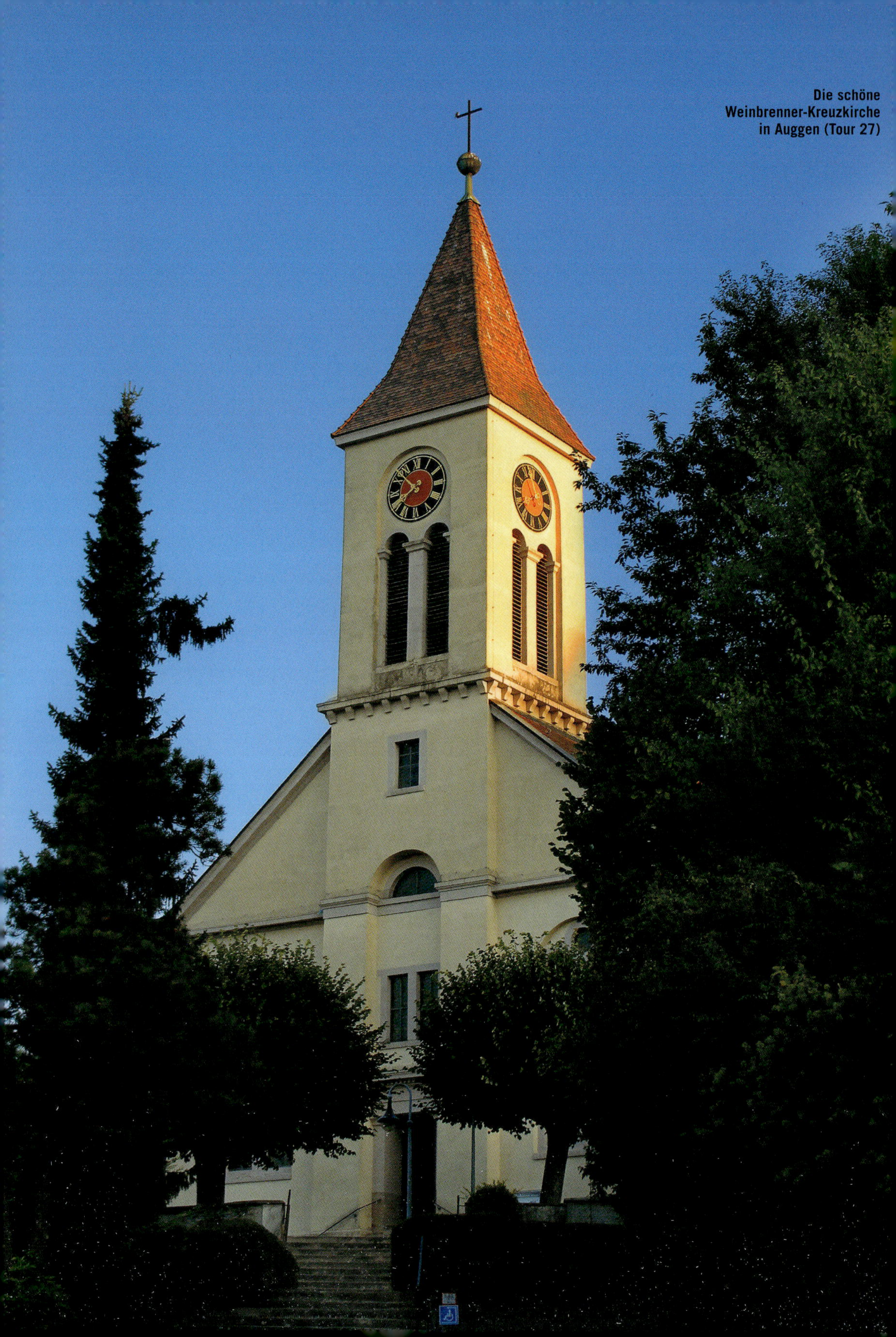

Die schöne Weinbrenner-Kreuzkirche in Auggen (Tour 27)

Register

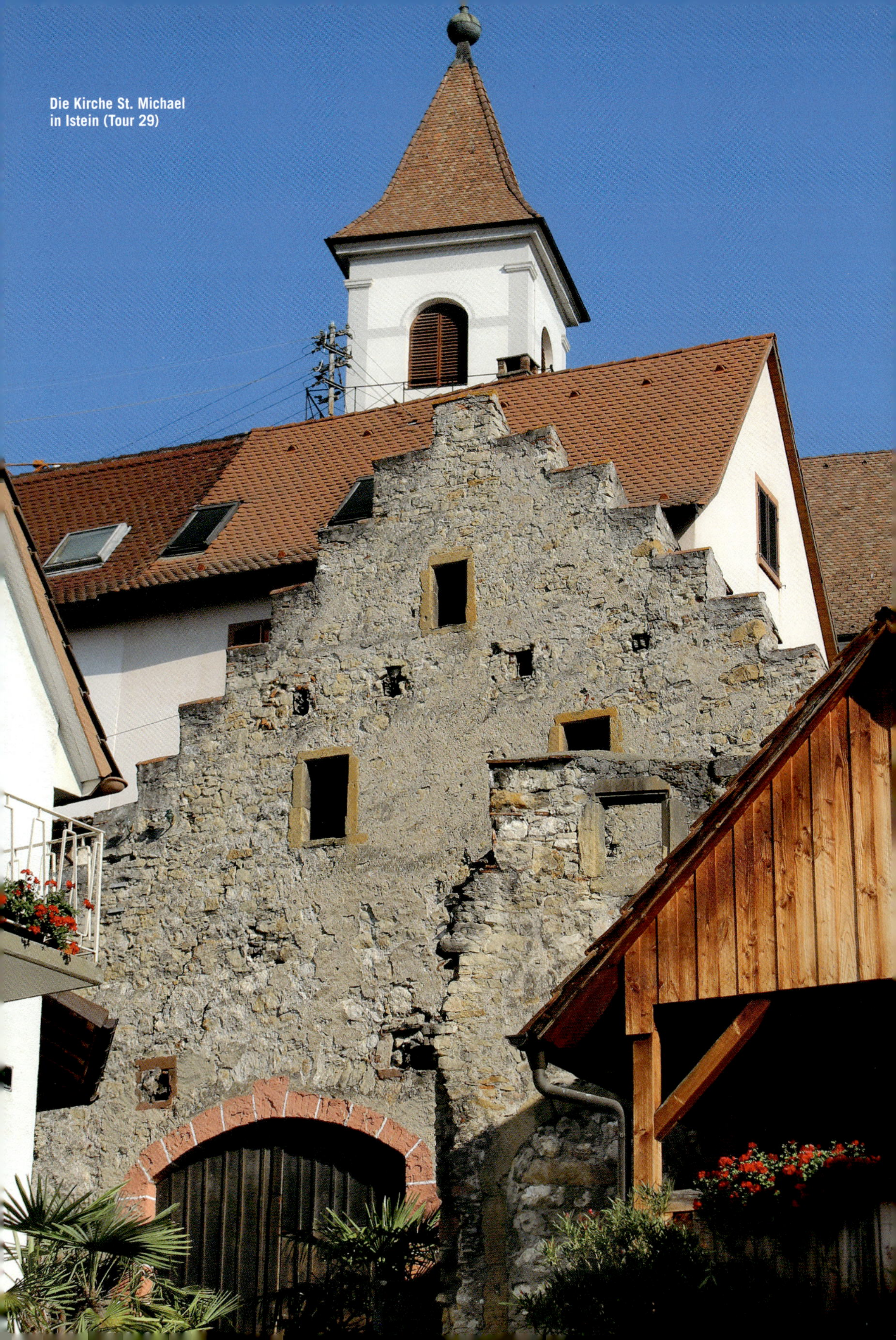

Die Kirche St. Michael
in Istein (Tour 29)

Impressum

Verantwortlich: Stefanie Krüger
Redaktion: Kai Wieland
Layout: Verlagsbüro Wais & Partner, Kai Wieland
Repro: Cromika
Kartografie: Bruckmann Verlag GmbH, Heidi Schmalfuß
Herstellung: Alexander Knoll
Printed in Slovenia by Florjancic

★★★★★

Sind Sie mit diesem Titel zufrieden? Dann würden wir uns über Ihre Weiterempfehlung freuen. Erzählen Sie es im Freundeskreis, berichten Sie Ihrem Buchhändler, oder bewerten Sie bei Onlinekauf. Und wenn Sie Kritik, Korrekturen, Aktualisierungen haben, freuen wir uns über Ihre Nachricht an Bruckmann Verlag, Postfach 40 02 09, D-80702 München oder per E-Mail an lektorat@verlagshaus.de.

Unser komplettes Programm finden Sie unter www.bruckmann.de

Alle Angaben dieses Werkes wurden vom Autor sorgfältig recherchiert und auf den neuesten Stand gebracht sowie vom Verlag geprüft. Für die Richtigkeit der Angaben kann jedoch keine Haftung übernommen werden, weshalb die Nutzung auf eigene Gefahr erfolgt. Insbesondere bei GPS-Daten können Abweichungen nicht ausgeschlossen werden. Sollte dieses Werk Links auf Webseiten Dritter enthalten, so machen wir uns die Inhalte nicht zu eigen und übernehmen für die Inhalte keine Haftung.

Autorenempfehlung: Sie sind auf der Suche nach weiterführender Literatur? Dann empfehle ich Ihnen den Titel »Das Markgräflerland erleben« von Gerhard Zickenheiner und Alina Gross im Sutton Verlag (ISBN-13: 978-3-95400-477-5). Oder Sie werfen einen Blick in die Zeitschrift »Bergsteiger«. Hier werden Sie bestimmt fündig. Ihr Rainer D. Kröll

Bildnachweis: Alle Bilder in diesem Buch stammen von Rainer D. Kröll.
Umschlagvorderseite: Holzsteg im Rheinauewald (Tour 1)
Umschlagrückseite: Aussicht vom Batzenberg über Kirchhofen in den Schwarzwald (Tour 24)

Die Deutsche Nationalbibliothek verzeichnet diese Publikation in der Deutschen Nationalbibliografie; detaillierte bibliografische Daten sind im Internet über http://dnb.d-nb.de abrufbar.

2. aktualisierte Auflage

ISBN 978-3-7343-0109-4